FREIE PRIVATSTÄDTE

TITUS GEBEL

Mehr Wettbewerb im wichtigsten Markt der Welt

AQUILA URBIS

Aquila Urbis Verlag Walldorf

Umschlagbild	Aleksandar Pasanic
Layout, Satz	Werbeagenten Heidelberg
Druck	ABT Print und Medien GmbH

ISBN 978-3-00-059289-8

TEIL I. GRUNDLAGEN

KAPITEL 1

ZUSAMMENLEBEN ALS MARKT

Gefährlich ist's, den Leu zu wecken, verderblich ist des Tigers Zahn, jedoch der schrecklichste der Schrecken, das ist der Mensch in seinem Wahn.

Friedrich Schiller, Dichter und Denker

Dieses Buch handelt davon, warum wir im wichtigsten Bereich unseres Lebens Alternativen benötigen und wie sie aussehen könnten. Dieser Bereich ist das Zusammenleben mit anderen. Denn seit langer Zeit schon sind unsere ärgsten Feinde nicht mehr Naturereignisse oder Raubtiere, sondern ausschließlich andere Menschen. Die entscheidende Frage ist daher, wie wir die Gemeinschaft mit unseren Mitmenschen gestalten. Menschen sind in der Lage, sich auf bestimmte Weltanschauungen zu verständigen und für diese sogar ihr Leben zu opfern. Handelt es sich dabei um fragwürdige oder gefährliche Ideen, haben alle anderen ein Problem. Das einzig *wirkliche* Menschheitsproblem ist mithin, dass Menschen anderen Menschen ihren Willen aufzwingen möchten. Die Aufgabe ist daher, eine Ordnung zu schaffen, die das verhindert.

Die vorherrschende Meinung im Westen geht davon aus, dass die Kombination von Demokratie und Rechtsstaat bereits eine ausreichend gute Methode sei, um Machtmissbrauch zu unterbinden und ein gedeihliches Zusammenleben zu ermöglichen. Nach dem Zusammenbruch des kommunistischen Ostblocks wurde gar prognostiziert, das Ende der Geschichte sei eingetreten.[1] Liberale, rechtsstaatliche Demokratien[2] seien die Quintessenz der Entwicklung, ein weiterer Fortschritt nicht mehr möglich und letztlich würden weltweit alle Systeme darauf hinauslaufen. Das ist allerdings ein Irrtum, unter anderem deshalb, weil auch unsere freiheitlich-demokratischen Verfassungen etwas sind, das nach dem Zivilrecht aller Staaten unzulässig wäre: nämlich Verträge zu Lasten Dritter. Wir kommen darauf noch zurück.

Auch unser Zusammenleben ist ein Markt, denn es unterliegt dessen Gesetzmäßigkeiten, ob wir das nun gut finden oder nicht. Ein Markt entsteht immer dort, wo Menschen aufeinander treffen, die noch nicht wunschlos glücklich sind. Jeder Markt ist gekenn-

INHALT

TEIL I. GRUNDLAGEN

TEIL II. KONZEPT

TEIL III. UMSETZUNG

Und vielleicht wird ein neues Jahrhundert kommen, eines, in dem Intellektuelle und die Bildungsschicht darüber nachdenken werden, wie man Utopien verhindern und zu einer nicht-utopischen Gesellschaft zurückkehren kann, weniger perfekt und dafür freier.

Nikolai Berdjajew, Philosoph

Eines Tages wird eine experimentelle Gemeinschaft entstehen, die viel besser funktioniert als die Gesellschaft, in der wir leben. Von da an haben wir eine praktikable Alternative.

Carl Sagan, Astrophysiker

Gehe dorthin, wo Du am besten behandelt wirst.

Christoph Heuermann, Dauerweltreisender

Le papier de cet ouvrage est composé de fibres naturelles, renouvelables, recyclables et fabriquées à partir de bois provenant de forêts gérées durablement.

Mise en pages : Maryline Gatepaille

Loi n° 49-956 du 16 juillet 1949
sur les publications destinées à la jeunesse
ISBN : 978-2-07-508636-3
Numéro d'édition : 319531
Dépôt légal : février 2018

Imprimé en Italie sur les presses de
Grafica Veneta

zeichnet durch das Zusammenführen von Angebot und Nachfrage an Waren, Dienstleistungen und Rechten. Selbst wenn Wähler mehrheitlich ein anti-marktwirtschaftliches System bevorzugen und Politiker dies in der Folge umsetzen, ist das ein Marktresultat.[3]

Auch Staaten existieren, weil eine Nachfrage nach ihnen besteht. Eine staatliche Ordnung schafft einen Rahmen, in dem der Mensch sozial interagieren und friedlich Leistungen und Güter tauschen kann. Das Bestehen von Sicherheit und festen Regeln macht es möglich, dass Menschen in sehr großer Zahl miteinander auskommen können. Ein derartiges Zusammenleben ist so attraktiv, dass dafür auch erhebliche Freiheitseinschränkungen hingenommen werden. Vermutlich ziehen selbst die meisten Bewohner diktatorischer Systeme das Verbleiben im Land dem freien Robinson-Dasein auf einer einsamen Insel vor. Der Mensch ist nun mal ein Herdentier.

Der Markt des Zusammenlebens ist nicht nur der wichtigste, sondern auch der größte aller Märkte. Staatliche Aktivitäten machen etwa 30 % des weltweiten Bruttoinlandsproduktes aus.[4] Die Performance ist gleichwohl dürftig. Das bilanziell größte „Unternehmen" auf diesem Markt, die Vereinigten Staaten von Amerika, macht pro Jahr Verluste in Höhe von etwa 800 Milliarden US-Dollar.[5] Manche Marktteilnehmer, etwa Schweden und Deutschland, ziehen bewusst unqualifizierte, alimentierungsbedürftige Neukunden an und vertreiben dadurch ihre zahlungsstarke Stammkundschaft. Einige Wettbewerber, etwa Iran oder Nordkorea, töten gar ihre eigenen Kunden für Verhaltensweisen, die anderswo nicht einmal als strafwürdig gelten.[6]

Jeder einigermaßen befähigte Unternehmer sollte das besser hinbekommen.

Wenn man nun die Leistungen des Staates bieten und gleichzeitig dessen Nachteile vermeiden könnte - nämlich immer mehr Besteuerung und Bevormundung bei beständiger Änderung der Spielregeln - dann hätte man ein besseres Produkt geschaffen. Hat das System Erfolg, werden mehr Menschen Vergleichbares wollen. Dafür benötigt man freilich neue Konzepte. Wird dagegen jeder Neuansatz von vornherein als utopisch abgelehnt, ist Stagnation die wahrscheinliche Folge. Die Crux bisheriger Staatsutopien besteht darin, dass eine freiwillige Teilnahme an ihnen nie vorgesehen war. Fast alle diesbezüglichen Überlegungen sind im Grunde totalitär, angefangen bei *Platon* mit seinen Philosophenkönigen über die Diktatur des Proletariats bei *Marx* bis hin zur aktuellen Idee einer *Großen Transformation*.[7] Eine erleuchtete Minderheit will ihre Sicht der Dinge durchsetzen, unabhängig davon, ob alle anderen das gut finden oder nicht. Wird diese Minderheit durch eine demokratische Mehrheit ersetzt, ändert sich nur die Zahl der gegen ihren Willen bevormundeten Menschen, nicht das Prinzip.

Der Wettbewerb als Entdeckungsverfahren findet zwischen staatlichen Ordnungen dagegen kaum statt. Im Gegenteil werden von staatlicher Seite kartellartig internationale Vereinbarungen forciert, um einen Steuer- oder Systemwettbewerb möglichst auszuschließen. Das kommunistische Modell ist zwar seit dem Zerfall der Sowjetunion im Markt des Zusammenlebens praktisch nicht mehr vertreten, aber auch dieser Prozess hat über siebzig Jahre gedauert. Und hier liegt ein weiteres Problem: Es besteht in diesem Marktsegment nur die Möglichkeit, durch Übernahme der Regierung, Revolution oder Sezession ein neues „Produkt" einzuführen. Dadurch ist es extrem schwierig, in den Markt überhaupt einzudringen. Erkenntnisgewinne über die Eignung von Staatsformen dauern Generationen, sind zu Lebzeiten der Betroffenen oft überhaupt nicht feststellbar. Auch in demokratischen Staaten fehlt durchgehend ein Ventil für Minderheiten, um Gegenmodelle zu installieren, welche sich später möglicherweise als überlegen herausstellen. *Patri Friedman*, der Gründer des Seasteading-Instituts[8], war einer der ersten, der das erkannte:

> *Die Staatsindustrie kann Innovationen gut gebrauchen. Denn jede Form von Herrschaft wird über kurz oder lang starr. Die Organisation saturierter Zivilisationen verkrustet im Laufe der Zeit, der Staat baut Leistungsfähigkeiten ab und schraubt im Gegenzug die Preise hoch. Das gilt auch und gerade für westliche Demokratien.*[9]

Für viele ist das eine völlig ungewohnte Sichtweise. Die Idee, dass Staat und Markt zwei getrennte Sphären sind, und dass es normal ist, wenn ein Führer oder eine Versammlung weiser Menschen für uns entscheidet, scheint uns in Fleisch und Blut übergegangen zu sein. So sehr, dass wir Selbstbestimmung als Alternative nicht einmal in Erwägung ziehen. Dazu ein Gedankenexperiment:

> *Nehmen wir an, wir hätten eine neue Marmeladensorte geschaffen. Wir könnten uns nun mit anderen streiten, welche Marmelade die beste ist, könnten Bürgerinitiativen, Vereine und Parteien gründen, die unsere Sorte bewerben. Wir würden versuchen, Medien, Künstler, Intellektuelle und mächtige Interessengruppen auf unsere Seite zu ziehen. Würden Gutachten und Umfragen in Auftrag geben, welche die Überlegenheit unserer Marmelade über andere Sorten belegen. Kurz gesagt, wir würden Marmeladenpolitik betreiben. So etwas wäre lächerlich, nicht wahr? Soll doch jeder die Marmelade kaufen, die ihm schmeckt! Dann wird sich schon zeigen, ob unsere Sorte Erfolg hat.*

Auf die Idee, diesen Ansatz auf unser Zusammenleben zu übertragen, sind wir aber noch nicht gekommen. Hier kämpfen wir nach wie vor leidenschaftlich darum, welches die „richtige" oder „gerechte" Art des Miteinanders ist. Warum akzeptieren wir nicht einfach, dass wir Menschen verschieden sind, und dass das, was A gefällt, B noch lange nicht zusagen muss?

Wir erhalten nicht bessere Mobiltelefone, weil wir als Aktionäre auf der Hauptversammlung mitbestimmen können, sondern weil jeder Einzelne das von ihm gewünschte Produkt kaufen kann und schlechtere Mobiltelefone irgendwann nicht mehr nachgefragt werden. Weil das alle anderen auch so machen, gibt es heute hervorragende und preisgünstige Geräte. Selbst arme Menschen in Entwicklungsländern können sich inzwischen Mobiltelefone mit umfangreichen technischen Fähigkeiten leisten. Das funktioniert deshalb so gut, weil die Lösungsfindung auf dem Markt ein evolutionärer Prozess ist, der durch Mutation (Versuch und Irrtum), Selektion (Profitabilität oder Pleite) und Reproduktion (Nachahmung erfolgreicher Lösungen) stattfindet.

Diesen bewährten Mechanismus müssen wir nun auf die Systeme unseres Zusammenlebens übertragen. Wenn jeder jeden Tag mit seinen Kaufentscheidungen darüber mitbestimmen kann, welche Produkte weiter bestehen und welche nicht, ist das nicht viel eher eine Demokratie im Sinne einer *Herrschaft aller?* Jedenfalls verglichen mit dem Abgeben der Stimme aller paar Jahre für Politiker, deren Absichten man nicht genau kennt und deren Umsetzung ungewiss ist.

Die Sichtweise einer Gesellschaftsordnung als „Produkt" und der friedliche Wettbewerb der Systeme um Bürger als „Kunden" ermöglicht eine erhebliche Entschärfung bisheriger politischer Konflikte. Gibt es erst einmal ausreichend Alternativen, sind sowohl Ordnungen, die auf Abstammung und Gemeinschaftsgefühl beruhen, wie solche, die Privateigentum ablehnen, nur noch technische Produkte unter vielen. Das gilt selbst dann, wenn deren Veranstalter diese Betrachtungsweise vehement ablehnen. Solange Neuversuche auf begrenztem Territorium und mit Freiwilligen stattfinden, ist der Schaden bei einem Scheitern zudem überschaubar und aufgrund der informierten Freiwilligkeit der Teilnehmer auch akzeptabel.

Die Schaffung neuer Systeme des Zusammenlebens im 21. Jahrhundert ist nicht nur möglich, sondern wahrscheinlich. *Stefan Zweig* erkannte bereits 1936, dass die Mehrheit niemals den „Geduldigen und Gerechten" die Lenkung des Staates anvertrauen werde, sondern immer irgendwelchen Blendern, die große Schicksalsfragen konstruieren und darauf die Antworten wissen.[10] Das ist nun schon so häufig in der Menschheitsgeschichte passiert, dass es doch relativ nahe liegt, wenn die „Geduldigen und Gerechten" jetzt einmal anfangen, ihre eigenen Gemeinwesen zu gründen. Die Chancen dafür stehen nicht schlecht. Denn die Menschen sind mobiler geworden. Die Heimat der Zukunft wird daher für viele Wahlheimat sein. Technologischer Fortschritt gibt darüber hinaus auch einzelnen und kleinen Gruppen erhebliche Gestaltungsmöglichkeiten an die Hand. Gleichzeitig ist der Trend zur Urbanisierung ungebrochen.[11] Die Mehrheit möchte lieber in Städten leben als auf dem Land, auch das ist ein Marktresultat und als solches zu akzeptieren. Insofern stellt sich vor allem die Frage, wie die Städte der Zukunft aussehen, denn diese sind der Kulminationspunkt künftiger Gemeinwesen. Eine Antwort darauf sind Freie Privatstädte.

Im ersten Teil dieses Buches werden grundsätzliche Fragestellungen behandelt, denen sich jede Gesellschaftsordnung stellen muss. Daraus leitet sich das im zweiten Teil beschriebene Konzept Freier Privatstädte ab; weiter werden historische und aktuelle Vorbilder betrachtet. Der dritte Teil bespricht konkrete Umsetzungsfragen bei der Errichtung Freier Privatstädte. Schließlich wird im vierten Teil ein Ausblick auf künftige Entwicklungen gegeben.

KAPITEL 2

DAS RECHT AUF EIN SELBSTBESTIMMTES LEBEN

Niemand ist gut genug, einen anderen ohne dessen Zustimmung zu regieren.
Abraham Lincoln, Präsident, der es trotzdem tat

Im Jahr 1957 beschloss die Regierung Adenauer mit ihrer Bundestagsmehrheit gegen den Rat zahlreicher Experten die Einführung einer umlagefinanzierten Rentenversicherung. Die Teilnahme an dieser ist für die allermeisten Beschäftigten zwingend. Das Rentenniveau ist seither von angepeilten 60 % des letzten Durchschnittslohns auf 48 % abgesunken, trotz Verlängerung der Lebensarbeitszeit.[12]

Im Jahre 1999 beschloss die Regierung Kohl mit ihrer Bundestagsmehrheit gegen den Rat zahlreicher Experten die Einführung des Euro als Gemeinschaftswährung in Deutschland. Die arbeitende Bevölkerung, deren Produktivität die Deutsche Mark zu einer relativ stabilen Währung mit entsprechender Kaufkraft gemacht hatte, wurde nicht gefragt. Alle Euro-Stabilitätsregeln wurden seither gebrochen.[13] Faktisch werden heute von Deutschland die hochverschuldeten Euro-Südländer mitfinanziert, die entsprechenden Kreditforderungen (u. a. Target-2-Salden) dürften uneinbringlich sein.[14]

Die Regierung Schröder beschloss 2001 mit ihrer Bundestagsmehrheit den Einsatz der Bundeswehr in Afghanistan zur Stabilisierung eines islamischen Regimes, das unter anderem den Übertritt zum Christentum mit dem Tode bestraft.[15] Dieser Einsatz kostete bisher 54 deutschen Soldaten das Leben[16] und verursachte dem Steuerzahler Kosten von fast 10 Milliarden Euro.[17]

Im Juni 2011 verkündete die Regierung Merkel entgegen kurz zuvor getroffener vertraglicher Vereinbarungen den Ausstieg aus der Atomenergie. Als Folge davon sind nicht nur die Energiepreise stark gestiegen, sondern die Bundesländer und damit letztlich die Steuerzahler sehen sich milliardenschweren Schadensersatzforderungen der Energiekonzerne ausgesetzt.[18]

Im September 2015 verfügte die Regierung Merkel die Öffnung der Landesgrenzen, so dass in der Folge Massen von überwiegend unqualifizierten jungen Männern aus Entwicklungsländern nach Deutschland kamen. Die Regierung selbst schätzt die dafür erforderlichen Kosten, insbesondere der sozialstaatlichen Alimentation dieser Menschen, auf 100 Milliarden Euro allein für die nächsten fünf Jahre, nach anderen Schätzungen betragen die Kosten das Doppelte.[19] Die Sicherheitslage in Deutschland hat sich seither erheblich verschärft. Öffentliche Feste in deutschen Großstädten können oft nur noch unter aufwendigen Sicherheitsvorkehrungen abgehalten werden, insbesondere die Zahl der Gewaltdelikte ist stark gestiegen.[20]

Es wäre ein Leichtes, diese Liste weiter zu verlängern oder in anderen Staaten vergleichbare Sachverhalte zu finden. Was aber ist allen diesen Vorgängen gemein?

- *Erstens hat eine kleine Minderheit aufgrund ihrer eigenen Einschätzungen und Präferenzen Entscheidungen getroffen, die sämtliche Menschen in ihrem Herrschaftsbereich betreffen.*
- *Zweitens hat diese Minderheit keinerlei wirtschaftliche Nachteile zu befürchten, wenn ihre Entscheidungen finanziellen oder anderweitigen Schaden verursachen.*
- *Drittens ist die Hauptlast zur Umsetzung der Entscheidungen von denjenigen zu tragen, die nicht mitentscheiden durften.*

Dieser Grundmechanismus wird auch nicht dadurch beeinträchtigt, dass Parlamentszustimmungen erforderlich sind oder weitere Gremien einbezogen werden.

Die aufgezeigten Beispiele stellen indes nur einen kleinen Ausschnitt da. Das Problem erstreckt sich praktisch über alle Lebensbereiche. Von Geburt bis zum Tod werden Regeln aufgestellt, ohne dass es eine Rolle spielt, ob die Betroffenen eine solche Wahl auch treffen würden, wenn sie selbst entscheiden dürften. Im Prinzip ist das ganze System darauf aufgebaut, dass A entscheidet, was B und C zu tun und was sie an D (und A) zu zahlen haben.

In anderen Lebensbereichen kann der Mensch aber durchaus für sich selbst entscheiden. Etwa was er isst, welche Kleidung, welches Auto, welche Freunde und welchen Ehepartner er wählt. Er entscheidet, welche Reisen er unternimmt, welche Finanzanlagen er tätigt, welche Versicherungen er abschließt, in welcher Farbe er seine Wohnung streicht. Er wählt aus, für welche Zwecke er spendet, welche Hobbys er ausübt und welche elektronischen Geräte er sich anschafft. Er bestimmt, welche Meinung er hat und welche Vereine und Initiativen er unterstützt, wo er arbeitet und in welchem Beruf, ob er Kinder haben möchte oder nicht. Offensichtlich ist der Mensch in der Lage, diese Entscheidungen eigenverantwortlich zu treffen. Warum soll er dann nicht auch in anderen Bereichen selbst bestimmen? Etwa wie er seine Altersvorsorge gestaltet, welche Zahlungsmittel er bevorzugt, welche politischen Anliegen er unterstützt, aus welchen Energiequellen er seinen Strom bezieht, mit wem er zusammenleben und wen er alimentieren möchte.Zur Verdeutlichung:

Stellen Sie sich vor, Sie leben in einer Automobildemokratie. In einer Automobildemokratie hat jeder das Recht, aber auch die Pflicht, ein Auto zu kaufen. Wie dieses Auto aussieht, wie es moto-

risiert ist, welche Innenausstattung und welche Farbe es hat, entscheidet die demokratisch gewählte Autoregierung. Diese bestimmt auch, welchen Preis Sie dafür bezahlen müssen. Beides gefällt häufig nicht. Dann wird eine andere Regierung gewählt, die andere Vorlieben hat, die sie den Autokäufern aufzwingt. Es gibt ein ständiges Hauen und Stechen darum, wie dieses Einheitsauto beschaffen ist; zahllose Hersteller und Zulieferer unterhalten Lobbyisten am Regierungssitz, damit ihre Produkte in das Automodell der jeweiligen Regierung eingebaut werden. Verschiedene Interessengruppen, die unterschiedliche Antriebsarten bevorzugen, versuchen ebenfalls, auf Parlament und Regierung Einfluss zu nehmen. Unzählige autopolitische Gruppierungen machen geltend, dass sie den vollen Preis nicht bezahlen können und versuchen daher Ermäßigungen herauszuschlagen. Vor einigen Jahren wurde ein zweiter Autotyp eingeführt, der einfacher ausgestattet und billiger ist. Viele Intellektuelle kritisieren, dass dadurch eine Zwei-Klassen-Gesellschaft entstanden sei. In einem sind sich aber alle einig: das System mag zwar Unzulänglichkeiten haben, aber ein besseres gibt es nicht. Denn was wäre die Alternative? Doch nur ein Autodiktator oder Autokönig, der nicht demokratisch gewählt ist und bestimmt, welchen Autotyp es zu welchem Preis für alle geben muss. Das hatte man früher, und zu diesen Zeiten will niemand zurück. Die Idee, dass die Menschen unter zahllosen verschiedenen Angeboten und Herstellern das Auto heraussuchen können, das ihnen am besten gefällt, mit der Ausstattung, die ihnen am ehesten zusagt, ist für die Bürger der Automobildemokratie völlig undenkbar. Dieser Gedanke ist so bizarr, dass er in der Öffentlichkeit nicht einmal diskutiert wird.

Tatsächlich leben wir in einem solchen System. Man ersetze einfach das Wort Automobil durch „staatliche Leistungen und Aktivitäten“. Steuerzahler müssen Subventionen für unwirtschaftliche Technologien finanzieren, staatliche Fernsehsender und militärische Auslandseinsätze, Lehrstühle für Gender-Studien und Theologie, selbst wenn sie all dies ablehnen. Die Bürger werden weiter gezwungen, Renten-, Kranken- und Pflegeversicherungen abzuschließen, egal ob sie das wollen oder nicht. Sie dürfen keine Glühbirnen, leistungsstarken Staubsauger, Plastiktüten oder Zigaretten ohne Warnhinweise erwerben. Und die Verbots- und Gebotsliste wird jedes Jahr länger. Mit anderen Worten: Die Bürger sind keine Kunden, sondern Untertanen. Wieso ist das so und wieso finden die meisten nichts dabei?

EIN NEUES KONZEPT DER SOUVERÄNITÄT

Das liegt daran, dass wir immer noch einem Staats- und Souveränitätskonzept anhängen, das aus einer Zeit der absoluten Herrschaft stammt. Der Begriff der Souveränität wird im innerstaatlichen Bereich verwendet, um die oberste Kompetenz zur Machtausübung im Staat zu bezeichnen.[21] Nach der ursprünglichen Konzeption steht diese Souveränität dem Monarchen zu.[22] In demokratischen Staaten hat sich diese nach offizieller Lesart auf das Volk verlagert, wobei sich die Volkssouveränität meist in der einmaligen Verabschiedung einer Verfassung[23] sowie der Teilnahme an Wahlen und gelegentlichen Abstimmungen erschöpft. Während die Welt von gestern monarchische Souveräne kannte, besteht die Welt von heute aus kollektiven Souveränen, wobei die Kollektive ihre Macht an Gremien delegiert haben, die – das zeigt die Erfahrung – zunehmend und schlussendlich nur noch eigene Interessen verfolgen. [24]

> *Zurück zum Autobeispiel: Wäre es nicht großartig, wenn Sie selbst entscheiden könnten, welches Auto Sie kaufen, welche Ausstattung dieses hat und welchen Preis Sie dafür zu zahlen bereit sind? Oder wenn Sie davon absehen können, überhaupt ein Auto zu kaufen? Es ist nämlich nicht so, dass die einzige Alternative zur demokratischen Wahl einer Regierung, die den Autotyp bestimmt, ein Diktator oder Monarch ist, der selbstherrlich und ohne gerichtliche Kontrolle ein Auto vorschreibt. Es gibt nicht nur die Alternativen Mitbestimmung oder Fremdbestimmung. Selbstbestimmung ist auch eine Option.*

Warum sollte eine Gruppe anderer Menschen überhaupt darüber entscheiden, wie Sie Ihr Leben zu führen haben? Das gilt zumal, wenn Sie diese Menschen weder ausgesucht noch beauftragt haben, noch diese besonders befähigt sind. Sie könnten etwa der Auffassung sein, dass Sie das Recht haben, Ihr Leben und Ihre Lebensumstände so zu gestalten, wie Sie dies für richtig halten und, wenn Sie von anderen etwas wollen, dies auf der Basis freiwilligen Leistungstausches zu tun. Sie wollen nicht Mitbestimmung, sondern Selbstbestimmung. Daraus ergeben sich zwei allgemeine Prinzipien:

- *Erstens, dass derjenige, der anderen kein Leid zugefügt, Anrecht darauf hat, in Ruhe gelassen zu werden, auch von der Regierung oder der Mehrheit.*
- *Zweitens, dass die menschliche Interaktion auf freiwilliger Basis und nicht auf der Basis von Zwang stattfindet, auch in Großgruppen.*

Heutige Staaten können nicht nur keines der beiden Prinzipien garantieren, *sie basieren vielmehr auf der Verletzung derselben:* die Regierung setzt aufgrund ihres Gewaltmonopols das durch, was sie möchte und Sie müssen dafür bezahlen, ob Ihnen die Massnahme gefällt oder nicht. Das gilt auch für westliche Demokratien. Die Ablösung der Diktatur von Einzelnen durch die Diktatur von Partei-Oligarchien oder Mehrheiten ist sicher nicht das Ende der Geschichte. Freiheit[25] und auf Zwang gegründete Herrschaft sind nicht kompatibel. Ob diese Herrschaft demokratisch legitimiert ist oder nicht, spielt für diesen Befund keine Rolle. Freiheit bedarf der Freiwilligkeit.

Wer einem Staat zugehörig ist, muss nach herkömmlicher Auffassung dessen sämtliche Regeln befolgen, was immer die staatlichen Organe auch für Gesetze aufstellen oder ändern. Über Konfliktfälle entscheiden wiederum staatliche Gerichte. Diese Fremdbestimmung geht so weit, dass nicht einmal die Aufgabe der Staatsbürgerschaft daran etwas zu ändern vermag. Wer etwa aus Deutschland wegzieht, muss nicht nur eine Wegzugsteuer bezahlen, sondern ist für weitere zehn Jahre steuerpflichtig für Einkommen aus allen deutschen Vermögenswerten; selbst dann, wenn er die deutsche Staatsbürgerschaft aufgibt.[26] Auch bei Aufgabe der US-Staatsbürgerschaft ist eine Wegzugssteuer fällig, hinzu kommt eine vierstellige „Bearbeitungsgebühr“[27]. Frankreich, das seit Jahren steuerzahlende Staatsbürger in großer Anzahl verliert, legt Austrittswilligen bewusst bürokratische Hürden in den Weg:

> *Eine gute Freundin, die länger als zehn Jahre mit einem Monegassen verheiratet war und in Monaco lebt, erhielt die monegassische Staatsbürgerschaft und wollte dafür die französische aufgeben. Sie musste dies eingehend begründen und wurde sogar vor eine Kommission zu einer Anhörung geladen, die sie schließlich aufforderte, vor allen Anwesenden ihren französischen Pass zu zerschneiden. Mit dieser weiteren Schikane war sie allerdings nicht mehr einverstanden, sie legte den Pass auf den Tisch und empfahl sich.*

Alle diese Vorgänge erinnern einen eher an das Freikaufen aus der Leibeigenschaft als die Beendigung einer Beziehung unter Gleichgestellten. Wohlgemerkt, wir reden in den genannten Beispielen von drei Staaten, die für sich in Anspruch nehmen, Hort der Freiheit zu sein. Kein Dienstleister behandelt seine Kunden so. Kündigt man, erhält man meist ein Schreiben, in dem die Vertragsbeendigung mit Bedauern bestätigt wird. Häufig wird gefragt, was der Grund sei, wo sich der Anbieter verbessern könne und dass man sich freue, wenn der Kunde wieder zurückkomme. Manchmal werden einem sogar verbesserte Konditionen angeboten, wenn man die Kündigung zurücknimmt. Dieses zivilisierte, kundenfreundliche Vorgehen sollten wir auf den Markt des Zusammenlebens übertragen. Wie kann das gelingen?

SELBSTBESTIMMUNG

Unter Beachtung des Gewaltverzichts gegen andere hat jeder Mensch das Recht, sein Leben so zu führen, wie er das für richtig erachtet.[28] Diese Schlussfolgerung ist unumgänglich, wenn man langfristig ein friedliches Zusammenleben der Menschen erreichen möchte. Alles andere würde nämlich bedeuten, bestimmten Menschen oder der Mehrheit mehr Rechte als anderen zu geben. Da jeder mit seinen Handlungen Erfolg haben möchte, und dies nur möglich ist, wenn Dritte das nicht verhindern, muss er umgekehrt auch bereit sein, nicht in die Handlungen anderer einzugreifen. Das entspricht der *Goldenen Regel,* wonach man sich so verhalten soll, wie man es von anderen erwartet (positive Variante) bzw. man anderen nicht Dinge antun soll, die man selbst auch nicht erleiden möchte (negative Variante). Die zweite Variante ist die weniger weit gehende und daher leichter einzuhaltende.[29] Verkörpert ist sie etwa in dem Sprichwort:

„Was Du nicht willst, dass man Dir tu', das füg' auch keinem anderen zu."

Auf sie wird im Folgenden Bezug genommen. Die *Goldene Regel* ist bereits aus antiker Zeit als Handlungsleitfaden bekannt. Sie ist deshalb so universell anwendbar, weil sie nicht des Rückgriffes auf göttliche Gebote, angebliches Naturrecht oder das Konzept des Selbsteigentums bedarf. Es handelt sich einfach um einen Ausfluss der Gegenseitigkeit: Wie Du mir, so ich Dir.[30] Auch der *Kategorische Imperativ* von Kant fußt letztlich auf einer solchen Universalisierung eigener Urteile, wobei dort mit dem Verweis auf die Maximen des Handelns die Unterscheidung getroffen wird zwischen rein subjektiven und von Mensch zu Mensch höchst unterschiedlichen Neigungen und Interessen einerseits und andererseits den universellen Freiräumen, wie auch Grenzen, die für diese gelten.[31] In der Wirklichkeit wäre freilich schon viel gewonnen, wenn wenigstens die *Goldene Regel* in der hier vertretenen Form beachtet würde. Wäre dies der Fall, könnte es keine Institutionen geben, weder Politik, Religion noch Mehrheit, die das Recht haben, dem Menschen gegen seinen Willen in dessen ureigenen Bereich, seine Lebensführung, hinein zu reden. Natürlich nehmen sich jene Institutionen genau das heraus, was aber schlichte Anmaßung ist. Nur ich habe das Recht, über mein Leben zu bestimmen, solange ich anderen das ebenfalls zugestehe, meine Lebensführung somit auf universellen, jedem Menschen in gleicher Weise zugestandenen Vernunftgründen (Kants Maximen) beruht. Ich kann diese Befugnis freiwillig delegieren und mich, aus welchen Gründen auch immer, den Regeln politischer, sittlicher und religiöser Ideen oder dem Schutz eines Machthabers unterwerfen, aber jeder entsprechende Zwang dazu ist Unrecht. Dazu ein Beispiel:

Somaliland ist ein einigermaßen funktionierendes Gemeinwesen im Norden von Somalia (ehemals Britisch-Somaliland), das sich nach dem Zusammenbruch der staatlichen Ordnung in Somalia herausgebildet hat und als solches weiterbestehen will. Ich habe in den USA einmal einen somali-

schen Taxifahrer auf Somaliland angesprochen. Für ihn war es völlig klar, dass die Bewohner von Somaliland kein Recht haben, einen eigenen Staat zu gründen. Auf meine Frage warum, meinte er: „Weil wir anderen Somalis das nicht wollen." Wenn ich in Europa argumentiere, dass Gleichgesinnte doch das Recht haben sollten, in einem eigenen Gemeinwesen zu leben, in dem z. B. keine Umverteilung stattfindet, dann ist die Antwort häufig so ähnlich wie die des somalischen Taxifahrers. „Das geht nicht, weil ‚wir' das nicht wollen." Entsprechendes gilt für die generelle Ablehnung von Sezessionen.

Gesellschaften, welche das Selbstbestimmungsrecht des Einzelmenschen nicht anerkennen, und dazu gehört zu entscheiden, mit wem und in welcher Form er mit anderen zusammenleben möchte, sind in gewisser Weise immer noch unaufgeklärt. Sie werden ein friedliches Zusammenleben dauerhaft nicht erreichen können, sondern stattdessen unendliche Kämpfe darüber austragen, was „wir" wollen und was gut für „uns alle" ist. Wer aber den Menschen das Recht auf ein selbstbestimmtes Leben abspricht, der ist schlicht autoritär, auch wenn er sich selbst liberal oder demokratisch nennt.

Wie kann der Einzelne das Recht ausüben, sein Leben selbstbestimmt zu gestalten? Diese Frage stellt sich im Hinblick darauf, dass allein aus Sicherheitsgründen ein Zusammenschluss in einem Gemeinwesen, namentlich einem Staat oder staatsähnlichen Gebilde, auf absehbare Zeit der Regelfall sein wird. Natürlich ist es möglich, fernab der Zivilisation als Einsiedler sein anarchisches Dasein zu fristen, aber nahezu alle Menschen bevorzugen den Austausch und das Zusammenleben mit anderen. Das Selbstbestimmungsproblem kann gelöst oder doch entschärft werden, indem ein echter Markt für „Staatsdienstleistungen" entsteht. Die derzeit zweihundert Länder für sieben Milliarden Einwohner mit ihren weitgehend gleichen oder ähnlichen Systemangeboten könnten um tausende von unabhängigen oder wenigstens teilautonomen Gemeinwesen ergänzt werden. Dadurch wäre es leichter für jeden Einzelnen, über schlechte Systeme mit den Füßen abzustimmen, anstatt einen nicht messbaren Einfluss alle paar Jahre an der Wahlurne auszuüben. Staaten wären gezwungen, als attraktive Dienstleister um Kunden zu werben, anstatt ihre Bürger als Melkkühe und Versuchskaninchen für Weltverbesserungsideen zu betrachten. Die Integration neuer Modelle des Zusammenlebens in bestehende Nationalstaaten oder in supranationale Werte- und Kulturgemeinschaften wäre unschwer möglich. Vor allem aus verteidigungstechnischen Gründen wäre das bis auf weiteres auch anzuraten. Von solch neuen Gemeinwesen würden Dienstleistungen gegen Bezahlung erbracht, etwa Sicherheit, Rechtsprechung, Anbindung an die Infrastruktur. Sämtliche Rechte und Pflichten, insbesondere was dafür zu bezahlen ist, würden – wie in anderen Märkten auch - in einem Vertrag niedergelegt, der nicht einseitig geändert werden könnte. Jeder könnte darüber hinaus wählen, welche Leistungsmodule er vom Staatsdienstleister in Anspruch nehmen würde und müsste dafür entsprechend bezahlen. Der entscheidende Punkt ist daher nicht, ob diese Gemeinwesen allen oder einer Mehrheit gefallen werden. Entscheidend ist, dass die Teilnahme wie bei allen Vertragsverhältnissen auf Freiwilligkeit beruht.

Wer all das ablehnt, bleibt in herkömmlichen Systemen. Für viele Menschen mag ein System, das auf Eigenverantwortung und Selbstbestimmung beruht, schlichtweg nicht das richtige sein. Sie verlangen nach Führung, Vorgaben für ihr Leben sowie Sinnstiftung. Auch das ist eine zu respektierende Entscheidung. Gleichwohl bedeutet dies, die Souveränität künftig ausdrücklich dem Einzelmenschen zuzugestehen, auch wenn er von dieser keinen Gebrauch machen will.

Jeder sei daher grundsätzlich *Souverän Seiner Selbst* und Inhaber der obersten Kompetenz zur Regelung seiner eigenen Angelegenheiten, nach außen wie nach innen. Dieser Gewinn an Selbstbestimmung bei gleichzeitiger höherer Leistungsqualität zu niedrigeren Kosten wird so attraktiv sein, dass er sogar bestehende Systeme verändern kann, ohne dass Gewalt, Revolution oder das Gewinnen von Wahlen dafür notwendig sind. Diese Souveränität des Einzelmenschen ist freilich der Gegenpol zu allen Kollektivideen politischer oder religiöser Prägung, die von den Menschen fordern, zugunsten eines Gemeinwohls oder der göttlichen Ordnung vom Wunsch auf ein selbstbestimmtes Leben Abstand zu nehmen. Was sie meist nicht erwähnen, ist, wer das Gemeinwohl oder die göttliche Ordnung definiert. Das sind ausnahmslos die Vertreter dieser Ideen selbst. Und sie tun dies auf eine Art und Weise, die zufällig ihren eigenen Interessen und Vorlieben entspricht. Wobei sie das oft sogar vor sich selbst zu verbergen suchen. Im Grunde sind alle heutigen Systeme noch so konzipiert, dass sie die Macht der Herrschenden beschränken, ohne jedoch die Legitimation der Herrschaft über andere überhaupt infrage zu stellen. Das aber ist eine in anderen Bereichen längst überholte Betrachtungsweise. Dort haben wir das Recht, selbstbestimmt zu entscheiden, wie wir unser Leben gestalten wollen. Notwendige Hilfe erhalten wir von Dienstleistern.

Kommen wir auf die Eingangsbeispiele zurück: Es ging um Rentenversicherung, Euro-Einführung, Energiewende, Öffnung der Grenzen und militärische Auslandseinsätze. In einer vertraglich geregelten Dienstleistungsgesellschaft hätte der Staatsdienstleister Sie weder nachträglich zwingen können, an einem bestimmten Rentenversicherungssystem teilzunehmen, noch Ihr Geld in eine von Ihnen nicht gewünschte Währung umzutauschen. Der Betreiber hätte, mit Ausnahme einiger Emissions- und Sicherheitsvorschriften, auch keinen Einfluss darauf, wer zu welchen Konditionen Strom anbietet. Zwar könnte der Betreiber die Kriterien für die Zuwanderung ändern, aber keineswegs könnte er Sie dazu verpflichten, für deren Folgen finanziell einzustehen. Vielmehr wäre er schadensersatzpflichtig, wenn er die Sicherheitslage dadurch verschlechtern würde. Falls Sie militärische Interventionen in anderen Gegenden der Welt unterstützen möchten, um sich in fremde Streitigkeiten einzumischen, wären Sie frei, dies zu tun. Allerdings auf eigene Rechnung.

KAPITEL 3

DREI NEUE LÄNDER – BEREIT FÜR DIVERSITÄT?

Es gibt keine schlimmere Tyrannei als einen Menschen zu zwingen, für etwas zu bezahlen das er nicht will, bloß weil Sie denken, es sei gut für ihn.

Robert Heinlein, Science-Fiction-Autor

Stellen Sie sich vor, in einem Europa, das die Selbstbestimmung des Einzelnen anerkennt, hätten sich an einigen Stellen neue Länder gebildet. Wir wollen uns drei davon näher anschauen.

DIE WALDGESCHWISTER

Das Land der Waldgeschwister hat seinen Namen von der waldreichen Gegend, in der jene sich niedergelassen haben. Sie organisieren sich in einzelnen Siedlungen, die geteilt werden, nachdem eine Kopfzahl von mehr als 150 erreicht ist. Jedes Dorf besteht aus Gemeinschafts- und Einzelunterkünften. Es besteht Gemeinschaftseigentum an allen Dingen außerhalb der eigenen Wohnung. Die Bewohner sorgen für ihre Kranken und Alten. Grundsätzlich herrscht innerhalb der Gemeinschaft freie Liebe, auch nachdem sich Paare gebildet haben. Kinder werden von der Dorfgemeinschaft gemeinsam erzogen. Ab dem Alter von 15 Jahren sind Jugendliche sexuell selbstbestimmt. Die Waldgeschwister wollen möglichst naturnah und umweltverträglich leben. Sie sind zufrieden, wenn sie das Lebensnotwendige erarbeiten. Mit anderen Dörfern findet Tauschhandel statt und des Öfteren werden auch Dinge von der Außenwelt zugekauft. Die einzelnen Siedlungen werden von Dorfältesten geleitet, meist reiferen Frauen. Die Bewohner entscheiden basisdemokratisch über die Neuaufnahme von Siedlern und andere Fragen.

Carola B., Gründerin der Waldgeschwister und Dorfälteste der ersten Siedlung, erläutert: „Das ist unser Modell: Ein Paradies ohne Wachstum. Wir wollen keine Freiheit, sondern Gemeinschaft. Wir haben weniger materiellen Wohlstand, aber dafür mehr soziale Wärme. Der Mensch ist nicht geschaffen für die anonyme Massengesellschaft und deshalb unglücklich. Warum findet denn der ganze Konsum statt, die ganzen Anschaffungen und immer mehr Wachstum zur Erhöhung des Lebensstandards? Weil Männer Frauen beeindrucken wollen. Warum wollen Männer Frauen beeindrucken? Weil sie mit den Frauen Sex haben wollen. Wenn Sie das jetzt haben können, ohne den ganzen Stress, die ganze Umweltzerstörung, den ganzen Konkurrenzdruck und das Verlangen, immer mehr, immer größer, immer besser zu sein, dann sind alle doch viel ausgeglichener und glücklicher! Natürlich wissen wir, dass einige von uns anderswo noch ein Standbein und auch Vermögen haben. Aber wenn jemand in der Außenwelt Geld verdient, und sich dann bei uns niederlässt und einen Teil davon mitbringt und in die Gemeinschaft gibt, ist das völlig in Ordnung."

DAS FÜRSTENTUM CHRISTO

Das Fürstentum Christo nimmt ausschließlich weiße, christliche Siedler auf. Die Einwohner wählen einen Fürsten auf Lebenszeit, der eine Regierung ernennt. Fürst, Regierung und Volk können Gesetze vorschlagen, über die im Wege der direkten Demokratie entschieden wird. Das Fürstentum ist in Gemeinden unterteilt, denen eine weitgehende Autonomie zukommt und die auch für die soziale Sicherung zuständig sind, welche von Gemeinde zu Gemeinde unterschiedlich ausfallen kann. Die Einwohner sind der Auffassung, dass in erster Linie die Familie für die soziale Absicherung zuständig sei, in zweiter Linie die Kirche und erst in dritter Linie die Gemeinde. Transferempfänger und Staatsbedienstete sind vom Wahlrecht ausgenommen, um Interessenkonflikte zu vermeiden. Leitbild ist die traditionelle Familie, mit dem Mann als Familienoberhaupt und Hauptverdiener. Abtreibungen sind nur in engen Ausnahmefällen zulässig. Familien erhalten für jedes Kind eine zusätzliche Stimme bei Wahlen und Abstimmungen. Für alle Männer besteht Wehrpflicht, die Grenzen werden militärisch gesichert. Die persönlichen und wirtschaftlichen Freiheiten sind recht hoch, variieren allerdings von Gemeinde zu Gemeinde. Es wird allgemein erwartet, dass man sonntags in die Kirche geht.

Martin S., der Gründer des Fürstentums und erster Wahlmonarch, berichtet: „Die Hauptstrom-Presse beschreibt uns durchgängig als Modell von vorgestern, rassistisch und sexistisch. Aber in Wahrheit rennen die Leute uns die Bude ein, wir können uns vor Bewerbungen kaum retten. Wir haben auch gar nichts gegen andere Ethnien oder Religionen, nur sollen diese in ihren eigenen Gemeinwesen glücklich werden. Wir wollen jedenfalls vermeiden, dass wir wie die Juden tausend Jahre lang eine unterdrückte Minderheit sind, bevor wir auf die Idee kommen, uns in einem eigenen Staat zusammen zu tun. Wir möchten so leben, wie wir sind und wollen, dass das so bleibt. Wir haben fleißige, intelligente Leute. Deshalb können wir auch im Hochtechnologiebereich mithalten und entsprechend exportieren, was uns dann wiederum einen hohen Lebensstandard sichert. Unsere Familien sind intakt, die Geburtenrate ist stabil und der Zusammenhalt in den Gemeinden gut. Den christlichen Glauben halten wir für wichtig, weil er die Gesellschaft zusammenhält. Unsere Kriminalitätsrate ist niedrig, Konflikte zwischen gesellschaftlichen Gruppen sind selten. Wir sind der Meinung, dass unsere ethnische und konfessionelle Homogenität ein Erfolgsfaktor ist."

JETSONIA

Jetsonia ist eine unabhängige Großstadt, die von einem Privatunternehmen verwaltet und gesichert wird. Jeder Einwohner zahlt einen festgelegten Betrag pro Jahr. Dafür stellt das Unternehmen Infrastruktur, Sicherheitskräfte, Rettungsdienste und ein Streitschlichtungssystem zur Verfügung. Die Einzelheiten sind in einem Vertrag geregelt, der zwischen dem Unternehmen und jedem einzelnen Bewohner abgeschlossen wird. Dieser Vertrag kann von Unternehmen nicht einseitig abgeändert und nur dann gekündigt werden, wenn ein Bewohner gegen seine vertraglichen Pflichten verstoßen hat. Streitigkeiten darüber werden vor einem unabhängigen Schiedsgericht verhandelt. Im Übrigen können die Bewohner tun und lassen was sie wollen, solange sie anderen nicht schaden. Es gilt umfassende Meinungs- und Vertragsfreiheit. Es gibt keine Politik, kein Parlament und keine Zentralbank. Gegen sämtliche Eventualitäten des Lebens haben sich die Bewohner auf Wunsch privat versichert oder Selbsthilfegruppen gegründet, sei es zum Schutz vor Krankheit, Tod, Pflegebedürftigkeit oder Unfällen. Jeder kann neue Produkte und Dienstleistungen ohne Genehmigung oder Lizenz anbieten, und sich in jeder gewünschten Währung bezahlen lassen. Zum Testen neuer Ideen hat Jetsonia eine sogenannte *Ankap-Zone* eingerichtet, in der die Einwohner gar nichts bezahlen, sich dafür um alles selbst kümmern einschließlich der Regeln ihres Zusammenlebens.

Der Sprecher des Unternehmens, Frank K., meint: „Die meisten hier wollen keine politischen oder religiösen Vorgaben, wie sie ihr Leben zu führen haben. Dadurch, dass in Jetsonia eine minimale Regelungsdichte herrscht, konnten wir viele Innovationen hervorbringen und eine hohe Produktivität erreichen. Die Menschen werden von der Politik nicht gegeneinander aufgehetzt, müssen sich nicht einmal um Politik kümmern, da diese nicht existiert. Sie müssen aber auch nicht befürchten, ständig mit neuen Regeln konfrontiert zu werden. Da Freihandel herrscht, jeder somit alles zollfrei importieren kann, und außer dem Jahresbeitrag keine Steuern zu bezahlen sind, haben auch Geringverdiener einen hohen Lebensstandard. Weil wir keine manipulierbare Währung haben, steigt die Kaufkraft unserer Bewohner beständig. Die Altersversorgung ist planbar und ermöglicht den Ruhestand, wann immer der Betroffene das erreichte Niveau für ausreichend hält. Zu uns kann im Prinzip jeder aus der ganzen Welt kommen, der für seinen Lebensunterhalt sorgen kann und unsere Grundregeln akzeptiert. Wir schauen uns aber die Bewerber genau an, Kriminelle sowie politische oder religiöse Extremisten werden entweder gleich abgelehnt oder verlassen unsere Stadt sehr schnell wieder. Hinsichtlich der Einhaltung unserer wenigen Regeln gilt das Null-Toleranz-Prinzip. Bei uns gibt es keine Umverteilung, keinen Mindestlohn und keinen Kündigungsschutz, alles wird zwischen den Beteiligten oder deren Vertretern direkt ausgehandelt. Ich frage Sie: wenn wir so ein schlimmes Ausbeutersystem sind, warum kommen so viele Menschen aus der ganzen Welt freiwillig zu uns?"

—·—

Das sind nun drei völlig unterschiedliche Systeme des Zusammenlebens. Ihnen gemeinsam ist Folgendes: Erstens ist die Teilnahme daran freiwillig. Zweitens haben sie im Europa von heute keine Chance auf Entstehung. Denn sie sind mit der herrschenden Rechtsordnung oder Moral nicht in Einklang zu bringen. Was wäre aber so schlimm daran, wenn sich Menschen, die das möchten, auf andere Weise organisieren als die Mehrheit das für richtig erachtet? Ist es wirklich erstrebenswert, wenn die Welt überall gleich aussieht? Vielleicht gibt es gar kein optimales System für alle? Vielleicht nicht mal für den Einzelnen? Möglicherweise will ein junger Mensch ein paar Jahre bei den *Waldgeschwistern* verbringen, aus Idealismus und um sexuelle Erfahrungen zu sammeln. Danach geht er nach *Jetsonia*, um sich eine wirtschaftliche Existenz, ein Vermögen und eine Alterssicherung aufzubauen. Schließlich verbringt er seinen Lebensabend im *Fürstentum Christo*, in dem er sich unter seinesgleichen wohl und geborgen fühlt.

Sind wir bereit, alle drei Modelle zuzulassen? Wenn nicht, dann sind *wir* das Problem für ein gedeihliches Miteinander aller Menschen, nicht Politiker, Großkonzerne oder Superreiche.

Der Schlüssel für ein friedliches Zusammenleben ist, andere nicht daran zu hindern, auf ihre eigene Art und Weise glücklich zu werden.

KAPITEL 4

GRUNDFRAGEN MENSCHLICHEN ZUSAMMENLEBENS

Wir haben steinzeitliche Gefühle, mittelalterliche Institutionen und eine gottgleiche Technik.
Edward O. Wilson, Ameisenforscher

Wenn wir die hergebrachten Institutionen unseres Zusammenlebens verbessern wollen, müssen wir zunächst untersuchen, warum Menschen in bestimmten Formen zusammen leben, was sie antreibt und welche Rolle bestimmte Einrichtungen spielen. Daraus ergeben sich Hinweise, wie erfolgreiche und friedliche neue Systeme des Zusammenlebens beschaffen sein könnten, die weder eines „Neuen Menschen" noch einer sonstigen Änderung unserer evolutionären Prägung bedürfen.

I. WAS TREIBT UNS AN?

Zeige mir die Anreize und ich sage das Ergebnis voraus.
Charlie Munger, Investorenlegende

Der Mensch reagiert immer und überall auf Anreize, ob er nun einen freien Willen hat oder nicht. Wer das nicht versteht, kann die Welt nicht verstehen. Wann immer ein bestimmtes Ergebnis unerwünscht ist oder fragwürdig erscheint, sollte man sich fragen, welche Handlungsanreize dafür gegeben waren. Legen wir diesen Denkansatz zugrunde, finden wir auch die Antworten, warum die westlichen Systeme in solchen Schwierigkeiten sind und Alternativen in anderen Weltgegenden auch nicht wirklich funktionieren. Der gewissermaßen angeborene Hauptanreiz jedes Menschen ist, sein Wohlbefinden zu erhöhen; darin unterscheidet er sich nicht von anderen Säugetieren. Nach dem Erreichen der menschlichen Grundbedürfnisse bedeutet dies: Erhöhung des Lebensstandards. Zum Lebensstandard zählen dabei nicht nur materielle Dinge, sondern auch immaterielle Vorteile wie Macht, Einfluss, Erkenntnis und insbesondere soziale Anerkennung.[32] Es wird immer einzelne Asketen geben, die aus moralischen oder vernünftigen Erwägungen, Anreizen zur Erhöhung ihres Wohlbefindens widerstehen können, aber das sind seltene Ausnahmen und auch in diesen Fällen liegen Anreize und Zielsetzungen vor, die das Handeln des Betreffenden letztlich erklären. Das Streben nach Maximierung des Eigennutzens ist auch gewählten oder ernannten Vertretern des Staates wie Politikern und Beamten eigen. Diese haben zwar nicht die Möglichkeit, durch direkte Profite wirtschaftlichen Erfolg zu generieren, doch können sie aufgrund ihrer Stellung durchaus ihr Einkommen und ihren Einfluss erhöhen. Und das tun sie dann auch.[33] Dasselbe gilt für Kirchenvertreter und sonstige Vertreter des institutionalisierten Gemeinwohls, auch sie handeln in der Regel eigennützig. Wer sich besser fühlt, wenn er anderen hilft, handelt (auch) eigennützig. Daran ist nichts verwerflich, es ist nur wichtig, das zu verstehen.

Das Bestehen von Anreizen bzw. Fehlanreizen erklärt fast alles:

- *Wer viel Geld in ein Unternehmen investiert, dessen Gründer und Manager überhaupt kein eigenes Geld investiert haben, darf sich nicht wundern, wenn die Sache schief geht.*
- *Wer Sozialleistungen fürs Nichtstun oder das bloße Kinderkriegen bezahlt, die annähernd so hoch oder höher sind als ein Lohn, den Niedrigqualifizierte am Markt erzielen können, darf sich nicht wundern, wenn diese nicht arbeiten und auch keine Arbeit suchen.*
- *Wer Unternehmen hoch besteuert, ihre gesamte Tätigkeit umfassend reguliert und sogar vorschreibt, wen sie einzustellen haben, der darf sich nicht wundern, wenn niemand mehr Unternehmer werden will.*
- *Wer Politikern Macht gibt, ohne dass diese den geringsten eigenen wirtschaftlichen Nachteil haben, wenn etwas schief geht, darf sich nicht wundern, wenn diese unverantwortliche und schlechte Entscheidungen treffen.*
- *Wer seine Grenzen für Einwanderer aus aller Welt öffnet und diesen Sozialleistungen zukommen lässt, die über dem Durchschnittsverdienst in den Herkunftsländern liegen, darf sich nicht wundern, wenn ohne Ende Heerscharen von Menschen kommen, bis die innere Sicherheit und die Sozialsysteme schließlich zusammenbrechen.*

All das sind relativ einfache Zusammenhänge von Ursache und Wirkung. Man kann sie ignorieren, aber nicht die Konsequenzen, die aus diesem Ignorieren entstehen. Das permanente Setzen von Fehlanreizen gehört zu den Hauptgründen für die Schwächen aktueller politischer Systeme. Diese werden aber nicht aus Dummheit erzeugt, sondern weil die Konstruktion unserer politischen Systeme wiederum Politiker dazu verführt, solche Fehlanreize zu setzen. Wir werden uns das am Beispiel des Sozialstaates exemplarisch betrachten.

A. SOZIALSTAAT UND VERFEHLTE ANREIZSTRUKTUR

Die Wohltätigkeit gilt als die erste christliche Tugend. Allein, sobald sie als Werkzeug der Gleichheit und als Gesetz aufgefasst und zum Staatsprinzip erhoben wird, ist sie ein Gebrechen der Gesellschaft. Sie ist dann eine Umkehrung des Prinzips, dass jeder Mensch selber hervorbringen muss, was er konsumiert. Daher ist ihre Folge stets die unproduktive Konsumtion. Eine zu reichlich bemessene Armenpflege zieht Armut geradezu groß, entmutigt die Selbsthilfe und überträgt die Verantwortlichkeit auf den Staat, sie hemmt Arbeitslust, Fleiß, Sparsamkeit und fördert den Müßiggang.

Hermann Rentzsch, Handbuch der Volkswirtschaftslehre 1866

Der Sozialstaat[34] gilt vielen als unverzichtbare Errungenschaft moderner Staaten. Er soll Lebensrisiken wie Hunger, Krankheit und Armut absichern und jedem ein menschenwürdiges Dasein ermöglichen. Diese Ziele sind ehrenhaft und nicht zu beanstanden. Der Sozialstaat ist aber kein geeignetes Vehikel, sie dauerhaft zu erreichen. Er führt letztlich in den Ruin, entmündigt seine Bewohner und verursacht unsoziales Verhalten. Im Ergebnis verschlimmert er die Zustände, die er bekämpfen will. Deshalb sind die Tage des Sozialstaats gezählt, auch wenn er derzeit noch so viele Befürworter hat. Seine wesentliche Unzulänglichkeit ist das systematische Setzen von Fehlanreizen. Sowohl Politik, als auch Verwaltung, als auch Leistungsempfänger sehen sich massiven Anreizen ausgesetzt, das System zum eigenen Vorteil auszunutzen. Der Sozialstaat unterliegt damit ebenfalls der *Tragik der Allmende*[35].

POLITISCHE FEHLANREIZE

Der bedeutendste Fehlanreiz für die Politik ist der Stimmenkauf durch soziale Wohltaten. Anders ausgedrückt, die kurzfristige Bestechung der Wähler ohne Rücksicht auf die langfristigen Folgen: die Erhöhung des Kindergeldes, die Absenkung des Renteneintrittsalters, die Ausweitung von Krankenversicherungsleistungen, die Aufstockung der Sozialhilfe usw.

Den bisher größten Wahlsieg in der Geschichte der CDU fuhr Konrad Adenauer im Jahre 1957 ein. Dies gelang ihm, weil er entgegen ausdrücklicher Bedenken der Experten ein reines Umlageverfahren für die Rentenversicherung durchsetzte und die durchschnittliche Rentenleistung dadurch sofort signifikant anheben konnte. Und so ging das im Laufe der Jahre immer weiter, in Deutschland wie anderswo.[36] Die sozialen Leistungskataloge wurden unter dem Beifall von Wählern und Medien beständig ausgedehnt und das Niveau der Leistungen angehoben. Politiker, die Leistungskürzungen befürworten, werden über kurz oder lang abgewählt.

Ein weiterer politischer Fehlanreiz ist die Ausweitung von Macht durch Erweiterung des Sozialstaates. Je mehr Sachverhalte dem Staat zugewiesen sind, je mehr Leistungsempfänger es gibt, desto mächtiger ist die Politik. Daher strebt diese danach, genau das zu erreichen, unabhängig von den Folgen. Dieser Anreiz lag bereits der ursprünglichen Schaffung des Sozialstaats zugrunde. Entgegen landläufiger Ansicht ist der moderne Sozialstaat keine Errungenschaft der Sozialdemokratie. Er wurde vielmehr vom deutschen Reichskanzler Bismarck Ende des 19. Jahrhunderts von oben eingeführt. Ziel war, die Machtposition der Gewerkschaften zu schwächen und die Bindung der Arbeiter an den Staat zu stärken. Anstelle der sozialen Selbsthilfe in Gewerkschaften und Gewerkvereinen trat eine paternalistische Zwangslösung. Bismarck sah in unabhängigen, besitzenden Arbeitern eine politische Gefahr.[37] Entsprechend wurde der Sozialstaat immer weiter ausgedehnt. In Deutschland war die verpflichtende Krankenversicherung ursprünglich auf Arbeiter der unteren Einkommensschichten beschränkt, ist aber stetig ausgeweitet worden. 1927 kam eine Arbeitslosenversicherung dazu. 1995 wurde eine Pflegepflichtversicherung eingeführt. Seit 2009 sind endlich alle in Deutschland Lebenden verpflichtet, sich gegen Krankheit zu versichern. Auch Freiberufler müssen sich zwangsweise rentenversichern, Selbstständige dürften demnächst folgen. Ob die Betroffenen das auch möchten, interessiert nicht.

BÜROKRATISCHE FEHLANREIZE

Der Fehlanreiz für die Verwaltung ist die Belohnung von Misserfolg. Mehr soziale Probleme, mehr Bedürftige bedeuten größere Budgets und mehr Mitarbeiter für die Sozialbürokratie. Da jede Bürokratie danach strebt, Macht und Einfluss auszubauen, besteht von dieser Seite ein stetiger Impuls, Probleme nicht zu lösen oder für erledigt zu erklären, sondern das Gegenteil zu tun. Steigen die Benzinpreise, wird nicht etwa eine Senkung der Mineralölsteuer erwogen, um „sozial Benachteiligten" wieder die Teilnahme am Straßenverkehr zu erleichtern. Stattdessen werden Beihilfen oder Benzingutscheine für Bedürftige vorgeschlagen, denn dies erfordert eine weitere Behörde und vergrößert die Macht von Verwaltung und Politik. Ein erheblicher Teil der sozialen Aufwendungen kommt so gar nicht mehr den Bedürftigen zu gute. Er wandert direkt in die ständig wachsende Umverteilungsmaschine.

LEISTUNGSBEZOGENE FEHLANREIZE

Der Fehlanreiz für die Leistungsempfänger führt dazu, die angebotenen Leistungen übermäßig und auch ohne Bedarf auszunutzen, da sie scheinbar umsonst sind. Der Sozialstaat bestraft Bescheidenheit und Zurückhaltung und belohnt Überkonsum sowie Unehrlichkeit. Denn es gilt mit der Unerbittlichkeit eines Naturgesetzes: *jede* Subvention lässt die Menge der subventionierten Güter wachsen.

> *Als die britische Kolonialherrschaft einer Kobraplage in Indien Herr werden wollte, wurde eine Belohnung für jeden ausgelobt, der eine tote Kobra ablieferte. In der Folge wuchs die Kobrapopulation auf ein nie gekanntes Maß: Kobras wurden gezüchtet, nur um an die Prämie zu kommen.*[38]

> *Vor einigen Jahren wurde Deutschland von einem flächendeckenden Lokführerstreik in Atem gehalten. Als wichtige Verhandlungen anstanden, war der Vorsitzende der Gewerkschaft auf einmal verschwunden. Die Presse mutmaßte bereits über interne Machtkämpfe, als bekannt wurde, dass der Chef lediglich eine ihm zustehende Kur angetreten hatte.*[39] *Diese Kur war bereits mehrfach verschoben worden und wäre bei einer weiteren Verschiebung verfallen. Als Kind des Sozialstaates konnte er offenbar gar nicht anders, als im Moment höchster Bewährung die kämpfende Truppe zu verlassen. Wehe, der Anspruch wäre ungenutzt verfallen!*

Es geht also nicht darum, ob gute Absichten vorliegen oder nicht. Entscheidend ist das Resultat. Wenn dafür bezahlt wird, arm, arbeitsunfähig, krank oder alleinerziehend zu sein, so werden auch diese Zustände häufiger auftreten.

Ein weiterer Fehlanreiz des Sozialstaates besteht darin, privates Vorsorgedenken und Verantwortungsübernahme auszuschalten. Warum soll man auf den eigenen Gesundheitszustand achten, wenn Anspruch auf volle Lohnfortzahlung im Krankheitsfall besteht? Warum soll man Vorsorge für Lebensrisiken treffen oder Nahestehende dazu ermutigen? Jeder hat doch einen Rechtsanspruch auf „notwendigen Lebensunterhalt". Dazu gehören Theater-, Kino-, Konzertbesuche, Telefon, Radio, TV und Internet-Anschluss sowie das Abonnement einer Zeitung. Zu diesen Regelsätzen kommen einmalige Beihilfen für besondere Anschaffungen, die komplette Übernahme der Miet- und Versicherungskosten und ein Weihnachtsgeld.[40]

Daneben besteht der Anreiz, ständig neue Leistungen zu fordern. Entgegen landläufiger Annahme wird im Sozialstaat nicht vorwiegend von Reich zu Arm umgeschichtet. Stattdessen findet immerfort eine Umverteilung zwischen allen Einkommensgruppen statt, um bestimmten Gruppen Sondervorteile zu gewähren: etwa alleinerziehenden

Müttern, Studenten, Theaterliebhabern, Betroffenen von Naturkatastrophen, usw. Da die Umverteilung nicht in eine bestimmte Richtung erfolgt, kann schwer eingeschätzt werden, wer unter dem Strich einen Netto-Vorteil hat und wer nicht. Hat eine organisierte Interessengruppe einmal gelernt, dass sie - im Namen sozialer Gerechtigkeit - nur lautstark genug eine Leistung fordern muss, wird sie dieses Verhalten wiederholen. Andere gesellschaftliche Gruppen ziehen nach, wohl wissend, dass sie andernfalls nur Zahlstellen für die Vergünstigungen der aktiveren Gruppen sind.

Die Problematik wird verschärft durch die Wanderungsbewegungen. Aufgrund der hohen Sozialabgaben wandern qualifizierte Einzahler ab, dafür wandern arbeitsunwillige Leistungsempfänger zu.

Mir sind persönlich einige Fälle von leitenden Angestellten bekannt, die aus Deutschland und Österreich in die Schweiz ausgewandert sind. Beweggrund waren unter anderem die in der Schweiz deutlich niedrigeren Sozialabgaben. Umgekehrt hat mir ein asiatischer Zuwanderer einmal erzählt, dass es für ihn eigentlich keinen Anreiz gebe zu arbeiten, denn als Familienvater hätte er Anspruch auf Sozialhilfe in einer Höhe, die ein Ministergehalt (!) in seiner Heimat übersteigen würde.

Wer ein universales Menschenrecht postuliert, auf Kosten anderer leben zu dürfen, muss sich nicht wundern, wenn dieses schließlich eingefordert wird. Jemand, der in einem Entwicklungsland täglich zehn Stunden harte Arbeit verrichtet und dafür hundert US-Dollar pro Monat nach Hause trägt, wird sich in der Tat überlegen, ob er sich nicht besser in Mitteleuropa niederlässt. Hier bekommt er faktisch tausend US-Dollar im Monat fürs Nichtstun, hervorragende Infrastruktur inklusive. Folgerichtig geht etwa in der Schweiz nur jeder siebte anerkannte, aufenthaltsberechtigte Asylbewerber einer geregelten Arbeit nach.[41] Und je größer die Familie, desto größer die Ansprüche.

Bekannt wurde der Fall eines syrischen Flüchtlings in Deutschland, der vier Frauen und 23 Kinder hat. Er hat Anspruch auf ca. 30.000 Euro Sozialhilfe pro Monat, ohne dass er jemals irgend etwas eingezahlt hat.[42] Das deutsche Durchschnittseinkommen liegt bei etwa 3.700 Euro im Monat.[43]

Tragischer Weise führt dieses Anreizsystem dazu, dass in ihren Heimatländern produktive Leistungsträger dazu verführt werden, in Sozialstaaten auszuwandern, um dort alimentierte Leistungsempfänger zu werden. Sozialstaatsauswanderer wie -einwanderer handeln menschlich, indem sie eine Erhöhung ihres Lebensstandards anstreben. Sie nutzen dabei die Anreizsysteme, die ihnen angeboten werden. Im Ergebnis verliert der Sozialstaat Geber und bekommt dafür mehr Nehmer. Aus diesen Realitäten folgt auch, dass die Kombination aus offenen Grenzen und Sozialstaat nicht funktionieren kann beziehungsweise das sichere Rezept für ein Desaster ist.[44] Die beharrliche Weigerung westlicher Eliten, diesen Sachverhalt anzuerkennen, könnte dem Sozialstaat früher als erwartet den Todesstoß versetzen.

Die Folgen der beschriebenen Fehlanreize sind schwerwiegend: Überschuldung, Bevormundung und unsoziales Verhalten.

ÜBERSCHULDUNG

Der Sozialstaat ist Schuldenstaat, der die versprochenen Leistungen künftigen Generationen nicht mehr auszahlen können wird. Aufgrund der aufgezeigten Anreizstruktur werden dem System immer mehr Einzahler entzogen bei gleichzeitigem Anwachsen der Zahl der Leistungsempfänger. Parallel steigen die Leistungsniveaus stetig an und die Sozialbürokratie bläht sich auf. Dadurch steigen nicht nur die Staatsausgaben ständig, sondern auch das mögliche Wirtschaftswachstum wird reduziert. Denn immer weniger Personen sind im produktiven Sektor tätig. Weniger Wirtschaftswachstum führt aber wiederum zu einer Erhöhung der Anzahl an Bedürftigen. Ein Teufelskreis ist in Gang gesetzt. Der Sozialstaat bekämpft immer verzweifelter die Probleme, die er selbst verursacht hat.

Umlageverfahren beschleunigen den Weg in den finanziellen Ruin. Die meisten Sozial-„Versicherungen" (Rente, Krankheit, Arbeitslosigkeit) beruhen auf dem Umlageverfahren, das heißt die eingezahlten Beträge werden sofort weiter verteilt an die Leistungsempfänger. Da die verfügbaren Mittel schlicht umverteilt werden, wird nichts gespart, es wird nicht investiert und damit werden auch keine Erträge erwirtschaftet. Werden die Einzahler immer weniger, immer älter und bekommen immer weniger Kinder, hat das System ein ernstes Problem. Das enorme, konstruktionsbedingte Kostenwachstum der Sozialsysteme kann daher seit Jahrzehnten nur noch durch die ständige Ausweitung der Staatsverschuldung bestritten werden. Die als Lösung gedachte Massenzuwanderung Unqualifizierter wird dieses Problem nicht lösen, sondern noch verschlimmern.

Reformen des Sozialstaats sind entweder Kosmetik oder hinterlassen auf Sicht von 15-20 Jahren nur einen leichten Knick in der stetig steigenden Ausgabenkurve. Folgerichtig ist den westlichen Demokratien während der letzten hundert Jahren die Staatsquote von durchschnittlich 12 % auf bald 50 % gestiegen.[45] Die dem Sozialstaat zurechenbaren Ausgaben machen in Deutschland heute schon mehr als 50 % des Staatshaushaltes aus.[46] In den letzten vierzig Jahren wuchsen die deutschen Staatsschulden von 167 Milliarden auf 2000 Milliarden Euro![47] Rechnet man alle Pensions- und Sozialansprüche der Kommunen und Länder mit ein, kommt man gar auf 8000 Milliarden bzw. 8 Billionen Euro.[48] In anderen westlichen Sozialstaaten sieht es ähnlich aus.

Wenn die Zahl der Nehmer immer weiter wächst, die Zahl der Geber aber immer weiter sinkt, und dabei die Sozialbürokratie größer wird, ist der Ruin der Staats- und Sozialhaushalte nur noch eine Frage der Zeit. Auch fiskalische Trickereien der Zentralbanken wie die Zinsmanipulationen nach unten oder der Aufkauf eigener Staatsanleihen können dieses Ergebnis nur verzögern, nicht verhindern.

BEVORMUNDUNG

Der Sozialstaat ist Obrigkeitsstaat – der Staat ordnet an, was zu tun ist, der Bürger hat zu gehorchen. Egal, ob dieser die gleichmäßige Verteilung seiner Einkünfte auf alle Lebensphasen, wie die gesetzliche Rentenversicherung es vorschreibt, möchte oder nicht. Egal, ob er eine Minimal-Krankenversicherung nur gegen Hochrisiken bevorzugen würde. Individuelle Lebensentwürfe sind im System immer weniger zugelassen. Daraus folgt eine zunehmende Gängelung, Bevormundung und damit Freiheitseinschränkung. Der Bürger wird sowohl gehindert, eigene Wege zu gehen, als auch eigene Erfahrungen zu machen und daraus zu lernen. Der Weg in die Unmündigkeit ist vorgezeichnet. Und woraus ergibt sich eigentlich das Recht, friedliche Mitmenschen zu Mitgliedschaften zu zwingen, die sie nicht eingehen möchten?

UNSOZIALES VERHALTEN

Der Sozialstaat verdirbt die Menschen, indem er unsoziales Verhalten fördert. Es bestehen massive Anreize, sich unehrlich und unanständig zu verhalten („krank feiern"). An die Stelle von Eigenvorsorge tritt Abhängigkeit. An die Stelle von Verantwortungsübernahme tritt Unmündigkeit. An die Stelle der Nächstenliebe tritt das Bestreben, das Maximum herausholen. An die Stelle des Verlangens nach Bewährung tritt die Suche nach unverdientem Einkommen. An die Stelle von Dankbarkeit tritt aggressives Anspruchsdenken.

Die im Sozialstaat allgegenwärtige Forderung gesellschaftlicher Gruppen nach Umverteilung kommt darüber hinaus der Aufforderung zu einer Straftat gleich. Denn Umverteilung ist nur möglich, indem man Menschen die Früchte ihrer Arbeit wegnimmt. Die Folge sind nie endende Verteilungskämpfe, sozialer Unfriede und Neid. Es gibt keinen allgemein anerkannten Rechtsgrundsatz, der zwei Menschen erlaubt, einen Dritten zu enteignen. Auch persönliches Pech oder Unvermögen begründen nicht das Privileg, andere auszubeuten. Verteidiger des Sozialstaats werden einwenden, dass „Solidarität" und

„soziale Gerechtigkeit" anders nicht hergestellt werden könnten. Aber unter Androhung von Gewalt erzwungene Solidarität ist keine. „Soziale Gerechtigkeit" ist undefinierbar und hängt stets vom Standpunkt des Betrachters ab. Was qualifiziert einen Menschen, auf Kosten eines anderen zu leben und wer ist der Richter, der darüber befindet? Mit welchem Recht entscheidet A darüber, was B an C zu zahlen hat?

B. MINIMALPRINZIP ALS KERNPROBLEM

Wenn die Probleme so evident sind, warum ist der Sozialstaat dann trotzdem so beliebt? Die Antwort finden wir im Minimalprinzip. Die Konditionierung des Menschen nach dem Minimalprinzip, also dem Bestreben, möglichst viel zu erhalten für möglichst geringen Einsatz, ist evolutionär vernünftig. Sie hat dafür gesorgt, dass wir stets nach Hilfsmitteln und Methoden Ausschau halten, um mit weniger Anstrengung mehr Ertrag zu generieren. Das wiederum hat dazu geführt, dass heute der Durchschnittsmensch dank Technologie in den meisten Ländern in einem Wohlstand leben kann, der vormals nur privilegierten Oberschichten zugänglich war.

Trifft diese Disposition nun auf politische Macht, ergibt sich ein Problem: Die Politik kann aufgrund des staatlichen Gewaltmonopols Zuwendungen versprechen, welche die Zuwendungsempfänger scheinbar nichts kosten.[49] Aus deren Sicht stellt sich dies vorteilhaft dar: keine Anstrengung, trotzdem Ertrag = gutes Geschäft. Darunter fallen nicht nur offensichtliche Wählerbestechungen wie die Gewährung von Kindergeld oder freier Heilfürsorge, demnächst vielleicht sogar das bedingungslose Grundeinkommen, sondern auch gesetzliche Regelungen, die eine Interessengruppe wünscht, z. B. Kündigungsschutzvorschriften oder das Verbot der Kernenergie. Alle kurzfristigen Vorteile, Zeitgeistmoden, gegenleistungslose Versprechen und dergleichen „Gratis"- Angebote der Politik werden von der Mehrheit nachgefragt. Natürlich muss am Ende irgendjemand dafür bezahlen, aber eine der wichtigsten „Leistungen" von Politik besteht gerade darin, solche Zusammenhänge zu verschleiern. In der Theorie kann man dieses Problem mittels Einsatzes der Vernunft und Überzeugungsarbeit bewältigen, in der Praxis ist das Minimalprinzip stärker. Politiker oder Regenten, die Leistungskürzungen befürworten, werden über kurz oder lang abgewählt oder ausgetauscht. *Otto von Bismarck*, der Erfinder des Sozialstaates, bezeichnete diesen folgerichtig als „Staatssozialismus". Am Ende seines Lebens zog er folgendes Fazit:

> *Es ist möglich, dass unsere Politik einmal zugrunde geht, wenn ich tot bin. Aber der Staatssozialismus paukt sich durch. Jeder, der diesen Gedanken wieder aufnimmt, wird ans Ruder kommen.*[50]

Aus dieser Erkenntnis und dem bisher Gesagten ergibt sich das folgende, wiederkehrende Muster:

1. *Nahezu alle Menschen wollen ihren Lebensstandard erhöhen. Sie wollen das auf eine möglichst einfache Weise tun.*
2. *Der leichteste Weg, seinen materiellen Lebensstandard zu erhöhen, ist anderen etwas wegzunehmen.*
3. *Die meisten tun sich aber schwer, einfach in ein Geschäft zu marschieren und sich Waren ohne Bezahlung einzupacken oder dem Nachbarn sein Geld abzunehmen.*
4. *Sie tun sich leichter, einen Dritten damit zu beauftragen, der das für sie mit dem Hinweis übernimmt, dass das Ganze rechtmäßig sei und der dem Vorgang zudem noch ein moralisches Mäntelchen umhängt.*
5. *Daher wenden sich die Menschen an den Staat. Denn der Staat ist die einzige Institution, die ungestraft anderen die Früchte ihrer Arbeit wegnehmen darf. Das ändert aber nichts an dem Vorgang der Wegnahme, der in derselben Gesellschaft sonst den Tatbestand des Diebstahls beziehungsweise Raubs darstellt („Du sollst nicht stehlen").*
6. *Regierungen und Politiker bedienen diese Wünsche, andernfalls werden sie abgewählt oder abgesetzt zugunsten derjenigen, die das tun.*
7. *Nach und nach finden immer mehr gesellschaftliche Gruppen heraus, wie man die Macht des Staates für eigene Zwecke einsetzen kann. Der Staat – nicht wirtschaftliche Aktivität – wird die Hauptquelle zur Erhöhung des Lebensstandards.*
8. *Immer weniger Menschen sind im produktiven Sektor tätig. Verteilungskämpfe werden intensiver, die Staatsverschuldung wächst.*
9. *Dem Staat geht schließlich das Geld aus. Die daraus resultierende Krise führt zu Radikalreformen oder gar Systemwechseln. Das Spiel beginnt von vorn.*[51]

Die aufgezeigte Dynamik sorgt leider auch dafür, dass sich der Staat auf immer mehr Feldern und immer intensiver in das Privatleben einmischt. Denn auch immaterielle Zuwendungen werden verteilt, also Regulierungen zugunsten der Wünsche bestimmter Interessengruppen. Die Möglichkeit, sein Leben nach eigenem Gusto zu führen und damit die menschliche Vielfalt schlechthin, wird immer mehr eingeengt. Da insbesondere in Demokratien, aber nicht nur dort, fast jede Interessengruppe versucht, ihre persönlichen Wünsche der Allgemeinheit in Rechnung zu stellen, steigen mit der Zeit *zwangsläufig* die Zahl der Gesetze, die Steuerbelastung und die Staatsschulden.

II. WIE KANN MACHT BEGRENZT WERDEN?

Wer von der Politik vernünftige Entscheidungen erwartet, hat nicht begriffen, dass der Wille zur Macht größer ist als alle Vernunft.

Roland Baader, Ökonom und Publizist

Wenn die Kombination von menschlichem Minimalprinzip und politischer Macht das Problem ist, könnte man einerseits versuchen, den Menschen und seine evolutionär geprägten Verhaltensweisen zu verändern. Das ist schon sehr häufig ausprobiert worden, insbesondere von Politik und Religion. Der Erfolg ist bisher ausgeblieben, was die Anhänger dieser Variante freilich nicht davon abhält, es wieder und wieder zu versuchen. Der andere Ansatzpunkt wäre, politische Macht zu brechen oder zumindest zu begrenzen. Daran wird seit einigen Jahrhunderten mit immerhin durchwachsenem Erfolg gearbeitet. Schauen wir uns einige dieser Versuche näher an.

GEWALTPROBLEM UND GEWALTMONOPOL

Eine der Grundlehren der Geschichte lautet, dass sich Menschen in irgendeiner Form wehrhaft organisieren müssen, sonst können Sie die Aggression fremder Gruppen nicht abwenden. Insofern ist ein Zusammenschluss unvermeidlich. Tun Menschen das nicht, werden sie einfach erobert und beherrscht. Das wäre auch das Schicksal von selbstbestimmten, aber wehrlosen Anarchisten, spätestens nachdem diese einen gewissen Wohlstand angehäuft hätten. Im Grunde ist das die Situation, von der *Thomas Hobbes* ausgegangen ist, als er seinen *Leviathan* schrieb.[52] Einen tatsächlichen Kampf „aller gegen alle" als Naturzustand hat es zwar nie gegeben und wird es nie geben. Der Mensch war schon immer ein Herdentier und als solches neigt er zur Rudelbildung. Darauf läuft es unter entsprechenden Umständen auch heute noch hinaus: selbst in den gesetzlosen Bereichen brasilianischer *Favelas* entwickeln sich Rangordnungen und Kooperationen.[53]

Aber der richtige Kern von *Hobbes'* Ansatz liegt darin, dass der unorganisierte Einzelmensch oder die schwache Gruppe ständig Gefahr laufen, von umherziehenden größeren oder stärkeren Haufen ausgeplündert zu werden. Der physische Kampf um knappe Güter ist im *Hobbes'schen* Naturzustand stets gegenwärtig, Landwirtschaft, Handel, Wissenschaft und Künste kommen nicht zustande. Dieser Zustand ist unbefriedigend und ermöglicht gerade keine Freiheit, weil man ständig von anderen gehindert wird, das zu tun, was man möchte und einem sogar die Früchte seiner Arbeit mit Gewalt abgenommen werden. Und auch die Alternative, sich von Fall zu Fall mit Nachbarn zu Schutzallianzen zusammenzuschließen, um Feinde abzuwehren, ist weit weniger sicher und meist umständlicher als eine übergeordnete Einheit, die exklusiv und für alle verbindlich den Schutz von Leib, Leben und Eigentum übernimmt. Daher hat sich in den entwickelten Weltgegenden mit der Zeit die Institution des Gewaltmonopols durchgesetzt. Damit ist eine Einrichtung gemeint, in der Regel als Polizei bezeichnet, die exklusiv das Recht hat, die Gewaltanwendung der Bürger zur Durchsetzung eigener Zwecke, auch als Vergeltung für unstrittig erlittenes Unrecht, zu unterbinden und als einzige dazu Gewalt androhen oder einsetzen darf. Den Gewaltbereiten wird sozusagen unter Androhung von Gewalt klargemacht, dass sie auf die Anwendung von Gewalt zur Durchsetzung eigener Ziele verzichten müssen. Nach außen hin, also als Schutz vor organisierten gewaltbereiten Gruppen, die nicht dem Gemeinwesen angehörten, wurde ein Militär aufgebaut. Solche Ordnungen waren erfolgreich und haben sich gegenüber anderen Systemen durchgesetzt. Deshalb gibt es heute überall auf der Welt Staaten und staatliche Gewaltmonopole. Selbst Kriminelle bevorzugen eine solche Ordnung, weil ihnen ihr geraubtes, gestohlenes oder erschwindeltes Gut dann nicht an der nächstbesten Ecke wieder mit Gewalt abgenommen werden kann.[54]

Trotzdem können an vielen Orten der Welt Menschen nicht in Sicherheit leben. Die Polizei ist nicht da, wenn man sie braucht, meidet manche Viertel ganz oder ist korrupt und Teil des Problems. Solange die Machthaber selbst in Sicherheit leben können, haben diese wenig Anreize, ein gleich hohes Sicherheitsniveau für alle anzubieten. Im Grunde sind aber sämtliche Staaten, welche die Sicherheit ihrer Bürger nicht gewährleisten können, *failed states*. Derartige Ordnungen sind nur von geringem Nutzen. Die Verpflichtung des Bürgers gegenüber dem Staat endet, wenn dieser nicht mehr in der Lage ist, ihn zu schützen.[55]

POLITIK

Hobbes hatte zutreffend erkannt, dass ein staatliches Gewaltmonopol eine Friedensordnung schafft, die letztlich allen Bewohnern nützt. Er erkannte leider nicht, dass dieser Vorteil in sein Gegenteil umschlägt, wenn der Staat sein Gewaltmonopol nutzt, um Ziele zu erreichen, die über die Gewährung dieses Friedens hinausgehen. Dann nämlich, wenn der Staat anfängt Politik zu machen und politische Ziele, die stets nur die Ziele eine bestimmten Gruppe von Bürgern sind, allen aufzwingt. In solchen Systemen sind die Opfer parteiischer Politik sogar wehrloser, als sie es im Naturzustand wären. Das Gewaltmonopol des Staates richtet sich nun *gegen* sie und sie müssen es etwa dulden, dass ihnen große Teile ihres Einkommens und Vermögens weggenommen und in andere Taschen umverteilt werden, ohne dass sie sich dagegen wehren dürfen. Wenn jedoch das staatliche Gewaltmonopol zum Werkzeug politisch motivierter Parteilichkeit wird, dann verliert das ursprüngliche Konzept seine Wirkung, und hinter der Fassade des friedlichen Staates tobt stattdessen wieder ein immerwährender – diesmal politischer - Kampf rivalisierender Gruppen.[56] Politik wird so zu einem unauffälligen Bürgerkrieg, dessen Unscheinbarkeit daher rührt, dass die Opfer der staatlichen Parteiergreifung keine realistische Chance auf Gegenwehr haben. Der erreichte Friede ist nur noch ein scheinbarer und beruht auf der wirksamen Unterdrückung abweichender Interessen.

Es ist deshalb kontraproduktiv, dem Staat eine Macht einzuräumen, die über die Gewährleistung der inneren und äußeren Sicherheit hinausgeht. Denn wenn der Frieden einmal hergestellt ist, dann ist die einzige legitime staatliche Aufgabe, dafür zu sorgen, dass Bewohner ihren Willen nicht mit Gewalt anderen aufzwingen. Und nur zur Durchsetzung dieses Grundsatzes darf der Staat selbst auch Gewalt anwenden. Das ist keine neue Erkenntnis, sie findet sich bereits bei den Denkern *John Locke*[57], *Wilhelm von Humboldt*[58], *Ludwig von Mises*[59] oder auch bei *Ludwig Erhard,* demzufolge die Probleme beginnen, wenn der Staat aufhört, Schiedsrichter zu sein und anfängt selber mitzuspielen.[60] Freilich wird diese Lehre regelmäßig missachtet, weil es so attraktiv ist, seine Probleme von der Politik lösen zu lassen. Aber Politik bedeutet letztlich, seine Sicht der Welt allen anderen aufzuzwingen. Doch die Menschen sind verschieden. Was für den einen richtig ist, kann für den anderen falsch sein. Subjektiv unterschiedliche Wertvorstellungen und objektiv andere Lebenssituationen bewirken, dass jede „politische Lösung" von Sachverhalten Menschen zurücklässt, die gegen ihren Willen zu etwas gezwungen wurden. Politik zu machen, heißt Partei zu ergreifen und die Wünsche einiger zum Maßstab für alle zu erheben, und zwar, das darf man nicht vergessen, notfalls mit Gewalt. Wie kann das legitim sein?

GESELLSCHAFTSVERTRAG

Hobbes zufolge haben die Bürger dem Staat diese umfassende Machtbefugnisse eingeräumt, damit sie in Sicherheit leben können.[61] Ergänzt wurde diese Auffassung später durch die von *Locke* und vor allem *Rousseau* geprägte Sichtweise eines Gesellschaftsvertrages, wonach es sich um eine freiwillige Übereinkunft der Beteiligten handele, vergleichbar einem zivilrechtlichen Vertrag.[62] Dieser soll zwischen Bürgern und Staat bestehen. Oder wenigstens sollen die Bürger untereinander einen solchen abgeschlossen haben, in dem sie einen Teil ihrer Souveränität an den Staat abtreten und die Konsequenzen hinnehmen. Diese Auffassung ist nach wie vor die ganz herrschende Meinung, in der

Regel wird die Verfassung eines Staates und die daraus resultierende Ordnung mit dem *Rousseau'schen* Gesellschaftsvertrag gleich gesetzt. Sie krankt daran, dass auch das Zustandekommen eines Vertrages nach den über Jahrhunderte entwickelten Gegenseitigkeitsregeln der Zivilrechtsordnungen erfolgen muss. Ist dies nicht der Fall, dann handelt es sich um etwas anderes, für das bereits der Begriff des Vertrages nicht angemessen wäre.

Nach den meisten Rechtsordnungen wäre schon fraglich, ob dieser angebliche Gesellschaftsvertrag *mangels Bestimmtheit* seiner Leistungen und Gegenleistungen überhaupt als Vertrag angesehen werden kann, denn der Bürger muss zwar Steuern zahlen, aber wofür ist völlig dem Ermessen des Staates überlassen. Es besteht weder ein konkreter Gegenleistungsanspruch des Bürgers auf bestimmte staatliche Leistungen noch eine Einklagbarkeit der Mittelverwendung.[63] Aber nach bürgerlichem Recht gilt eine Vereinbarung, bei der nicht Einigkeit über *alle* wichtigen Punkte besteht, im Zweifel wegen Einigungsmangel als nicht geschlossen.[64] So erwarten viele Bürger etwa, dass der Staat ein bestimmtes Sicherheitsniveau, eine bestimmte Infrastruktur und eine soziale Absicherung bietet. Wenn sie wüssten, dass verfassungsrechtlich darauf kein oder nur ein sehr unkonkreter Anspruch besteht, wohl aber eine unbedingte Pflicht, Steuern zu zahlen, würden sie ihre Zustimmung zum jeweiligen System womöglich überdenken. In praktisch allen Rechtsordnungen weltweit setzt ein Vertrag zumindest *übereinstimmende Willenserklärungen* voraus. Sind die Bürger wirklich damit einverstanden, dass die Regierung bei entsprechender Parlamentsmehrheit *sämtliche* Regeln einschließlich der Verfassung abändern kann und etwa den Steuersatz exorbitant erhöht? Und selbst, wenn eine Verfassung dieses Recht ausdrücklich festschreibt und diese Verfassung mehrheitlich angenommen wurde. Was ist mit denen, die dagegen gestimmt haben? Mit welchem Recht werden sie der Verfassung unterworfen? Sie als Bürger könnten mit der Verwendung Ihrer Steuern in vielen Bereichen nicht einverstanden sein, und Sie sind möglicherweise auch nicht einverstanden, dass es eine Gruppe von Leuten gibt, die über die Mittelverwendung ohne Ihre Zustimmung befindet. *Rousseau* selbst hatte dieses Problem erkannt. Er fordert daher, dass für die *erstmalige* Geltung eines Gesellschaftsvertrages einschließlich dessen Änderungsmechanismen *100 % aller Bürger* zustimmen müssten, denn alle seien betroffen:

> *Woraus entstünde ohne eine vorausgehende Übereinkunft die Verpflichtung für eine Minderheit, sich der Wahl der Mehrheit zu unterwerfen und woher haben hundert, die einen Herrn wollen, das Recht, für zehn zu stimmen, die keinen wollen? Das Gesetz der Stimmenmehrheit beruht selbst auf Übereinkunft und setzt zumindest einmal Einstimmigkeit voraus.*[65]

Das ist nur konsequent, wurde aber bisher noch nie umgesetzt und daher wird dieser Aspekt des *Rousseau'schen* Gesellschaftsvertrages in der Regel verschwiegen. Und genau daran kranken alle herkömmlichen Verfassungen. Sie sind in Wahrheit Verträge zu Lasten Dritter, nämlich zu Lasten derer, die nicht zugestimmt haben. Eine Rechtsfigur, die im bürgerlichen Recht unzulässig ist, weil keine übereinstimmende Willenserklärung der Belasteten vorliegt. Nach dem Zivilrecht praktisch aller Staaten ist es daher nicht möglich, dass Vertragsparteien Dritte ohne deren Zustimmung zu einer Leistung verpflichten. Das Ganze wird noch dadurch verschärft, dass der angebliche „Gesellschaftsvertrag" ausschließlich von einer Seite, nämlich von Seiten des Staates, ständig geändert wird, ohne dass der Einzelne etwas dagegen unternehmen könnte. So findet sich auch derjenige, der ursprünglich dem Ganzen zugestimmt hatte, auf einmal in einem ganz anderen, von ihm unerwünschten System wieder.

Wenn zwei Parteien im Zivilleben einen Dienstleistungsvertrag schließen, dann haben sie sich vorher über Umfang und Kosten der Dienstleistung geeinigt. Wird die Dienstleistung schlecht oder gar nicht erbracht, hat der Kunde das Recht, die Zahlung zu verweigern oder weniger zu bezahlen. Keine Partei kann während der Vertragslaufzeit einseitig den vereinbarten Preis ändern. Staatsbürger müssen hingegen sämtliche Steuern bezahlen, ohne einen klaren Gegenanspruch zu haben. Sind sie unzufrieden, weil die staatlichen Leistungen etwa im Bereich Sicherheit, Bildung, Straßenbau, Gesundheits- und Altersvorsorge immer schlechter werden, haben sie keinerlei Recht, Steuern zu kürzen oder zurückzuhalten. Der Staat kann hingegen die Steuern in beliebigem Umfang erhöhen. Und genau dieses ständige Abweichen vom Gegenseitigkeitsprinzip ist einer der Hauptgründe für die Krise auch demokratischer Staaten.

RECHTSSTAAT UND VERFASSUNG

Nimm' vom Staat das Recht weg, was bleibt dann übrig als eine große Räuberbande?
Augustinus von Hippo, Römischer Philosoph und Theologe

Wenn Plündern für eine Gruppe in der Gesellschaft zur Lebensart wird, schafft sie im Laufe der Zeit ein Rechtssystem, welches dies legalisiert und einen Moralkodex, der es glorifiziert.
Claude-Frédéric Bastiat, Ökonom und Politiker

Selbst unter der Fiktion eines Gesellschaftsvertrages dürfte es zu keiner Zeit angenehm gewesen sein, den unberechenbaren Launen eines absolutistischen Souveräns als Inhaber des Gewaltmonopols ausgeliefert zu sein. Daher haben sich mit der Zeit Beschränkungen der absoluten Herrschaftsmacht ergeben. Zum einen konnten diese als freiwillige Selbstbeschränkungen vom Herrscher selbst ausgehen, wohl wissend, dass er gewaltsam beseitigt werden würde, wenn er es zu weit triebe. Zum anderen waren es Fürsten, religiöse Würdenträger oder einflussreiche Familien, später auch sonstige Stände, die sich Mitspracherechte einräumen ließen sowie auf die Einhaltung dieser bestanden. In dem Moment aber, in dem die jeweiligen Gestaltungsrechte nicht mehr aktiv eingefordert wurden, wanderten diese schnell wieder zurück zum Herrscher. War dieser selber schwach, verlor er sie an die herrschende Oligarchie. Zu allen Zeiten gab es machtlose und machtvolle Kaiser, nur eines gab es nie: dass niemand die Macht hatte. Bei Unklarheiten darüber brach Bürgerkrieg aus. Das scheint quasi-naturgesetzliche Geltung zu haben, ein Machtvakuum gibt es im menschlichen Zusammenleben nicht.

Allmählich haben sich daher schriftlich niedergelegte Beschränkungen der absoluten Herrschaft entwickelt; dies machte es den Begünstigen leichter als informelle und mündliche Vereinbarungen, auch künftig darauf zurückzugreifen. Aus Dokumenten wie der *Magna Charta* von 1215 und der englischen *Bill of Rights von 1689* entwickelte sich schließlich das, was wir heute als Verfassungen bezeichnen. Aus der absoluten wurde die konstitutionelle Monarchie. Im Grunde ist auch das nur die Verwirklichung des Gegenseitigkeitsgrundsatzes in Form der *Goldenen Regel*. Wenn sich alle, auch die Mächtigen, an die Regeln halten, verengt das zwar den Spielraum der Mächtigen, schützt diese aber auch vor der Willkür der an die Macht Drängenden. Die Machthaber tauschen einen großen, aber unsicheren Spielraum gegen einen kleineren, aber dafür sicheren Spielraum ein. Unterm Strich ist das ein Gewinn für alle, da nun Energien in andere, die Lebensqualität erhöhende produktive Bereiche gelenkt werden können.

Daraus hat sich schließlich der Rechtsstaat entwickelt. Alles Handeln der Herrschenden obliegt Gesetzesvorrang und Gesetzesvorbehalt, und was nicht ausdrücklich verboten ist, ist auch dem einfachen Untertan erlaubt. Gesetzesvorrang bedeutet dabei, dass die Gesetze den Eingebungen der Machthaber vorgehen, Gesetzesvorbehalt bedeutet, dass alles obrigkeitliche Handeln einer gesetzlichen Ermächtigung bedarf; fehlt diese, ist die Maßnahme der Obrigkeit rechtswidrig.

Der Rechtsstaat hat allerdings ein Problem, auf das *Bastiat* schon 1850 hingewiesen hat:[66] Wer die gesetzgebende Gewalt beherrscht, kann sich ein beliebiges Recht zusammenbauen. Jede Gruppe, die gerade an der Macht ist, kann sich ihre Gesetze willkürlich selber machen, solange sie die formal vorgesehenen Abläufe einhält. Aber auch eine konstitutionelle Räuberbande bleibt eine Räuberbande. Um das Problem zu lösen, hat man schließlich versucht, über den Erlass unveränderlicher Verfassungsartikel und die Schaffung von unabhängigen Obergerichten eine solche Willkür einzuschränken. Mit mäßigem Erfolg. Stehen Gesetz oder Verfassung dem Regierungshandeln im Wege, werden diese entsprechend geändert oder ausgelegt. Gerade die Gerichte spielen dabei oft eine unrühmliche Rolle, weil sie sich anstelle des Gesetzgebers eine Regelungskompetenz anmaßen, wo sie eigentlich nur die Regeleinhaltung überwachen sollen; daher die ständigen politischen Kämpfe um die Besetzung der obersten Gerichte. Denn auch die Rechtsprechung ist selbstverständlich von subjektiven Einstellungen geprägt und jeder Verfassungsartikel wird von jedem Richter entsprechend der eigenen politischen Überzeugungen ausgelegt.[67] Selbst Verfassungen sind daher faktisch nahezu beliebig änderbar oder interpretierbar. Das 1949 verabschiedete Grundgesetz der Bundesrepublik Deutschland wurde seit Inkrafttreten sage und schreibe 62 mal geändert. Die schwerer zu ändernde US-Verfassung hat in über 200 Jahren zwar nur 18 Veränderungen erfahren. Doch dafür sprangen die Richter mit „zeitgemäßer" Auslegung ein, gerne auch gegen den Wortlaut. Der Philosoph *Anthony de Jasay* drückt es wie folgt aus:

> *Die Verfassung gleicht einem Keuschheitsgürtel, von dem die Lady selbst den Schlüssel hat: Wenn sie nicht passt, wird man Wege finden, sie zu umgehen oder zu ändern.*[68]

Schließlich führt diese Praxis dazu, dass sich die Politik irgendwann nicht einmal mehr um die formale Einhaltung der Gesetze kümmert – der Rechtsstaat erodiert. Beispiel Deutschland: Gegen bestehendes EU-Recht hat etwa die Merkel-Regierung die sogenannte Griechenland-Rettung vorangetrieben,[69] gegen bestehende öffentlich-rechtliche Verträge den Atomausstieg beschlossen,[70] gegen Verfassung und EU-Recht die Grenzen für illegale Einwanderer aus sicheren Drittstaaten geöffnet.[71] Das setzt sich im Staat nach unten fort: Spitzenbeamte in Deutschland klagen, dass bei Vorhaben der Regierung inzwischen bereits der bloße Verweis auf die entgegen stehende Rechtslage als bösartig und unmenschlich eingestuft würde.[72] Es nimmt daher nicht wunder, dass Organisationen und Unternehmen auf diesen Zug aufspringen und von der Verwaltung „flexibles Handeln" fordern, faktisch aber die Erteilung rechtswidriger Genehmigungen begehren. Wenn es der „guten Sache" dient und in den Medien entsprechend dargestellt wird, finden sich dafür allemal Mehrheiten. Das gilt sogar für offen gegen die Rechtsordnung gerichtete Handlungen wie etwa die Gewährung von „Kirchenasyl" oder die jahrelange Besetzung von fremden Häusern durch Linksautonome. Am Ende sind es nur noch einige wenige Verwaltungsbeamte und einzelne Gerichte, die auf die Einhaltung der Gesetze pochen.

So kann aber kein Rechtsstaat bestehen. Solange Gesetze in Kraft sind, sind diese zu beachten. Werden diese als nicht mehr passend angesehen, muss das gesetzgebende

Organ neue Gesetze auf dem dafür vorgesehenen Wege verabschieden. Diese werden ab dem Zeitpunkt angewendet, an dem sie erlassen sind, nicht rückwirkend. Die zunehmende Unkenntnis über diese elementaren Zusammenhänge führt dazu, dass der Rechtsstaat langsam in einen Willkürstaat abgleitet, in dem das bestehende Recht nur noch selektiv angewendet wird, und in dem ohne jede Sanktion dagegen verstoßen werden kann, wenn es die politische Führung gerade für tunlich achtet. Das aber ist nichts anderes als eine Willkürherrschaft wie zu absolutistischen Zeiten. Ist das Gesetz nicht mehr der alleinige Maßstab für das Handeln der Verwaltung, treten andere Kriterien in den Vordergrund.

Ein Freund aus Berlin, der dort mehrere Restaurants betreibt, berichtet, dass er mit erheblichem Aufwand an Zeit und Geld ein umfangreiches Genehmigungsverfahren durchführen musste, um eine Restaurantfläche zu erweitern. Als die Genehmigung schließlich erteilt wurde, wies er die zuständige Sachbearbeiterin auf folgendes hin: Auf der gegenüberliegenden Straßenseite erweitere ein Araber seine Restaurantfläche im Sommer stets erheblich und offenbar rechtswidrig auf den Straßenraum. Ob das keiner Genehmigung bedürfe? Die Sachbearbeiterin schloss daraufhin die Tür und teilte mit: „Wir kennen den Fall, aber wenn wir das Ordnungsamt hinschicken, werden uns Schläge angedroht.“

Das ist leider kein Einzelfall.[73] Es bedeutet nichts anderes, als dass der Rechtsstaat nur noch eine leere Hülle ist, die unter der Androhung von Gewalt klein bei gibt. Das Recht wird nur noch gegenüber denen angewandt, die sich das gefallen lassen, im Übrigen gilt das Recht des Stärkeren. Die Anreize, die dadurch gesetzt werden, sind verheerend: Zum einen wissen Rechtsbrecher mehr und mehr, dass sie mit Gewaltandrohung durchkommen. Dieses faktisch vorhandene Machtvakuum wird zunehmend von kriminellen Clans und der organisierten Kriminalität gefüllt. Zum anderen wird auch die noch rechtstreue Bevölkerung allmählich zu der Auffassung gelangen, dass man schneller an sein Ziel gelangt, wenn man ähnliche Mittel anwendet. Der Rechtsstaat und mit ihm das Gewaltmonopol kommen ans Ende.

MENSCHENRECHTE

Oh seltenes Glück der Zeiten, in denen du sagen darfst, was du willst, und sagen kannst, was du denkst.

Publius Cornelius Tacitus, Geschichtsschreiber im alten Rom

Könnte man sich vor der willkürlichen Änderung des Recht schützen, indem man unabdingbare Individualrechte festlegt? Die Idee von unveräußerlichen Menschenrechten ist eine relativ neue Entwicklung. Jahrtausende lang war es selbstverständlich, dass Sklaven, Leibeigene und sonstige Unterworfene weniger Rechte hatten als etwa Adel und Bürgertum. Bis weit in das 20. Jahrhundert hinein hatten Frauen in den meisten Gesellschaften weniger Rechte als Männer, in den auf der *Scharia* beruhenden Gesellschaften ist das noch heute der Fall.[74]

Nimmt man die *Goldene Regel* ernst, dann wird deutlich, dass das Prinzip absoluter Rechte, die jedem Einzelnen zustehen, Sinn macht. Denn wenn ich behaupte, dass mir bestimmte Rechte zustehen, dann muss ich sie dem Mitmenschen auch zugestehen, andernfalls könnte der ebenfalls behaupten, ihm stünden mehr Rechte zu als mir. Eine friedliche und fruchtbare Kompromisslösung ist daher, wenn jeder jedem die gleichen Rechte zugesteht.[75] Über die reine Gleichheit vor dem Gesetz hinaus decken die Menschenrechte den Bereich ab, der für jeden Einzelnen von zentraler Bedeutung ist, nämlich die Unversehrtheit von Leib und Leben, die Bewegungsfreiheit und eine gewisse Handlungsfreiheit, wozu etwa Meinungs- und Versammlungsfreiheit sowie Vertragsfreiheit gehören. Die Idee ist, dass diese Rechte weder durch eine Religion, noch eine Ideologie, noch eine Mehrheitsentscheidung oder sonstige Rechtsbehauptungen und Regierungsakte außer Kraft gesetzt werden können. Denn jene können sich ändern, und auch wenn sie im Einzelfall für den Einzelnen positiv sind, kann es doch unter der nächsten Regierung schon wieder ganz anders aussehen. Daher stehen alle auf der sicheren Seite, wenn bestimmte Rechte unumstößlich jedem Einzelnen zustehen. Das Bestehen individueller Menschenrechte fördert ein friedliches und fruchtbares Zusammenleben: Ich lasse Dir Deine Rechte, Du lässt mir die meinen. Diese Schlussfolgerung macht weltweit Sinn, sie ist als solche nicht kulturabhängig, auch wenn manche Kulturen sich dieser Einsicht (noch) verweigern. Es bedarf daher weder einer religiösen, noch naturrechtlichen oder sonst transzendenten Erhöhung dieses Vorganges. Es ist nicht einmal erforderlich, auf das Konstrukt des Selbsteigentums zurückzugreifen, wonach ich mir selbst gehöre und daher Eingriffe in mein Leib und Leben und meine Handlungsfreiheit nicht dulden muss. Menschenrechte sind nicht vom Himmel gefallen, sondern die Menschen haben sich darauf geeinigt, sich diese gegenseitig einzuräumen, damit jeder Einzelne Sicherheit und Handlungsspielraum hat, egal in welchem System er lebt. Entsprechende Erklärungen, etwa die Allgemeine Erklärung der Menschenrechte[76] der Vereinten Nationen von 1948 haben sich nach dem Zweiten Weltkrieg weit verbreitet und sind trotz zum Teil fehlender völkerrechtlicher Verbindlichkeit gewissermaßen Allgemeingut geworden – selbst kommunistische Systeme bekannten sich offiziell zu den Menschenrechten.[77] Die Aufkündigung dieses Konsenses durch die Mehrheit der islamischen Staaten mittels der Kairoer Erklärung der Menschenrechte im Islam von 1990,[78] wonach sämtliche Menschenrechte unter Scharia-Vorbehalt stehen, kann in ihrer Bedeutung daher nicht hoch genug eingeschätzt werden. Sie liefert die ideologische Munition für die Auseinandersetzungen zwischen weltlicher und göttlicher Ordnung,[79] welche aufgrund des Überschusses an jungen Männern in islamischen Ländern absehbar an Schärfe zunehmen werden.[80]

Es gibt aber noch ein anderes Problem. Menschenrechte sind richtig verstanden Abwehrrechte. Sie schützen jeden davor, dass andere in sein Leib, Leben, Eigentum oder den Kernbereich seiner Handlungsfreiheit eingreifen. Da weltweit staatliche Gewaltmonopole bestehen, welche sich bereits dem Schutz dieser Punkte verschrieben haben, sind die Menschenrechte daher in erster Linie Abwehrrechte gegen den allmächtigen Staat. So weit so gut. Leider ist man über das Ziel hinaus geschossen, zum Teil soweit, dass man die Menschenrechte faktisch in ihr Gegenteil verkehrt hat. Anstatt sich auf die Abwehr- und Freiheitsrechte zu beschränken, wurden von Wohlmeinenden sogenannte Teilhaberechte konstruiert, wie das Recht auf Arbeit, das Recht auf unentgeltliche Bildung, das Recht auf ein menschenwürdiges Dasein mit Wohnung, Kleidung, ärztlicher Versorgung, „befriedigender Entlohnung" und so weiter. Es fehlt völlig der Blick dafür, dass diese Rechte nur auf Kosten Dritter und nur durch einen allmächtigen Staat geltend gemacht werden können. Sie stehen im direkten Konflikt mit den Abwehrrechten.

Wenn ich mir keine „menschenwürdige" Wohnung leisten kann, dann muss jemand anders dafür aufkommen. Wer setzt dies wem gegenüber durch und wer entscheidet, was ein menschenwürdiges Dasein ausmacht? Das kann nach Lage der Dinge nur der Staat sein, der dadurch in die Eigentumsrechte und Handlungsfreiheit seiner Bürger eingreift. Mit anderen Worten: Die ursprünglich als Abwehrrecht gedachten Grundrechte verwandeln sich in Eingriffsermächtigungen, die der Staat gegen seine Bürger hat, und die sich dagegen nicht wehren können oder dürfen. Es ist daher nicht überraschend, dass die Existenz von Teilhaberechten eine stetige Ursache von Verteilungskämpfen geworden ist. Die neueste Idee eines bedingungslosen Grundeinkommens ist nur die logische Folge davon, dass man glaubt, das Recht zu haben, auf Kosten anderer zu leben, ohne dafür irgendeine Gegenleistung erbringen zu müssen. Diese Rechnung geht natürlich nicht auf.

Sie kann im Endeffekt nur zulasten derer gehen, die fleißig und talentiert sind und daher Überschüsse erwirtschaften, die man ihnen dann wieder wegnehmen kann. In letzter Konsequenz wird der Staat jene zwingen müssen zu arbeiten, um das Grundeinkommen für die anderen zu erwirtschaften. Man nennt diese Konstellation in anderem Zusammenhang Sklaverei. Es gibt aber kein Recht, auf Kosten anderer zu leben. Rechte zu Lasten Dritter sind in Wahrheit Privilegien. Sie sind ein Irrweg, der erheblichen Unfrieden stiftet.

Richtig verstanden, gibt es nur ein wesentliches Menschenrecht, nämlich das Recht in Ruhe gelassen zu werden, um sein Leben selbstbestimmt führen zu können. Dieses Recht ist sowohl Abwehr- als auch Freiheitsrecht. Alle anderen Menschenrechte sind entweder legitime Ableitungen davon oder es sind illegitime Privilegien zulasten Dritter.

DEMOKRATIE

Jedermann kann öffentlich sein Interesse am Eigentum des anderen bekunden und diesem Verlangen nachgehen, vorausgesetzt er findet den Zugang zur Regierung. Daher wird in einer Demokratie jedermann zu einer Bedrohung. Konsequenterweise wird unter demokratischen Bedingungen das Begehren nach dem Eigentum anderer Leute systematisch gestärkt.

Hans-Hermann Hoppe, Philosoph und Demokratiekritiker

Wie unterschiedlich auch die politischen Einstellungen sein mögen, in einem sind sich alle einig: die Demokratie ist eine gute Sache, für viele gar die einzig legitime Staatsform. Allerdings scheint jeder unter diesem Begriff eine eigene Vorstellung zu haben, bezeichnet sich doch selbst Nordkorea als Demokratie.[81] Demokratie bedeutet angeblich, mehrere Meinungen zuzulassen, die Rechte des Einzelnen zu achten, die Bindung der Verwaltung an Recht und Gesetz, das Bestehen von Menschenrechten, um nur einige Punkte zu nennen, die einem in zeitgenössischen Presseartikeln so unterkommen. Nichts davon ist zutreffend. Demokratie kommt aus dem Griechischen und bedeutet zunächst einmal nur „Herrschaft des (Staats-)Volkes"[82] und zwar in dem Sinne, dass die Mehrheit der stimmberechtigten Angehörigen des Volkes entscheidet. Mehrheitsherrschaft wäre eine sachgerechte Übersetzung. So viel begriffliche Klarheit muss sein.[83] Denn unklare Sprache ist ein Indiz für unklares Denken. Wer Demokratie als Synonym für alles Gute, Wahre und Schöne im Staatswesen benutzt, ist weder in der Lage, Fehlentwicklungen zu benennen noch diesen entgegenzuwirken. Mehrheitsherrschaft bedeutet zunächst einmal, dass die Mehrheit entscheiden und der Minderheit ihren Willen aufzwingen kann - grundsätzlich unbegrenzt in allen Aspekten des Lebens. Eine solchermaßen unbeschränkte Demokratie vermag Einzelne und Minderheiten ihres Lebens, Eigentums oder ihrer Freiheit zu berauben. Vergleichbares belegen nicht nur die Hinrichtung des *Sokrates,*[84] die Vertreibung der US-Indianer aus den Oststaaten,[85] die Entrechtung bisheriger Eigentümer in zahlreichen sozialistischen „Volksdemokratien" und auch die Ereignisse um den *Arabischen Frühling*, als Aufstände gegen die dortigen Diktatoren ausbrachen. In Ägypten etwa sprach sich Umfragen[86] zufolge eine große Mehrheit der Befragten dafür aus, die Demokratie einzuführen, aber auch, Scharia-Regeln einzuführen, namentlich Ehebrecher zu steinigen; 84 % waren gar der Ansicht, der Abfall vom Islam müsse mit dem Tode bestraft werden. Auch das ist Demokratie.

Die schrankenlose Demokratie allein ist daher trotz ihrer Stärke, einen friedlichen Machtwechsel zu ermöglichen, kein geeignetes Mittel, um ein friedliches und prosperierendes Zusammenleben unterschiedlicher Menschen zu gewährleisten. Es ist erst der persönliche und wirtschaftliche Freiheiten garantierende („liberale") Rechtsstaat, der nicht nur die Herrschaft des Rechts etabliert, sondern dem Einzelnen Rechte verleiht, die auch gegenüber der Mehrheit und den Herrschenden Bestand haben. Ein liberaler Rechtsstaat kann aber auch ohne Demokratie bestehen, etwa in einer konstitutionellen Monarchie. In einer Demokratie kann er seine segensreiche Wirkung nur solange entfalten, wie die grundsätzliche Bereitschaft, am Rechtsstaat festzuhalten, vorhanden ist. Da wie aufgezeigt, die Mehrheit davon abkommen und auch die Verfassung insgesamt ändern kann, ist letztlich keine Demokratie wirksam beschränkbar.[87] Die entsprechenden Versuche müssen angesichts der Erfahrungen der letzten 200 Jahre als gescheitert betrachtet werden.

Das Problem, dass unsere Gesellschaftsordnungen Verträge zu Lasten Dritter sind, tritt in der Demokratie besonders deutlich zutage. Das System funktioniert gut, soweit sich der Staat auf die Sicherung von Leben, Freiheit und Eigentum der Bürger beschränkt und sich im Übrigen heraushält. Es kommt aber zwangsläufig zu Konflikten und Krisen, wenn der Staat sein Gewaltmonopol benutzt, um politische Ziele zu verfolgen, die über den Schutz von Freiheit, Leben und Eigentum seiner Bürger hinausgehen. Leider wird aufgrund des Minimalprinzips genau dieses Verhalten von der Mehrheit nachgefragt. Die Grundsätze, dass derjenige, der etwas finanziert, auch über die Mittelverwendung bestimmt und jeder nur das bezahlt, was er auch bestellt hat, sind elementare und sinnvolle Ausflüsse des Gegenseitigkeitsprinzips. Ihre gleichsam institutionalisierte Außerkraftsetzung in demokratischen Systemen verhindert dauerhafte Stabilität. Daher neigen Demokratien dazu, sich nur in eine Richtung zu bewegen, nämlich in Richtung von mehr Zentralisierung, mehr Kollektivismus und mehr Einmischung in immer mehr Lebensbereiche. Und zwar nach den Vorlieben der Mittelmäßigen, die überall die Mehrheit stellen. Demokratie ermächtigt die Mehrheit, ihre Ansichten anderen aufzuzwingen, die jene nicht teilen. „Mehr Demokratie wagen" bedeutet in letzter Konsequenz, alle Lebensbereiche und sämtliche privaten Entscheidungen zu politisieren.

Während in einem freien Markt die Ressourcen nach und nach zu den Intelligenten und Geschickten wandern, wovon dann letztlich alle profitieren, ist dies in der Demokratie nicht der Fall. Wer Millionen an Steuern zahlt, hunderte oder gar Tausende von Arbeitsplätzen geschaffen hat, besitzt genau eine Stimme. Genau wie derjenige, der sein ganzes Leben vom Staat alimentiert wird, alle Ausbildungen abgebrochen und noch nie ein Buch gelesen hat. Da nach der Normalverteilungskurve in jeder Gesellschaft mehr Mittelmäßige und Schwache als Spitzenkönner vorhanden sind, werden sich jene mit ihrer Sicht in der Demokratie durchsetzen. Am Markt hingegen haben sie keinen oder nur eingeschränkten Erfolg. Daraus folgt: *Jede* Massendemokratie, egal ob direkte oder parlamentarische Demokratie, entwickelt sich zwangsläufig über kurz oder lang zu einem Sozialstaat, mit den aufgezeigten Konsequenzen. Umverteilende Systeme aber sind kaum mehr zu ändern, weil die Zahl derer, die davon profitieren, im Endeffekt immer größer ist als die der Nettozahler. Der finanzielle Ruin des Staates ist letztlich nur eine Frage der Zeit.

Hinzu kommt, dass Entscheider für die Folgen ihres Handelns nicht haften. Auch diese Feststellung gilt sowohl für die parlamentarische wie für die direkte Demokratie. Wer in der parlamentarischen Demokratie als Politiker keinerlei Nachteil erleidet, wenn er verheerende Entscheidungen trifft, außer dass er unter Beibehaltung aller Pensionsansprüche abgewählt wird, hat keinen Anreiz, langfristig vernünftige Entscheidungen zu treffen. Er hat aber allen Anreiz, Wählerstimmen auf Kosten des Steuerzahlers zu kaufen. Hohe Steuern sollen Anzeichen einer entwickelten Zivilisation sein. In Wahrheit sind sie wohl eher eine typische Folge schlechten Wirtschaftens, die immer dann eintritt, wenn die handelnden Personen mit anderer Leute Geld umgehen, dieses benutzen, um Beliebtheit zu kaufen und dafür faktisch niemandem Rechenschaft schuldig sind. Politiker, die erklären, sie möchten Verantwortung übernehmen, belügen sich selbst. Was sie wollen ist, Entscheidungen auf Kosten anderer zu treffen, ohne den geringsten eigenen wirtschaftlichen Nachteil zu haben, wenn es schiefgeht. Das bedeutet nichts anderes als die völlige Entkoppelung von Macht und Verantwortung. Das ist auch der Grund, warum es nirgends auf der Welt demokratisch geführte Unternehmen gibt. Kein vernünftiger Eigentümer würde die Führung eines Unternehmens von der Mehrheitsmeinung der Mitarbeiter abhängig machen. Aber beim Staat soll es funktionieren? Der amerikanische Philosoph *Thomas Sowell* stellt lapidar fest:

> *Man kann sich kaum eine dümmere oder gefährlichere Art der Entscheidungsfindung vorstellen, als die Befehlsgewalt in die Hände von Menschen zu legen, die keinerlei Preis dafür bezahlen, falsch zu liegen.*[88]

Die direkte Demokratie vermag es zwar, der Politiker- und Parteienherrschaft ein Gegengewicht entgegen zu setzen. Denn die Bürger können zu Sachfragen entscheiden und auch Beschlüsse der Politik revidieren. Sie müssen anders als die Parteien dabei auf keine mächtigen Interessengruppen Rücksicht nehmen. Das Problem der Entkoppelung von Macht und Verantwortung löst die direkte Demokratie aber nicht. Im Zivilleben gilt: Rauben Sie andere Menschen aus, kommen Sie ins Gefängnis. Wenn Sie eine schlechte wirtschaftliche Entscheidung treffen, verlieren Sie Geld oder Ihr Unternehmen geht pleite. In der direkten Demokratie ist das anders: Sie können anonym für ein Referendum stimmen, das offen zum Ziel hat, bestimmte Mitbürger zu enteignen. Und jeder kann per Volksabstimmung für eine dumme Idee votieren, die andere Milliarden kostet, auch die Menschen, die dagegen gestimmt haben. Niemand kann jemals dafür haftbar gemacht werden.

Hinzu kommt, dass in Demokratien grundsätzlich kein Bereich des Lebens der politischen Diskussion und damit der Mehrheitsmeinung entzogen ist. Der Mensch, der auf soziale Anerkennung so erpicht ist, dass er evolutionär die Prägung entwickelt hat, sicherheitshalber mit den Wölfen zu heulen, bestimmt ganz überwiegend seine Meinung intuitiv zunächst nach der scheinbar herrschenden Auffassung.[89] Erst anschließend stimmt er seine Vernunftargumente ab, um Konsistenz mit seinem bisherigen Weltbild zu erreichen.[90] Das gilt unabhängig von Intelligenz und Bildung. In Gruppen sind auch intelligente Menschen gleichermaßen verführbare Herdentiere, wie bereits *Gustave Le Bon* feststellte:

> *In allem, was Gegenstand des Gefühls ist: Religion, Politik, Moral, Sympathien und Antipathien usw. überragen die ausgezeichnetsten Menschen nur selten das Niveau der gewöhnlichen Einzelnen... Die Entscheidungen von allgemeinem Interesse, die von einer Versammlung hervorragender Leute getroffen werden, sind jenen, welche eine Versammlung von Dummköpfen treffen würden, nicht merklich überlegen.*[91]

Die Koppelung des Wahlrechts an einen bestimmten Bildungs- oder Befähigungsnachweis wird das Problem daher nicht lindern, sondern womöglich sogar noch verschlimmern. Denn intelligente Menschen sind aufgrund ihres Vorstellungsvermögens empfänglicher für Ideologien, die fordern, sich ein X für ein U vorzumachen.

Leider finden in allen Bevölkerungsgruppen auf Moral und Empörung beruhende Meinungen viel eher Zustimmung als Positionen, die aufgrund vernünftiger Abwägung von Für und Wider entstanden sind. Die Menschen möchten mehrheitlich keine rationale Problemlösung mit strikter Erfolgskontrolle. Sie wollen sich gut fühlen und der richtigen Seite angehören. Dieses Bedürfnis befriedigt die Politik. Und weil es in heutigen Sozialstaaten an existentiellen, emotional aufwühlenden Gefahren wie Kriegen, Seuchen oder Hungersnöten mangelt, müssen Politiker und Sozialpriester immer neue Missstände erfinden, um die eigenen, gut alimentierten Positionen als Mahner und vermeintliche Problemlöser zu erhalten.[92] Daher das unaufhörliche Entdecken angeblicher Diskriminierungen, angeblicher Armut, angeblichen Leistungsdrucks oder ganz generell der angeblichen Inhumanität des ganzen Systems. Daher auch die sich immer schneller aneinander reihenden „Gerechtigkeitslücken", die allerorten ausgemacht werden. Seit Jahrzehnten etablierte und sicher handhabbare Technologien werden auf einmal zu eminenten Bedrohungen hochstilisiert. Vorhandene Ungleichheiten der Menschen sind schlechterdings empörend, neben Vermögen und sozialer Stellung sind nun auch Unterschiede hinsichtlich Geschlecht, Ethnie und Begabung „unnatürlich" und bloße soziale Konstrukte. Aus dieser moralistischen Perspektive ist jede reale Ungleichheit schlechthin unerträglich, selbst Pinkelbecken in Männertoiletten.[93]

Immer mal wieder treten – meist nach Krieg oder Krise - vernunftbasierte Gegenkräfte auf, doch können diese das Rad meist nur ein Stück weit zurück drehen, bevor es in dieselbe Richtung weiter geht. Sobald etwas Wohlstand angehäuft wurde, werden die human daherkommenden Umverteiler wieder an die Macht gewählt. Es gibt in einer Demokratie schlicht keine ausreichenden Anreize für Politiker, vernünftig zu handeln. Denn diese sind nur Politik-Manager auf Zeit, keine Eigentümer, die ein langfristiges Interesse an der Stabilität des Gemeinwesens haben könnten.[94] Sie erhalten ihr Mandat nur im Zuge eines notwendigerweise moralisierenden Überbietungswettbewerbs um „mehr Gerechtigkeit". Der Journalist *Roger Köppel* berichtet dazu:

> *Angela Merkel startete 2003 als marktliberale Reformerin. Als sie die Wahl wegen ihrer Liberalität um ein Haar verloren hätte, schwenkte sie deutlich nach links. Sie machte sogar einige der Sozialreformen ihres Vorgängers Schröder rückgängig. Ich kann mich gut an ein Abendessen erinnern, als wir die Kanzlerin auf ihre Spitzkehren ansprachen. Sie entgegnete nur: „Wenn ich Deutschland nach den Rezepten Ihrer Wirtschaftsredaktionen regiere, werde ich abgewählt."*[95]

Frau Merkel hat das durchaus richtig erkannt. Wer am Überbietungs- und Empörungswettbewerb um mehr Gerechtigkeit nicht teilnimmt, verliert die politische Macht. Das Belohnungskriterium für die demokratisch Gewählten ist daher nicht der Nutzen für das Gemeinwesen, sondern die maximale Empörung der Wähler gegenüber dem demokratischen Konkurrenten, der im Kampf gegen die Beseitigung von Ungerechtigkeiten zurückbleibt.[96]

Aufgrund dieser Tatsachen sind in demokratischen Systemen konservative und liberale Parteien praktisch *immer* in der Defensive, insbesondere wenn sie für weniger Staatseingriffe plädieren. Wollen sie überleben, müssen sie sich letztlich in Umverteilungsparteien wandeln. Vernunft kann nicht gegen Moral bestehen, wenn die Mehrheit entscheidet. Daher rührt auch das intellektuell zunehmend schwächere Politikpersonal: Es bedarf weder der Berufserfahrung noch des Fachwissens, wenn Moral das wesentliche Kriterium ist. In der Politik demokratischer Staaten müssen zu Friedenszeiten zudem keine messbaren Ergebnisse erzielt werden, der *Eindruck* von entschlossenem Handeln reicht aus. Daher zieht dieses Metier mediokre, aber machtbewusste oder gar psychopathische Blender überproportional an. Woanders, etwa in Wirtschaft oder Wissenschaft, hätten diese aus Mangel an Fähigkeiten keine entsprechend große Machtchance. Die wichtigste Eigenschaft neben dem Ausschalten innerparteilicher Konkurrenten nach den hergebrachten Regeln *Machiavellis*[97] ist die Fähigkeit, auch noch die gröbsten Unterlassungen und Fehlleistungen als von moralischen Motiven getragen erscheinen zu lassen. Die Moral wiederum ist ein beliebig gestaltbares Übereinkunftssystem, das von denen verändert werden kann, die über soziale Ächtung oder Anerkennung entscheiden, allen voran die Massenmedien. Dabei fallen für Interessengruppen, die sich auf aktuell populäre Moralgesichtspunkte berufen, Subventionen oder Sonderrechte ab. In einem solchen Gesinnungssystem ergreift schließlich jeder, der zu keinen besonderen Leistungen fähig oder willens ist, die Gelegenheit, mittels empört-moralisierendem Gehabe Posten, Geld und Prestige abzugreifen. Als Zugabe gibt es den Seelenfrieden des moralisch überlegenen Menschen. Wie könnte man erwarten, dass die Minderbegabten und Schwätzer diese Gelegenheit nicht beim Schopfe packen würden? Geschickte Politiker regieren mit ihnen. Wollen sie an der Macht bleiben, müssen sie den jeweiligen, sich bisweilen widersprechenden, Moralideen folgen und die Ordnung im Sinne des Überbietungs- und Empörungswettbewerbs immer weiter in Richtung Gleichheit für alle entwickeln. Dadurch verengt sich die Welt des Sagbaren und Zulässigen schließlich bis hin zur Entrechtung all derer, die anderen irgendetwas voraus haben oder eine andere Auffassung vertreten. Das Endresultat ist eine jakobinische Gesinnungsdiktatur. Dann wird die Zeit wieder reif für einen Napoleon.

Die Schwächen der Demokratie sind mithin offensichtlich; jedenfalls für den, der sehen will.[98] Was kann dagegen getan werden? Auch in westlichen Staaten wird neuerdings von Seiten oppositioneller Bürger darüber nachgedacht, andere Anreize zu schaffen, etwa den Straftatbestand der Steuerverschwendung einzuführen oder Pensionsansprüche von Politikern zu kürzen, die erheblichen finanziellen Schaden angerichtet haben. So etwas wäre allerdings nur per Volksentscheid oder nach erheblichem, öffentlich-medialen Druck möglich. Denn diejenigen Gremien, die bisher darüber befinden, können keinerlei Interesse daran haben, ihre eigene Position derart zu schwächen. Sich *darüber hinaus* auf die Nichtgewährung von Sondervorteilen zu verständigen, erscheint in einer Massendemokratie aber unmöglich.

Gesellschaftsordnungen, die bereits konstruktionsbedingt gegen das Prinzip „Wer zahlt, bestimmt" verstoßen, haben freilich keine dauerhaften Überlebenschance. Denn wenn die Mehrheit der Nicht- oder Wenigzahler regelmäßig darüber entscheidet, was mit den Beiträgen der Vielzahler passiert, werden sich Letztere schließlich von jener Ordnung abwenden. Entweder dadurch, dass sie den räumlichen Geltungsbereich des Systems verlassen oder dadurch, dass sie ihre Produktivität einschränken. Denn sie sind sich bewusst, dass aufgrund ihrer höheren Zahlungsfähigkeit bewiesen ist, dass ihre bisherigen Entscheidungen gegenüber denen der Nicht- oder Wenigzahler offenbar die besseren waren. Warum sollten gerade diese also über die Mittelverwendung entscheiden dürfen? Es ist nahezu sicher, dass dadurch schlechtere Entscheidungen für das Gemeinwesen getroffen werden, als wenn sie die Zahlungsfähigen selbst treffen würden. Das System verliert so nach und nach seine Leistungsträger und kollabiert schließlich aufgrund wirtschaftlicher Probleme.

Ist die Demokratie also überhaupt noch zu retten? Insofern lohnt ein Blick nach Liechtenstein.[99] Liechtenstein ist keine konstitutionelle Monarchie im herkömmlichen Sinne. Vielmehr handelt es sich um ein weltweit einmaliges Mischsystem zwischen direkter Demokratie und parlamentarisch-konstitutioneller Erbmonarchie. Im Jahre 2003 erfolgte eine weitgehende Verfassungsänderung. Diese entstammte der Erkenntnis, dass die jeder Demokratie innewohnende Tendenz zur Parteienherrschaft und Selbstbedienung der politischen Klasse durch Organe eingeschränkt werden muss, die über relevante eigene Kontroll- und Mitgestaltungsrechte verfügen und die nicht dem Einfluss der Parteien unterliegen. In Liechtenstein sind das seither vor allem das Volk und der Fürst; auch die Gemeinden dürfen eigene Gesetzesinitiativen einbringen. Um der Gefahr einer schrankenlosen Mehrheitsherrschaft durch die direkte Demokratie zu begegnen, hat das liechtensteinische System zwei Sicherheitsventile eingebaut: zum einen das Vetorecht des Fürsten auch gegen Ergebnisse von Volksabstimmungen, zum anderen das Sezessionsrecht jeder einzelnen Gemeinde. Ein Missbrauch des Vetorechts durch den Fürsten wiederum wird durch die Möglichkeit der Bürger zum Misstrauensvotum gegen ihn oder zur Abschaffung der Monarchie insgesamt (!) verhindert. In seinem Werk *Der Staat im dritten Jahrtausend* weist Fürst *Hans Adam II.* darauf hin, dass für eine derartige Konstruktion keine Monarchie erforderlich sei. Ein direkt vom Volk gewählter Präsident könne dieselbe Aufgabe wie der Fürst in Liechtenstein übernehmen.[100] Die aktuelle Landesverfassung von Liechtenstein ist jedenfalls eine der innovativsten der Welt, was die Machtbegrenzung in der Demokratie angeht, und das ist der alles entscheidende Punkt.

Liechtenstein ist tatsächlich das einzige Land der Welt, dass seinen Gemeinden kraft Verfassung die Sezession und damit die Selbstbestimmung erlaubt. Eigentlich ist dies ein urdemokratischer Vorgang. Die Mehrheit eines Gebietes entscheidet per Volksabstimmung, unabhängig zu werden oder einem anderen Gemeinwesen anzugehören. Dieses Selbstbestimmungsrecht der Völker ist auch in der Charta der Vereinten Nationen verankert.[101] Allerdings wäre seine Anwendung ein enormer Machtbegrenzungsfaktor für die Politik, daher hat sich diese das Dogma der „Unverletzlichkeit der Grenzen" zurecht gelegt und missachtet das Selbstbestimmungsrecht einfach. Wären Sezessionen bis hinunter zur Gemeindeebene grundsätzlich zulässig, wie das in Liechtenstein der Fall ist, hätte die Regierung einen Anreiz, die Interessen der Regionen von vornherein stärker zu beachten. *Hans-Adam II.* hat erkannt, dass die Gewährung von Selbstbestimmungs- und damit Sezessionsrecht die Qualität staatlichen Handelns kraft Wettbewerb genauso erhöhen kann, wie dies im Produkt- und Dienstleistungsmarkt der Fall ist. Die Staaten müssen dann friedlich miteinander in Wettbewerb treten, um Ihren Kunden den bestmöglichsten Service zum niedrigsten Preis anzubieten.[102] *Hans-Adam II.* wörtlich:

> *Der Umwandlungsprozess des Staates vom Halbgott in ein Dienstleistungsunternehmen wird nur möglich sein, wenn man von der indirekten auf die direkte Demokratie übergeht und mit dem Selbstbestimmungsrecht auf Gemeindeebene das Monopol des Staates aufbricht.*[103]

In Deutschland hätten sich bei gleicher Rechtslage vermutlich nicht nur die Exklave Büsingen,[104] sondern diverse süddeutsche Gemeinden längst der Schweiz angeschlossen. Das hätte wiederum die Politik erheblich vorsichtiger bei ihren Maßnahmen gemacht, denn andernfalls drohte ja ein weiterer Verlust von Staatsgebiet und Staatsbürgern (= Macht).

Eine andere Möglichkeit zur Demokratiereform wäre, an die Tradition der griechischen Stadtstaaten anzuknüpfen (vgl. Kapitel 9). Demnach verfügen nur diejenigen über Wahlrecht, die sich selbst unterhalten können und die willig sind, das Gemeinwesen auch zu verteidigen: Sie haben buchstäblich *skin in the game.*

Alternativ können Eigentumsrechte mit Stimmrechten verknüpft werden und die direkte Demokratie nur als Vetorecht ausgestaltet sein (vgl. Kapitel 11).
Alle Varianten setzen freilich eine Dezentralisierung der Macht und Überschaubarkeit der Gemeinwesen voraus. Das bringt uns zum nächsten Thema.

KLEINHEIT UND SUBSIDIARITÄT

In einer Gesellschaft kleiner Staaten verschwinden weder Krieg noch Kriminalität; sie werden bloß auf tragbare Größen reduziert. Statt dass man hoffnungslos versucht, die begrenzten Talente des Menschen auf eine Größe aufzublasen, die mit ungeheurer Größe fertig werden kann, soll die ungeheure Größe auf eine Größe reduziert werden, mit der sogar die begrenzten Talente des Menschen umgehen können. En miniature verlieren Probleme ihre Schrecken und auch ihre Bedeutung; das ist das Maximum, nach dem eine Gesellschaft streben kann.

Leopold Kohr, Philosoph der Kleinheit

Je größer und anonymer eine Gesellschaft ist, desto eher wird sich ein Wasserkopf von Politikern, Beamten und Lobbyisten um die Zentrale bilden und desto eher besteht ein Anreiz, persönlich nicht bekannte Mitmenschen auszubeuten und weltfremde Entscheidungen zu treffen. Echte Subsidiarität bedeutet, dass die meisten Entscheidungen auf Gemeindeebene getroffen werden.[105] Man kennt sich und, kann die Auswirkung seines Tuns direkt beobachten. Eine Sozialkontrolle findet statt.[106]

Von daher dürfte einer der wichtigsten Erfolgsfaktoren der Schweiz die Selbstbestimmung der Gemeinden mit ihren weitreichenden Zuständigkeiten sein.[107] Zusammen mit den untereinander im Wettbewerb stehenden Kantonen drängen sie zentralistische, flächendeckende Visionen der Politik zurück. Diese Selbstbestimmung auf lokaler und regionaler Ebene ist vermutlich eines der am meisten unterschätzten Erfolgsrezepte der Eidgenossenschaft. Der Schweizer Adolf Gasser hatte dies bereits kurz nach dem Zweiten Weltkrieg erkannt. Er sah, dass Zentralismus immer wieder in die Katastrophe führt und schlug zur Neuordnung des Kontinents vor, allen Gemeinden Europas ein umfassendes Recht zur Regelung eigener Angelegenheiten einzuräumen. Er schreibt:

> *Nur in einer übersichtlichen, lebensnahen Gemeinschaft vermag sich der Normalbürger das zu erwerben, was man als politisches Augenmaß, als Sinn für die menschlichen Proportionen zu bezeichnen pflegt. Nur hier lernt er im täglichen Gespräch die berechtigten Anliegen seiner anders gesinnten und anders interessierten Nachbarn einigermaßen begreifen und ihnen Rechnung zu tragen; nur hier entwickelt sich auf dem Boden der Freiheit jenes Minimum an Gemeinschaft, das den Hang zum Autoritarismus wie zur Anarchie wirksam einzudämmen vermag. In diesem Sinne sind und bleiben autonome Kleinräume unersetzliche Bürgerschulen, ohne die gerade der freiheitlich-demokratische Staat in seinen Wurzeln verdorren müsste.*[108]

Solche Ideen fanden und finden freilich in der „großen Politik“ keinerlei Widerhall. Das ist nicht weiter überraschend, weil es der Anreizstruktur entspricht. Stellen Sie sich vor, Sie wären Politiker und müssten sich entscheiden zwischen:

System A: Ein großes, mächtiges Gebilde mit einem riesigem Budget, dessen Führer weltweit bekannt und respektiert sind; selbst untergeordnete Positionen verfügen über erhebliche Macht, Einfluss und Anerkennung; Sie als Politiker haben die Chance, da einmal dazuzugehören.

System B: Ein Flickenteppich von kleineren und mittleren Einheiten, allenfalls ein paar wenige Regenten sind überregional bekannt; verbunden in einer Art Staatenbund, regiert von einem turnusmäßig wechselnden Präsidenten, der nur eingeschränkte Kompetenzen hat; insgesamt gibt es nur wenige hochbezahlte und einflussreiche Stellen.

Die Wahl der Politik und der sie unterstützenden Meinungsmacher wird daher aus eigennützigen Motiven *immer* auf System A fallen, wobei wohlklingende Begründungen schnell bei der Hand sind: weil „große Aufgaben vor uns liegen“, die „Zukunft gestaltet werden muss“, nur große Einheiten „mit den Herausforderungen unsere Zeit fertig werden“, wir nur so „wirtschaftlich gegen XYZ bestehen“ könnten usw. Deshalb sind auch in der Schweiz mutmaßlich die meisten höheren Regierungsbeamten – entgegen der Bevölkerungsmehrheit – für den Beitritt zur EU:[109] dort winkt ein ganzes Universum von neuen, gut bezahlten und interessanten Posten, fernab der Kontrolle durch den Bürger.

In der realen Welt dagegen haben es kleine Länder wie *Singapur*, *Island* oder *Liechtenstein* geschafft, nicht nur in Frieden zu leben, sondern weit höhere Pro-Kopf-Einkommen als die großen Staaten zu erzielen. Und das bei stabilen Staatsfinanzen und geringer Kriminalität. Ein weiterer Aspekt sollte zu denken geben. Es gibt weltweit nur eine Handvoll Unternehmen, die mehr als eine Million Mitarbeiter haben und nur ein einziges, das mehr als zwei Millionen Mitarbeiter hat.[110] Da dies Ergebnisse einer ungeplanten und sozusagen natürlichen Entwicklung sind, spricht einiges dafür, dass ab einem gewissen Umfang Größenvorteile automatisch in Nachteile umschlagen. Diese Beobachtung widerspricht auch der These, dass es in einem freien Markt aufgrund von inhärenten Monopolisierungstendenzen am Ende nur noch ein einziges Unternehmen geben würde. Zu große Gebilde sind irgendwann nicht mehr steuerbar und Gewinne erodieren im Organisationsgetriebe, selbst bei Monopolisten.

Auch Staaten sind, bei aller Verschiedenheit zu gewinnorientierten Unternehmen, große Organisationen mit einer Art Geschäftsbetrieb, daher dürfte diese Beobachtung im Grundsatz auch für sie gelten. Die seinerzeitige Teilung des Römischen Reiches und das Subsidiaritätsprinzip, wonach die untergeordneten Einheiten über alles selbst entscheiden sollen, was sie selbst bewältigen können, dürften ebenso aus dieser Erkenntnis abgeleitet sein, wie die regelmäßige Aufspaltung mennonitischer Siedlungen nach Erreichen einer Größe von mehr als 150 Einwohnern.

Die wichtigsten Vorteile großer Staaten können autonome Gemeinden trotzdem mitnehmen. Sie können sich für eine gemeinsame Verteidigung, für ein gemeinsames Rechts- oder Zollgebiet zu Staatsverbänden zusammenschließen. Und nicht jede Einheit muss ein vollständig unabhängiger Staat sein. Auch souveräne Kleinstaaten können sich auf bestimmten Feldern an größere Gemeinwesen anhängen, so wie etwa Monaco mit Frankreich eine Zollunion hat oder Liechtenstein Mitglied im *Europäischen Wirtschaftsraum* ist. Kleinstaaterei bedeutet nicht automatisch Abschottung oder Provinzdenken, aber in jedem Fall Selbstverwaltung und Subsidiarität. Und das eröffnet Möglichkeiten, die woanders fehlen:

> *Um das Jahr 1400 hatte China die besten, größten und seetüchtigsten Schiffe der Welt. Riesige Flotten segelten nach Indonesien, Indien, Arabien und bis zur Ostküste Afrikas. Die Chinesen standen kurz davor, das Kap der Guten Hoffnung zu umrunden, die Westküste Afrikas hinauf zu fahren und schließlich den Seeweg nach Europa zu entdecken. Dann geschah etwas Folgenschweres: Der 1432 an die Macht gekommene chinesische Kaiser sah die Seefahrt als Geldverschwendung an. Er verbot bei Strafe die Herstellung seetüchtiger Schiffe und gab den Befehl, die entsprechenden Werften abzureißen. Selbst die Aufzeichnungen der früheren Übersee-Expeditionen wurden vernichtet. Chinas Tradition der Seefahrt ging aufgrund der Entscheidung eines Einzelnen verloren und dabei blieb es.*[III]

Im Gegensatz dazu war Europa zu jener Zeit in etwa zweitausend Herrschaftsgebiete aufgeteilt. So klapperte der Genuese Kolumbus ab 1484 ein europäisches Herrscherhaus nach dem anderen ab, um eine Flotte zu erhalten, mit der er als erster über den Atlantik segeln konnte. Er versuchte es in Italien, Frankreich, Portugal und Spanien und erst beim zweiten Versuch willigte 1492 das spanische Königshaus ein und stattete ihn mit drei kleinen Schiffen aus. Es gab schlicht nie die Situation, dass ein einzelner Trottel über ganz Europa herrschte und eine gesamte Technologie abschaffen konnte.

Wir sollten daher darüber nachdenken, ob eine Welt aus tausend *Liechtensteins* nicht eine bessere Welt wäre. Die meisten Entscheidungen würden auf lokaler Ebene und dezentral getroffen, gravierende Fehlentscheidung hätten begrenzte Auswirkungen, es gäbe zahlreiche Anschauungsbeispiele welche Dinge funktionieren und welche nicht. Allein aufgrund der Vielzahl von Gemeinwesen würde ein fruchtbarer Wettbewerb um „Kunden" herrschen anstelle eines Staatenkartells, das die Bürger einerseits möglichst weitgehend melken und andererseits von allen Entscheidungen ausschließen will. Gerade Europas Erfolgsrezept war immer die Vielfalt und der damit verbundene Wettbewerb. Das muss nicht Schwäche bedeuten. Selbst Stadtstaaten wie Venedig und Genua oder größenmäßig eher marginale Staaten wie Portugal und die Niederlande konnten zu ihren Hochzeiten große politische und wirtschaftliche Macht entfalten.

Die Schaffung übergeordneter Institutionen, wie eine gemeinsame Freihandels- oder Wirtschaftszone oder eine gemeinsame Verteidigung, ist immer möglich und insbesondere bei wesensverwandten Gemeinwesen auch naheliegend. Man denke etwa an den Städtebund der Hanse oder auch den Deutschen Bund, einem Bündnis 39 souveräner Staaten, der gemeinsame politische und militärische Institutionen unterhielt. Je kleiner die Staaten sind, desto weniger droht zudem ein einzelner oder eine Gruppe von Staaten zu dominant zu werden. Kleinstaaten führen keine Weltkriege. Nur Großmächte verursachen Großkatastrophen.

Verglichen mit Deutschland ist etwa das kleine Liechtenstein ein Musterbeispiel für Systemrobustheit oder Antifragilität. Ein antifragiles System ist eines, das weniger Ausschläge aufweist, dafür über ein weit längeren Zeitraum stabil und letztlich erfolgreicher ist.[112] Den Gegensatz dazu bilden fragile Systeme, die eine Zeit lang gut aussehen, dann aber in regelmäßigen Abständen katastrophal zusammenbrechen. Bis zum Jahr 1866 waren Liechtenstein und das heutige Deutschland im erwähnten Deutschen Bund vereint. Ähnlich wie derzeit der intellektuelle Hauptstrom einen europäischen Bundesstaat anstrebt, war seinerzeit die Schaffung eines einheitlichen deutschen Staates das Maß aller Dinge. Als nach der Schlacht von Königgrätz klar wurde, dass Preußen, welches den Fortbestand des Deutschen Bundes ablehnte, das Zentrum dieses neuen Staates sein würde, wurde von den Mitgliedsstaaten seine Aufhebung beschlossen. Ein einziges Mitglied stimmte damals dagegen: Liechtenstein.[113] Was in der Folge mit Deutschland geschah, ist bekannt: Einigungskriege, Kolonialismus, Erster Weltkrieg, zwei Millionen eigene Kriegstote, Verlust eines Viertels des Staatsgebietes, Revolution, Hyperinflation, Währungsreform mit Verlust nahezu aller Ersparnisse, nationalsozialistische Diktatur, Zweiter Weltkrieg, Holocaust mit Auslöschung der jüdischen Mitbürger und ihrer Kultur, sechseinhalb Millionen eigene Kriegstote, Verlust eines weiteren Drittels des Staatsgebietes, fast alle Städte zerbombt, Vertreibung von zwölf Millionen Deutschen, Teilung des Landes in Besatzungszonen, erneute Währungsreform mit Verlust nahezu aller Ersparnisse, sozialistische Diktatur im Ostteil, dort Revolution und erneute Währungsreform. Insgesamt gab es sage und schreibe vier Systemzusammenbrüche seit 1870. Demgegenüber in Liechtenstein: null.

Heute verfügt das Fürstentum Liechtenstein über ein weit höheres Pro-Kopf-Einkommen als die Bundesrepublik Deutschland, ist ein stabiles Land ohne nennenswerte Kriminalität und ohne Staatsschulden. All dies wurde erreicht ohne einen einzigen Krieg, ohne eine einzige Revolution und ohne einen einzigen Anschluss an ein großes und mächtiges Gemeinwesen.

WETTBEWERB

Wer nicht verstehen will, dass die Besten ihre Länder längst wie gute Arbeitgeber aussuchen, den bestraft das Leben.

Gunnar Heinsohn, Ökonom und Soziologe

Mehr Kleinheit und Vielfalt bedeuten mehr Wettbewerb, selbst dann, wenn nur wenige neue Systeme zwischen den etablierten großen Staaten entstehen. Allein das wirkt machtbegrenzend. Ein Beispiel, wie auf staatlicher Ebene Kontrolle durch Wettbewerb funktionieren kann:

> *Das Fürstentum Monaco ist eine konstitutionelle Monarchie, die für Nichtmonegassen, welche immerhin 80 % der Bevölkerung stellen, keinerlei Mitbestimmungsrechte vorsieht. Trotzdem gibt es mehr Interessenten, als der kleine Wohnungsmarkt fassen kann, deshalb wird dem Meer Neuland abgerungen. Warum? Monaco bietet Sicherheit vor Verbrechen, weitgehende Steuerfreiheit, überschaubare Regeln und gutes Klima. Kurz gesagt, Monaco ist attraktiv und lässt seine Einwohner in Ruhe. An dem Tag, an dem in Monaco alle EU-Regulierungen einschließlich Einkommensteuern eingeführt werden, ist das Geschäftsmodell Monaco zu Ende. Die meisten würden dann einfach wegziehen. Das weiß der Fürst und deshalb wird es nicht geschehen. Trotz dessen formal großer Machtposition ist es somit ausschließlich der Wettbewerb mit anderen Plätzen, der den Einwohnern die Freiheit sichert, und nicht etwa ein Parlament, eine Verfassung oder das Recht zu Volksabstimmungen.*

Je kleiner die Staaten, desto einfacher ist es zudem, das System zu wechseln. Eine Gesellschaftsordnung, der man erst nach tausenden von Kilometern entkommen kann, unterscheidet sich deutlich von einem Staat, den man schon nach 50 Kilometern hinter sich lässt. Im ersten Fall muss man ein neues Leben anfangen, ggf. sogar den Kontinent wechseln und eine neue Sprache lernen. Nicht alle Freunde und Familienangehörigen werden einen begleiten. Hat man aber innerhalb einer Halbtagesreise eine Alternative, muss man sehr viel weniger Veränderungen im Lebensstil auf sich nehmen. Die Bereitschaft, das

System zu wechseln, wird zunehmen. Für die Staaten wird der Wettbewerbsdruck höher, gute Leistungen abzuliefern. Eine Welt, bestehend aus hunderten, tausenden oder gar zehntausenden Staaten (oder Gemeinwesen verschiedenster Art), würde jedem Menschen eine breite Auswahl zur Gestaltung seines Lebens entsprechend seinen Vorlieben und Neigungen ermöglichen. Umgekehrt würde eine weitere Zentralisierung hin zu einer Weltregierung bedeuten, dass die Wahlmöglichkeiten für den Einzelmenschen null wären. Es bestünde ein Monopol des allmächtigsten möglichen Staates, des *Leviathan* in Vollendung. Dieser würde das totale Gewalt- und Regelungsmonopol gegenüber der gesamten Weltbevölkerung ausüben. Die vielgepriesene „Eine Welt“ oder „Neue Weltordnung“ unter einer einheitlichen Weltregierung würde also bedeuten: Niemand der beispielsweise einen Regierungsskandal aufgedeckt hat, kann mehr in ein anderes Land entfliehen, ebenso wenig wie jemand, der die geforderten Steuern nicht bezahlen oder die Verhaltensvorschriften der Machthaber nicht befolgen möchte. Mit an Sicherheit grenzender Wahrscheinlichkeit wird die Weltregierung ihr Machtmonopol auch gegen den Willen der Betroffenen einsetzen und schließlich missbrauchen. Denn weder Gewaltenteilung, Rechtsstaat, Menschenrechte noch Demokratie haben sich als langfristig wirksame Machtbegrenzungsmittel erwiesen.

Der Wettbewerb ist das bisher einzig bekannte, dauerhaft wirksame Entmachtungsmittel der Menschheit.

III. WIE ENTSTEHT WOHLSTAND?

In den vergangenen 50 Jahren sind über zwei Billionen Dollar an Hilfen von den reichen an die armen Länder geflossen. Aber dieses Modell hat nirgendwo auf der Welt wirtschaftlichen Aufschwung gebracht. Dabei wissen wir, wie es geht. Wir haben gesehen, welche Konzepte die Armut in China, Indien, Südafrika und Botswana vermindert haben. Diese Länder haben auf den Markt als Motor für Wirtschaftswachstum gesetzt. Der auf Mitleid und Almosen basierende Ansatz der westlichen Entwicklungshilfe ist gescheitert.

Dambisa Moyo, Sambesische Ökonomin

FREIWILLIGE KOOPERATION

Eine der Grundvoraussetzungen für die Schaffung von Wohlstand ist die Möglichkeit freiwilliger Kooperation. Sie kommt nur zustande, wenn alle Kooperationspartner sich etwas von ihr versprechen — ohne Eigennutz keine Kooperation. Aber Eigennutz allein führt noch nicht zur Kooperation, denn alles Kooperieren ist ein Geschäft auf Gegenseitigkeit, ein Tausch: Es muss etwas gegeben werden, um etwas empfangen zu können. Das ist der Grundsatz des *do ut des*: Ich gebe, damit Du gibst. Die Freiwilligkeit der Kooperation stellt sicher, dass jeder Leistung eine Gegenleistung entspricht, und sie stellt darüber hinaus sicher, dass Leistung und Gegenleistung den Wünschen der Tauschpartner entsprechen. Wer eigennützig tauschen will, muss sich darum scheren, was andere wünschen, und er muss das, was er zu bieten hat, darauf abstimmen, da er sonst keinen Tauschpartner findet. Es kommt daher *allein* auf die subjektive Einschätzung der Betroffenen an, nicht auf die vermeintlich objektive Gleichwertigkeit der getauschten Güter.[114] Der freiwillige Tausch ist mithin *kein* Nullsummenspiel, denn der Gewinn des einen ist nicht der Verlust des anderen; das Einzigartige des freiwilligen Tausches liegt vielmehr darin, dass er alle an ihm Beteiligten nach ihren Vorstellungen bereichert. Andernfalls würde ein Tausch nicht stattfinden.

> *Wer morgens beim Bäcker ein Geldstück gegen ein Brötchen tauscht, begehrt in diesem Moment lieber das Brötchen als das Geld. Der Bäcker hingegen bevorzugt das Geld.*

Dieses Prinzip bleibt übrigens unverändert dasselbe, ob es nun im primitiven Naturaltausch oder in der modernen arbeitsteiligen Wirtschaft zur Anwendung kommt. Es gilt unabhängig davon ob Waren, Geld oder Arbeitsleistung Gegenstand des Tausches sind.

Aber kann man von freiwilliger Kooperation auch dann sprechen, wenn einer der Tauschpartner in drückender Not ist und der andere nicht? Das ist durchaus der Fall. Frei zu sein heißt weder gesund noch wohlhabend noch glücklich zu sein. Frei zu sein heißt, in seinen Handlungen nicht aufgrund von menschlichem Zwang dem Willen Dritter unterworfen zu sein. Auch eine wirtschaftliche Notlage stellt, sofern sie nicht auf Gewaltanwendung zurückgeht, keine Freiheitseinschränkung dar. Wer aus bloßer Not, also ohne Gewalteinwirkung oder Drohungen Dritter, sein Eigentum oder seine Arbeitskraft zu sehr geringen Preisen verkauft, zeigt ganz unzweideutig, dass er auch in der Not die Kooperation der Nicht-Kooperation vorzieht. Er hält den Hungerlohn für besser als keinen Lohn, den kleinen Verkaufserlös für besser als keinen Erlös. Wieso sollte nun jemand dadurch zum Übeltäter werden, dass er die gewünschte oder sogar dringend gesuchte Kooperation bietet? Zu mildtätiger Hilfe können wir uns ja immer alle gleichermaßen berufen fühlen — weshalb sollte ausgerechnet derjenige, der sich dem Hilfesuchenden als Kooperationspartner anbietet, eine größere Hilfspflicht haben als wir? Es gehört schon eine gewisse Doppelmoral dazu, einem Unternehmer, der in armen Ländern niedrige Löhne zahlt, egoistische Profitgier vorzuwerfen und gleichzeitig für jene Lohnempfänger nicht selbst bis zur Schmerzgrenze zu spenden. Wer es für sich selbst als moralische Überforderung ansieht, bis zur Schmerzgrenze die Not ihm gänzlich unbekannter Menschen zu lindern, der muss dieselbe Überlegung auch für jene gelten lassen, die in notbedingten Tauschhandlungen den wirtschaftlich stärkeren Part spielen.[115]

EIGENTUM

Gib einem Menschen das Eigentumsrecht an einem trostlosen Felsen und er wird ihn in einen Garten verwandeln; gib ihm eine neunjährige Pacht an einem fremden Garten, und er wird ihn in eine Wüste verwandeln. Die Magie des Eigentums verwandelt Sand in Gold.

Arthur Young, Agrarwissenschaftler

Die Zulassung von Privateigentum, auch an Produktionsmittelen, hat sich als unabdingbar für die Aufrechterhaltung einer friedlichen und prosperierenden Gesellschaft erwiesen. Wo kein Privateigentum besteht, beziehungsweise es schwierig bis unmöglich ist, ein solches zu erwerben, ist kein allgemeiner Wohlstand möglich. Warum ist das so?

Das Privateigentum ist die einzige Gegenmacht des Einzelmenschen gegen die Macht des Staates und die Grundlage für alle individuelle und gewaltlose Lebensbetätigung. Die damit verbundene Verfügungsmacht und Verantwortung hilft bei der Entfaltung der eigenen Persönlichkeit, bei der Sicherung der eigenen Existenz und Unabhängigkeit sowie beim Aufbau und Erhalt der Familie. Die Veredelung und der Ausbau von Eigentum machen stolz und zufrieden. Schließlich ermöglicht Eigentum die Freiheit, seine eigene Meinung zu äußern beziehungsweise politische Ziele anderer zu unterstützen, weil man nicht abhängig ist von staatlicher oder sonstiger Alimentierung.

Nur das Eigentum ermöglicht zudem eine Wirtschaftsordnung, die auf freiwilliger Kooperation und entsprechenden Tauschhandlungen beruht, eine Marktwirtschaft. Die Institution des Privateigentums garantiert dabei, dass unabhängig voneinander zahlreiche Entscheidungen über das Angebot von Waren und Dienstleistungen sowie über entsprechende Ausgaben von den jeweiligen Eigentümern getroffen werden können. Diese Entscheidungen einer Vielzahl von Akteuren werden zu einem kleinen Teil sehr gut sein, zu einem Großteil mittelmäßig und zu einem Teil grundfalsch, mit den entsprechenden Folgen für die Betroffenen. So werden die besten Entscheidungen Nachahmer finden und diejenigen, die wiederholt falsche Entscheidung treffen, werden ihr Eigentum verlieren zugunsten derjenigen, die bessere Entscheider sind. Da man für die Folge seiner Handlungen mit seinem Eigentum haftet, besteht ein Anreiz, sorgfältige Entscheidungen zu treffen. Mit der Zeit verbessert sich die Qualität derselben zum Wohle der gesamten Gesellschaft. Würde hingegen nur eine zentrale Stelle über Eigentumsrechte verfügen, dann würden ihre Fehlentscheidungen verheerende Folgen für alle haben.

Damit zusammen hängt das Recht, sein Eigentum zu vererben. Andernfalls wird der private Eigentümer eher zum Verzehr seines Kapitals neigen als dies erhalten zu wollen, damit er es an seine Erben übertragen kann. Dies gilt insbesondere für Familienunternehmen, die häufig durch eine ausgeprägte Arbeits- und Verantwortungsethik gekennzeichnet sind und deren voller Ausbau meist mehrere Generationen dauert.

Das Recht Eigentum zu erwerben, ist allerdings weitgehend wertlos, wenn der Erwerb an zahllose bürokratische Hürden geknüpft ist, die nur ein kleiner Teil der Bevölkerung überwinden kann. Das ist eines der institutionellen Haupthindernisse in vielen Entwicklungsländern.[116] Das Eigentumsrecht wird ebenfalls entwertet, wenn die Verfügungsgewalt kraft Gesetz oder durch hohe Besteuerung so weit eingeschränkt ist, dass das Eigentum nicht mehr frei genutzt werden kann. Diese Beschränkungen resultieren meist aus der unausgesprochenen kollektivistischen Sichtweise, wonach das Eigentum des Einzelnen eigentlich der Gemeinschaft zustehe und diese es ihm nur aus Zweckmäßigkeitsgründen überlassen habe. Ein solches eingeschränktes Privateigentum ist aber weitgehend entwertet und verliert damit auch seine friedensstiftende und wohlstandsfördernde Funktion.

Angenommen, Sie sind Eigentümer eines abbezahlten Hauses, das Sie selbst bewohnen. Sie dürfen dieses Haus allerdings nicht nach eigenem Gutdünken umbauen, sondern müssen selbst im Innenraum auf zahlreiche Bauvorgaben Rücksicht nehmen. Auch dürfen Sie nicht selbst entscheiden, welche Energieversorgung Sie bevorzugen, da die Regierung ganz bestimmte Ideen zu diesem Punkt hat. Schließlich dürfen Sie ihr Haus nicht vor Ablauf einer bestimmten Zeit an einen Dritten verkaufen, ohne dass Sondersteuern dafür fällig werden. Falls Sie es verkaufen, hat die örtliche Gemeinde ein Vorkaufsrecht. Weiter müssen Sie für die bloße Tatsache, dass Ihnen das Haus gehört, an den Staat Steuern abführen. Der Staat hat auch die Möglichkeit, eine Zwangshypothek auf ihr Grundstück einzutragen, um bestimmte Ziele zu erreichen (Lastenausgleich, Inflationsausgleich). Zahlen Sie sonstige Steuern nicht, die der Staat in beliebiger Art und Höhe von ihnen verlangen kann, dann wird Ihr Haus gepfändet und zwangsversteigert. Falls Sie es vererben wollen, sind die Erbschaftssteuern so hoch, dass ihre Kinder vermutlich gezwungen sein werden, das Haus zu verkaufen. Gehört Ihr Haus wirklich Ihnen?

PREIS ALS ZENTRALE STEUERUNGSGRÖSSE

Das kostet nichts, das bezahlt ja der Staat.

Francois Hollande, Sozialistischer Präsident

Nicht jeder wird immer den gewünschten Tauschpartner zu den gewünschten Konditionen finden. Gemessen an den vorhandenen Wünschen sind alle Güter knapp. Solange noch irgendwo auf der Welt irgendwelche erfüllbaren Wünsche unerfüllt sind, geht uns daher auch die Arbeit nicht aus. Deshalb muss sich der Mensch unter Berücksichtigung seiner Tausch- bzw. Kaufkraft entscheiden, welches Gut ihm jeweils wichtiger ist. Diese Entscheidung kann er in einer freien Marktwirtschaft auf der Grundlage von Preisen, die sich auf dem Markt bilden, treffen. Dazu ist es erforderlich, dass Privateigentum an den Gütern besteht, denn nur so können sich aus der Summe verschiedener Interessenlagen Preise ergeben, welche jeweils echte Knappheitssituationen und Präferenzen widerspiegeln. Ohne Marktpreise aber kann kein Unternehmer Kosten minimieren und Gewinne ermitteln. Das ist auch der Grund, warum Planwirtschaften im Allgemeinen und der Kommunismus bzw. Sozialismus im Besonderen stets scheitern. Die planwirtschaftliche Vereinigung aller Produktionsmittel in staatlicher Hand schaltet nämlich die freie Preisbildung aus, die ein unverzichtbares Informationssystem über die relative Knappheit gegebener Ressourcen darstellt. Dasselbe gilt bei der Festsetzung von Höchst- oder Mindestpreisen. Während sich auf der Grundlage von echten, auf dem Markt gebildeten Knappheitspreisen mittels der Wirtschaftlichkeitsrechnung sparsame und weniger sparsame Ressourcenverwendung ermitteln lässt, tappt die gelenkte Wirtschaft mit ihren willkürlich festgesetzten Preisen systematisch im Dunkeln. Sie kann somit die stetige Fehlallokation und Verschwendung von Ressourcen nicht vermeiden. Da dies selbst dann gelten würde, wenn im Sozialismus sämtliche Akteure fleißige und geschickte Idealisten wären, ist seine Art des Wirtschaftens zwingend zum Scheitern verurteilt. Sozialismus bzw. Kommunismus versagen daher nicht wegen der schwierigen praktischen Umsetzbarkeit eines an sich richtigen Konzeptes oder wegen des Egoismus der Menschen – sie sind bereits auf der theoretischen Ebene Fehlkonstruktionen.[117] Sie verfügen über keinen tauglichen Knappheitsindikator. Das massive Setzen von Fehlanreizen durch die Bestrafung unternehmerischen Erfolges und die Belohnung von Unfähigen und Ineffizienten (solange nur die Gesinnung stimmt) beschleunigen lediglich das unvermeidliche Scheitern.

Leider sorgt das Minimalprinzip für die ungebrochene Beliebtheit sozialistischer Ideen. In Venezuela ist gerade das 84. Experiment seit 1917 gescheitert, den Sozialismus in die Praxis umzusetzen.[118] Der 85. Versuch ist nur eine Frage der Zeit. Es wäre wünschenswert, wenn er diesmal auf Freiwillige begrenzt bliebe oder diejenigen, die daran nicht teilnehmen möchten, eine Alternative hätten.

MÖGLICHKEITEN, DEN LEBENSSTANDARD ZU STEIGERN

In dem Glauben, dass Ökonomen die Kenntnis und die Macht besitzen, die Vorgänge in der Gesellschaft ganz nach unserem Gutdünken zu gestalten, eine Kenntnis, die wir in Wirklichkeit nicht besitzen, werden wir nur Schaden anrichten.

Friedrich August von Hayek, Ökonom und Philosoph

Wenn Sozialismus nicht funktioniert, wie kann dann der Einzelne, gerade auch der Arme und Ungebildete, seinen materiellen Lebensstandard steigern? Auch hier lautet die Antwort: durch freiwillige Kooperation. Das funktioniert wie folgt:

1. *Wer seinen Lebensunterhalt selbst bestreiten möchte, muss Waren oder Dienstleistungen produzieren und anbieten, für die andere bereit sind, freiwillig etwas zu bezahlen. Das schließt die eigene Arbeitskraft ein.*
2. *Wer seinen Lebensstandard darüber hinaus steigern möchte, muss entweder mehr oder produktiver arbeiten oder einen Teil seiner Einnahmen sparen bzw. sich Geld leihen. Dieses Kapital kann er anschließend in Maschinen, die eigene Weiterbildung oder fremde Unternehmen investieren, damit dadurch neue Produkte und Dienstleistungen angeboten werden, die wiederum andere nachfragen.*
3. *Das ist alles.*

Sämtliche anderen Möglichkeiten, seinen materiellen Lebensstandard zu erhöhen, vom Betteln oder Glücksspiel einmal abgesehen, bedürfen des Zwangs gegenüber Dritten und gehen auf deren Kosten, sind mithin ein Nullsummenspiel oder vernichten sogar Werte. Letzteres betrifft insbesondere Ideen wie Geldmengensteuerung, Zinsmanipulation, schuldenbasierte Nachfragesteigerung, Interventionismus oder Umverteilung. Nichts davon kann originär Werte schaffen. Das heißt nicht, dass diese Methoden keine Wirkung zeigen und möglicherweise aus Gründen des politischen Machterhalts geboten sind. Doch zerstören sie durch ihre Eingriffe in den Preismechanismus und das Prinzip freiwilliger Kooperation im Endeffekt mehr Wohlstand, als durch sie gewonnen wird.[119] Staatliche Eingriffe in Märkte sind immer mit Zwang verknüpft. Sie beruhen auf Entscheidungen, deren ökonomische Verfehltheit die Entscheider nicht zu tragen haben, und sie nehmen ein Wissen in Anspruch, dessen Überlegenheit sie zwar behaupten, aber nicht belegen können. Darüber hinaus beeinflussen solche Interventionen die Anreizsysteme der Menschen derart, dass fast ausnahmslos unerwünschte und nicht vorhergesehene Nebenfolgen entstehen:

> *Nehmen wir als Beispiel die Zinsmanipulation nach unten durch die Zentralbanken. Dadurch sollen Unternehmen angeregt werden, zu günstigen Zinssätzen Kredite aufzunehmen, davon Investitionsgüter zu kaufen, mehr zu produzieren und mehr Mitarbeiter einzustellen, was wiederum die Nachfrage nach sonstigen Gütern erhöht usw. Das mag eine Zeitlang auch funktionieren, aber durch die zu niedrigen Zinssätze werden Unternehmen verführt, in eigentlich unrentable Bereiche zu investieren und schlechte Unternehmen, die eigentlich pleite gehen müssten, können durch billige Darlehen am Leben erhalten werden. Dadurch werden Ressourcen verschwendet, die dort fehlen, wo wirklich starke Nachfrage herrscht. Steigen die Zinsen später wieder, folgt das dicke Ende in Form zahlreicher Firmenpleiten nach – viel mehr als es ohne Zinseingriffe der Fall wäre. Eine weitere Nebenwirkung ist, dass rentensichere Anlagen wie Staatsanleihen und Lebensversicherungen plötzlich kaum noch Ertrag abwerfen und die Alterssicherung vieler Menschen gefährdet ist. Aufgrund der billigen Kredite investiert jeder, der Sicherheiten bieten kann, in Immobilien, was deren Preise stark erhöht. Folge: Insbesondere junge Menschen und Mittelverdiener können sich kein Eigenheim mehr leisten, Geringverdiener können die stetig steigenden Mieten nicht mehr bezahlen. Hier wird unterm Strich viel mehr zerstört als Gutes getan. Und das ist nur ein Beispiel unter unzähligen anderen „gut gemeinten" staatlichen Interventionen.*

Kennzeichen eines freien Marktes ist es demgegenüber, dass jeder Akteur in Freiheit und Eigenverantwortung seine jeweiligen Interessen verfolgen kann, für die Konsequenzen dann, etwa sein Scheitern, aber auch selbst verantwortlich ist. Marktentwicklungen sind so zwar nicht vorhersehbar, fördern aber durch beständigen Versuch und Irrtum, Selektion sowie Nachahmung den Wohlstand aller.

GEWINNERFORDERNIS

Die Marktwirtschaft ist eine Demokratie, in der jeder Groschen eine Wahlstimme gibt. Der Reichtum erfolgreicher Geschäftsleute ist das Ergebnis eines Plebiszits der Konsumenten.

Ludwig von Mises, Ökonom und Philosoph

Der freiwillige Tausch von Waren und Dienstleistungen bereichert alle Beteiligten, sonst würde er nicht stattfinden. Ihm verdanken wir es, dass sich die wohlstandsmehrende

Arbeitsteilung immer weiter ausgebreitet hat, auch und gerade zum Wohl der Ärmsten. Würden wir nun das Gewinnmotiv aus diesem Prozess verbannen, so würden wir den Motor des Fortschritts ausschalten, der überall auf der Welt Hunger, Krankheit und Kindersterblichkeit zurückzudrängen hilft. Denn warum wird jemand Bäcker oder Arzt? Mindestens zum Teil auch deshalb, weil er glaubt, sich durch diese Tätigkeiten einen Lebensunterhalt zu erwirtschaften. Das kann er aber nur, wenn er Gewinn erzielt. Bäcker oder Ärzte dafür zu tadeln, dass sie aus unserem Hunger und unseren Krankheiten Profit schlagen, läuft auf die Forderung hinaus, von anderen kostenlos bedient zu werden oder auf den Wunsch, dass Kooperationspartner die ihnen zum Tausch angebotenen Leistungen ablehnen sollen, damit ja kein böser Profit entstehe.

Handwerker, Selbstständige und Unternehmen sind aber per se „sozial", da sie der Gesellschaft Güter und Dienstleistungen zur Verfügung stellen, die es sonst nicht gäbe. Das können sie auf Dauer nur, wenn sie dabei Gewinne erwirtschaften. Dieses Profiterfordernis sorgt wiederum dafür, dass die Mittel optimal eingesetzt und die Ressourcen bestmöglich ausgenutzt werden. Unternehmen schaffen auf diese Weise etwas, das vorher nicht da war, namentlich Produkte, Dienstleistungen, Arbeitsplätze, und erhöhen somit den Lebensstandard der Welt. Der Gewinn des Unternehmers zeigt an, dass er gesellschaftlich weniger hoch bewertete Güter erfolgreich in gesellschaftlich höher bewertete Güter umgewandelt und dadurch das gesellschaftliche Wohlergehen insgesamt erhöht und verbessert hat. Der gut gemeinte, aber gänzlich undurchdachte moralische Feldzug gegen Profite würde also im Erfolgsfalle neue Kooperationen verhindern und alte absterben lassen, die Arbeitsteilung reduzieren und uns eine allmähliche Rückkehr zum Subsistenzniveau bescheren. Daraus folgt: Weil gewaltfrei realisiertes Gewinnstreben Kooperation, Arbeitsteilung und Wohlstand fördert, ist es positiv zu bewerten. Wirtschaftliches Handeln *ohne* Gewinnstreben ist dagegen zwingend ineffizient. Denn nur die Erwirtschaftung von Gewinnen zeigt an, ob die insgesamt begrenzten Ressourcen verplempert oder aber so verwendet werden, dass immer die dringendsten Bedürfnisse bedient werden. Das ist generell das Problem staatlichen Wirtschaftens, ganz gleich, ob es sich um Bildungs-, Gesundheits- oder Kultureinrichtungen handelt. Dem fehlenden Gewinnstreben, von vielen als moralisches Gütesiegel verstanden, steht regelmäßig der ineffiziente Einsatz der verwendeten Ressourcen gegenüber. Wer keinen Gewinn anstrebt, dem fehlt das wichtigste Kriterium dafür, wie und in welcher Weise er seine Mittel einsetzen, wo er kleckern und wo er klotzen soll.[120]

UNTERNEHMER

Manche Leute halten den Unternehmer für einen räudigen Wolf, den man totschlagen müsse. Andere sehen in ihm eine Kuh, die man ununterbrochen melken könne. Nur wenige erkennen in ihm das Pferd, das den Karren zieht.

Winston Churchill, Schriftsteller und Politiker

Unternehmer und Innovatoren sind diejenigen, denen in der arbeitsteiligen Gesellschaft eine zentrale Rolle zukommt, auch wenn sie stets eine Minderheit sind. Die Erfindung und Nutzbarmachung des Rads, der Buchdruckkunst und der Elektrizität waren Leistungen einer verschwindend geringen Zahl von Menschen, die aber das Wohlergehen aller erheblich erhöht haben. Erfolgreiche Unternehmer vom Handwerker bis zum Großproduzenten zeichnet es aus, dass sie etwas anbieten, was die Kunden haben wollen. Nur wer sich Gedanken darüber macht, was seine Mitmenschen brauchen, sich wünschen oder in Zukunft für ihr Glück und Wohlbefinden benötigen, wird am freien Markt erfolgreich sein. Denn im Gegensatz zum Staat hat kein Unternehmer die Macht, die Menschen zum Kauf bestimmter Produkte oder Dienstleistungen zu zwingen. Er muss die Kunden durch Qualität und Preis für sich gewinnen.

In der Wirklichkeit ist die Freiheit zu unternehmerischer Betätigung in den meisten Staaten stark eingeschränkt, sei es durch Arbeitsgesetze, Import- und Exportzölle, Einschränkung der Vertragsfreiheit durch Mindestlöhne, Antidiskriminierungsgesetze und so weiter. Zins und Geldmenge werden manipuliert. Dies führt im Ergebnis zu einer Fehlallokation von Ressourcen. Die entsprechenden Gesellschaften sind weniger wohlhabend als sie es sein könnten. Alle Politik rühmt sich, den Schwachen zu helfen, tut aber mittels Regulierung alles, um diesen die Aufnahme einer gewerblichen oder selbstständigen Tätigkeit zu erschweren. Es geht mithin darum, Voraussetzungen zu schaffen, um freiwillige Kooperation und damit die Generierung von Wohlstand auf der persönlichen Ebene zu erleichtern, auch um den wenigen Spitzenkönnern, die neue Dinge schaffen, überhaupt ein Spielfeld zu geben. Dazu zählen etwa das Recht, seine Tätigkeit, seine Ausbildung und seinen Arbeitsplatz frei zu wählen, die Früchte seiner Arbeit zu behalten, Privateigentum auch an Produktionsmitteln zu besitzen, Produkte und Dienstleistungen aller Art anzubieten und den Preis dafür selbst festzulegen. Hinzu tritt eine umfassende Vertragsfreiheit, also das Recht, mit jedem über praktisch jeden Sachverhalt Verträge frei auszuhandeln. Schließlich gehört dazu die Etablierung eines Rechtssystems, welches Interessenkonflikte regelt und dem Einzelnen hilft, seine berechtigten Ansprüche notfalls in einem vorher festgelegten Verfahren durchzusetzen.

Unternehmerische Freiheit bedeutet aber auch unternehmerische Haftung. Das Recht Gewinne zu machen schließt die Pflicht ein, für Verluste geradezustehen. Gescheiterte Unternehmen müssen pleite gehen und abgewickelt werden können. Springt in solchen Fällen der Staat ein, letztlich natürlich der Steuerzahler, werden nicht nur verheerende Fehlanreize gesetzt, sondern auch schlechte Unternehmen zu Lasten der besseren Konkurrenz am Leben erhalten. Die segensreiche Selektionswirkung des freien Marktes kann sich nicht entfalten.Unterlässt der Staat aber derartige Eingriffe, fließen nach und nach die Ressourcen an Kapital und Arbeit in die Bereiche, in denen profitabel Wertschöpfung betrieben werden kann. Allgemeines Wachstum und Steigerung des Lebensstandards sind die Folge.

Entgegen einer verbreiteten Ansicht sind es nicht Unternehmen oder reiche Unternehmer, die heimlich den Lauf von Welt und Politik beherrschen. Die Einflussnahme der Wirtschaft auf die Politik ist vielmehr eine Reaktion darauf, dass anders die eigenen Interessen nicht wahrgenommen werden können. Wirtschaftliche Macht tritt im Zweifel hinter politische Macht zurück, denn Politiker an den Schalthebeln staatlicher Macht können jederzeit Menschen verhaften und einsperren lassen. Unternehmer können das umgekehrt nicht. Gerade in Russland und China musste so mancher einflussreiche Oligarch diese Lektion schmerzhaft lernen. Und auch westliche Regierungen haben keine Probleme damit, Großkonzerne mit erheblichen Strafzahlungen zu belegen oder durch politische Maßnahmen zu zerstören, etwa die Tabak- und Kohleindustrie. Aufgrund dieses Ungleichgewichtes ist es nicht verwunderlich, dass Unternehmen auf verschiedenste Art und Weise versuchen, die Politik zu ihren Gunsten zu beeinflussen. Es entspricht weiter dem Minimalprinzip, dass sie ihren politischen Einfluss häufig nutzen, um Wettbewerbern zu schaden. Ein Weltbeherrschungsanspruch mächtiger und reicher Unternehmer geht damit nicht einher, sonst würden sie in die Politik gehen.

IV. WELCHE ROLLE SPIELT DIE RELIGION?

Wenn ein für manche sinnloses Etwas wie die Religion bereits seit sehr, sehr langer Zeit existiert, dann muss man davon ausgehen, dass es auch noch sehr viel Zeit vor sich hat und mit Sicherheit diejenigen überleben wird, die seine Abschaffung fordern.

Nassim Nicholas Taleb, Finanzmathematiker und Philosoph

Welche Stellung die Religion in einem Gemeinwesen einnimmt bzw. einnehmen darf, ist eine Frage, die sowohl bestehende wie neue Gesellschaftsordnungen verbindlich beantworten müssen. Andernfalls sind Konflikte unvermeidbar.

Es ist nicht ganz einfach, Religion zu definieren, insbesondere in Abgrenzung zu anderen Ideologien. Religion sei insofern als Weltanschauung verstanden, deren Grundlage der Glaube an bestimmte übernatürliche Kräfte ist, welche das Leben des Menschen beeinflussen und die zudem das Bedürfnis nach Sinnfindung, moralischer Orientierung und Welterklärung befriedigt. Blickt man auf die Menschheitsgeschichte zurück, so wird deutlich, dass die Nachfrage nach derartigen Angeboten ungeheuer groß ist. Von daher ist auch in Zukunft zu erwarten, dass an Göttern orientierte Religionen bzw. weltliche Ersatzreligionen erheblichen Zulauf haben werden. Das Verhältnis einer Gesellschaftsordnung zur Religion ist allerdings auch eine Machtfrage, der sich jede Gesellschaft stellen muss.

Stellen wir uns vor, von Hitlers Buch „Mein Kampf" wird ein bisher unbekanntes Einleitungskapitel entdeckt. Angenommen, an der Echtheit bestehen keine Zweifel. In diesem Kapitel beschreibt Hitler, wie der Erzengel Gabriel ihm all das eingegeben habe, was im Folgenden niedergeschrieben sei und die Grundlage seiner Ideologie bilde. Diese sei der unmittelbare Auftrag Gottes.

Wäre der Nationalsozialismus jetzt auf einmal eine Religion und könnte sich zur Praktizierung seiner Lehre auf Religionsfreiheit berufen? Um das Ergebnis vorwegzunehmen: Religion ist dann kein Problem für eine Gesellschaft, wenn sie sich lediglich als spirituelle Privatsache darstellt, die dem Einzelnen Kraft und seinem Leben Sinn gibt. Insofern sie Tugenden wie Ehrlichkeit, Toleranz und Rechtschaffenheit lehrt, kann sie sogar ein Kohäsionsmittel für ein vertrauensvolles und friedliches Zusammenleben in großen Gruppen sein. Insofern ergibt sich kein Regelungsbedarf aus der Frage, wer woran glaubt oder auch nicht. Eine freie Gesellschaft mischt sich nicht in private Überzeugungen ein. Sobald eine Religion aber Privilegien für ihre Angehörigen fordert oder die Einhaltung bestimmter Regeln von Nichtgläubigen verlangt, wird sie (auch) zur politischen Ideologie. Damit beginnen die Probleme. Denn dann stehen sich zwei Regelungssysteme gegenüber, nämlich das religiöse und das weltliche. Soweit diese nicht absolut deckungsgleich sind, stellt sich die Frage, welche Regeln vorgehen.

Man kann nicht über längere Zeit gleichzeitig zwei sich widersprechenden Systemen angehören- eines wird immer die Oberhand gewinnen, und das ist in der Regel das gewaltbereitere, nicht das moralisch oder intellektuell ansprechendere. Treffen sich ausschließende Überzeugungen aufeinander, kann es daher keine Kompromisse geben. Eine Frau hat gegenüber dem Mann entweder gleiche Rechte oder nicht. Die Rechte von Anhängern verschiedener Glaubensrichtungen sind gleich oder nicht. Religion ist Privatsache oder nicht. Kritik an Göttern oder Propheten ist erlaubt oder nicht. Insofern war die Geschichte Europas in den letzten Jahrhunderten vom immerwährenden Kampf um die Zurückdrängung des kollektiven Regelungsanspruches der Religion zugunsten der staatlich garantierten Rechte des Einzelnen gekennzeichnet. Und auch die USA haben die Mormonen letztendlich mit militärischen Mitteln gezwungen, die Trennung von Staat und Kirche zu vollziehen.[121]

Es ist daher keine Überraschung, dass heutzutage insbesondere der *Islam* von der religiösen Privatsphäre auf das öffentliche Leben übergreift. Denn der Islam versteht sich nicht nur als Religion, sondern zugleich als in sich geschlossenes rechtlich-politisches Wertesystem, das eine umfassende Regelung des Alltags vorsieht. Daher kommen wir nicht umhin, uns diese Ordnung näher anzuschauen.

Bereits die Trennung von Religion und Gesellschaft ist nach islamischem Selbstverständnis gar nicht vorgesehen:

> *[Sunna und Koran] bilden die Grundlage des islamischen Glaubens, des islamischen Rechts und der islamischen Lebensweise ... Daher ist der Islam Glaube, Ethik, soziale Ordnung und Lebensweise zugleich.*[122]

Die Gesamtheit aller Regeln aus dem Koran und der in den *Hadithen* niedergelegten *Sunna,* das sind die Aussprüche und Handlungen des Propheten, bezeichnet man als *Scharia.* Ein Gutteil dieser Regeln befasst sich mit dem Verhältnis zu Nichtmuslimen, die meist explizit herabgewürdigt werden.[123] Der Koran wiederum ist für Muslime „das unverfälschte Wort Allahs".[124] Seine Aussagen sind deshalb unmittelbar verbindlich, haben im Rahmen der Scharia Gesetzeskraft. Der Koran ist mithin kein lediglich historischer Text wie etwa das *Alte Testament,* das zudem nur zehn direkte Gebote kennt. Daraus ergeben sich Probleme, nämlich wenn die Regeln der Scharia auf anderslautende staatliche Regeln treffen, etwa im Hinblick auf:

- *Gewaltverbot gegen Andersdenkende*
- *Meinungs- und Kunstfreiheit*
- *Gleichberechtigung der Frau*
- *Religionsfreiheit, insbesondere Atheismus*
- *Sexuelle Selbstbestimmung, insbesondere Homosexualität*
- *Freiheit der Eheschließung*
- *Verbot entwürdigender Strafen*
- *Gleichbehandlung unterschiedlicher Überzeugungen*
- *Wechsel der Religion, insbesondere Austritt aus dem Islam*

Was gilt nun? Wenn die Scharia hier abweichende Regelungen trifft, die aufgrund der sogenannten Abrogation[125] zudem gemäßigteren Koranpassagen vorgehen, etwa im Hinblick auf die Stellung der Frau,[126] Islamkritiker,[127] Juden und Christen,[128] Heirat,[129] Strafen,[130] Abfall vom Glauben,[131] warum sollen diese nicht gelten? Warum gilt das Gebot, kein Schweinefleisch zu essen, aber nicht die Gebote, keine Juden und Christen zum Freund zu nehmen (Sure 5, Vers 51 und 3,118), Dieben die Hand abzuhacken (5,38) oder Ungläubige gewaltsam zu bekämpfen (9,123; 9,111; 2,191; 4,89; 47,4)?

Wie kann man Muslim sein und die Geltung dieser Vorschriften ablehnen? Auch Gläubige brauchen Konsistenz. Entweder der Koran ist das unmittelbare Wort Allahs oder er ist es nicht. Ist er es, dann sind alle Gebote verbindlich und nicht nur eine willkürliche Auswahl davon. Das ist auch die Schwäche der moderaten Strömungen im Islam. Sie ignorieren bestimmte Vorgaben einfach, haben aber kein konsistentes Denkgebäude, wie das zusammenpassen soll. Deshalb haben vermeintlich radikale Richtungen des Islam auch so großen Zulauf. Sie sind in sich schlüssig, entsprechen unmittelbar der schriftlichen Überlieferung und spiegeln zudem das Leben des Propheten wider, der zahlreiche Bekenntnisunwillige und Kritiker umbringen ließ.[132] Das ist keineswegs nur ein theologisches Problem. Von den 57 Mitgliedsstaaten der *Organisation der Islamischen Konferenz* haben 45 die sogenannte „Kairoer Erklärung der Menschenrechte im Islam" von 1990 unterzeichnet.[133] Darin heißt es unter anderem:

Art. 1a) *Alle Menschen bilden eine Familie, deren Mitglieder durch die Unterwerfung unter Gott vereint sind und die alle von Adam abstammen [...]*

Art. 2a) *[...] es ist verboten, einem anderen das Leben zu nehmen, außer wenn die Scharia es verlangt. [...]*

Art. 2d) *Das Recht auf körperliche Unversehrtheit wird garantiert. [...], außer wenn ein von der Scharia vorgeschriebener Grund vorliegt. [...]*

Art. 24: *Alle Rechte und Freiheiten, die in dieser Erklärung genannt wurden, unterstehen der islamischen Scharia. [...]*

Art. 25: *Die islamische Scharia ist die einzig maßgebliche Quelle für die Auslegung oder Erklärung jedes einzelnen Artikels dieser Erklärung.*

Mithin stehen sämtliche Menschenrechte, auch das Recht auf Leben und körperliche Unversehrtheit, unter Scharia-Vorbehalt, und zwar universell. Das heißt nichts anderes, als dass göttliches Recht sogar den Menschenrechten vorgeht. Islamkritiker haben demnach kein Recht auf körperliche Unversehrtheit, da die Scharia anderes vorsieht (man lese einmal obigen Artikel 2d neben Sure 5, Vers 33 – wer gegen den Islam aktiv wird, dem sollen Hände und Füße abgehackt werden).

Jede Gesellschaftsordnung, die unveräußerliche Rechte des Einzelnen unabhängig von dessen Glaubensüberzeugung propagiert, steht damit im Konflikt mit dem Islam. Es ist der alte Konflikt zwischen vernunftbasierten, menschgemachten Regeln und vermeintlich göttlichem Recht. Diesen Konflikt kann man leugnen, ignorieren, schönreden, aber man kann ihn dadurch nicht aus der Welt schaffen. Es kommt zwingend zu einem Kampf um die Regelungshoheit. Der Schwächere passt sich schließlich an. Dieser Prozess ist bereits in vollem Gange. Dazu drei Beispiele:

> *Meine Frau ist als Kind senegalesischer Einwanderer in den Vororten von Paris aufgewachsen. Einige Bekannte und Verwandte leben nach wie vor dort. Diese berichten, dass in den Vierteln, in denen sie früher als junge Frauen in knappen Shorts unterwegs waren, heute muslimische Jungmänner patrouillieren, die jegliche freizügige Kleidung unter Androhung von Gewalt unterbinden und Frauen den Zutritt zu bestimmten Cafés und Restaurants ganz verweigern.*[134] *Andere Bekannte von ihr, die seinerzeit regelmäßige Partygänger und Freigeister waren, befolgen heute streng die religiösen Regeln, blicken auf „Ungläubige" und diejenigen Muslime herab, die nicht den religiösen Regeln folgen.*

> *Im Berlin des Jahres 2017 hat die Reformerin Seyran Ates eine liberale Moschee eröffnet, in der Männer und Frauen gemeinsam beten und Frauen kein Kopftuch tragen müssen. Sie hat innerhalb kurzer Zeit mehr als einhundert Morddrohungen von ihren Glaubensbrüdern erhalten und kann sich nur noch unter Polizeischutz in der Öffentlichkeit bewegen. Nicht wenige Muslime hätten ihr mitgeteilt, dass sie ihr Anliegen unterstützten, aber aus Angst vor einem Besuch der liberalen Moschee Abstand nähmen.*[135]

> *„Der deutsche Journalist Schirmbeck hat in Algerien erlebt, wie sich binnen weniger Jahre eine westlich orientierte, säkulare Gesellschaft in eine restriktive islamische Gesellschaft verwandelt hat, obwohl viele Menschen dort, vielleicht sogar die Mehrheit, es nicht wollten. Eine radikale Minderheit hat ihre Ideologie durchgesetzt und den öffentlichen Raum islamisiert. Die Menschen sind unter diesem Angriff umgefallen wie Dominosteine, sie haben die Regeln der Scharia als verbindlich akzeptiert, sie trinken keinen Alkohol mehr in der Öffentlichkeit, spielen keine verbotenen Spiele, befolgen die religiösen Speisevorschriften und Rituale, teilen die Menschen in Reine und Unreine, die Frauen verschleiern sich usw. Mehr noch, nachdem sich die Masse erst einmal den Regeln der Radikalen unterworfen hat, übt sie nunmehr kollektiven Druck auf diejenigen aus, die noch nicht umgefallen sind." (Zusammenfassendes Zitat von Michael Klonovsky zu Schirmbeck, 2016)*[136]

Gemäß einer Erhebung von 2013[137] ergab sich in islamischen Ländern folgende Zustimmung zur Frage, ob die Scharia zum offiziell gültigen Landesrecht werden soll: Tunesien 56 %, Jordanien 71 %, Ägypten 74 %, Marokko 83 %, Pakistan 84 %, Palästina 89 %, Irak 91 %, Afghanistan 99 %. Damit stellt sich für jede säkulare Gesellschaft die Frage, wie mit muslimischen Einwanderern insbesondere aus diesen Ländern umgegangen wird. Im Prinzip gibt es nur drei Möglichkeiten:

1. *Leugnen des Problems: Religionszugehörigkeit spielt keine Rolle, der Islam ist eine Religion wie jede andere auch. („Westeuropäische Lösung“)*[138]
2. *Vollständige Ablehnung: Wir lehnen es ab, dass aus unserem Land eine multikulturelle Gesellschaft miteinander unvereinbarer Gemeinschaften wird. („Osteuropäische Lösung“)*[139]
3. *Selektion: Säkulare Muslime, welche den Vorrang weltlicher Regeln explizit anerkennen, sind willkommen, die anderen nicht. („Vermittelnde Lösung“)*

Buchstäblich *jedes* nicht-muslimische Gemeinwesen dieser Welt muss sich unter Abwägung der jeweiligen Vor- und Nachteile und unter Inkaufnahme der Folgen für eine Variante entscheiden. Für die dritte Variante spricht, dass man Muslim kraft Geburt auch ohne seinen Willen wird, viele Muslime die Religion tatsächlich nur als Privatsache ansehen und es einige Untergruppen gibt, die aufgeklärte Interpretationen des Islam vertreten. Dagegen spricht die Beobachtung, dass sich auch säkulare Muslime nach Lebenskrisen oder aufgrund von Gruppendruck wieder den Scharia-Regeln unterworfen haben und eine erfolgreiche Integration von Muslimen in nichtmuslimische Gesellschaften offensichtlich ein weltweites Problem ist.[140]

Eine dauerhafte Lösung kann nur darin bestehen, einen reformierten Islam zu institutionalisieren, wie das mutige, aufgeklärte Muslime bereits versuchen, teilweise unter Lebensgefahr.[141] Dies bedeutet, die Trennung von Religion und Politik zu akzeptieren und den Glauben zu privatisieren. Dazu gehört die Anerkennung des Vorrangs weltlicher Gesetze, der rechtlichen Gleichstellung von Mann und Frau, des Rechts auf sexuelle Selbstbestimmung auch bei Homosexualität, sowie des Rechts, die Religion jederzeit ohne Sanktionen verlassen zu können. Weiter umfasst dies den Verzicht auf Gewaltanwendung zur Durchsetzung religiöser Ziele, die endgültige und nicht nur vorübergehende Abschaffung der Sklaverei, die Außerkraftsetzung der zahlreichen Tötungsaufrufe im Koran, die rechtliche Gleichstellung Andersgläubiger, die Abstandnahme von der Vorherrschaftsdoktrin des Islam sowie die Zulassung von Kritik am Glauben und am Propheten, um nur die wichtigsten Punkte zu nennen.[142]

Solange dies nicht geschehen ist, bleibt das Islam-Problem bestehen. Es wird insbesondre Einwanderungsgesellschaften noch auf Jahrzehnte hinaus beschäftigen.

Welche Rechte gestehen wir nun allgemein Religionen in einer freien, säkularen Gesellschaft zu? Kurz gesagt, keine Religion soll Privilegien genießen, die nicht allen anderen Bürgern auch zugute kommen. Das bedeutet, alle Gesetze gelten auch für die religiösen Bürger und zwar *ohne Einschränkung*. Religionsfreiheit kann es nur als Bekenntnisfreiheit geben, nicht als Privileg. Das bedeutet etwa, dass die Genitalverstümmelung von Minderjährigen, seien sie nun weiblich oder männlich, eine strafbewehrte Körperverletzung ist. Eine Einwilligung ist nicht möglich, weil Minderjährige (noch) nicht rechtswirksam einwilligen können. Es kann keinen Unterschied machen, aus welchen Motiven diese Körperverletzung erfolgt. Auch ist es unerheblich, dass es sich meist um die eigenen Kinder handelt. Andernfalls müsste man auch alle anderen Körperverletzungen oder gar Tötungsdelikte an eigenen Kindern zulassen. Dasselbe gilt für Tierquälerei. Hat sich eine Gesellschaft dafür entschieden, die Tierquälerei, also das unnötige Leiden der Tiere ohne vernünftigen Grund zu unterbinden, dann muss das auch für religiöse Bürger gelten. Das betrifft etwa das so genannte Schächten, d.h. das langsame verbluten lassen eines noch lebenden unbetäubten Tieres, weil es in einem alten Buch so angeordnet ist. Und es ist ja nicht so, dass diese Probleme unüberwindbar wären. Mit etwas gutem Willen gibt es Möglichkeiten, auch unter Einhaltung der Tierschutzgesetze nach religiösen Ritualen Tiere zu töten. Und es ist ohne Weiteres vorstellbar, dass die Entscheidung über die eigene Genitalverstümmelung den Betroffenen selbst überlassen wird, nachdem diese volljährig geworden sind.

Religionsfreiheit, welche Religionsangehörigen Privilegien zuschustert, ist hingegen kontraproduktiv. Sie ist kein Freiheitsrecht, sondern eine Ungleichbehandlung zugunsten derjenigen, die sich auf eine Religion berufen und zulasten derjenigen, die das nicht tun. Es geht in Wirklichkeit dabei ausschließlich um Macht und Beschwichtigung, nicht um Recht. Wenn sich eine Gesellschaft Regeln gibt, dann müssen diese für alle gelten. Die Gleichheit vor dem Gesetz ist *der* friedensstiftende Grundsatz des Rechtsstaats. Alle Verstöße dagegen führen letztlich zu Unfrieden und sozialer Disharmonie. Gerade in einem System, das auf Gegenseitigkeit und der *Goldenen Regel* beruht, kann für religiöse Privilegien kein Platz sein. Dasselbe gilt im Hinblick auf Kritik an Religionen oder ihren Göttern. Es kann in einer freien Gesellschaft kein Recht bestehen, von Spott oder Kritik ausgenommen zu sein. Wollen Religiöse dies nicht akzeptieren, sollen sie sich in eigenen Gesellschaften organisieren. Denn warum sollen Menschen, die grundverschiedene Auffassungen vom Zusammenleben haben, überhaupt zusammen leben? Das kann nur Konflikte geben.

V. SIND GRENZEN SINNVOLL?

Wir haben im vergangenen Jahr die Kontrolle über unsere Grenzen verloren. Jetzt beginnen wir, die Kontrolle über Straßen und Plätze zu verlieren.

Markus Söder, Bayrischer Finanz- und Heimatminister 2016

Eine weitere entscheidende Frage für alle Gesellschaftsordnungen ist die der Grenzsicherung und Zuwanderungssteuerung. Aber brauchen wir überhaupt Grenzen? Wäre es nicht großartig und zutiefst human, wenn sich jeder dort niederlassen könnte, wo er möchte? Andererseits: Wäre es auch großartig und zutiefst human, wenn jeder sein Haus dort errichten könnte, wo er möchte, unabhängig davon, wem das Grundstück gehört? Mindestens der Grundstückseigentümer wird dies anders sehen. Aber nicht nur Grundeigentum, auch erfolgreiche und stabile Gemeinwesen sind ein knappes Gut. Als solche haben sie selbstverständlich einen Preis. Dieser besteht etwa darin, dass bestimmte Einwanderungsvoraussetzungen abgefragt werden.

Einer Auffassung zufolge würde die vollständige Niederlassungsfreiheit überall und damit die Öffnung aller Grenzen eine Verdoppelung des weltweiten Bruttosozialprodukts bewirken, vergleichbar den positiven Wirkungen des Freihandels, und sei bereits aus diesem Grunde zu befürworten.[143] Soweit die Theorie. In der Praxis würde freilich genau das Gegenteil eintreten, weil gleich mehrere Faktoren und Anreize bei dieser Betrachtung außen vor gelassen werden. Schauen wir uns das im Einzelnen an.

GEWÄHR DER SICHERHEIT

Gesicherte Grenzen sind eine Gewähr für die innere und äußere Sicherheit eines Gemeinwesens. Denn der einfachste Weg, seinen Lebensstandard zu erhöhen, ist und bleibt, anderen etwas wegzunehmen. Deshalb werden reiche Ländern mit offenen Grenzen *immer* auch Scharen von Menschen anziehen, die keine ehrbaren Absichten haben:

> *Nach Schätzungen der deutschen Polizei kamen im Zuge der Grenzöffnung 2015 tausende Angehörige georgischer Einbrecherbanden nach Deutschland, um aussichtslose Asylanträge zu stellen (Georgien gilt als sicheres Herkunftsland) und bis zur rechtskräftigen Ablehnung gewerbsmäßig Einbrüche zu begehen.*[144]

Mit offenen Grenzen scheidet auch die Möglichkeit aus, zugewanderte Kriminelle wieder abzuschieben. Aufgrund der unkontrollierten Grenzen können sie nämlich jederzeit wiederkommen. Der Staat kann dann seine einzig legitime Aufgabe, nämlich Leben, Freiheit und Eigentum seiner Bürger zu schützen, nicht mehr erfüllen. So wurde aus Deutschland der Fall eines Mehrfachvergewaltigers bekannt, der bereits vier Mal abgeschoben worden war, aber immer wieder einreiste und neue Straftaten beging.[145] Die Sicherheitslage muss sich in einem solchen System mit der Zeit immer weiter verschlechtern. Die Kriminalitätsrate steigt. Erfahrungen aus Schweden[146] und Deutschland belegen dies eindrücklich:

> *Deutschland hat 2015 seinen Grenzzaun vollständig geöffnet, musste dafür aber 2016 das berühmte Oktoberfest zum ersten Mal in dessen 350jähriger Geschichte einzäunen und Identitätskontrollen beim Eintritt durchführen. Weihnachtsmärkte, Karnevalsumzüge und größere Veranstaltungen müssen seither von schwer bewaffneten Polizisten, mit Straßensperren und mit strengen Einlasskontrollen gesichert werden. Gewaltverbrechen von bisher ungekannter Brutalität, Vergewaltigungen selbst von Kindern und Greisinnen, Messerstechereien, Massenschlägereien mit Eisenstangen, Angriffe auf Polizisten, Juden, Schaffner, Rettungs- und Krankenhauspersonal sind Alltag geworden.*[147]

Auch wenn die Wahrscheinlichkeit, selbst betroffen zu sein, zumindest derzeit immer noch gering sein mag: Das Grundvertrauen, sich sicher im öffentlichen Raum zu bewegen, geht verloren. Und das ist für jedes Gemeinwesen ein massiver Wettbewerbsnachteil. Die Folge davon ist, dass diejenigen, die es sich leisten können, in Systeme abwandern, die größere Sicherheit bieten. Dieser Prozess hat in Deutschland und anderswo bereits eingesetzt.[148]

Man kann entweder einen Zaun um sein Haus, um sein Wohngebiet oder um sein Land haben. Weitere Alternativen existieren nicht. Aber je weiter entfernt der Zaun ist, desto höher ist die Lebensqualität.

VERHINDERUNG FEINDLICHER ÜBERNAHMEN

Es geht bei Grenzen auch darum, feindliche Übernahmen abzuwehren. Sie bedeuten, andere Regime zu begrenzen. Teilweise sind Grenzen zwischen Weltanschauungen, die sich gegenseitig ausschließen, mit massiven militärischen Mitteln gesichert, so zum Beispiel die Grenze Westdeutschlands zu Ostdeutschland während des *Kalten Krieges* 1948–1989. Grenzsicherung ist daher immer auch Sicherung der eigenen Lebensart. Ungesicherte Grenzen bieten hingegen die Möglichkeit der Landnahme, ohne dass militärische Mittel eingesetzt werden müssen. Würde sich das rohstoffreiche Australien (24

Mio. Einwohner) zu einer Politik offener Grenzen entschließen, dann könnte etwa China auf den Gedanken kommen, einfach 30 Millionen verdiente Parteimitglieder dorthin umzusiedeln, um Australien unter den eigenen Einfluss zu bringen. Wie es Israel bei einer Politik der offenen Grenzen erginge, erfordert ebenfalls nicht allzu viel Phantasie. Auch in Europa werden Landnahme-Aspekte von islamischer Seite bereits seit Jahren offen ausgesprochen:

Die Europäer glauben, dass die Muslime nur zum Geldverdienen nach Europa gekommen sind. Aber Allah hat einen anderen Plan.[149]

Necmettin Erbakan, türkischer Ministerpräsident

2050 wird Großbritannien eine muslimische Mehrheit haben. Das wird das Ende von Freiheit und Demokratie bedeuten und stattdessen die Unterwerfung unter Allah.[150]

Anjem Choudary, britischer Islam-Aktivist

Im Jahr 2100 wird es in Deutschland 35 Millionen Türken geben. Die Einwohnerzahl der Deutschen wird dann bei ungefähr 20 Millionen liegen. Das, was Sultan Suleyman 1529 mit der Belagerung von Wien begonnen hat, werden wir über die Einwohnerentwicklung, mit unseren kräftigen Männern und gesunden Frauen abschließen.[151]

Vural Öger, deutsch-türkischer Unternehmer

Insofern waren und sind Grenzen auch immer eine Begrenzung der anderen, die unterschiedliche Ideen vom Zusammenleben haben. Wenn Zuwanderer mehrheitlich der Auffassung sind, dass ihre religiösen Gebote den Regeln des Einwanderungslandes vorgehen, dann bedeutet das nichts anderes, als dass sie die bestehende Ordnung durch eine andere ersetzen wollen. Das aber ist keine Immigration, sondern Invasion. Wer solche Menschen in großer Zahl in sein Land holt, schafft die Voraussetzungen für bürgerkriegsähnliche Zustände. Weder Regime mit Gottesherrschaft noch solche mit Bürgerkriegen zeichnen sich aber durch besonders hohe Wachstums- und Innovationsraten aus.

Genauso wie die Erfindung von allgemein anerkanntem Privateigentum eine höchst friedensstiftende Wirkung hatte, verhält es sich mit der Erfindung geografischer Grenzen und deren gegenseitiger Anerkennung. Wer seine Lebensart, seine Kultur oder seine materiellen und ideellen Werte schützen möchte, wer in Frieden, Freiheit und selbstbestimmt leben möchte, muss diejenigen draußen halten, die das nicht wollen. Allenfalls stellen diese irgendwann eine ausreichend große Anzahl und versuchen die Machtübernahme.

SCHUTZ ERWORBENER RECHTE

Die geschriebenen und ungeschriebenen Regeln einer Gesellschaft, ihre Institutionen, ihr Sozialsystem sowie ihre Infrastruktur wurden meist über einen langen Zeitraum aufgebaut und finanziert. Wer daran mitgewirkt hat, auch wenn es durch erzwungene Steuer- und Abgabenzahlungen war, hat eine eigentumsähnliche Rechtsposition erworben. Kommen nun aber zusätzliche Nutzer dieser Leistungen von außen, ohne dafür zu bezahlen, dann bleibt für den einzelnen Einzahler weniger übrig. Das gilt insbesondere für das Sozialsystem. Gleiches betrifft die sonstigen staatliche Leistungen wie Infrastruktur (Schulen, Kindergärten, Krankenhäuser, öffentliche Straßen und Gebäude), Hilfe im Ausland (Botschaften, Konsulate) und vor allem Sicherheit (Polizei, Armee, Grenzschutz). Jedes erfolgreiche System kann eine gewisse Anzahl auch unqualifizierter Einwanderer absorbieren, insbesondere wenn diese assimilierungswillig sind; ab einem gewissen Punkt schlägt eine solche Einwanderung aber in eine Belastung um. Es muss dann erheblich mehr in die Sicherheit investiert werden, zulasten anderer Bereiche. Die Sozialversicherungen werden zunehmend zahlungsunfähig, die Alterssicherung insbesondere in Umlagesystemen gefährdet, die gesamte Infrastruktur durch Massenzuwanderung belastet und die geleisteten Zahlungen der Bürger dadurch entwertet. Eine solche Einwanderung gegen den Willen der ansässigen Bevölkerung ist faktisch eine Teilenteignung derselben und damit einer Eigentumsverletzung gleichzusetzen. Wird der Kreis der entsprechend Berechtigten durch die Regierung beliebig oder sogar gegen geltendes Recht ausgeweitet, dann ist Gegenwehr zumindest eines Teils derjenigen, welche diese Standards einschließlich eines zivilisierten, friedlichen Umfelds über Jahre und Jahrzehnte aufgebaut und finanziert haben und deren Ansprüche dadurch geschmälert werden, zwingend zu erwarten.[152] Wer fordert, jeder Beliebige dürfe an dieser eigentumsähnlichen Rechtsposition durch Einwanderung partizipieren, unterscheidet sich im Prinzip nicht von einem Kommunisten, der fordert, jeder müsse seine Wohnung und sein Vermögen mit allen Bedürftigen teilen.

Schafft man den Sozialstaat ab, oder nimmt die Einwanderer vom Anspruch auf Sozialleistungen aus, wird sich das Problem entschärfen, aber nicht verschwinden. Die Belastung für die Sicherheit und Infrastruktur bleibt, insbesondere wenn Menschen kommen, die ausdrücklich das bestehende System abschaffen wollen. Von niemanden kann erwartet werden, dass er sehenden Auges die Zerstörung seiner Gesellschaftsordnung hinnimmt. Vergleichbares gilt in neuen Gemeinwesen. Haben diese etwa Bürger unter der Prämisse angeworben, nur qualifizierte und geprüfte Zuwanderer zuzulassen, würde ein plötzliches Abgehen von diesem Grundsatz von den bisherigen Bürgern als Beeinträchtigung ihrer Rechte angesehen („Wegfall der Geschäftsgrundlage").

ERHALT DER SOZIALEN HARMONIE

Gemeinwesen, deren Bewohner einander ausschließende Grundüberzeugungen haben, sind konfliktträchtig, fragil und erzielen schlechtere Ergebnisse als solche, die auf gemeinsamen Grundwerten beruhen. In erfolgreichen Einwanderungsgesellschaften assimilieren sich die Einwanderer mit der Zeit. Die Bereitschaft dazu ist eine Bringschuld. Mindestens müssen Einwanderer die Ideen und Überzeugungen der bestehenden Gesellschaft respektieren. Andernfalls wird es erhebliche Konflikte geben, die geeignet sind, die soziale Harmonie zu zerstören. Daher haben alle erfolgreichen Einwanderungsgesellschaften zu allen Zeiten von ihren Neubürgern eine gewisse Anpassungsleistung verlangt. Gerade wenn ihre Zahl überschaubar ist, funktioniert das auch. Dann ist entsprechender Anpassungsdruck da, und die Einwanderer beginnen von sich aus, sich zu assimilieren.[153] Aber auch Parallelgesellschaften von Einwanderern, wie sie etwa die *Amischen* oder manche *Chinatowns* darstellen, sind möglich, solange diese nicht aggressiv gegen die in der Einwanderungsgesellschaft geltenden Regeln aufbegehren. Es entspricht einer alten zivilisatorischen Errungenschaft, die Sitten und Gebräuche fremder Länder zu achten, wenn man dorthin als Besucher oder Zuwanderer kommt:

> *When in Rome, do as the Romans do.*

Wer hingegen die Zuwanderungsgesellschaft als minderwertig ansieht, und sich weigert, bestimmte Regeln und Gebräuche zu beachten, die weit verbreitet sind, oder diese gar verächtlich macht, der muss sich nicht wundern, wenn die Stimmung der Altbevölkerung feindselig wird. Gibt es große Gruppen von Menschen, die bekanntermaßen integrationsunwillig und gewaltbereit sind, dann werden diese die soziale Harmonie erheblich stören. Mit offenen Grenzen kann dieser Vorgang nicht mehr gesteuert werden.[154] Wenn die Einwanderer sich überwiegend aus solchen Kräften rekrutieren, hilft auch kein Verzicht auf Mindestlöhne mehr. Man hat dann ein Problem importiert, das man vorher nicht hatte.

RECHT AUF EINWANDERUNG?

Von den meisten Menschen wird ohne Weiteres akzeptiert, dass es kein Recht gibt, sich gegen den Willen des Grundstückseigentümers auf dessen Grundstück niederzulassen. Dann muss aber die davon abgeleitete Variante, dass sich Grundstückseigentümer und sonstige Bewohner zusammenschließen und sich arbeitsteilig auf Einwanderungsregeln für ihr Gesamtgebiet einigen, auch zulässig sein. Auch hier muss Vertragsfreiheit als

Ausfluss der Handlungsfreiheit gelten. Diese kann auch eine „negative Vertragsfreiheit“ sein, also das Recht, mit jemanden gerade *nicht* zu kontrahieren.[155] Es ist naiv, die Lösung im alleinigen Recht des Grundstückseigentümers zu sehen, über Zuwanderung in sein Grundstück zu entscheiden. Wie gelangt man dorthin, ohne über die Grundstücke anderer, denen möglicherweise Straßen und Flughäfen gehören, zu gelangen und die Zuwanderung ablehnen? Aber selbst, wenn dies möglich wäre: Der organisierten Kriminalität wäre es ein leichtes, ein großes Waldgrundstück zu erwerben und dort tausend Einbrecher unterzubringen, die dann des nachts auf Raubzug bei den Nachbarn gehen. Solche Modelle werden in Wirklichkeit über kurz oder lang immer dazu führen, dass sich Grundstückseigentümer zusammenschließen und ein Gemeinwesen gründen, das dann die Einwanderung in ein größeres Gebiet regelt und kontrolliert.

Würden Länder wie die USA, die Schweiz oder Stadtstaaten wie Singapur, Dubai oder Monaco ihre Tore für alle öffnen, wie Intellektuelle dies vorschlagen,[156] geschähe Folgendes:

> *In kürzester Zeit entsteht eine gewaltige Schlepperindustrie, die per Schiff und Flugzeug einen nicht enden wollenden Strom von Millionen und Abermillionen hauptsächlich junger Männer aus Entwicklungsländern heranschafft, häufig unter Vorspiegelung falscher Versprechungen. Daher spielt es eine untergeordnete Rolle, welche Leistungen die Einwanderer in den Zielländern tatsächlich erhalten. Ihre bloße Zahl wird die bestehende Infrastruktur (Schulen, Krankenhäuser, Innenstädte) massiv überlasten. Da ein Großteil dieser Zuwanderer weder die Landessprache spricht, oft nicht einmal des Lesens oder Schreibens kundig ist, und andere Vorstellungen von Leistung und Disziplin hat, wird nur eine Minderheit Arbeit finden. Die anderen, häufig geprägt durch tribalistische Clan- und Gewaltstrukturen, werden sich in ethnischen oder religiösen Gruppen organisieren und sich notfalls mit Gewalt nehmen, was sie brauchen. Immer größere Gebiete können nur noch unter Gefahr für Leib und Leben betreten werden. Dagegen wird sich Widerstand der ansässigen Bevölkerung regen, früher oder später ebenfalls gewaltsam. Es wird zu einer umfassenden Radikalisierung innerhalb der fragmentierten Gruppen und in ihren gegenseitigen Beziehungen kommen. Das friedliche Zusammenleben wird massiv beeinträchtigt. Die Wirtschaftsleistung nimmt gegenüber dem früheren Zustand ab, nicht zu.*

Auch wenn theoretisch andere Abläufe denkbar sind: man hat nur einen einzigen Versuch. Geht dieser schief, ist die bestehende Hochkultur unwiderruflich zerstört.[157] Und ob dieses Risiko eingegangen werden soll, kann in bestehenden wie neuen Gesellschaftsordnungen nicht gegen den Willen der ansässigen Bevölkerung als Hauptbetroffene und Rechteinhaberin entschieden werden. Das Recht auf ein selbstbestimmtes Leben schließt ein, dass ich mir aussuche, mit wem ich zusammenleben will. Wer das negiert, sollte sich auf erhebliche Gegenwehr gefasst machen.

DER IRRTUM

Diese Leute hatten niemals die Absicht, unser Wertesystem zu übernehmen und sich an unsere Rechtsordnung zu halten. Jegliche Integrationsbemühungen mussten hier von vornherein scheitern.[158]

Karlheinz Gärtner, Hauptkommissar a.D. über arabische Clans in Berlin

Das *Open-Borders-Dogma* als typische intellektuelle Kopfgeburt hat das Zeug dazu, Zivilisationen, deren Aufbau mehr als tausend Jahre gedauert hat, innerhalb von ein bis zwei Generationen zu zerstören. Wo aber liegt der Grundirrtum dieser Lehre? Es ist die Annahme, alle Menschen seien gleich und wenn man nur die richtigen Institutionen etabliere und ihnen etwas Bildung angedeihen lasse, stelle sich der Erfolg von alleine ein. Schön wäre es ja, aber sehr wahrscheinlich ist es eben nicht so einfach. Ein Beispiel:

> *Man stelle sich vor, die Binnenstaaten Schweiz und Zentralafrikanische Republik (ZAR) würden ihre gesamten Bevölkerungen tauschen, unter Zurücklassung aller Vermögenswerte und der jeweiligen Institutionen. Was würde geschehen? Die Schweiz würde niedergehen, die ZAR aufblühen.*

Warum ist das so? Weil die Bewohner der Schweiz und der ZAR so verschieden sind, insbesondere was ihre kognitive Kompetenz angeht.[159] Wie und warum sich diese so unterschiedlich entwickelt hat, kann und muss hier nicht entschieden werden. Kulturelle Prägung, Klima, Geografie, Religion, genetische und sogar epigenetische Faktoren kommen dafür in Frage, die sich möglicherweise auch noch alle gegenseitig beeinflussen, in welchem Verhältnis auch immer. Gemeinwesen sind komplexe Gebilde, die über Kultur, Abstammung, Assimilierung, Überlieferung und gelebte soziale Ordnungen auch ungeschriebene Regeln des Zusammenlebens entwickelt haben sowie ihre Mitglieder eine dazu passende kognitive Kompetenz. Einfach eine neue Ordnung überzustülpen, schafft noch kein erfolgreiches Gemeinwesen. Positive Entwicklungen sind auch in Schwarzafrika möglich, wie etwa die Beispiele Botswana und Ruanda zeigen,[160] brauchen aber ihre Zeit. Manchmal sehr lange Zeit:

> *Mein Unternehmen errichtete seinerzeit im australischen Queensland ein Wolframbergwerk. Den lokalen Ureinwohnern wurde im Rahmen des Genehmigungsverfahrens sieben Arbeitsplätze vertraglich zugesagt und auch eingerichtet. Bereits nach drei Wochen erschien von den sieben nur noch einer zur Arbeit.*

Wie ist eine solch hohe Ausfallrate erklärbar, wo doch Australien unstreitig *inklusive Wirtschaftsinstitutionen*[161] geschaffen hat, die auch Ureinwohnern offen stehen? Es muss also noch andere Ursachen geben. Ein weiteres Beispiel:

> *In Deutschland breiten sich Parallelgesellschaften in Form von arabischen Clans seit Jahren weiter aus. Ihr Metier sind Drogen, Schutzgelderpressung und Medikamentenhandel. Aufgrund der verwandtschaftlichen Struktur kann die Polizei keine verdeckten Ermittler einschleusen. Druck wird auf Ermittlungsbeamte ausgeübt, Zeugen und Richter bedroht, ebenso Anwälte von Geschädigten. Ein Anwalt berichtet, dass die Brutalität nicht einmal vor Familienmitgliedern halt mache. Er habe selbst davon erfahren, dass ein Familienoberhaupt die Tötung zweier Töchter angeordnet habe.*[162]

Wie können sich solche Strukturen in inklusive Institutionen umwandeln? Was wird stärker sein, die Clanzugehörigkeit oder die Regeln des Gemeinwesens? Wohlgemerkt, die Kinder dieser Clans besuchen in der Regel öffentliche deutsche Schulen und erhalten dort zumindest theoretisch die entsprechende Bildung und Wertvorstellungen, die ein funktionierendes Gemeinwesen ausmachen.

Die richtigen Institutionen, etwa die Garantie von Eigentumsrechten, persönlichen und wirtschaftlichen Freiheiten sowie die Bindung der Verwaltung an Recht und Gesetz, sind daher ein notwendiges, aber kein hinreichendes Kriterium. Persönliches Verhalten, Einstellungen und Wertvorstellungen sind es, die diese Institutionen erst wirksam werden lassen. Ohne Selbstdisziplin, Fleiß, Anerkennung des Leistungsprinzips, die Fähigkeit zur Selbstkritik, Anerkennung des Vorrangs von Rechtsprinzipien vor verwandtschaftlichen Bindungen, der Verzicht auf Gewalt zur Lösung von Streitigkeiten, der Verzicht auf Rache zu Gunsten eines formalisierten Gerichtsverfahrens und auch die grundsätzliche Akzeptanz der *Goldenen Regel* gegenüber Andersdenkenden und Andersgläubigen wird es schwierig, ein erfolgreiches und wohlhabendes Gemeinwesen aufzubauen. Es ist schwer, wenn nicht unmöglich, solche Wertvorstellungen Menschen zu vermitteln, die aus gänzlich anderen Kulturen stammen *und* assimilierungsunwillig sind. Wer Menschen aus vormodernen Zivilisationen massenhaft in sein Land lässt, lässt eben auch die Verhaltensweisen vormoderner Zivilisationen massenhaft ein. Es wird dann genau das importiert, was Entwicklungsländer zur Entwicklungsländern macht. Die Aufnahmegesellschaft tendiert allmählich selbst in Richtung Entwicklungsland.

Will man Wohlstand und Stabilität der eigenen Gesellschaftsordnung nicht gefährden, ist daher eine Vorauswahl der Einwanderer unerlässlich. Das gilt für bestehende wie neue Systeme. Aus der Tatsache allein, dass anderswo erwachsene Menschen mehr Kinder in die Welt setzen, als sie ernähren können bzw. sie nicht in der Lage sind, ein funktionierendes Gemeinwesen aufzubauen, erwächst anderen Gemeinwesen keine Verpflichtung, jene aufzunehmen.[163] Freiwillige Hilfe ist gut, aber sie muss und kann vor Ort erfolgen, dazu mehr in Kapitel 11. Natürlich kann eine Gesellschaft sich dafür entscheiden, aus humanitären oder sonstigen Erwägungen auch unqualifizierte Zuwanderer aller Art aufzunehmen. Dies ist dann aber eine autonome Entscheidung der aufnehmenden Gesellschaft, kein Rechtsanspruch der Zuwanderer. Selbst deren Motiv, etwa politisches Asyl, vermag nicht, an diesem Grundsatz etwas zu ändern. Auch insofern gilt, dass es kein Recht geben kann, auf Kosten anderer zu leben.

VI. WAS HÄLT GEMEINWESEN ZUSAMMEN?

Der freiheitliche, säkularisierte Staat lebt von Voraussetzungen, die er selbst nicht garantieren kann.

Ernst-Wolfgang Böckenförde, Rechtsphilosoph und Verfassungsrichter

Die Setzung eines Rechts- und Ordnungsrahmens sowie die Gewährleistung von Sicherheit sind notwendige Voraussetzungen für eine funktionierende Gesellschaft. Aber sind sie auch hinreichend, mit anderen Worten: Bedarf es darüber hinaus noch weiterer Kohäsionskräfte, um eine dauerhaft stabile Gesellschaftsordnung zu erreichen? Die Frage ist ungeklärt. Schauen wir uns die einzelnen Bereiche an, die ins Feld geführt werden.

GLEICHHEIT

Wenn wir so tun, als ob alle gleich wären, obwohl das nicht so ist, wird das System nicht funktionieren. Das ist eine Tatsache des Lebens.

Lee Kuan Yew, Gründer des modernen Singapur

Aus der Tatsache, dass die Menschen sehr verschieden sind, folgt, dass gleiche Behandlung zu einer Ungleichheit in ihren tatsächlichen Positionen führen muss und dass der einzige Weg, sie in gleiche Positionen zu bringen, wäre, sie ungleich zu behandeln. Gleichheit vor dem Gesetz und materielle Gleichheit schließen einander aus.

Friedrich August von Hayek, Ökonom und Sozialphilosoph

Menschen sind verschieden und um jedem Einzelnen gerecht zu werden, müsste jeder in jeder Lebenssituation individuell anders behandelt werden. Im Kreise der Familie und Kleingruppe ist es möglich, das Zusammenleben nach diesem Muster zu gestalten. Die

Mutter wird ihre Kinder etwa durchaus unterschiedlich behandeln, wissend um deren Fähigkeiten und Unterschiede, auf minderbegabte Mitbewohner wird eine Wohngemeinschaft mehr Rücksicht nehmen und so weiter. Dieses Modell eignet sich allerdings nur für die Gestaltung kleinster sozialer Räume. Der Versuch, dieses Fürsorgemuster auf alle Beziehungen anzuwenden, die in anonymen Massengesellschaften entstehen, ist schon mangels Informationen über die jeweiligen Eigenschaften der Betroffenen zum Scheitern verurteilt. Die naheliegende Lösung ist daher, in Großgruppen alle Menschen den gleichen Regeln zu unterwerfen, und zwar ohne Ansehen der Person oder der Stellung. „Gleiches Recht für alle", also die Gleichheit vor dem Gesetz ist ein notwendiges Kriterium für die dauerhafte Stabilität einer Gesellschaftsordnung. Denn für die angeborene Begabung kann niemand etwas, wohl aber für die willkürliche Ungleichbehandlung anderer. Wieder gilt die in der *Goldenen Regel* manifestierte Gegenseitigkeit: Warum sollten dem einen Privilegien zustehen und dem anderen nicht? Eine Ungleichbehandlung kann manchmal gleichwohl erforderlich sein; doch sie bedarf eines sachlichen Grundes *in der Person des Betroffenen.* So ist die Regel, dass 12jährige nicht Autofahren dürfen, ebenso sachgerecht wie die Verlängerung der Prüfungszeit für Schreibbehinderte. Die Tatsache, dass manche Weiße in der Vergangenheit schwarze Sklaven hielten, berechtigt hingegen nicht zu einer rechtlichen Benachteiligung aller heutigen Weißen oder einer Bevorzugung aller heutigen Schwarzen. Die Krise westlicher Systeme liegt auch darin begründet, dass das derzeit tonangebende Milieu über die Konstruktion von Opfergruppen diesen Privilegien zukommen lässt, und dadurch die Gleichheit vor dem Gesetz aushebelt. Gleichzeitig wird das Trennende betont, eine gemeinsame Identität zerstört. Das wird nicht gutgehen.

Eine weitverbreitete Ansicht ist, dass die Ungleichheit der Vermögensverhältnisse ein ernstes Problem und der Grund für viele Systemkrisen sei. Ich bezweifle das.

Können Sie, verehrte Leser, nachts vor Wut nicht schlafen, weil Microsoft-Gründer Bill Gates, die Queen of England oder Fußballer Cristiano Ronaldo so unermesslich viel mehr Geld haben als Sie?

Tatsächlich scheinen die wenigsten damit ein Problem zu haben. Sie machen sich mehr Gedanken darüber, wie es im unmittelbaren Umfeld (Geschwister, Nachbarn, Freunde) aussieht. Ist diese *Peergroup*, aus welchem Grund auch immer, erfolgreicher als man selbst oder erreicht man die selbst gesetzten Ziele im Leben nicht, ist die Wahrscheinlichkeit freilich höher, dass man den Priestern der sozialen Gerechtigkeit Gehör schenkt. In Wahrheit weiß oder ahnt man aber, dass der Nachbar möglicherweise bessere Entscheidungen getroffen hat, tüchtiger ist oder einfach nur zur richtigen Zeit am richtigen Ort das Richtige getan hat. Der Neid ist zwar ein ständiger Begleiter des Menschen,[164] im

Grunde aber können die allermeisten mit Ungleichheit leben. Das gilt vor allem dann, wenn einigermaßen Chancengleichheit besteht, also das, was der Nachbar tut, auch von mir hätte getan werden können. Ist der Nachbar höher qualifiziert, sollte ich bei entsprechender Eignung die Möglichkeit haben, auch eine entsprechende Ausbildung zu machen und davon nicht aus sachfremden Erwägungen ausgeschlossen sein, etwa weil ich die falsche Hautfarbe oder das falsche Geschlecht habe. Im Übrigen sind Menschen nicht gleich und wollen auch nicht gleich sein:

> *Zu Maos Zeiten, als China noch ein extrem auf Gleichheit fixiertes System war, waren die Uniformen in der Volksbefreiungsarmee für alle identisch, es gab keine Dienstgradabzeichen. Der erfahrene Hauptmann trug dieselbe Uniform wie der junge Gefreite. Nun hatte dieser Hauptmann aber nicht nur mehr Erfahrung, sondern auch viel mehr Verantwortung, etwa als Kompaniechef. Tatsächlich wollten auch die kommunistischen Offiziere und Unteroffiziere ein sichtbares Zeichen ihrer auf Erfahrung und Leistung gegründeten Stellung. Deshalb hat die chinesische Armee im Jahre 1988 Dienstgradabzeichen wieder eingeführt.*

Wir sehen zudem weder gleich aus, noch sind wir gleich intelligent noch gleich fleißig noch gleich begabt und so weiter. Entgegen einer verbreiteten Auffassung werden wir nicht einmal gleich geboren, sondern erben ganz unterschiedliche Veranlagungen von unseren Eltern. Vorausgesetzt, die Menschen genießen wirtschaftliche Freiheit, wird unter sonst gleichen Bedingungen also automatisch eine Ungleichheit von Vermögensverhältnissen entstehen. Man kann sogar noch weitergehen und sagen, dass wenn morgen sämtliche Vermögen eingezogen und im Anschluss gleichmäßig auf alle Menschen verteilt würden, allein aufgrund dieser ungleichen Verteilung von Fähigkeiten nach einigen Jahren wieder eine vergleichbar unterschiedliche Vermögenslage bestünde. Aber ist das wirklich ein Problem?

Chinesische Quellen berichten, dass noch in den 1980er Jahren für viele Familien nur eine Mahlzeit am Tag verfügbar war, heute können sämtliche Chinesen in ganz China mehr als ausreichend mit Nahrung versorgt werden.[165] Während dieser Zeit hat sich die Ungleichheit gemäß *Gini-Koeffizient* erhöht, weil das Gewähren wirtschaftlicher Freiheit dafür gesorgt hat, dass sich die Begabten entfalten konnten.[166] Es ist unwahrscheinlich, dass die Chinesen in die 1980er Jahre zurück wollen, trotz größerer Gleichheit zu jener Zeit.

Keine der letzten drei deutschen Revolutionen (1848, 1918 und 1989) fand wegen der Ungleichheit der Vermögensverhältnisse als solcher statt, sondern wandte sich gegen Privilegien einer herrschenden Schicht und die Verweigerung von Freiheitsrechten. Auch 1918 erfolgte nach Machtübernahme durch die Sozialdemokraten keine Neuverteilung der Vermögen.

Der Versuch, durch Herstellung von Gleichheit Neid und Missgunst aus der Welt verbannen zu können, ist zum Scheitern verurteilt. Denn selbst wenn alle materiell gleich sind, so wird es doch kleine oder kleinste Unterschiede geben. Dann werden eben diese winzigen Differenzen Gegenstand des Neids sein.[167] Und warum nur den unterschiedlichen wirtschaftlichen Erfolg betrachten? Der eine hat zwar ein Vermögen gemacht, aber dafür sieht der andere gut aus, ein Dritter ist charmant und beliebt, wieder andere sind gute Musiker, Sportler oder Wissenschaftler. Was ist mit dieser Ungleichheit der unterschiedlichen Begabungen und Fähigkeiten? Oder die Unterschiedlichkeit des Aussehens? Müsste hier nicht auch staatliche Umverteilung stattfinden? Ist es nicht „sozial ungerecht", wenn der große, gutaussehende Mann viel mehr und schönere Frauen abbekommt als der kleine Dicke? Sollte er nicht einige davon mit dem Dicken teilen, weil er hinter dem „Schleier des Nichtwissens" auch als kleinwüchsiger Moppel hätte auf die Welt gekommen sein können? Oder wird der kleine dicke Mann vielleicht angespornt, dafür in anderen Bereichen große Leistungen zu bringen, um des Selbstwertgefühles willen und weil er auf diese Weise sein Umfeld (und die Frauen) beeindrucken kann. Ist es nicht gerade diese Benachteiligung in bestimmten Bereichen, die uns anspornt und dazu motiviert unsere ganz eigenen Fähigkeiten und Begabungen zu ergründen und bestmöglich zu nutzen? Jeder von uns hat doch das eine oder andere Handicap.

> *Ich habe im Laufe meines Lebens viele Menschen kennengelernt, die intelligent und begabt waren und doch weniger aus ihrem im Leben gemacht haben als so mancher Hauptschüler, der einen eigenen kleinen Handwerksbetrieb aufgebaut und eine Familie gegründet hat, in örtlichen Vereinen verwurzelt und anerkannt war, mit sich und der Welt im reinen.*

Die Menschen sind so vielfältig und unterschiedlich, und die Möglichkeiten, sich in verschiedensten Bereichen zu betätigen, wachsen mit dem technologischen Fortschritt und der weltweiten Vernetzung. Es gibt immer mehr Nischen. So kann jeder aus seinen Fähigkeiten das Beste machen. Wenn unter vernünftigen und für alle gleichen Regeln der eine großen wirtschaftlichen Erfolg hat und der andere nicht, ist das dann nicht für alle akzeptabler als die Gewährung von Privilegien für vermeintlich benachteiligte Gruppen und allgemeine Freiheitseinschränkungen durch die Machthaber? Zumal jeder nach einem Scheitern immer wieder erneut versuchen kann, erfolgreich zu sein.

Die Behauptung, dass alle Menschen gleich seien, ist nicht nur ein Irrtum, sondern die Wurzel der meisten politischen Übel der Neuzeit.

Stattdessen muss gelten: Jeder Mensch ist einzigartig. Mache er das beste aus seinen Möglichkeiten und geben wir ihm die Freiheit, dies auch zu tun.

GERECHTIGKEIT UND GEMEINWOHL

Die alles gleichmachende Gerechtigkeitsgesellschaft ist eine glücklose, eine unsinnliche, unerotische, ganz und gar unfreundliche Gesellschaft.

Jürgen Kessler, Kabarett-Historiker

Aber muss die Ausrichtung an Gerechtigkeit und Gemeinwohl nicht wesentlicher Bestandteil einer Gesellschaftsordnung sein? Dazu ein Beispiel:

> *Vom ersten Programmparteitag der neuen deutschen Oppositionspartei AfD, die als Alternative zu den bestehenden Parteien angetreten war, wurde berichtet, dass die Parteichefin sich damit durchsetzen konnte, Subventionen für die von ihr geschätzten städtischen Orchester ins Programm aufzunehmen, da diese ein bedeutendes Kulturgut darstellten.*

Das aber bedeutet nichts anderes, als dass 95 % der Menschen, die nie solche Konzerte besuchen, den anderen 5 % ihr Kulturvergnügen finanzieren müssen. Und zwar, weil die Vorsitzende das gut findet. Entsprechende Forderungen werden auch von jeder etablierten Partei erhoben.

Damit kommen wir einem Grundproblem auf die Schliche, das auch dadurch nicht gelöst wird, dass demokratisch entschieden wird. Es beginnt mit scheinbar harmlosen Dingen wie den Kultursubventionen und endet damit, dass vorgeschrieben wird, was der Einzelne zu essen hat, welche Meinung er haben darf und wie er seine Kinder erziehen lassen muss. Begründet wird das eine wie das andere mit Gerechtigkeits- und Gemeinwohlgedanken. Diese Begriffe suggerieren objektive Werte, die aber praktisch nicht zu ermitteln oder zu begründen sind. Diesbezügliche Behauptungen halten einer kritischen Prüfung nicht stand. Verlässt man die Ebene der elementaren Bedürfnisse, dann haben Menschen verschiedene Wertvorstellungen und auch verschiedene Lebenssituationen, unterschiedliche Vorlieben und Interessen. Was ist mit einem Rockmusiker, der mit seinen Kompositionen die zeitgenössische Musikkultur voran gebracht, aber den Zenit seiner Popularität überschritten hat? Warum sollten seine Konzerte nicht ebenso staatlich bezuschusst werden? Oder: Ein staatlich verordneter Mindestlohn soll dem Wohl der Geringverdiener dienen, verursacht unter diesen aber eine höhere Arbeitslosigkeit. Entspricht dann nicht der Verzicht auf Mindestlöhne eher dem Gemeinwohl? Oder: Die Kernenergie ist eine saubere und preiswerte Energieform. Entspricht es mithin nicht dem Gemeinwohl, die Kernenergie zuzulassen, anstelle diese aufgrund der Angst vor Unfällen zu verbieten? Oder: Dient es der Allgemeinheit, auf gentechnisch veränderte

Nahrungsmittel zu verzichten oder sollte man diese eher fördern, weil dadurch Unmengen an Pestiziden eingespart und mehr Menschen ernährt werden können? Die Antworten hängen wie so oft vom Standpunkt des Betrachters ab und sind letztlich Abwägungsfragen. Allerdings ist das der Fall in sämtlichen Bereichen, in denen das sogenannte Gemeinwohl bemüht wird.

Die Behauptung einer objektiven Wahrheit ist insofern tatsächlich nur die Feststellung der eigenen subjektiven Auffassung. Wer in diesem Sinne an das Gemeinwohl appelliert, will dafür sorgen, dass andere tun, was er will. Er reklamiert für den eigenen Willen einen Vorrang vor dem Willen anderer. Ein über die Befriedigung elementarer Grundbedürfnisse hinausgehendes, objektivierbares Gemeinwohl oder eine objektive Gerechtigkeit gibt es aber nicht, wenn wir akzeptieren, dass wir verschieden sind und damit auch unterschiedliche Interessenlagen und Werte haben. Es ergeben sich daher auch keine diesbezüglichen Handlungserfordernisse „für uns alle". Insofern stellen auch „Egoisten und Hedonisten", die sich selbst unterhalten können und andere in Ruhe lassen, kein Problem dar. Wohl aber diejenigen, die zwangsweise anderen Gelder abpressen oder gegen deren Willen Regeln aufstellen, um damit vermeintlichen Egoismus und Hedonismus zu unterbinden.[168]

Der notwendige Kern von Gerechtigkeit als Staatsziel besteht in der Willkürfreiheit und dem Grundsatz der Gleichbehandlung der Bürger, insbesondere der Gleichheit vor dem Gesetz. Mit anderen Worten: Gleichberechtigung, aber nicht Gleichstellung im Hinblick auf die Ergebnisse.

GEMEINSAME IDENTITÄT

Uneingeschränkte Toleranz führt mit Notwendigkeit zum Verschwinden der Toleranz. Denn wenn wir die unbeschränkte Toleranz sogar auf die Intoleranten ausdehnen, wenn wir nicht bereit sind, eine tolerante Gesellschaftsordnung gegen die Angriffe der Intoleranz zu verteidigen, dann werden die Toleranten vernichtet werden und die Toleranz mit ihnen. Wir sollten daher im Namen der Toleranz das Recht für uns in Anspruch nehmen, die Unduldsamen nicht zu dulden.

Karl Popper, Philosoph

Singapur ist eine multiethnische, multireligiöse Gemeinschaft und sich der Tatsache vollkommen bewusst, dass dies kein Vorteil, sondern eine Herausforderung und Schwierigkeit ist.[169] Der hier ebenfalls verwendete Begriff der *sozialen Harmonie* stammt von dort und beschreibt den Zustand, dass die verschiedenen Gruppen der Gesellschaft, nicht nur friedlich nebeneinander, sondern harmonisch zusammen leben können. Dies sollte in der Tat das Ziel einer jeden Gesellschaftsordnung sein, weil daraus erhebliche soziale und wirtschaftliche Kooperationsgewinne resultieren, auch als Sozialkapital bezeichnet. Gemeinschaften, die über eine gemeinsame Identität verfügen, sei es aufgrund von Abstammung, Kultur, Sprache oder Religion oder sogar von allem zusammen, haben es leichter, soziale Harmonie herzustellen. Wertvorstellungen und gemeinsam als richtig erachtete Handlungsweisen haben sich über Jahrhunderte, wenn nicht über Jahrtausende eingeprägt und durchgesetzt. Einwanderer haben sich vollständig assimiliert. Das schafft Zusammenhalt. Je homogener eine Gesellschaft, desto leichter können Dinge umgesetzt werden, die das einvernehmliche Zusammenwirken aller erfordern. Das betrifft etwa soziale Sicherungssysteme, die auf Gegenseitigkeit beruhen, oder auch gemeinsame Anstrengungen in Kriegs- und Krisenzeiten.

Die Frage ist, ob eine gemeinsame Identität für das Funktionieren eines Gemeinwesens zwingend erforderlich ist. Die USA sind ein Musterbeispiel dafür, dass auch inhomogene Einwanderungsgesellschaften Erfolg haben können (hier freilich zu Lasten der Urbevölkerung). Allerdings ist gerade im Falle der USA zu beachten, darauf hat bereits *Alexis de Tocqueville* hingewiesen, dass eine neue gemeinsame Identität geschaffen wurde, auf deren konforme Einhaltung die Bürger besonders erpicht waren.[170]

Die heutzutage populäre Sichtweise, eine Diversität von Ethnien und Kulturen in einem System sei ein Vorteil, ist letztlich nur eine unbewiesene Behauptung. Niemand weiß, ob Gesellschaften wie die japanische oder koreanische, die explizit kulturelle und ethnische Homogenität fordern, auf lange Sicht nicht überlegen sind. Es erscheint zumindest plausibel, dass, je verschiedener die Menschen sind, desto schwieriger die Kooperation ist. Allerdings haben sich auch Voraussagen aus den 1980er Jahren nicht bewahrheitet, wonach etwa Deutschland und Japan aufgrund ihrer Homogenität die USA wirtschaftlich überholen würden.[171] Ein Hauptgrund hierfür ist, dass die USA einfach Talente aus der ganzen Welt angezogen und es geschafft haben, diese in ihr System zu integrieren. Es geht also offenbar auch ohne ethnische Homogenität, jedenfalls soweit es eine für alle verbindliche Leitkultur gibt.

Freilich ist es für das gedeihliche Zusammenleben der Menschen in keinem Fall dienlich, Konzepte die miteinander unvereinbar sind, im Wege eines faulen Kompromisses zusammen zu zwingen. Sämtliche Versuche, dies dennoch zu tun, sind vergleichbar mit der Idee, einen Rotwein- und einen Weißweinliebhaber dazu zu bringen, jeweils Roséwein zu konsumieren. Beide haben dann etwas, mit dem sie latent unzufrieden sind. Wer der Meinung ist, dass Eigentum Diebstahl sei, kann keine sinnvolle Schnittmenge mit jemanden herstellen, der überzeugt ist, dass Privateigentum die Voraussetzung für Wohlstand und Freiheit darstelle. Wer glaubt, dass sämtliche Regeln seiner Religion direkt von Gott herrühren und daher allem menschlichen Tun vorgehen, kann keine sinnvolle Schnittmenge mit jemanden herstellen, der der Meinung ist, dass Regeln nach Vernunftmaßstäben von den Menschen gemacht werden und diese für alle, auch Religionsangehörige, gelten müssen. Die Schaffung einer gemeinsamen Identität, und damit von Sozialkapital, ist unter derartig konträren Voraussetzungen nicht möglich. Wie kann sie gelingen?

KOHÄSION: VIELE WEGE FÜHREN NACH ROM

Wie schafft man nun diese Integration oder wie kann soziale Harmonie in neuen Gemeinwesen hergestellt werden? Im Grunde gibt es drei Möglichkeiten. Entweder man nimmt nur Angehörige einer bestimmten ethnischen, kulturellen oder religiösen Gruppe auf oder man versucht, eine gemeinsame neue Identität herzustellen oder aber man belässt es bei den unterschiedlichen Gruppen, sorgt dann jedoch mit anderen Maßnahmen dafür, dass die Verhältnisse zwischen den Gruppen stabil bleiben. Den letztgenannten Weg geht Singapur, das sogar festlegt, wie hoch der jeweilige Anteil von Chinesen, Malaien oder Indern pro Wohnblock sein darf. Der Stadtstaat ermuntert die unterschiedlichen ethnischen Gruppen, neben der Pflichtsprache Englisch ihre eigene Kultur und Sprache weiter zu pflegen. Hinzu kommen die gemeinsame Wehrpflicht, umfangreiche soziale Programme und gezielte Förderung bestimmter Gruppen. Die spezielle Situation von Singapur einmal dahingestellt, stellt sich die Frage, ob dieser Aufwand erforderlich ist. Dubai ist ein Beispiel dafür, dass ein Gemeinwesen auch ohne jegliche ethnische, religiöse und kulturelle Kohäsionskräfte erfolgreich und nachgefragt sein kann. Wie ist das möglich?

Einer Ansicht zufolge bedarf es keiner gemeinsamen Werte, nur Gesetzen, die alle beachten müssen. Das ist etwas zu kurz gedacht. Wenn in einer Gesellschaft etwa keine allgemeine Übereinstimmung (mehr) darüber besteht, abweichende Meinungen, Weltanschauungen und Lebensstile zuzulassen, dann werden auch entgegenstehende Gesetze nichts nützen. Die an der Macht befindliche Gruppe wird schließlich veranlassen, dass die Gesetze im Hinblick auf ihre Wertvorstellungen abgeändert werden. Das ist letztlich auch der Grund für das zunehmende gesellschaftliche Auseinanderbrechen der westlichen Staaten. Es haben sich diejenigen durchgesetzt, die Ansichten und Verhaltensweisen sanktionieren wollen, die von ihren eigenen Vorstellungen abweichen. Bereits der Begriff der „politischen Korrektheit" zeigt dies an. In einer pluralistischen Gesellschaft kann es so etwas nicht geben, da die Einschätzung, was „korrekt" ist und was nicht, naturgemäß von Mensch zu Mensch unterschiedlich ausfällt. Es braucht also einen Grundkonsens dergestalt, dass etwa eine pluralistische Gesellschaft wünschenswert ist und diejenigen, welche diese abschaffen wollen, nicht erwünscht sind.

Und so ist es auch in Dubai – die Herabsetzung anderer Religionen oder das Wirken von Hasspredigern werden dort nicht geduldet. Europäische oder amerikanischen Auswanderer nach Dubai nennen neben der Steuervorteilen die Möglichkeit, sich wirtschaftlich ohne große Hürden betätigen zu können, die Tatsache, dass man weitgehende Handlungsfreiheit genieße, vom Staat in Ruhe gelassen und nicht mit allen möglichen „politisch korrekten" Verhaltensvorgaben und Umverteilungsprogrammen belästigt werde.[172] Dubai ist offenbar so attraktiv, dass die Einwanderer sogar hinnehmen, dass Scharia-Recht gilt, das meistens nicht durchgesetzt wird aber manchmal doch, sie keine Staatsbürgerschaft erhalten und indirekt die Staatsbürger alimentieren müssen, welche umfangreiche Privilegien haben, was Wohnung, Altersversorgung und Krankenversicherung angeht (vgl. Kapitel 9).

Mithin gibt es Anzeichen dafür, dass ein attraktiver Regelungsrahmen ausreichend ist, um ein erfolgreiches Gemeinwesen zu begründen, solange der dadurch geschaffene Grundkonsens von den jeweiligen Machthabern nicht wieder geändert wird. Der Inhalt dieses Rahmens kann dabei ganz unterschiedlich sein. Natürlich ist nicht erwiesen, dass die relativ jungen Gebilde USA, Singapur oder Dubai das 21. Jahrhundert überleben werden. Das Eingangszitat von Böckenförde meint insofern, dass für den Fortbestand eines freiheitlich-säkularen Gemeinwesens eine entsprechende Grundüberzeugung bei den Bürgern vorhanden sein müsse, weil der Staat diese nicht mit Gewalt erzwingen könne. Tue er es doch, sei er kein freiheitliches Gemeinwesen mehr. Die geschilderte Erosion des Rechtsstaats etwa in Deutschland zeigt, dass dies keine unbegründete Befürchtung ist.

Dem *Böckenförde-Dilemma* kann mit zwei Mitteln begegnet werden. Einmal indem man Personen, welche die bestehende Ordnung ablehnen, gar nicht erst einwandern lässt und zum anderen dadurch, dass Freiheitsstörer, etwa politische oder religiöse Extremisten, des Landes verwiesen werden. Das geht einfach, wenn diese zugewandert sind und über eine andere Staatsbürgerschaft verfügen. Stadtstaaten wie Singapur, Dubai oder auch Monaco handhaben das entsprechend. Aber auch der Fall der Ausbürgerung und Ausweisung eigener Staatsbürger ist denkbar, sofern mit einem anderen Staat eine Übernahmevereinbarung getroffen wurde. Die Ausweisung oder Nichtverlängerung der Aufenthaltsberechtigung ist natürlich ein erheblicher Eingriff in die Rechte der Betroffenen, aber wenn der Mechanismus vorab bekannt, der Tatbestand hinreichend klar bestimmt und die Maßnahme gerichtlich überprüfbar ist, dann ändert sich dadurch nicht der Gesamtcharakter eines freiheitlichen Systems. Wer das aus vermeintlicher Liberalität ablehnt, also gegenüber der Intoleranz Toleranz zeigt, der darf sich nicht wundern, wenn sein System nach einiger Zeit durch ein anderes ersetzt wird.

Natürlich ist es nicht möglich, ein freiheitliches System auf Dauer aufrecht zu halten, wenn eine große Mehrheit der Bewohner dieses ablehnt. Da so etwas aber nicht von heute auf morgen geschieht, stellt sich immer die Frage, wie der Sinneswandel zustande kam und ob dieser nicht hätte verhindert werden können. Heutzutage ist die Mobilität größer als in der Vergangenheit und es besteht die Möglichkeit, dass sich Gleichgesinnte in großer Zahl zusammenfinden, die auf der Basis gemeinsamer Grundwerte neue Gemeinwesen schaffen und diese Werte auch verteidigen. Funktioniert das Zusammenleben irgendwann nicht mehr, bleibt als letztes Sicherheitsventil noch die Sezession.

Menschen sind und bleiben Herdentiere und haben Bedürfnisse nach Gemeinschaft und Zugehörigkeit. Diese kann aus ethnischer, kultureller oder religiöser Homogenität entstehen, muss es aber nicht. Auch reine Werte- und Konsensgemeinschaften sind vorstellbar, die mit der Zeit dann eine eigene Identität und Kultur entwickeln.

KAPITEL 5

SCHLUSSFOLGERUNGEN

Aller politischen Gewalt wohnt die Tendenz inne, sich schrankenlos auszuwirken und das Gebiet ihres Einflussbereiches soweit als möglich auszudehnen. Alles zu beherrschen, keinen Spielraum zu lassen, in dem sich die Dinge frei ohne Eingreifen der Obrigkeit vollziehen können, das ist das Ziel, dem jeder Machthaber heimlich zustrebt.

Ludwig von Mises, Ökonom

Die meisten großen Übel der Welt sind von wohlmeinenden Menschen verursacht worden. Der Schaden durch gewöhnliche Verbrecher, Mörder, Gangster und Diebe ist vernachlässigbar im Vergleich mit dem Elend, das Menschen durch professionelle Weltverbesserer erleiden, die bereit sind, rücksichtslos ihre Ansichten allen anderen aufzuzwingen, in der unumstößlichen Gewissheit, dass ihr Zweck die Mittel heiligt.

Henry Grady, Journalist

Politik ist ihrem Wesen nach kooperationshemmende Intervention – sie zerstört in jeder Form, die sie annimmt, die Freiheit. Es gibt im Sinne der Freiheit daher keine ‚richtige' Politik; freiheitsherstellend und -erhaltend ist nur die konsequente Abstinenz von Politik.

Rolf W. Puster, Philosoph

Es ist keine neue Erkenntnis, dass unbeschränkte Macht, die noch dazu über das Gewaltmonopol verfügt, eine ganz erhebliche Gefahr für die ihr Unterworfenen darstellt. Demokratieprinzip, Rechtsstaatsprinzip, Menschenrechtskataloge, Subsidiaritätsprinzip oder das Prinzip der Gewaltenteilung sind Versuche zur Machtbegrenzung. Leider ist die Einhaltung dieser Prinzipien Menschen anvertraut, die ihrerseits wiederum nach dem Minimalprinzip konditioniert sind und eine Ausweitung ihrer Macht anstreben. Um durch menschliches Machtstreben verursachte Probleme zu vermeiden, geben wir bestimmten Menschen mehr Macht; das kann auf Dauer nicht funktionieren. Daher werden die genannten Prinzipien über kurz oder lang erodieren. Es ist irgendwann egal, welche Partei die Wahl gewinnt, da zum Machterhalt jeder mit jedem koaliert. Recht und Gesetz werden von der Mehrheit nach Belieben geändert, was die Rolle der Justiz als Machtbegrenzungsfaktor weitgehend ausschaltet. Auch die sonstige Gewaltenteilung ist faktisch aufgehoben, da die Regierung über ihre Parlamentsmehrheit Exekutive und Legislative gleichzeitig kontrolliert. Unerwünschte Resultate von Volksabstimmungen werden von der Regierung ignoriert oder ihre Umsetzung verschleppt.

Dass dies überhaupt möglich ist, liegt daran, dass alle bisherigen Systeme auf einem Über- und Unterordnungssystem beruhen. Eine Seite ordnet an, die andere muss parieren. Eine Seite ändert ständig die Spielregeln, die andere kann nichts dagegen tun. Das betrifft leider auch die Regeln, die zum Schutz des Einzelnen gedacht sind. Die jeweiligen Machthaber tragen zudem kein eigenes wirtschaftliches Risiko für Fehlentscheidungen, sind rechtlich immun gegen Haftung und haben gegenüber den Regierten keine einklagbaren Verpflichtungen. Eine derartige *Macht ohne Haftung* korrumpiert am Ende jeden. Treiben die Regierungen es freilich zu weit, werden sie abgewählt (in Demokratien) oder gestürzt (in Autokratien und Diktaturen). Dann kommt eine neue Regierung und das gleiche Spiel geht von vorne los.

Nach wie vor ist die Frage ungelöst, wie vermieden werden kann, dass die an der Macht befindliche Gruppe und deren Umfeld immer mehr Befugnisse an sich ziehen, sich zu Gunsten der Bevölkerung bereichern, diese von Mitbestimmung weitgehend ausschließen und schließlich Ruin und Zusammenbruch des Systems herbeiführen. Es ist also an der Zeit, neue Machtbegrenzungsmechanismen auszuprobieren. Aus den bisher gewonnenen Erkenntnissen lassen sich die folgenden Empfehlungen ableiten.

I. ENTMACHTUNG DER POLITIK

In allen Systemen geht es um die politische Macht, aber gerade in Demokratien herrscht ein ständiger Kampf aller gegen alle um die Frage, wer diese ausübt. Die Gesellschaft ist gespalten in verschiedene Gruppen, die ihre Ideen allen anderen aufzwingen bzw. von diesen bezahlen lassen wollen. Eine ungeheure Menge an Zeit, Energie und Geld wird darauf verwendet, die Regierung beziehungsweise die Parlamentsmehrheit dazu zu bringen, bestimmte Gesetze zu erlassen oder diese zu verhindern. Gerade „politische Aktivisten" werden niemals Ruhe geben. Sie schaffen und besetzen Positionen, die staatlich finanziert sind und in denen sie ohne messbare Gegenleistung ein geregeltes Einkommen beziehen. Sie können diese Position dann nutzen, um permanent zu agitieren.[173]

Politische Ideen, welche die persönliche Verantwortung für den eigenen Misserfolg abstreiten und gleichzeitig ein Recht postulieren, auf Kosten anderer zu leben, werden immer Zulauf haben. Sie sind einfach das leichteste Mittel, um den Lebensstandard und das mentale Wohlbefinden zu erhöhen. Freilich können solche Systeme nicht dauerhaft funktionieren, sie zerstören sich nach einer gewissen Zeit selbst. Die Kombination aus Minimalprinzip, Nichthaftung und Herdentrieb führt dazu, dass alle Demokratien über kurz oder lang zu Sozialstaaten werden, die immer mehr und immer totalitärere Regeln aufstellen und denen schlussendlich das Geld ausgeht. Es führt kein Weg an der Einsicht vorbei: Ein wie auch immer legitimiertes System, welches per Gesetz Enteignungen zugunsten Dritter vorsieht (etwa in Form von Steuern und Sozialabgaben) und dem nicht *alle* Betroffenen vorab zugestimmt haben, kann auf Dauer weder ein friedliches, noch ein berechenbares Miteinander schaffen. Es zerstört die Grundlagen und Resultate freiwilliger Kooperation durch staatliche Macht. Es vernichtet dadurch sukzessive das, was eine Gesellschaft erfolgreich und attraktiv macht und mündet in einen Kampf aller gegen alle um die Durchsetzung begünstigender Regelungen.

Die einzige Abhilfe ist, die Politik generell zu entmachten. Je weniger Lebensbereiche die Politik kontrolliert, desto weniger spielt es eine Rolle, wer die Politiker kontrolliert. Wer vermeiden will, dass Einzelne Sondervorteile von der Regierung auf Kosten Dritter erhalten, muss ein Regierungssystem schaffen, das keine Sondervorteile gewähren kann.

II. ECHTER GESELLSCHAFTSVERTRAG

Wir haben weiter gesehen, dass unser fiktiver Gesellschaftsvertrag ein unzulässiger Vertrag zu Lasten Dritter ist. Stattdessen wäre eine formelle Gleichordnung auf Grundlage eines echten, persönlich geschlossenen Vertrages angezeigt, auch und gerade dann, wenn ein Vertragspartner der wirtschaftlich stärkere ist. Eine solche Gleichstellung ist die Grundlage aller Zivilrechtsordnungen, also der Gesetzes- und Entscheidungssammlungen, die das Verhältnis privater Parteien untereinander regeln. Beide Parteien haben die gleichen Rechte und Pflichten, jede Regel gilt spiegelbildlich für beide. Nur diese strikte Gegenseitigkeit hat es möglich gemacht, dass Zivilrechtsordnungen überhaupt allgemein akzeptiert wurden und etwa die Grundsätze des römischen Rechts noch heute inhaltliche Geltung beanspruchen können. In zeitgenössischen Regierungssystemen hingegen sind nicht nur die Höhe der Steuern, sondern auch Inhalt und Anzahl der Gesetze unvorhersehbar; sie unterliegen zudem ständigen Änderungen. Der betroffene Bürger hat in der Regel keinerlei Möglichkeit, dagegen vorzugehen. Stoppen die Gerichte doch einmal ein Gesetz, dann macht die Politik schnell ein neues. Die täglich wachsende Regelungsflut ist insbesondere für Unternehmen eine Belastung und stetige Quelle der Unsicherheit. Dasselbe gilt für Privatpersonen, die etwa ihre Altersvorsorge planen wollen, oder einfach ihren Vorlieben nachgehen möchten. Was gestern noch erlaubt war, ist heute schon verboten.

Ein wirklicher Gesellschaftsvertrag der diesen Namen verdient, bedarf daher der ausdrücklichen vorherigen Zustimmung *sämtlicher* von ihm Betroffener; er muss ausreichend bestimmt und darf nicht einseitig abänderbar sein. Insofern sind auch umverteilende Systeme durchaus möglich, aber eben nur soweit die potenziellen Zahlungspflichtigen dem zugestimmt haben. Erzwungene Umverteilung hingegen führt zu dauernden Verteilungskämpfen, damit zu Unfrieden und sozialer Disharmonie; weiter werden falsche Anreize gesetzt, indem Mehrleistung bestraft und Minderleistung belohnt wird.

In einer echten Vertragsgesellschaft gleichberechtigter Partner kann es nicht angehen, Regelungen zu Lasten Dritter zu treffen, Vertragsparteien einfach zu enteignen oder ihnen übermäßige Kündigungshindernisse in den Weg zu legen. Insofern gibt es eine einfache Faustregel: Jeder echte Gesellschaftsvertrag bzw. jede Verfassung sollte mit allgemeinen zivilrechtlichen Grundsätzen vereinbar sein. Das bedeutet auch, dass es über familiäre oder vertraglich vereinbarte Ansprüche hinaus kein Recht gibt, auf Kosten anderer zu leben.

III. GEWÄHRUNG PERSÖNLICHER UND WIRTSCHAFTLICHER FREIHEIT

Damit sich die segensreichen Wirkungen freiwilliger Kooperation optimal entfalten können, sind weitgehende Freiheitsrechte zu gewähren. In einer menschlichen Gemeinschaft kann die Freiheit freilich nie schrankenlos sein. Sie ist im Sinne der *Goldenen Regel* begrenzt durch die Freiheit der anderen und den Regelungsrahmen, der im Sinne eines ausgewogenen Interessenausgleichs das friedliche und konfliktfreie Miteinander regelt. Innerhalb dieses Rahmens - der je nach subjektiver Präferenz oder Zielgruppe anders gezogen sein kann - sind Gesellschaften desto erfolgreicher, je mehr Freiheiten sie gewähren. Das betrifft wirtschaftliche wie persönliche Freiheiten; dazu gehören freilich auch Verantwortung und Haftung für die Konsequenzen des eigenen Verhaltens. Es ist nicht möglich, wirtschaftliche Freiheiten ohne jegliche persönliche Freiheiten zu gewähren. Das geht auf Dauer nicht gut, weil die wirtschaftlichen Freiheiten dazu führen, dass die Menschen selbstbewusster werden, nachdem sie erkannt haben, was sie aus eigener Kraft schaffen können. Sie bemerken dann, dass diejenigen, die sie regieren, keinesfalls qualifizierter oder klüger sind als sie selbst und dass die Verweigerung ihrer persönlichen Freiheiten ein reiner Willkürakt der Herrschenden ist. Wer hingegen ein selbstbestimmtes Leben führen kann, ist im Schnitt zufriedener und glücklicher, denn er darf sagen und schreiben, was er denkt, sich mit Gleichgesinnten nach Belieben zusammenschließen und entscheidet selbst, welche Vereinbarungen welchen Inhalts er mit wem trifft oder auch nicht. Entsprechend freie Gemeinwesen werden daher davon absehen, zwangsweise umzuverteilen, das Privatleben zu regulieren oder bestimmten Gruppen oder Einzelpersonen Vorrechte einzuräumen. Sie entwickeln sich so automatisch zu *Meritokratien*, bei denen jeweils der oder die Beste ausschließlich aufgrund der eigenen Leistung eine Stelle einnimmt. Gegenüber Systemen, die anders diskriminieren, indem sie etwa Geschlechts- oder gar Abstammungsvorgaben für die Besetzung bestimmter Stellen machen (Frauen- oder Diversitätsquoten etc.) sind Meritokratien daher denknotwendig überlegen.

Auch ein System, das 95 % der Einwohner Fesseln anlegt, um den 5 % zu helfen, die sich nicht selbst helfen können, hat langfristig keine Erfolgsaussichten gegenüber einem System, in dem 95 % der Einwohner frei und in der Lage sind, ihren gewünschten Aktivitäten nachzugehen. Nach einer gewissen Zeit wird die Produktivität in dem freien System so hoch sein, dass den verbliebenen 5 % mit Leichtigkeit und auf freiwilliger Basis besser geholfen werden kann als im Zwangssystem. Es wird dann *allen* Einwohnern im freien System besser gehen.

IV. GEWÄHRLEISTUNG VON PRIVATEIGENTUM

Ohne Eigentum gibt es keine freie Preisbildung, keinen Anreiz, etwas Dauerhaftes für sich oder seine Familie zu schaffen, keine friedensstiftende Wirkung und auch keine Bindung an ein bestimmtes Gemeinwesen. Privateigentum ist daher unbedingt zu gewähren, auch an Produktionsmitteln und Grundstücken, und so wenig wie möglich einzuschränken.[174] Das Eigentum konkretisierende Regelungen sind gleichwohl erforderlich, etwa wie weit das Recht in die Luft (Überflugrechte) und in den Boden reicht (Bodenschätze, Untertunnelung), welche Einwirkungen hinzunehmen sind (Geräusche, Gerüche, Wegerechte) und welche Aktivitäten aufgrund ihrer Gefährlichkeit für andere auch auf dem eigenen Grundstück zu unterlassen bzw. nur eingeschränkt erlaubt sind (Sprengstoff, Radioaktivität, Giftstoffe, Abgase und Abfälle). Weiter ist zu regeln, ob das Eigentum am Grundstück von dem Eigentum des darauf erstellten Hauses abweichen und ob Sondereigentum entstehen kann, etwa an Eigentumswohnungen. Erwerb, Übertragung und Vererbung von Eigentum sollte sowohl Einzelpersonen als auch Unternehmen unkompliziert und rechtssicher möglich sein.

V. HERRSCHAFT DES RECHTS UND GLEICHHEIT VOR DEM GESETZ

Die vorhandenen Regeln müssen für alle gelten, auch für die Machthaber beziehungsweise Betreiber des Gemeinwesens. Weiter darf es nicht sein, dass Regeln und Sanktionen nur selektiv verfolgt werden. Eine Ungleichbehandlung ist nur zulässig, sofern ein sachlicher Grund vorliegt. Religion muss Privatsache sein und ihre Ausübung ist als solche frei, berechtigt aber zu keinerlei Privilegien. Insbesondere der Zugang zu wirtschaftlicher

Aktivität darf nicht von Beziehungen oder Gruppenprivilegien abhängig sein. Die Gleichheit vor dem Gesetz beziehungsweise vor dem vertraglich vereinbarten Recht ist Grundvoraussetzung einer langfristig stabilen Ordnung.

Weniger ist mehr. Je mehr Regeln und Gesetze es gibt, desto größer ist die Wahrscheinlichkeit, dass diese nur selektiv angewandt werden, desto größer auch die Wahrscheinlichkeit, dass sie Schlupflöcher und Ausnahmetatbestände schaffen, die Kundige auszunutzen wissen. Am Ende ist die Rechtsunsicherheit größer als bei weniger Gesetzen. Der Überkomplexität der Gegenwart ist daher nicht mit hochkomplexen Regularien, sondern mit wenigen klaren Regeln und Sanktionen zu begegnen, die dafür auch konsequent umgesetzt werden. Regelungslücken können mit den vorhandenen Rechtsgrundsätzen geschlossen werden, notfalls wird das Recht durch Gerichtsurteile fortgebildet.

VI. WETTBEWERB DURCH KLEINHEIT UND SUBSIDIARITÄT

Menschliche Macht muss begrenzt werden. Garantierte Rechtspositionen des Einzelnen aus dem Gesellschaftsvertrag, die vor unabhängigen (Schieds-) Gerichten eingeklagt werden können, sind ein erster Schritt. Als das einzige dauerhaft wirksame Machtbegrenzungsmittel der Menschheit hat sich aber der Wettbewerb erwiesen. Allein deshalb ist eine Vielzahl und Vielfalt von Gemeinwesen erstrebenswert. Tatsächlich ist das schon Nichtüberschreiten einer gewissen Größe ein Wert an sich, weil sonst eine Steuerung oder auch nur Einhaltung der bestehenden Regeln und Abläufe kaum noch möglich ist. Die Entscheider sind dann von den wirklichen Problemen zu weit entfernt, um eine sachgerechte oder auch nur wohlinformierte Entscheidung zu treffen. Wissen ist immer dezentral. Nach dem *Subsidiaritätsprinzip* sollen Problemlösungen so weit wie möglich vom Einzelnen, von der kleinsten Gruppe oder der untersten Ebene einer Organisationsform unternommen werden. Auf Gemeinwesen übertragen bedeutet das, ab einer gewissen Größe entweder das Gemeinwesen zu teilen oder zusätzliche Ebenen einzuführen, die über weitgehende Autonomie verfügen.

Nicht nur als Machtbegrenzungsmittel, sondern auch für Erkenntnisgewinn und Weiterentwicklung sind Vielfalt und Wettbewerb notwendig. Jede Evolution bedarf der Vielfalt. Das muss bei einem auf Versuch und Irrtum basierenden System auch so sein. Leider ist es seit Anbeginn der Zeiten das Anliegen von Politik und Religion, diese Mannigfaltigkeit der Arten des menschlichen Zusammenlebens zu Gunsten einer Einheitslösung zu zerstören. Daher müssen alternative Gemeinwesen erstens zugelassen und zweitens darf der Weggang der eigenen Bürger dorthin nicht behindert werden. Wer etwa keine Freiheit will, sondern Gemeinschaft und „soziale Wärme“, hat alles Recht der Welt dazu. Er ist aber nicht berechtigt, diejenigen, die Freiheit bevorzugen, gegen ihren Willen in der Gemeinschaft festzuhalten oder sie zu zwingen, seine gewünschte Lebensführung zu finanzieren.

Letztlich ist ein System dann erfolgreich, wenn Menschen freiwillig darin leben möchten. Ob es auf einer reinen Lehre basiert oder einem Mix aus verschiedenen Ideologien ist dabei zweitrangig. Alles wofür Nachfrage besteht, ist zulässig, solange die Teilnahme freiwillig ist. Gesellschaftsordnungen, die nur funktionieren, wenn Menschen gegen ihren Willen darin festgehalten und zu einem bestimmten Verhalten gezwungen werden, werden auf lange Sicht ohnehin scheitern. Wer ein gutes Produkt hat, muss weder Kritik noch Wettbewerb fürchten und braucht diese daher auch nicht zu verbieten oder zu reglementieren.

VII. WEHRHAFTIGKEIT

Es kann der Beste nicht in Frieden leben, wenn es dem bösen Nachbarn nicht gefällt. Beschwichtigungspolitik funktioniert nie, weil sie stets als Schwäche wahrgenommen wird; sie kann allenfalls kurzfristigen Zeitgewinn bedeuten. Insbesondere eigentumsbejahende Systeme müssen daher Sorge dafür tragen, dass diejenigen, die Privateigentum ablehnen, nötigenfalls abgewehrt werden können. Etwa dann, wenn jene kommen und sich das holen möchten, was ihnen ihrer Meinung nach ohnehin zusteht. Dasselbe gilt für die Abwehr aller anderen Aggressoren und für die Sanktionierung von Regelbrüchen im Inneren. Es gibt kein Machtvakuum im menschlichen Zusammenleben: Wer nicht auf seine Werte besteht und bereit ist, diese notfalls mit Gewalt zu verteidigen, wird die Werte der anderen übernehmen müssen. Wer alle seine Schwerter zu Pflugscharen schmiedet, pflügt am Ende für die, die ihre Schwerter behalten haben. Daher ist Wehrhaftigkeit nach innen und außen unerlässlich. Dazu gehören auch Grenzsicherung sowie Kontrolle und Auswahl der Einwanderer. Dazu und um den Frieden im Inneren dauerhaft zu sichern, bedarf es auch in Zukunft aller Voraussicht nach eines Gewaltmonopols. Das elementare Recht auf Selbstverteidigung und Nothilfe darf freilich dadurch nicht ausgeschlossen werden.

VIII. KOHÄSION DURCH WERTEKONSENS

Das Zusammenleben in einem Gemeinwesen erfordert einen gewissen Grundkonsens über die dort geltenden Regeln. Wer einen Staat wünscht, der lediglich Dienstleister ist, damit er sich im Übrigen nach eigenem Ermessen entfalten kann, sollte nicht mit Menschen zusammen leben, die im Staat einen Übervater stehen, der ihnen alle Lebensrisiken abnimmt und daneben noch alle tatsächlichen und eingebildeten Missstände der Welt bekämpft. Dasselbe gilt für denjenigen, der universale Menschenrechte befürwortet, die das Recht seine Religion zu wechseln, Götter zu verspotten und die Gleichberechtigung von Mann und Frau einschließt. Er sollte besser nicht mit Menschen zusammenleben, die jene Rechte ablehnen, weil ihnen ihr Gott anderes vorschreibt. Wer das Konzept des Privateigentums ablehnt, wird vermutlich fast alles hier Vorgeschlagene auch verwerfen.[175] Es ist insofern kein Kompromiss möglich, entweder der Einzelne hat das Recht Eigentum zu erwerben oder er hat es nicht. „Dritte Wege" führen letztlich nach und nach zur Entrechtung des Eigentümers.

Die einzige friedenserhaltende Lösung ist, inkompatible Weltanschauungen räumlich zu trennen bzw. entsprechende Störer des Landes zu verweisen. Andernfalls wird es einen ständigen Kampf um die Macht geben, denn die jeweiligen Konzepte schließen einander aus. Sind die Anschauungen hingegen räumlich getrennt, werden friedlicher Handel und fallweise Kooperation zwischen den Systemen durchaus möglich.

IX. SETZUNG DER RICHTIGEN ANREIZSTRUKTUR

Gegenwärtige Systeme bieten den jeweils Herrschenden Anreize, sich selbst auf Kosten des Gemeinwesens zu bereichern, das Geld der anderen zur Mehrung des eigenen Ruhms zu verschwenden und Wählerstimmen durch vermeintliche Gratisleistungen zu kaufen. Dabei spielt es eine untergeordnete Rolle, ob das System eher demokratischen oder eher autoritären Zuschnitts ist – die Fehlanreize sind vergleichbar. Autoritäre Ordnungen funktionieren nur solange besser, wie die Personen an der Spitze integer und führungsstark sind. Aber alle Systeme, deren Erfolg davon abhängt, dass besonders befähigte Personen an der Spitze stehen, haben auf Dauer keine Überlebenschance. Neue Ansätze müssen daher so konzipiert sein, dass sie auch ohne geniale Lenker überdauern können.

Eine neue, langfristig stabile Gesellschaftsordnung muss von denjenigen, die das Gemeinwesen leiten, verlangen, dass diese

1. *ein eigenes wirtschaftliches Interesse am Erfolg des Gemeinwesens haben (skin in the game),*
2. *für Fehler haftbar gemacht werden können (Kopplung von Macht und Verantwortung),*
3. *ihren Bürgern den jederzeitigen Weggang oder eine Sezession ermöglichen, ohne finanzielle oder sonstige Hürden aufzurichten (Ermöglichung von Wettbewerb),*
4. *einzelnen Gruppen oder Bürgern keine Sondervorteile gewähren können (Vermeidung von Lobbyismus, Korruption und Verteilungskämpfen),*

5. *schriftlich genau umrissene Verpflichtungen und Kompetenzen haben, die nicht einseitig geändert werden können (Rechtssicherheit, Planbarkeit),*
6. *im Falle von Differenzen vor unabhängigen Gerichten oder Schiedsstellen von den Betroffenen verklagt werden können (neutrale Streitschlichtung).*

Es wird deutlich, dass etwa die westlichen demokratischen Rechtsstaaten eigentlich nur das letzte Kriterium erfüllen, häufig mit Einschränkungen, da nur bestimmte Organe die Regierung verklagen können. Die durch die Verfassungen eigentlich vorgesehene Rechtssicherheit und Planbarkeit ist in der Staatenpraxis nicht mehr gegeben, da die Machthaber mit ihren Parlamentsmehrheiten und durch die Ernennung von Richtern sowohl Wortlaut als auch Auslegung der Verfassung weitgehend beliebig steuern können.

X. ANDERE ERKENNTNISSE – ANDERE SYSTEME

Wer diese Schlussfolgerungen nicht teilt und etwa der Meinung ist, dass die Mehrheit selbstverständlich das Recht habe, den Gesellschaftsvertrag jederzeit auch zu Lasten der Minderheit zu ändern, kommt natürlich zu anderen Erkenntnissen, was die ideale Beschaffenheit neuer Systeme angeht. Andere empfinden selbst die hier vorgeschlagenen Maßnahmen als zu weitgehend und lehnen etwa ein Gewaltmonopol grundsätzlich ab.

Entscheidend ist aber nicht, ob meine Analyse in allen Facetten richtig ist, sondern, dass ein Wettbewerb der Systeme einsetzt. Erst dieser ermöglicht es den Menschen, freiwillig in die Gesellschaftsordnung zu gehen, die ihren Vorlieben und Überzeugungen am besten entspricht. Eine Ideallösung für alle gibt es aller Voraussicht nach ohnehin nicht. Der Philosoph *Rolf W. Puster* ist zu einer ganz ähnlichen Erkenntnis gelangt:[176]

> *Angesichts der großen Unterschiede zwischen Individuen scheint es mir ganz folgerichtig, dass die definitive Auskunft darüber, welchen Zwang jemand hinzunehmen hat und welchen er nicht hinzunehmen braucht, nicht von der Freiheitstheorie kommen kann, sondern dass sie letztlich aus dem tatsächlich stattfindenden freiwilligen Handeln hervorgeht … Ganz generell können wir festhalten: Zum Zwecke der Minimierung subjektiven Zwangs zieht jeder Akteur ceteris paribus solche Kooperationspartner vor, deren Zwangssensitivität seiner eigenen so ähnelt, dass sie tendenziell dieselben Regeln festlegen würden wie er selbst … Aus dem Gesagten ergibt sich, dass die folgende Entwicklung eine gewisse Wahrscheinlichkeit hätte, wenn Akteure ihr soziales Miteinander freiwillig und ohne Interventionen selbst organisieren könnten: Es würde sich ein reich gegliedertes föderatives System von Kooperationsgemeinschaften herausbilden, die durch komplexe Bündel von ähnlichen Zwangsbilanzen bezüglich der jeweils als zentral erachteten Regeln*

> *des Zusammenlebens gekennzeichnet wären. Diese Gemeinschaften samt der in ihnen geltenden Regelsysteme würden untereinander im Wettbewerb um die Einbeziehung weiterer Akteure stehen, so dass diese Akteure die Wahl hätten, welcher Gemeinschaft mit ihren (freiwillig etablierten) Regeln sie sich anschließen wollen – freilich um den Preis der Anerkenntnis der dort geltenden Regeln, auf deren Einhaltung die jeweilige Gemeinschaft pochen würde. Dabei ist davon auszugehen, dass jede Regelgemeinschaft Zwangsmaßnahmen zur Durchsetzung ihrer Regeln bereithält.*

Für sieben Milliarden Menschen dürften zweihundert verschiedene Systemangebote, davon viele nahezu identischen Inhalts, einfach zu wenig sein. Je mehr neue und verschiedene Modelle es insofern gibt, desto besser. Was ich auf Grundlage der besprochenen Erkenntnisse vorschlagen möchte, ist eines von vielen vorstellbaren Produkten. Eines, von dem ich glaube, dass es auf dem Markt des Zusammenlebens Erfolg haben wird. Nicht mehr und nicht weniger. Dieses Produkt ist die Freie Privatstadt.

TEIL II. KONZEPT

KAPITEL 6

DIE FREIE PRIVATSTADT ALS ALTERNATIVE ORDNUNG

Lasst mich einen festen, eindeutigen und ein für allemal fixierten Steuersatz zahlen, und bezahlt damit angemessene Sicherheitskräfte und ein verlässliches Rechtswesen, aber haltet Euch ansonsten heraus aus meinem Leben. Dies ist mein Leben; ich habe nur eines, und dieses eine soll mir gehören. Ich bin niemandes Sklave, niemandes Kriecher und niemandes Liebediener. Ich bin ein freier Mann, der für sein Schicksal selbst und allein verantwortlich ist, der sich in die Gemeinschaft einfügt und die Rechte anderer genauso respektiert wie er seinen eigenen Pflichten nachkommt, der aber keine selbsternannten Ammen und scheinheiligen Guten Onkels, keine ausbeuterischen Wohltäter und von mir bezahlten Paradiesverkünder braucht.

Roland Baader, Ökonom und Badischer Freiheitskämpfer

Wir haben gesehen, dass neue Ordnungen des Zusammenlebens die Fallen vermeiden müssen, die allen bisherigen Systemen früher oder später zum Verhängnis geworden sind. Sie sollten daher weitgehend politikfrei sein, größtmögliche wirtschaftliche und persönliche Freiheiten sowie Privateigentum ermöglichen, einen echten, schriftlichen Vertrag als Grundlage haben, der Herrschaft des Rechts unterliegen, niemanden Sonderrechte zugestehen, ihre Einwanderer auswählen, nach innen und außen wehrhaft sein und sich dem Wettbewerb mit anderen Systemen stellen; die Einwohner sollten darüber hinaus einen grundsätzlichen Wertekonsens aufweisen und schließlich muss das System seinen Regierenden bzw. Verwaltern die richtigen Anreize bieten.

Stellen Sie sich ein System vor, in dem Ihnen ein privates Unternehmen als „Staatsdienstleister" Schutz von Leben, Freiheit und Eigentum bietet. Diese Leistung umfasst innere und äußere Sicherheit, einen Rechts- und Ordnungsrahmen sowie eine unabhängige Streitschlichtung. Sie zahlen einen vertraglich fixierten Betrag für diese Leistungen pro Jahr. Der Staatsdienstleister als Betreiber des Gemeinwesens kann diesen „Bürgervertrag" mit Ihnen später nicht einseitig ändern. Sie als „Vertragsbürger" haben einen Rechtsanspruch darauf, dass er eingehalten wird und einen Schadensersatzanspruch bei Schlechterfüllung. Um alles andere kümmern Sie sich selbst, können aber auch machen, was Sie wollen, begrenzt nur durch die Rechte der anderen und die sonstigen überschaubaren Regeln des Zusammenlebens. Das schließt ein, sich mit anderen für alle möglichen Zwecke zusammen zu schließen. Streitigkeiten zwischen Ihnen und dem Staatsdienstleister werden vor unabhängigen Schiedsgerichten verhandelt, wie im internationalen Handelsrecht üblich. Ignoriert der Betreiber die Schiedssprüche oder missbraucht er seine Macht auf andere Weise, wandern seine Kunden ab, und er geht in die Insolvenz. Er hat also ein wirtschaftliches Risiko und daher einen Anreiz, seine Kunden gut und vertragsgemäß zu behandeln.

Dieses System heißt *Freie Privatstadt.* Auf den ersten Blick mag es unerhört radikal oder utopisch erscheinen. Allerdings nutzen wir den Dienstleistungsansatz bereits sehr erfolgreich in anderen Bereichen unseres Lebens. Der Übertrag auf unsere Gesellschaftsordnung stellt lediglich den letzten Schritt einer bereits im Gange befindlichen Entwicklung dar. Das Neue ist, dass das Zusammenleben auf rein privatwirtschaftlicher Ebene stattfindet, aber das System trotzdem in der Lage ist, sämtliche von Bewohnern bisheriger Staaten nachgefragten Leistungen (insbesondere Sicherheit) zu erbringen. Und zwar besser, billiger und mit weit höheren Freiheitsgraden für die Kunden bzw. Vertragsbürger. Die Hauptelemente des freien Marktes werden einfach auf das Zusammenleben übertragen, nämlich der freiwillige Leistungsaustausch, das Recht Angebote abzulehnen und der Wettbewerb als Entdeckungsverfahren, Machtbegrenzungsmittel und Qualitätsfilter. Da die Teilnahme an der Freien Privatstadt freiwillig ist, muss das Konzept dauerhaft attraktiv sein, sonst kommt niemand oder die Bewohner wandern wieder ab.

Gerade die Konstruktion als Dienstleistungsvertrag hat den Vorteil, dass sie bereits erprobt und bewährt ist. Sie entspricht dem, was wir aus den privaten Geschäften des täglichen Lebens kennen. Sei es der Brötchenkauf beim Bäcker, der Abschluss einer Versicherung oder die Beauftragung eines Steuerberaters. Stets liegt ein gegenseitiger, einvernehmlich geschlossener Vertrag zu Grunde. Dieser regelt, welches Produkt oder welche Dienstleistung zu welchen Bedingungen und zu welchem Preis zu liefern ist. Das gilt selbst dann, wenn der Vertrag – wie beim Bäcker - nur durch schlüssiges Verhalten zustande gekommen ist. Der Käufer weiß, dass sein Vertragspartner ein wirtschaftliches Interesse hat; dieser muss ihm weder Gemeinwohl noch Menschheitsrettung als Motive vorgaukeln. Bei Streitigkeiten kann man sich an unabhängige Gerichte oder Schiedsstellen wenden. Kein Verkäufer würde damit durchkommen, dass er nachträglich einseitig den Vertragsinhalt ändert („Sie zahlen ab jetzt das Doppelte, bekommen dafür aber eine zusätzliche Leistung, die sie nicht bestellt haben") oder er eine Streitschlichtung ausschließlich durch eigene Einrichtungen erlaubt.

In einer Freien Privatstadt ist jeder *Souverän Seiner Selbst*, der aufgrund freiwilliger Vereinbarung einen echten Vertrag mit einem mehr oder weniger gewöhnlichen Dienstleister abgeschlossen hat, den Bürgervertrag. Beide Parteien sind formal gleichberechtigt und somit rechtlich auf Augenhöhe. An die Stelle des Verhältnisses Obrigkeit-Untertan tritt das Verhältnis Kunde-Dienstleister. Anders als in herkömmlichen Systemen, wo der Bürger zur Steuerzahlung verpflichtet ist, ohne ein korrespondierendes Leistungsrecht zu haben, stehen in einer Freien Privatstadt Leistung und Gegenleistung in einer direkten Beziehung. Beide Vertragspartner haben einen Anspruch auf Vertragserfüllung, d.h. der Betreiber kann vom Vertragsbürger die Zahlung des festgesetzten Beitrags verlangen, aber eben keine zusätzlichen Beträge. Der Vertragsbürger wiederum kann vom Betreiber einklagen, dass dieser seinen vertraglichen Verpflichtungen nachkommt, indem er etwa Sicherheit und ein funktionierendes Zivilrechtssystem gewährleistet. Wer der Betreibergesellschaft gerade vorsteht oder wem diese gehört, ist für das Funktionieren des Modells ohne Belang.

Eine Freie Privatstadt ist mithin keine Utopie, sondern vielmehr eine Geschäftsidee, deren funktionale Elemente bereits bekannt sind und die lediglich auf einen anderen Sektor übertragen werden, nämlich den des Zusammenlebens. Im Grunde stellt der Betreiber als Dienstleister nur den Rahmen, innerhalb dessen sich die Gesellschaft ergebnisoffen im Sinne einer „spontanen Ordnung“ *(Hayek)* entwickeln kann.

HAUPTMERKMALE

Freie Privatstädte sind durch folgende Hauptmerkmale gekennzeichnet:

1. *Eine Freie Privatstadt ist eine souveräne oder mindestens teilautonome Gebietskörperschaft, die über einen eigenen Rechts- und Ordnungsrahmen, ein Steuer-, Zoll- und Sozialregime und über eigene Verwaltung, Sicherheitskräfte sowie ein unabhängiges Streitschlichtungssystem verfügt.*
2. *Die Freie Privatstadt wird von einer Betreibergesellschaft als gewinnorientiertes Unternehmen geführt. Gegen einen festgelegten finanziellen Beitrag gewährleistet sie den Bewohnern Schutz von Leben, Freiheit und Eigentum.*
3. *Teilnahme und Verbleib in der Freien Privatstadt sind freiwillig.*
4. *Es besteht kein Rechtsanspruch auf Aufnahme in die Freie Privatstadt, darüber entscheidet der Betreiber nach seinen Kriterien und seinem Ermessen.*
5. *Jeder einzelne Bewohner hat mit der Freien Privatstadt bzw. deren Betreibergesellschaft*[177] *einen schriftlichen Bürgervertrag geschlossen, der die gegenseitigen Rechte und Pflichten*

abschließend regelt. Dieser umfasst die vom Betreiber zu erbringenden Leistungen und die dafür zu bezahlende Summe, daneben die in der Freien Privatstadt geltenden Regeln.

6. *Dieser Bürgervertrag kann nicht einseitig geändert werden; er stellt die „persönliche Verfassung“ eines jeden Vertragsbürgers dar.*
7. *Im Übrigen können die Vertragsbürger tun, was sie möchten, sofern sie dadurch nicht die Rechte anderer oder die sonstigen, im Bürgervertrag festgelegten Regeln verletzen.*
8. *Alle erwachsenen und geschäftsfähigen Vertragsbürgern sind für die Konsequenzen ihres Tuns selbst verantwortlich, nicht „die Gesellschaft“ oder der Stadtbetreiber. Es besteht außerhalb vertraglicher oder familiärer Unterhaltsansprüche kein Recht, auf Kosten Dritter zu leben.*
9. *Jeder Bewohner kann den Vertrag jederzeit kündigen und die Freie Privatstadt wieder verlassen, der Betreiber kann jedoch nur aus wichtigem Grund kündigen, etwa wegen Verstoßes gegen die Vertragspflichten wie z. B. fortgesetzter Nichtzahlung des Beitrages.*
10. *Im Falle von Konflikten mit der Betreibergesellschaft ist jeder Vertragsbürger berechtigt, unabhängige (Schieds-) Gerichte anzurufen, die nicht der Organisation des Betreibers angehören.*

Das verpflichtend abzunehmende und zu bezahlende Basispaket des Betreibers umfasst Sicherheits- und Rettungskräfte, einen Rechts- und Ordnungsrahmen, eine gewisse Infrastruktur sowie unabhängige Gerichte bzw. Streitschlichtungsstellen. Zur Gewährleistung der Freiwilligkeit der Teilnahme ist das Gebiet idealerweise anfänglich unbewohnt.

AUTONOMIE

Um eine Freie Privatstadt umzusetzen, ist innere Autonomie notwendig. Dies bedeutet nicht zwingend völkerrechtliche Souveränität, aber zumindest das Recht, die eigenen Angelegenheiten selbständig zu regeln. Zur Etablierung einer Freien Privatstadt bedarf es daher einer vertraglichen Vereinbarung mit einem bestehenden Staat. In diesem Vertrag räumt der „Gastgeberstaat“ der Betreibergesellschaft das Recht ein, auf einem abgegrenzten Territorium die Freie Privatstadt gemäß den vereinbarten Bedingungen zu errichten.

Freie Privatstädte entsprechen somit weder privat verwalteten Neubaustädten noch *Gated Communities*, die voll dem Recht des jeweiligen Staates unterliegen, noch autoritär regierten Stadtstaaten wie *Singapur* oder *Dubai*, welche jederzeit einseitig die Regeln ändern können. Sie gehen auch deutlich über *Sonderwirtschaftszonen* hinaus, sondern entsprechen eher selbstständigen *Sonderverwaltungszonen*, vergleichbar etwa dem Verhältnis Hong Kongs zu China. Staaten können für ein solches Konzept gewonnen werden, wenn sie sich Vorteile davon versprechen. Bestehende Staaten dazu zu bewegen, einen Teil ihrer Souveränität aufzugeben, ist sicherlich keine leichte Aufgabe. Trotzdem erscheint dieser Weg einfacher, als bestehende Systeme „von innen" in Richtung auf mehr Freiheit, Rechtssicherheit und Selbstverantwortung zu verändern.

Das Miteinander in der Freien Privatstadt beruht auf wenigen Grundsätzen. Die Leitprinzipien sind Selbstbestimmung und Privatautonomie. Für das Zusammenleben gilt die *Goldene Regel* wie sie in dem Sprichwort *„Was Du nicht willst, dass man Dir tu, das füg' auch keinem anderen zu"* zum Ausdruck kommt; daneben das Prinzip *do ut des* („Ich gebe, damit Du gibst"), also die Erkenntnis, dass Leistung auf Gegenleistung beruht; schließlich das *Freiwilligkeits- bzw. Nichtaggressionsprinzip*, mithin der Vorrang von freiwilliger Kooperation gegenüber Zwang und Enteignung, auch für vermeintlich gute Zwecke. Zur Einhaltung dieser Grundregeln können oder müssen auch Zwangsmittel angewendet werden. Schwerwiegende oder wiederholte Verstöße führen zudem zum Ausschluss aus der Privatstadt. Zur Freiwilligkeit gehört das Recht, den Aufenthalt in der Freie Privatstadt jederzeit wieder zu beenden.[178]

Freie Privatstädte erwarten von ihren Vertragsbürgern Mündigkeit und Selbständigkeit. Dazu gehört die Übernahme von Verantwortung für sich und andere, die Stärkung von Familie und kleinen Gemeinschaften, sowie Ideen- und Erfindungsreichtum zur Überwindung von Schwierigkeiten. Dafür winken die Freude und Zufriedenheit, sein Leben aus eigener Kraft nach eigenen Vorstellungen meistern zu können. Langfristig wächst auf diese Weise eine Gemeinschaft von selbstbewussten, aufgeweckten und wirklichkeitsbezogenen Menschen heran. Wenn jeder frei entscheiden kann, was er tun und wie er leben möchte, gibt es auch für Mitbestimmungsorgane wie Parlamente keinen wirklichen Bedarf. Diese laufen immer Gefahr, von Interessengruppen oder der Regierung für ihre Zwecke gekapert zu werden. Die Veränderungssperre zugunsten von Freiheit und Selbstbestimmung in einer Freien Privatstadt ist der Bürgervertrag. So können sich zwar die Bewohner auf eine Interessenvertretung einigen und etwa einen Gemeinderat etablieren. Aber auch wenn 99 % der Bewohner dort mitmachen und sich freiwillig den Mehrheitsentscheidungen unterwerfen, hat dieses Gremium kein Recht, den übrigen 1 %, die damit nichts zu tun haben wollen, seine Ideen aufzuzwingen. Das ist genau der Punkt, an dem staatliche Systeme regelmäßig scheitern: die *dauerhafte* Gewährleistung der individuellen Freiheit.

Das Gewinnerfordernis des Stadtbetreibers ist von zentraler Bedeutung. Viele Menschen halten Gewinnstreben für etwas Unmoralisches und wollen am liebsten nichts damit zu tun haben. Sie verkennen, dass es keinen besseren Anreiz gibt, knappe Mittel optimal einzusetzen und die Ressourcen bestmöglich auszunutzen. Außerdem sorgt es für Transparenz. Der Betreiber der Freien Privatstadt will Geld verdienen, das ist klar. Was aber sind die Motive und Beweggründe der Politiker? Die Behauptung, dass diese nur von der Sorge um das Gemeinwohl getrieben sind, glauben zu Recht die Wenigsten.

Auch der Anreiz, sich als Staatsoberhaupt mit Präsidenten und Königen zu treffen, Beifall heischend Weltrettungspläne vor den Vereinten Nationen zu verkünden, prominent zu sein und Macht über Menschen zu haben, tritt in Freien Privatstädten notwendigerweise hinter die Gewinnerzielungsabsicht zurück. Natürlich werden solche Erwägungen auch den vom Betreiber eingesetzten Verwaltungschef oder Bürgermeister umtreiben. Dieser muss aber letztlich das tun, was für die Betreibergesellschaft gut und profitabel ist und kann deshalb nicht einfach die Regeln ändern (= Kunden würden abwandern), internationalen Organisationen beitreten, am weltweiten Konferenzzirkus teilnehmen, oder häufig berühmte Persönlichkeiten empfangen (= Mehrausgaben ohne messbaren Gegenwert). Das Anreizsystem ist also sehr verschieden von dem eines Politikers in herkömmlichen Systemen. Dort kann der Politiker die beschriebenen persönlichen Interessen zur Mehrung seines Ruhms auf Kosten der Staatsbürger verfolgen, während das der Verwaltungschef einer Freien Privatstadt aus den genannten Gründen nicht kann.

Gewinnerfordernis und Wettbewerb zwingen den Betreiber einer Freien Privatstadt vielmehr dazu, sein Produkt permanent zu verbessern und die Ressourcennutzung zu optimieren. Jede Entscheidung die er trifft, hat unmittelbare Auswirkungen. Erhöht dies die Zufriedenheit der Bewohner bzw. wird jene durch Sparmaßnahmen nicht vermindert? Mit anderen Worten: werden dadurch in letzter Konsequenz höhere Einnahmen als Ausgaben generiert? Falls ja, wird Gewinn erzielt und der Unternehmenswert der Freien Privatstadt erhöht. Falls nein, muss die Maßnahme rückgängig gemacht oder verbessert werden. Eine solche Effizienz wird von staatlichen Ordnungen niemals erreicht werden können.

WIE KÖNNTE DAS LEBEN IN FREIEN PRIVATSTÄDTEN AUSSEHEN?

Neuartige Dienstleister wie *Uber* oder *Airbnb* sind nicht verboten sondern eine Selbstverständlichkeit. Es gibt private Unternehmer, die vom Krankenhaus über Schulen und Kindergärten bis hin zur Müllabfuhr alles abdecken, was nachgefragt wird. Gegen sämtliche Eventualitäten des Lebens versichern sich die Bewohner auf Wunsch privat oder gründen Selbsthilfegruppen, sei es zum Schutz vor Krankheit, Tod, Pflegebedürftigkeit oder Unfällen. Schnellstraßen, Häfen und Einkaufszentren werden von Investoren erstellt und betrieben.

Jeder kann neue Produkte und Dienstleistungen ohne Genehmigung oder Lizenz anbieten, und sich in jeder gewünschten Währung bezahlen lassen. Auch für Ungelernte gibt es – mangels Mindestlohnvorschriften – Verwendung. Günstige Produkte können aus der ganzen Welt eingeführt werden, weil Freihandel und damit Zollfreiheit herrschen. Neue Medikamente und Behandlungsmethoden sind jedem Erwachsenen zugänglich, der diese in Kenntnis des möglichen Risikos testen will. Umweltgrenzwerte gelten nur für wirkliche Toxizität auf wissenschaftlicher Grundlage.

Es herrscht volle Vertragsfreiheit. Zigaretten werden wieder ohne hässliche Warnhinweise gehandelt und beworben. Man kann leistungsstarke Staubsauger und Duschköpfe erwerben. Glühbirnen sowieso. Die Privatstadt macht ihre Einwanderungsregeln selbst. Sie kann jeden, der kriminell wird oder z.B. den Vorrang religiöser Dogmen vor den Regeln der Stadt propagiert, ohne viel Federlesens wieder hinauswerfen. Aufgrund dieser Positivauslese benötigen Vertragsbürger für die meisten Staaten kein Visum. Freie Privatstädte, die zum selben Betreiber gehören oder anderweitig assoziiert sind, verfügen zudem über eine weltweit einheitliche Notrufnummer sowie Konsulate im Ausland, in denen Vertragsbürgern in Notfällen geholfen wird.

Kriminalität und Vandalismus sind kaum existent, man kann seine Kinder ruhigen Gewissens sogar nachts auf die Straße lassen. Soziologen, Politologen, Kunsthistoriker und andere Geisteswissenschaftler, die üblicherweise den Staatsdienst und staatlich finanzierte NGOs bevölkern, sind selten geworden. Da das Studium selbst bezahlt werden muss, werden im Allgemeinen Ausbildungsgänge bevorzugt, die Aussicht auf echte Nachfrage versprechen. Einige Unternehmen, darunter auch bekannte Namen, sind mit ihrer Ansiedlung gescheitert. Das liegt daran, dass Lobbyismus keinen Sinn mehr macht. Es gibt weder neue Gesetze, die zu eigenen Gunsten beeinflusst werden noch Subventionstöpfe, die abgegriffen werden können. Heerscharen von klugen Menschen, die anderswo Beamte, Steuerberater, Rechtsanwälte oder Wirtschaftsprüfer geworden wären, sind in der Privatwirtschaft tätig und erhöhen Produktivität und Wertschöpfung.

Politischer Aktivismus, Missionierungseifer, Verteilungskämpfe und das Aufwiegeln gesellschaftlicher Gruppen gegeneinander sind praktisch verschwunden. Die Vertragsbürger respektieren gegenseitig ihre unterschiedlichen Anschauungen und Einschätzungen. Die Menschen sind wieder in der Verantwortung, für sich selbst zu sorgen und dadurch automatisch selbstbewusster, stabiler und realistischer in ihren Einschätzungen.

Nach spätestens zwei Generationen wären Freie Privatstädte wohlhabender, freier und friedlicher als alles, was wir bisher kennen.

KAPITEL 7

VORTEILE

Welches die beste Regierung sei? Die, die das Volk lehrt, sich selbst zu regieren.
Johann Wolfgang von Goethe, Universalgelehrter und Beamter

Verglichen mit heutigen Gesellschaftsordnungen weisen Freie Privatstädte eine Vielzahl von Vorteilen auf, sowohl für den Einzelnen als auch für Unternehmen. Selbst für Regierungen bestehender Staaten bieten sie einzigartige Chancen.

RECHTSSICHERHEIT

Zum ersten Mal in der Menschheitsgeschichte gibt es einen echten Gesellschaftsvertrag, der die berechtigte Forderung von *Rousseau* nach anfänglicher Zustimmung durch *jeden* einzelnen Bürger tatsächlich erfüllt.

In einer Freien Privatstadt gelten auf Basis des Bürgervertrages verlässliche, unveränderliche Grundsätze, die es Privatpersonen und Unternehmen ermöglichen, langfristig zu planen. Art und Höhe der Beiträge sind vertraglich fixiert. In einer Freien Privatstadt bezahlt daher jeder nur für das, was er auch bestellt hat. Er hat einen Rechtsanspruch darauf, dass der Vertrag eingehalten wird, sowie einen Schadensersatzanspruch bei Schlechterfüllung. Insofern werden einfach die bekannten Mechanismen des Zivilrechts auf staatliche Macht übertragen. Es gibt nämlich keinen überzeugenden Grund, warum diese im Verhältnis zwischen Betreiber und Vertragsbürger keine Anwendung finden sollen. Eine Freie Privatstadt zeichnet sich mithin dadurch aus, dass gleiches Recht für alle gilt und zwar ohne Ansehen objektiver und subjektiver Unterschiede zwischen den Menschen. Das bedeutet auch, dass der Stadtbetreiber keine souveräne Immunität genießt, sondern der vollen vertraglichen Haftung unterliegt und darauf auch verklagt werden kann. In einer Freien Privatstadt sind nicht nur die Höhe der zu zahlenden Beiträge fester Bestandteil des Vertrags, sondern sämtliche Regeln, die für das Zusammenleben gelten. Sie können nur im Rahmen der vertraglichen Mechanismen oder mit beiderseitiger Zustimmung geändert werden. All das schafft Rechtssicherheit, Berechenbarkeit und Planbarkeit.

POLITIKABSTINENZ

Freie Privatstädte sind, abgesehen vom Verhältnis zum Gastgeberstaat und zur Außenwelt, politikfreie Gemeinwesen. Jeder weiß um seine Rechte und Verpflichtungen. Es ist von vornherein bekannt, dass es nicht möglich ist, seine eigenen Wertvorstellungen anderen aufzuzwingen. Die Legitimität dieses Systems steht dabei außer Frage. Schließlich hat jeder einzelne Bürger einen Vertrag mit dem Betreiber geschlossen, welcher die herrschende Ordnung und die dazugehörigen Regelungen abschließend beschreibt. Während freiwillige Initiativen und Zusammenschlüsse ohne weiteres möglich sind, gibt es kein Forum, das es ermöglicht, die Rechtsposition anderer Vertragsbürger gegen deren Willen zu eigenen Gunsten oder im Hinblick auf ein selbstdefiniertes Gemeinwohl abzuändern. Politische Aktivisten, Lobbyisten oder Trittbrettfahrer, die aufgrund ihrer Nähe zur Macht nach Subventionen oder leistungslosem Einkommen streben, laufen ins Leere. Verteilungskämpfe und das Aufwiegeln gesellschaftlicher Gruppen gegeneinander gehören der Vergangenheit an: es gibt dabei nichts mehr zu gewinnen. Jeder Vertragsbürger kann sich in einer Freien Privatstadt vielmehr darauf verlassen, dass sein Leben, seine Freiheit und sein Eigentum keinen politischen Unwägbarkeiten ausgesetzt sind. Er braucht sich nicht in politische Streitfragen einzumischen und erleidet dadurch keine Nachteile. Er muss nicht seine Zeit und Energie darauf verwenden, Freiheitseinschränkungen abzuwehren. Jeder Einzelne hat eine weit bessere Möglichkeit, sein Leben entsprechend seinen Wertvorstellungen zu gestalten. In herkömmlichen Staaten hingegen wird er gezwungen, ein ganzes Bündel von Leistungen abzunehmen und zu finanzieren, die er möglicherweise gar nicht will. Dies verhindert, dass er freie Mittel so einsetzen kann, wie sie seinen Vorstellungen und seiner Lebenssituation besser entsprechen.

Entsprechendes gilt für Unternehmer, die ihre Projekte verwirklichen möchten. In einer Freien Privatstadt müssen sie sich zur Verhinderung ihnen nachteiliger Maßnahmen nicht mehr „einbringen“, also nicht mehr einen Gutteil ihrer Zeit dafür aufwenden, in politischen Veranstaltungen oder Gremien zu sitzen oder in politische Parteien oder Verbände einzutreten, Leserbriefe oder Blogbeiträge zu schreiben, Gesetzesvorhaben zu kommentieren und so weiter. Sie dürfen unabhängig von gesetzlichen Diversitätsvorgaben einstellen, wen Sie wollen und können Beförderungen ausschließlich von Leistungen abhängig machen. Sie brauchen keine komplizierten und rechtlich fragwürdigen Steuersparmodelle; ihre Zahlungsverpflichtungen sind gering und stehen auch für die Zukunft fest. Gegenüber hergebrachten Ordnungen dürften Freie Privatstädte daher nach kurzer Zeit wirtschaftlich überlegen sein. Denn die Unternehmer würden sich auf das konzentrieren, was sie am besten können, nämlich den Markt zu bedienen.

Politikabstinenz bedeutet auch den Verzicht auf Geld- und Zinsmanipulation. Vermögensaufbau, Alterssicherung und Kaufkraftgewinne für alle werden möglich durch die natürlichen Preissenkungen aufgrund von Produktivitätsfortschritten. Da grundsätzlich sämtliche Innovationen zugelassen sind, und diese nur insofern eine Grenze finden, als sie die Rechte anderer beeinträchtigen, sind Neuentdeckungen durch Versuch und Irrtum weit wahrscheinlicher als in herkömmlichen Staaten. Denn es gibt keine politischen Entscheidungsträger, die sich vor den Karren der Angstmacher und Bedenkenträger spannen können, um dadurch Macht und Einfluss zu gewinnen. Die hohe Innovationsfreudigkeit führt im Laufe der Zeit zu mehr Wohlstand und einer höheren Lebensqualität. Das schließt eine saubere Umwelt ein.

GARANTIERTE FREIHEITEN

Freie Privatstädte ermöglichen weitestgehende Handlungs-, Vertrags- und Meinungsfreiheit. Sowohl wirtschaftliche als auch persönliche Freiheitsgrade sind weit höher als in bisherigen Systemen. Abgesehen von der Beachtung der Rechte anderer und der wenigen bestehenden Regeln ist jeder frei, das zu tun, was er möchte. Dies schließt die beliebige Gestaltung von Verträgen und die Ablehnung anderer als Vertragspartner ein.

Mit größeren Freiheiten geht größere Verantwortung einher. Da die Vertragsbürger nicht auf den großen Bruder Staat rechnen können, der für sie die Konsequenzen ihrer Handlungen trägt oder ihnen ihre Lebensrisiken abnimmt, werden sie automatisch gewissenhafter und aufmerksamer. Das kann im Einzelfall durchaus zu Härten führen, aber im Laufe der Zeit bewirkt es, dass der Einzelne in der Regel vorsichtig, vorausschauend und verantwortlich handeln wird.

SICHERHEIT UND WEHRHAFTIGKEIT

In einer Freien Privatstadt ist der Schutz von Leben, Freiheit und Eigentum der Bewohner die Hauptleistung des Betreibers. Wird etwa in die Wohnung eines Vertragsbürgers eingebrochen, hat dieser einen einklagbaren Schadensersatzanspruch, denn der Betreiber hat Sicherheit garantiert und wurde dafür auch bezahlt. Daher wird der Betreiber sich um ein Höchstmaß an Sicherheit nach innen wie nach außen bemühen, möglichst ohne die Lebensqualität der Bewohner einzuschränken. Die Befugnis des Betreibers, problematische Interessenten ganz abzulehnen sowie Störer und Kriminelle auszuweisen, bewirkt überdies eine Positivauslese. All dies führt dazu, dass sich mit der Zeit eine überdurchschnittlich zivilisierte und gewaltfreie, aber gleichwohl wehrhafte Gesellschaft ausbildet.

GARANTIERTES PRIVATEIGENTUM

In der Freien Privatstadt ist der Eigentumserwerb weder an hohe Hürden geknüpft noch das Eigentum mit vielen Verpflichtungen und Abgaben belastet. Aufgrund der dauerhaften Garantie des Privateigentums ist es daher allen möglich, auch Familien mit geringem Einkommen, nach und nach bleibenden Wohlstand zu schaffen und an die nächste Generation weiter zu geben, welche dann darauf aufbauen kann. Der Anteil an Familienunternehmen und Wohneigentümern wird also mit der Zeit zunehmen, was wiederum die Verbundenheit mit der Freien Privatstadt und den Respekt vor dem Eigentum anderer erhöht. Uneingeschränktes Privateigentum ermöglicht daneben die Freiräume, die zur persönlichen Entfaltung, für eine unabhängige eigene Meinung und die Unterstützung Dritter, mithin zur Schaffung einer eigenen kleinen Welt, nötig sind.

MACHTBEGRENZUNG DURCH VIELFALT UND WETTBEWERB

Wenn zu den heutigen Staaten zahlreiche Freie Privatstädte hinzukommen, besteht ein gesunder Wettbewerb, um alle Gemeinwesen zu zwingen, gewisse Mindeststandards zu Gunsten ihrer Bürger einzuhalten. Denn in einer solchen Welt herrscht ein großer Wettbewerb um die Bürger. Dieser wird einen Anstieg der Qualität der Staatsdienstleistungen bei gleichzeitigem Absinken der Preise bewirken, wie das in anderen Märkten auch der Fall ist. Die Anbieter werden sich gegenseitig darin übertreffen, eine attraktive Infrastruktur, niedrige Lebenshaltungskosten, hohe Sicherheit bei maximaler Meinungs- und Handlungsfreiheit zur Verfügung zu stellen. Es gibt Anbieter im Luxussegment und solche für den Massenmarkt. Einige Freie Privatstädte sind gar börsennotiert. Es haben sich auch spezialisierte Privatstädte gebildet, die gezielt ethnische, religiöse oder weltanschauliche Gruppen ansprechen. Der Wettbewerb sorgt dafür, dass es für die verschiedenen Geschmäcker zahlreiche unterschiedliche Modelle des Zusammenlebens gibt.

Der „Staatsbürger“ ist auf einmal umworbener Kunde, der jederzeit den Anbieter wechseln kann, anstelle einer stets verfügbaren Melkkuh, die sich den Weggang durch Wegzugsbesteuerung erkaufen muss. Anders als die Politiker zeitgenössischer Systeme, die Entscheidungen auf Kosten anderer treffen können, ohne im Fall eines Fehlschlags den geringsten eigenen wirtschaftlichen Nachteil zu haben, hat der private Staatsunternehmer *skin in the game*. Allein diese Tatsache diszipliniert ungemein. Er ist Dienstleister, der sich Mühe geben muss und nicht einfach die Regeln zu Lasten der Kunden ändern kann, wann immer es ihm gerade in den Kram passt.

RAUM FÜR EXPERIMENTE

Selbst Staats- und Regierungschefs, die Reformbedarf erkannt haben, stehen oft vor dem Problem, dass in einer Gesellschaft vielfältige politische, kulturelle oder religiöse Vorbehalte bestehen, welche einen Wandel verhindern. Freie Privatstädte oder entsprechende Sonderzonen bieten die Möglichkeit, umstrittene Reformen zunächst auf einem kleinen, abgegrenzten Territorium einzuführen. Im Erfolgsfalle können diese Territorien dann ausgedehnt oder vervielfacht werden. Schließlich kann denen, die einen Wandel immer noch ablehnen, angeboten werden, ihrerseits Sondergebiete zu errichten.

SOZIALE HARMONIE DURCH GEMEINSAME WERTE

Die Gewährleistung innerer und äußerer Sicherheit, eine soziale Absicherung und die Schaffung von Zusammenhalt – all das sind lösbare Fragestellungen, die aber auf ganz verschiedene Art und Weise beantwortet werden können. Anstatt ständig um politische Positionen zu streiten und sich auf Kompromisse einzulassen, die keine Seite zufrieden stellen, weil bestimmte Ansätze schlicht inkompatibel sind, können sich die Gesellschaften der Zukunft nach gemeinsamen Werten zusammen finden. Diese Systeme werden vermutlich in sich homogener sein, in Summe aber eine enorme Vielfalt aufweisen. Sie sind vor allem friedlicher, weil zahllose Konflikte, die heutige Ordnungen lähmen, einfach wegfallen. Neue Formen des Zusammenlebens können ausprobiert werden. Dinge die funktionieren und Akzeptanz finden, setzen sich durch, andere fallen wieder weg.

Die Freie Privatstadt stellt dabei das Angebot für diejenigen dar, die größtmögliche Freiheit und Selbstverantwortung bei gleichzeitig hoher Sicherheit vor Gewalt und Verbrechen bevorzugen. Soziale Harmonie wird insofern in erster Linie durch gemeinsame Werte hergestellt. Eine solche Gesellschaft funktioniert dann gut, wenn innerhalb ihrer Mitglieder ein grundsätzlicher Konsens über Gewaltlosigkeit, den Respekt vor fremdem Eigentum und die Anerkennung der bestehenden Regeln herrscht.

Für alle anderen Neigungen sind neben den herkömmlichen Staaten neuartige private oder öffentliche Sonderzonen denkbar, welche alle Arten von Ideologien bedienen können. Wäre es nicht sowohl erkenntnisfördernd als auch konfliktbereinigend, wenn Konzepte wie Leistungsloses Grundeinkommen, Schwundgeld, Offene Grenzen und andere Weltverbesserungsideen zunächst mit Freiwilligen in einem abgegrenzten Gebiet ausprobiert würden? Funktioniert es, werden andere das Modell übernehmen wollen, scheitert es, ist die Sache ohne großen Schaden erledigt und kann ggf. in abgewandelter Form neu versucht werden. Es bestünde keine Notwendigkeit, sich über Für und Wider eines Konzeptes die Köpfe heißzureden oder diese gar einzuschlagen. Auch linke Idealisten könnten in einer entsprechenden Sonderzone endlich sich und der Welt beweisen, dass Kommunismus/Sozialismus – richtig gemacht – doch funktioniert. Und zwar ohne dass andere darunter zu leiden haben! Aus einer ehemals totalitären Ideologie würde so ein Produktangebot unter vielen. Wir hätten in kurzer Zeit enorme Erkenntnisgewinne über die Auswirkungen unterschiedlichster Modelle des Zusammenlebens. Möglicherweise sogar Lustgewinne, da Schadenfreude bekanntlich die schönste Freude ist …

BESSERE ANREIZE

Freie Privatstädte haben insbesondere aufgrund ihrer andersartigen Anreizstruktur gegenüber herkömmlichen Gesellschaftsordnungen signifikante Vorteile. Die Anreize für den Betreiber einer Freien Privatstadt sind grundverschieden von denen heutiger Systeme. Erstens hat er ein unmittelbares wirtschaftliches Eigeninteresse am Erfolg des Gemeinwesens. Zweitens kann er wie jeder Vertragsanbieter für Fehler haftbar gemacht werden, er kann seine Verantwortung nicht verschleiern oder auf Dritte abwälzen und trägt somit ein eigenes persönliches Risiko. Drittens stellt er sich dem direkten Wettbewerb. Er kann die Kunden nicht zwingen, sein Produkt abzunehmen, sondern muss allein durch die Attraktivität seines Angebots Nachfrager finden.

KAPITEL 8

EINWÄNDE

Kooperation bedarf keiner anderen Legitimation als der Freiwilligkeit, mit der sie eingegangen wird. Die moralische Missbilligung durch außenstehende Dritte liefert keinen unparteiisch einsehbaren Grund, sie zu unterbinden, da die Beschwörung moralischer Standards in einer pluralistischen Welt keinen Trumpf in die Hand gibt, der alle anderen Karten sticht. Aus dem gleichen Grund führt es nicht weiter, für die eigenen moralischen Intuitionen objektive Gültigkeit zu reklamieren und alle anderen für fehlgeleitet zu erklären.

Rolf W. Puster, Philosoph

Die Einwände gegen das Konzept Freier Privatstädte unterteilen sich im wesentlichen in zwei Bereiche: „Funktioniert nicht" und „Gefällt nicht". Innerhalb dieser Bereiche werden die häufigsten und die triftigsten Einwände behandelt.

I. „FUNKTIONIERT NICHT"

SICHERHEIT. *Freie Privatstädte werden bei der erstbesten Gelegenheit vom Gastgeberstaat wieder einkassiert. Selbst wenn sie wehrhaft und unabhängig sind, haben Sie gegen Großmächte keine Chance.*

Der Gastgeberstaat hat einen Vertrag mit dem Stadtbetreiber, der auch gängige Investitionsschutzklauseln enthalten dürfte; insofern liefe jener Gefahr, nach Besetzung der Freien Privatstadt erheblichen finanziellen Forderungen ausgesetzt zu sein, die auch eine Pfändung seines Auslandsvermögens nach sich ziehen könnten. Gleichwohl wird die Freie Privatstadt versuchen, es gar nicht so weit kommen zu lassen, etwa durch eine Kombination verschiedener Mittel wie Öffentlichkeitsarbeit, diplomatische Kontakte zu anderen Staaten und eine gewisse Defensivfähigkeit, welche zumindest die Einnahme der Freie Privatstadt mit einem Preis verbindet. Im Übrigen kann rechtzeitig darauf hingewiesen werden, dass die Bewohner hochmobil sind und in einem solchen Fall die Stadt schnell verlassen würden, was sie zu einem wenig attraktiven Übernahmeziel macht.

Gegen Großmächte haben die wenigsten Staaten eine Chance und insoweit gibt es echte Souveränität ohnehin nur, soweit die Großmächte dies zulassen. Trotzdem können auch mächtige Staten nicht ohne weitere Begründung einfach andere Territorien besetzen. Dies ruft andere Mächte auf den Plan und kann innenpolitisch für den oder die jeweiligen Machthaber gefährlich werden. Wäre dies anders, würden sämtliche Kleinstaaten heute nicht mehr existieren.

RECHTSDURCHSETZUNG. *Niemand kann Gerichtsurteile und Schiedssprüche, die gegen den Betreiber ergangen sind, durchsetzen. Auch die Eigentumsrechte der Bürger innerhalb der Stadt können allenfalls durch den Gastgeberstaat gewährleistet werden.*

Die Situation unterscheidet sich nicht von der im internationalen Handelsrecht. Wer einen Titel gegen einen fremden, zahlungsunwilligen Staat besitzt, hat zwar keine übergeordnete Exekutivgewalt, die diesen durchsetzen könnte, er kann aber versuchen, Vermögenswerte des betroffenen Staates in anderen Ländern zu pfänden. Ähnliches würde hier auch gegen den Betreiber gelten.

Die Freie Privatstadt hat ein eigenes Eigentumsregime, dessen Rechtsfolgen und Transaktionen auch vom Gastgeberstaat ausdrücklich akzeptiert werden. Dies ist durch entsprechende Grundstücksregister, Gerichte und Schiedsstellen sowie die Vollstreckungsorgane der Freien Privatstadt auch durchsetzbar. Missachtet der Betreiber die eigenen Regeln und enteignet seine Bewohner, gilt dies natürlich nicht, aber insofern liegt kein Unterschied gegenüber anderen Staaten vor, welche dies auch regelmäßig tun. Der Betreiber hat aber anders als enteignende Staaten einen Anreiz, darauf zu verzichten, weil er andernfalls seine Gewinnaussichten schmälert.

KOHÄSION. *Systeme ohne ethnischen, kulturellen oder religiösen Zusammenhalt haben auf Dauer keinen Bestand.*

In der Freien Privatstadt entwickelt sich aufgrund der gemeinsamen Werte aller Voraussicht nach sukzessive eine eigene Kultur, wie das in den USA auch geschehen ist. Daneben sind Freie Privatstädte denkbar, die sich nur an bestimmte ethnische, kulturelle oder religiöse Gruppen richten. Im Übrigen muss die Frage als offen betrachtet werden, Dubai und Singapur existieren bislang auch ohne solche Kohäsionsmittel.

VERTRAGSÄNDERUNGEN. *Das Modell kann über längere Zeit nicht in der gedachten Form bestehen. Vertragsänderungen und Anpassungen an aktuelle Entwicklungen sind früher oder später unvermeidlich. Diese werden entweder autoritär vorgegeben oder durch Mitbestimmungsorgane festgelegt, insofern landen wir wieder bei den herkömmlichen Systemen.*

Es sollte für Schiedsgerichte und Gerichte möglich sein, auch neuartige Sachverhalte unter Rückgriff auf die seit Jahrhunderten geltenden Rechtsprinzipien und einen abgewogenen, vernünftigen Interessenausgleich zu entscheiden (vgl. Kapitel 13). So funktioniert das Common Law. Auch die maßgeblichen Prinzipien heutiger Zivilrechtsordnungen entsprechen immer noch denen des römischen Rechts von vor über zweitausend Jahren. In der Praxis werden sich in vielen neuen Lebensbereichen vermutlich auch ohne Zutun von Rechtsprechung oder Vertragsänderungen interessengerechte Regelungen finden, wie das etwa im Kreditkartengewerbe zur Regelung von Betrugsfällen geschehen ist. Schließlich besteht die Möglichkeit, Neubürgern andere Verträge anzubieten als den bisherigen Bewohnern und so sukzessive eine neue Ordnung zu schaffen, ohne jemanden zu entrechten. Die Vertragsänderungsproblematik ist gleichwohl einer der triftigsten Einwände und insofern sei auf Kapitel 15 über den Bürgervertrag verwiesen.

REGELUNGSDEFIZIT. *Ein solcher Minimalstaat kann heutzutage nicht mehr funktionieren. Eine immer komplexere Welt braucht komplexe Regeln.*

Der Ansatz Freier Privatstädte ist, der Hyperkomplexität der Gegenwart durch einfache, robuste Rahmenregelungen zu begegnen und gerade nicht durch komplexe Gesetze, die dann wieder unerwartete Nebenwirkungen haben und diverse Schlupflöcher für Missbrauch und Vorteilsnahme bieten. Nur ein einfacher Regelungsrahmen, der genügend Raum für die Entstehung spontaner Ordnungen bietet, vermag es, das dezentral vorhandene Wissen der zahllosen Einzelpersonen fruchtbar zu machen.

ZUSAMMENLEBEN IST KEIN MARKT. *Politische Fragen sind kein Markt, genauso wenig wie Religion, Liebe oder Wissenschaft. Staaten können nicht wie Unternehmen geführt werden.*

Freie Privatstädte schaffen ein Angebot für eine vermutete Nachfrage auf einem ... (Markt?). Auch eine ideelle Nachfrage ist eine Nachfrage, auch ein ideelles Angebot ist ein Angebot. Und es ist ja nicht so, dass alle anderen Lebensbereiche in einer Freien Privatstadt nicht abgedeckt werden, sie werden nur nicht vom Betreiber „politisch" beantwortet.

Es mag sein, dass herkömmliche Staaten nicht wie Unternehmen geführt werden können. Freie Privatstädte jedenfalls werden wie Unternehmen geführt. Die Beantwortung der Frage, ob das funktioniert, kann getrost dem Markt überlassen werden, auch wenn man ihn nicht als solchen bezeichnen möchte.

INSOLVENZ. *Es ist unvermeidlich, dass sich einige Stadtbetreiber verkalkulieren werden und pleite gehen. Dann sind sämtliche Lebensentwürfe der Einwohner dieser Städte zum Scheitern verurteilt.*

Bei drohender oder erfolgter Insolvenz des Betreibers ist, wie bei anderen Unternehmen auch, immer die Möglichkeit gegeben, dass ein Mitbewerber, ein Teil der Einwohner oder die Einwohner insgesamt die Stadt selbst übernehmen („resident-buy-out"). Im Übrigen ermöglicht eine Insolvenz einen geregelten und schuldenfreien Neuanfang. Auch unsere jetzige Welt wäre eine bessere, wenn Pleitestaaten beizeiten ein Insolvenzverfahren durchlaufen könnten.

II. „GEFÄLLT NICHT"

TRITTBRETTFAHREREI. *Freie Privatstädte nutzen die Infrastruktur des sie umgebenden Gastgeberstaates und seinen militärischen Schutz, könnten alleine gar nicht bestehen.*

Fast kein Staat auf der Welt ist wirklich autark. Das ist weiter kein Problem, wenn für die in Anspruch genommenen Leistungen, etwa Infrastruktur oder militärischen Schutz, Gegenleistungen (z.B. Zahlungen) erbracht werden. Auch ist davon auszugehen, dass erfolgreiche Freie Privatstädte nach dem Vorbild Singapurs im Laufe der Zeit sowohl eine ausreichende eigene Infrastruktur als auch eine Defensivkapazität aufbauen.

DIKTATUR. *Der Stadtbetreiber ist ein Diktator, die Bewohner sind ihm auf Gedeih und Verderb ausgeliefert.*

Der Stadtbetreiber ist an den Vertrag gebunden, der seine Kompetenzen auf wenige Bereiche beschränkt. Weiter hat sich der Betreiber einer unabhängigen Streitschlichtung unterworfen. Natürlich wäre er aufgrund des territorialen Gewaltmonopols faktisch in der Lage, eine Diktatur auszuüben. Allerdings würden dann die meisten Bürger die Stadt wieder verlassen und es wäre aufgrund des Reputationsverlustes ausgeschlossen, dass der Betreiber anderswo erfolgreich neue Privatstädte gründet. Insofern unterscheidet er sich nicht von dem Kapitän eines Kreuzfahrtschiffes auf hoher See oder dem Leiter einer abgeschiedenen Feriensiedlung. Beide haben theoretisch die Möglichkeit, sich als Diktatoren aufzuführen, nehmen aufgrund ihres kommerziellen Interesses aber davon Abstand.

SEGREGATION. *Reiche und Weiße fliehen in ihre eigenen Privatstadtghettos und entziehen sich ihrer Verantwortung.*

Schwarze wie Weiße, Reiche wie Arme, Juden wie Japaner und sämtliche sonstigen Gruppen, die sich als solche definieren, haben alles Recht der Welt, selbst zu entscheiden mit wem sie zusammen leben möchten. Alles andere würde nämlich bedeuten, sie gegen ihren Willen zu etwas zu zwingen, das sie nicht wollen. Das ist totalitär. Systeme, die ihren Bewohnern mit Gewalt oder Enteignung drohen müssen, damit diese in ihnen verbleiben, werden auf Dauer keinen Bestand haben.

Was die Verantwortung für andere angeht, so ist es jedem Einzelnen natürlich unbenommen, über die eigene Familie hinaus auch eine moralische Verpflichtung gegenüber völlig fremden Menschen zu empfinden. Daraus lässt sich aber keine objektive Verpflichtung etwa für besonders Talentierte ableiten, ihnen unbekannte Menschen zu unterhalten. Es gibt kein Recht, auf Kosten Dritter zu leben. Dagegen werden üblicherweise an

Rawls Gerechtigkeitstheorie[179] orientierte Argumente vorgebracht. Zusammengefasst laufen diese darauf hinaus, dass es gerecht sei, aufgrund der Unvorhersehbarkeit der Schicksalslotterie das Talent und den Erfolg des Einzelnen auch allen anderen zu Gute kommen zu lassen. Dies entspreche einer objektiv gerechten Gesellschaftsordnung, die hinter einem „Schleier des Nichtwissens" von allen auch so gewählt worden wäre. Solche Theorien sind allerdings in aller Regel inkonsistent, da sie die Umverteilung auf materielle Güter beschränken. Der gutaussehende *Womanizer* kann demnach seinen „Erfolg" für sich selbst nutzen, während ihn der kleine, unattraktive aber erfolgreiche Unternehmer mit allen teilen muss? Dass es aber überhaupt jemanden geben könnte, der an einer vollständigen Kompensation der Unwägbarkeiten des Lebens interessiert sein könnte, darf dann doch bezweifelt werden. Oder würden Sie Ihren Lebenspartner tatsächlich mit jemandem teilen wollen, der diesbezüglich möglicherweise etwas weniger Glück hatte als Sie?

Tatsächlich ist jeder Mensch einzigartig und hat eine Fülle von verschiedenen Eigenschaften und Fähigkeiten, so dass eine Saldierung von Begabungen und Benachteiligungen praktisch unmöglich ist. Wird dem vermeintlich Benachteiligten nun nicht geholfen, hat er einen Anreiz, sich aus eigener Kraft zu bemühen und seine vorhandenen Stärken zu stärken, die er möglicherweise dadurch erst entdeckt, um so seinen Platz im Leben zu erobern. Diese Erfahrung gibt er an seine Kinder und Enkel weiter, die Gesellschaft insgesamt erkennt solche *Erfolg-trotz-Handicap-Personen* als Vorbilder an. Eine derartige Ordnung wird tendenziell eher eigenverantwortliche, selbstständige und überlebensfähige Menschen hervorbringen als eine *Rawls*-Ordnung, in der jeder für seine tatsächlichen oder erfundenen Benachteiligungen Kompensation von den vermeintlich vom Schicksal Bevorzugten oder „der Gesellschaft" verlangt.

AUSBEUTUNG. *Aufgrund des fehlenden Sozialstaats und der entsprechenden Schutzvorschriften werden die Schwächeren durch die Starken ausgebeutet.*

Wenn Menschen freiwillig in eine Freie Privatstadt kommen, um dort eine Arbeitsstelle anzunehmen, wissend, dass es dort keinen Sozialstaat und keinen Mindestlohn gibt, dann ist die Behauptung einer wie auch immer gearteten „Ausbeutung" nur haltbar, wenn man dem Betroffenen das Recht auf eine eigene Entscheidung abspricht. Tatsächlich vertreten viele die Ansicht, die meisten Menschen wären nicht in der Lage, ihre berechtigten Interessen wahrzunehmen. Damit behaupten sie implizit, sie selbst wären dazu eher in der Lage und hätten daher das Recht, andere zu bevormunden. In Wahrheit ist das eine Anmaßung. Wissen ist auch in der kleinsten Einheit dezentral – jeder weiß selbst am besten, was gut für ihn ist. Manche wollen bewusst „unvernünftig" sein und richten ihr Interesse auf kurzfristige Vergnügungen, weil ihnen Rauchen, Trinken, gefährliche Extremsportarten entsprechende Glücksgefühle bescheren. Andere sind bereit, eine schlecht bezahlte Arbeit anzunehmen, weil sie Aufstiegschancen sehen. Das ist ihre Wahl. Es gibt hier keinen Mittelweg – entweder haben Erwachsene das Recht, für sich selbst zu entscheiden oder sie haben es nicht. In einer Freien Privatstadt haben sie es. Es wird sich zeigen, ob das eher in den Untergang führt als Systeme, welche die Menschen zu einem fremddefinierten „Glück“ zwingen und ihnen dafür mehr als die Hälfte ihres Einkommens abnehmen.

Im Übrigen sind auch in einer Freien Privatstadt Schwache nicht schutzlos, weil es eine Zivilrechtsordnung gibt, die z. B. vor überraschenden Klauseln in Verträgen schützt. Schließlich lässt der Einwand außer Betracht, dass der Schutz der Schwachen und die Hilfe für die wirklich Bedürftigen, die sich nicht selbst helfen können, auch ohne staatliche Zwangssysteme gewährleistet werden können. Und zwar ohne deren schädliche Nebenwirkungen. Freie Privatstädte werden so im Ergebnis sozialer sein als sogenannte Sozialstaaten. Die Frage nach der sozialen Absicherung ist aber legitim und wird in Kapitel 21 ausführlich behandelt.

EXKLUSION. *Wenn sich Freie Privatstädte weltweit durchsetzten, würden sozial Schwache irgendwann nirgends mehr aufgenommen.*

Die Trennlinie verläuft nicht zwischen Arm und Reich, sondern zwischen leistungswillig und nicht leistungswillig. Solange jemand arbeitsfähig und arbeitswillig ist, wird er auch willkommen sein und es wird spezialisierte Gemeinwesen gerade auch für den Niedriglohnsektor geben. Auch in anderen Märkten kann mit dem Massengeschäft fast immer mehr verdient werden als mit dem Luxussegment. Aber eine Gesellschaft kann sich nur dann weiterentwickeln, wenn Anreize gesetzt sind, sein eigenes Verhalten zu verbessern, etwa im Hinblick auf Leistungswilligkeit, Selbstdisziplin, Zuverlässigkeit. Insofern gibt es keine Veranlassung, leistungsunwilligen Personen in irgendeiner Art und Weise entgegenzukommen. Diese müssen sich viel mehr anpassen, um aufgenommen zu werden. Das nützt dann unter dem Strich allen.

Die verbleibende Frage ist lediglich, wie mit denen umgegangen wird, die sich aufgrund von Behinderung, Krankheit oder sonstigem Unvermögen tatsächlich nicht selbst helfen können, üblicher Weise sind das in jeder Gesellschaftsordnung nicht mehr als 5 %. Sie waren die meiste Zeit der Geschichte Ziel karitativer Hilfe. Freie Privatstädte werden diese Klientel nicht bewusst anziehen, aber umgekehrt diejenigen, die durch Unfall, Krankheit oder Geburt in eine solche Situation geraten, auch nicht hängen lassen; zur sozialen Absicherung mehr in Kapitel 21.

MENSCHHEITSPROBLEME. *Globale Menschheitsprobleme wie Umwelt- und Klimaschutz können mit einer Struktur aus Freien Privatstädten nicht gelöst werden.*

Die meisten Umweltprobleme sind regional und können somit auch auf regionaler Ebene gelöst werden. Zur Attraktivität einer Freien Privatstadt gehört auch eine saubere Umwelt, insofern wird das Regelungsregime diesen Aspekt berücksichtigen (mehr dazu in Kapitel 23). Freie Privatstädte bzw. Bewohner, welche über ihre Grenzen hinaus die Umwelt anderer Länder beeinträchtigen, sehen sich zudem rechtlichen Maßnahmen der Betroffenen ausgesetzt.

Was vermeintliche globale Menschheitsprobleme angeht, so gilt: Lösungen sind entweder auch ohne einheitliche Weltregierung möglich, wie das bei der Einschränkung der Fluorchlorkohlenwasserstoffe (FCKW) gelang, oder das Problem bzw. die vorgeschlagene Therapie sind so fragwürdig, dass unterschiedliche Ansätze wünschenswert sind.[180] So hatte der Club of Rome 1972 prophezeit, dass um 1990 zahlreiche Metalle erschöpft sein würden.[181] Hätte die Welt auf diese Fehlprognose gehört, hätte der Aufstieg der Schwellenländer, der Milliarden Menschen aus der Armut gebracht hat, nicht stattgefunden, vermutlich wären sogar Millionen aufgrund einer Plan- und Mangelwirtschaft völlig unnötig gestorben. Die vorhergesagten Menschheitskatastrophen zu meinen bisherigen Lebzeiten sind allesamt nicht eingetreten: Hungerkatastrophen durch Bevölkerungsexplosion, Atomkrieg, Weltverstrahlung durch Super-GAU, immer weitere Ausbreitung der Wüsten, Waldsterben,[182] „Kippen" der Meere, Verdunkelung der nördlichen Hemisphäre bei Abbrennen der Ölquellen im ersten Irak-Krieg, Erschöpfung von Erdöl, Lithium, Seltenerden ... aber diesmal soll alles anders sein?

Es geht den Weltrettern oft nur vordergründig um die Umwelt oder das Klima - in Wahrheit geht es immer um Macht über andere Menschen. Anfänglich vorhandene echte Idealisten werden früher oder später stets von Machtmenschen verdrängt. Insofern hilft es, wenn es irgendwo kleine gallische Dörfer gibt, die abweichende Auffassungen auch zu Fragen vermeintlich drängender Menschheitsprobleme vertreten.

EGOISMUS. *Freie Privatstädte polarisieren und spalten die Gesellschaft. Wahlheimaten werden aus purem Egoismus gewählt: dem eigenen individuellen Wunsch nach einem besseren Leben. Wenn man das weiter denkt, wird jede Gesellschaft zerstört, weil man am Ende allein auf einer Insel ist, auf die niemand gelassen wird, der nicht genauso denkt wie man selbst.*

Der Mensch ist und bleibt ein Herdentier und wird daher der Gemeinschaft mit anderen in der Regel den Vorzug vor dem Alleinleben geben. Aus Gründen der Aggressionsabwehr muss er sich vermutlich sogar mit anderen zusammenschließen. Im Gegenzug ist er bereit, von seiner absoluten Freiheit Abstriche zu machen. Aber alle

Gruppenbildung muss freiwillig erfolgen. Betrachten wir nur einmal, in welchen Vereinen, Interessengruppen und sonstigen Zusammenschlüssen wir bereits tätig sind. Wieso sollte dies plötzlich anders werden, wenn sich der „Staat" in Gestalt Freier Privatstädte auf die Produktion von Sicherheit beschränkt? Das Zusammenleben funktioniert aber umso besser, je mehr sich die Auffassungen der Bewohner über den Umfang der notwendigen Freiheitsbeschränkungen ähneln. Daher muss es viele verschiedene Angebote des Zusammenlebens geben. Der Wettbewerb der Systeme führt im Endeffekt dazu, dass sich bestehende Gesellschaften in Richtung auf mehr Kundenzufriedenheit ändern und dass insgesamt weniger Menschen in Systemen leben, in denen sie sich nicht wohlfühlen. Das wäre kein schlechtes Ergebnis.

Was den Egoismus angeht, so gibt es zwei Gruppen von Menschen: die einen, die zugeben, dass sie letzten Endes eigennützig handeln und die anderen, die das mit aller Kraft vor sich und anderen zu verbergen suchen. Der individuelle Wunsch nach einem besseren Leben ist nicht nur legitim, er ist der Grund für allen bisherigen Fortschritt der Menschheit.

KAPITEL 9

STADTLUFT MACHT FREI – ALTE UND NEUE VORBILDER

Nicht für alles Gold dieser Welt werden wir unsere Freiheit verkaufen.
Wahlspruch des Stadtstaates Ragusa (1358–1808)

Es gibt wenig wirklich Neues unter der Sonne. Die freien Städte und Stadtstaaten der Antike und des Mittelalters sind genauso Vorläufer und Vorbild für Freie Privatstädte wie heutige, erfolgreiche Stadtstaaten. Das gilt natürlich nicht für alle Aspekte. Aber im Hinblick auf die besprochenen Grundprobleme menschlicher Gemeinschaften finden wir doch einiges, das als Anhaltspunkt für die Praxis in Freien Privatstädten dienen kann.

GRIECHISCHE STADTSTAATEN DER ANTIKE (ca. 800 v. Chr.–700 n. Chr.)

Zur Hochzeit der antiken griechischen Kultur, zwischen 800–300 v. Chr. gab es im Mittelmeerraum über 1.000 Siedlungen des griechischen Typs *Polis.*[183] Zwar waren diese Gemeinwesen ähnlich organisiert und aufgebaut, hatten dieselbe Sprache und Religion, man traf sich zu gemeinsamen Wettkämpfen, wie etwa den Olympischen Spielen und ging auch das eine oder andere Zweckbündnis ein. Gleichwohl waren alle diese Stadtstaaten auf ihre vollständige politische Unabhängigkeit und Selbstbestimmung erpicht; sie definierten sich über die Gemeinschaft ihrer Bürger und deren Ideen.[184]

> *Ein kleiner Junge soll in einem der griechischen Stadtstaaten seinen Vater gefragt haben: „Haben andere Orte ihren eigenen Mond?" „Natürlich", habe der Vater geantwortet, „jeder hat seinen eigenen Mond."*[185]

Das vor allem in Nordgriechenland vorherrschende Gegenmodell zur *Polis* war die *Éthnos,* die Stammesgemeinschaft, die größere Siedlungsgebiete umfasste. Die berühmteste *Éthnos* war Makedonien, das zur damals stärksten Militärmacht emporstieg und unter *Alexander dem Großen* ein Weltreich eroberte, das freilich nicht lange Bestand hatte. Die griechische Kultur, die zu jener Zeit in den *Poleis* entstand, bildet dagegen noch heute einen der Eckpfeiler europäischer Zivilisation. *Aristoteles*, der etwa die Begriffe Theorie und Praxis geprägt hat und neben anderen Dingen Biologie, Physik, Logik und Staatstheorie als Lehrfächer begründete, wurde in der unabhängigen Kleinstadt *Stageira* geboren, bevor er später ins größere, ebenfalls unabhängige *Athen* ging. Insofern bleibt festzuhalten, dass eine Vielzahl autonomer Gemeinwesen trotz ihrer Kleinheit eine ungeheure Leistung in kultureller Hinsicht erbracht hatte, obwohl die allermeisten dieser Gesellschaften überwiegend agrarisch geprägt waren. Freilich war es auch die Fähigkeit zur Seefahrt und zum entsprechenden Seehandel, wirtschaftliche Spezialisierung und Austausch, ständige Innovationen und hohe Mobilität,[186] welche die Explosion an neuen Gemeinwesen im Mittelmeer- und Schwarzmeerraum möglich machte. Rein geographisch ist der Mittelmeerraum dafür auch besonders geeignet und wenn es zu einer Renaissance unabhängiger Städte kommt, dann wäre das Mittelmeer auch heute ein idealer Platz dafür.

Es ist bei den griechischen Stadtstaaten allerdings auch zu beobachten, dass sich politische Herrschaftssysteme nach einem bestimmten Muster entwickeln. Es begann mit einer Herrschaft der Grundeigentümer, die untereinander gleichgestellt waren und die Ämter unter sich ausmachten, eine Art Aristokratenrepublik. Später kamen dann weitere Kreise der Bevölkerung hinzu, schließlich entwickelte sich eine Art umverteilende Massendemokratie,[187] gefolgt von einer Diktatur. Die besprochenen Probleme der Demokratie waren auch im griechischen Raum eingetreten. Namentlich haben Demagogen nach und nach unter der Flagge der Gleichheit die Macht übernommen; der Wandel von einer „gemäßigten Demokratie" mit aristokratischen Elementen hin zu einer „radikalen Demokratie" mündete schließlich in ein Jahrhundert der Hegemonialkriege.[188] Tatsächlich folgte dann die Periode der Tyrannen, bis Makedonien und schließlich das römische Reich die Macht in Griechenland übernahmen. Konservative Stadtstaaten wie *Sparta* entwickelten sich nicht zu Demokratien und hatten in der Folge auch nicht unter Tyrannen zu leiden. Sie behielten ein aristokratisches System, verzichteten zum Erhalt dieser Machtverhältnisse jedoch bewusst auf eine arbeitsteilige Gesellschaft[189] und gerieten so wirtschaftlich ins Hintertreffen. Gleichwohl behielten auch zu römischen Zeiten die griechischen Stadtstaaten eine gewisse Unabhängigkeit und erfreuten sich ihres Wohlstandes. Der endgültige Niedergang der griechischen *Polis* erfolgte erst mit der islamischen Expansion, beginnend im siebten Jahrhundert. Eine Polis war in der Regel wie folgt organisiert:

- *Die Stadt war unabhängig (heute würde man sagen: souveränes Völkerrechtssubjekt) und gab sich sämtliche Gesetze selbst. Dieser Wille zur Selbstbestimmung schien ein wichtiger Grundkonsens auch kleiner Städte zu sein und ging mit einem entsprechenden Wehrwillen einher. Es herrschte allgemeine Wehrpflicht und die Pflicht zur Selbstausrüstung.*

- *In der Regel gab es Volksversammlungen, Rat und Magistrat, also eine Trennung von Legislative und Exekutive. Daneben gab es eine davon unabhängige Gerichtsbarkeit, die häufig die Form von gewählten Geschworenengerichten annahm. Die Ämtervergabe erfolgte entweder durch Wahl oder auch durch Los, was als besonders demokratisch galt.*[190]
- *Aktiv und passiv wahlberechtigt waren nur die volljährigen, männlichen, wehrfähigen Bürger (Politen). Frauen, Kinder, von außerhalb stammende Bewohner und Sklaven waren von der Mitbestimmung und der Beteiligung an der Selbstverwaltung ausgeschlossen. Bürger wurde man in der Regel durch Abstammung von anderen Bürgern bei vorhandener wirtschaftlicher Unabhängigkeit.*
- *Frauen und Kinder eines Politen waren zwar nicht wahlberechtigt, verfügten aber über das Bürgerrecht. Es galt die Gleichheit aller Bürger vor dem Gesetz.*
- *Die einzelnen Politen waren weitestgehend wirtschaftlich unabhängig durch ihr Eigentum an einer Parzelle, die sich landwirtschaftlich bearbeiten ließ und mit ihren Erträgen den Unterhalt der Familie sicherstellen konnte. Das Eigentum an Grund und Boden war prinzipiell frei veräußerlich, beleihbar und vererblich.*
- *Es gab öffentliche Gebäude und einen zentralen Versammlungsplatz, die Agora. Es gab eigene Feiertage und eigene Gottheiten, die den griechischen Hauptgöttern beigestellt wurden. Daneben hatten die Städte eigene Münzen, eigene Streitkräfte und zuweilen sogar eine eigene Flotte.*

Griechischen Stadtstaaten und die dazugehörige politische Organisationsform haben bis heute den Begriff des Bürgers in westlichen Staaten geprägt. Der Historiker *Ober* nennt als Gründe für die lange Blütezeit und die bis heute andauernde Wirkung der kulturellen Leistungen jener Periode: den Wettbewerb zwischen den Systemen, der zu ständigen technischen wie institutionellen Innovationen führte, die dezentralisierte Struktur der Gemeinwesen, die politische Gesamtstabilität auch ohne zentrale Führungsinstanz gewährleistete, verlässliche Regeln und Bürgerrechte, die Investitionen ermöglichten und Transaktionskosten niedrig hielten.[191] Alles dies sind Gesichtspunkte, die in einer Welt Freier Privatstädte erneut zum Tragen kämen.

Aber auch der Gedanke, dass nur diejenigen, die zur Verteidigung beitragen und sich selbst unterhalten können, die Geschicke des Gemeinwesens mitbestimmen sollen, hat sich über Jahrhunderte bewährt. Ein weiterer Aspekt, der noch heute Gültigkeit beanspruchen kann, ist, dass der Wille vorhanden sein muss, für seine Unabhängigkeit notfalls auch zu kämpfen. Andernfalls ist eine Selbstbestimmung nicht dauerhaft aufrecht zu erhalten.[192]

FREIE REICHSSTÄDTE DES MITTELALTERS (ca. 1100–1800)

Im Mittelalter waren die Menschen in Mitteleuropa eingeengt durch Landesherren, Lokalfürsten und Bischöfe, die hohe Steuern forderten und das tägliche Leben bis ins Kleinste regulierten. Der Kaiser war fern und hatte wenig Macht. Wer Freiheit, Selbstbestimmung und wirtschaftliche Verbesserung suchte, für den gab es nur einen Weg. Er musste in eine Freie Reichsstadt gelangen. Denn der Spruch „Stadtluft macht frei" galt zu jener Zeit wörtlich. Der Leibeigenschaft konnte entgehen, wer entflohen und nach einer Frist von einem Jahr und einem Tag nicht wieder gefasst wurde. Am besten verließ man die Stadt während dieses Zeitraums nicht; „nach Jahr und Tag" galt man als freier Mann.

Wieso konnten Freie Reichsstädte überhaupt existieren? Wieso ließen die Fürsten das zu? Tatsächlich waren „Freie und Reichsstädte" das Ergebnis eines langen Kampfes ihrer Bewohner um mehr Selbstbestimmung. Dieses Abtrotzen von Rechten vom jeweiligen Stadtherrn, von vielen Rückschlägen gezeichnet, mündete schließlich in eine Art Stadtverfassung bis hin zur weitgehenden Unabhängigkeit (Freie Städte) bzw. Direktunterstellung unter kaiserliche Hoheit (Reichsstädte). Auch Letzteres war faktisch mit einer Autonomie gleich zu setzen, denn der Kaiser war schwach und die wenigen Institutionen auf Reichsebene spielten keine Rolle für das tägliche Leben.[193] Die Macht des Kaisers war nicht zu vergleichen mit der des Regierungschefs eines heutigen zentralen oder föderalen Staates, sie lag weit darunter. Es gab weder ein Besteuerungsrecht, noch eine stehende Armee oder sonstige Polizeigewalt, die der Kaiser hätte abrufen können.

In der Stadt Köln fand erstmals 1074 ein größerer Aufstand gegen den herrschenden Erzbischof statt, wegen dessen Ungerechtigkeiten gegenüber Kölner Kaufleuten. Dieser wurde brutal niedergeschlagen. Aber der Drang zu mehr Eigenständigkeit war nicht aufzuhalten. 1103 ist ein eigenes Gericht erwähnt, das Schöffenkolleg, das vom erzbischöflichen Stadtherrn unabhängig war. Ab 1130 bezeichneten sich die Schöffen nach römischem Vorbild als Senatoren. 1216 konnte erstmals ein Stadtrat gegen den Widerstand des Erzbischofs eingerichtet werden. Schließlich verbündeten sich die Kölner 1288 mit einem der umliegenden Territorialfürsten gegen ihren Erzbischof, und besiegten diesen in der Schlacht von Worringen. Seitdem verwalteten sich die Kölner selbst.[194]

Die Kölner konnten sich in der Folgezeit behaupten, weil die wirtschaftliche Macht der Stadt auch zu einer militärischen Macht führte. Dies wurde erleichtert durch die militärtechnische Situation, dass man sich hinter starken Mauern mit ausreichend Vorräten praktisch jedes Angreifers erwehren konnte.[195] Da stehende Heere teuer waren, wurden die Bürger zum Wehrdienst in Notzeiten verpflichtet. So war jedem wehrfähige Mann eine Position auf der Stadtmauer entsprechend seinem Wohnviertel zugewiesen. Ähnliche Entwicklungen fanden anderswo statt. Die Freien Reichsstädte blühten auf und zogen scharenweise neue Siedler an. Davon profitierte auch das Umland. Und dann geschah etwas Überraschendes. Die bisherigen Stadtherren versuchten auf einmal nicht mehr, die städtische Unabhängigkeit zu verhindern, sondern versprachen im Gegenteil Ansässigen und Neusiedlern verbriefte Stadtrechte auf ihrem Territorium. Sie wussten um die wirtschaftliche Prosperität freier Städte und rechneten sich dadurch einen eigenen Vorteil aus. Sie vergaben entsprechende Privilegien und orientierten sich dabei an den Regeln, die sich die etablierten freien Städte über lange Zeiträume erkämpft hatten.[196] Weniger weitsichtige Landesherren konnten durch Ämterkauf von der jeweiligen Einwohnerschaft dazu bewegt werden, deren Gebiete faktisch in freie Territorien umzuwandeln. In einigen süddeutschen Gegenden gab es sogar reichsunmittelbare Dörfer. Dieses Freikaufen aus bestehenden Herrschaftsgebieten könnte möglicherweise auch ein Modell für die Zukunft sein.

Was das Recht anging, übernahmen viele Städte erprobte Rechtsordnungen von anderen freien Städten, besonders verbreitet waren das Recht von Lübeck und das Magdeburger Stadtrecht.[197] Nicht selten wurde sogar geregelt, dass in unklaren Rechtsfragen der sogenannte Magdeburger Schöffenstuhl als Obergericht angerufen werden konnte. All dies geschah aufgrund freiwilliger Vereinbarung der jeweiligen Stadtbewohner. Das Magdeburger Gericht selbst hatte keine Macht, seine Entscheidungen in anderen Städten durchzusetzen. Diese Stadtrechte waren Gesamtpakete, welche sowohl das Rechtssystem mit Regelungen zur Prozessordnung als auch die innere Verfassung der Stadt mit den verschiedenen Organen regelten. Sie hatten ihren Ursprung nicht nur in römischem und lokalem Recht, sondern auch im Marktrecht. Wer einen Markt ausrichtete, der bot den anreisenden Kaufleuten nicht nur einen sicheren Marktplatz, sowie eine leichte und sichere An- und Abreise, sondern auch ein Marktgericht. Oft wurde dieses so gebildet, dass die Kaufleute zu Beginn des Marktes Marktgeschworene wählten. Über dieses Verfahren wurde garantiert, dass die Kaufleute einen auf ihre Bedürfnisse zugeschnittenen Rechtsrahmen hatten und ihre Schuld oder Unschuld im Fall eines Streits nicht über ansonsten noch verbreitete Gottesurteile durch Feuerproben und Ähnliches beweisen mussten.[198] Durch das gesamte Mittelalter hinweg spielten private Schiedsgerichte eine wichtige Rolle, insbesondere dort, wo das lokale Recht Kaufleuten schlechte Bedingungen bot. [199]Markt- und Messeorte stellten damit frühe Formen der *Sonderwirtschaftszonen* dar. Im ältesten deutschen Stadtrecht bestimmte der Freiburger Lehensherr *Konrad von Zähringen*:

So verspreche ich allen, die meinen Markt aufsuchen, Frieden und freies Geleit in meinem Macht- und Herrschaftsbereich. Wenn jemand in diesem Gebiet ausgeraubt wird und mir den Täter namhaft macht, werde ich die Rücküberstellung des Geraubten veranlassen oder selbst für den Schaden aufkommen.[200]

Diese Sicherheitsgarantie mit Schadenersatzanspruch aus dem Jahre 1120 geht übrigens weit über das hinaus, was heutige Staaten ihren Bürgern in diesem Punkte bieten. Das zeigt Freien Privatstädten einen möglichen Wettbewerbsvorteil auf.

Die damaligen Freien Reichsstädte wurden quasi-demokratisch regiert, indem ein von den stimmberechtigten Bürgern gewählter Rat einen Vorsteher oder Bürgermeister ernannte. Die Frage der Wahlberechtigung war Quelle häufiger Auseinandersetzungen. Die Zahl derjenigen Bürger, die stimmberechtigt waren und einen Vertreter in den Rat wählen durften, wuchs im Laufe der Zeit aber immer weiter an, ähnlich wie in den Stadtstaaten der Antike. Schnell kam es jedoch durch die meist kaum beschränkte Rechtsetzungsbefugnis des Rats zu einem großen Wust an Regeln für alle Lebensbereiche, welche das Leben in der Stadt verkomplizierten und mächtigen Familien erhebliche Vorteile verschafften.[201] Überschuldung folgte und wurde zum flächendeckenden Problem der Städte des 15. Jahrhunderts.[202] Insbesondere wohlhabende Personen mussten darauf achten, sich in der Stadt nicht unbeliebt zu machen, um Ihr Hab und Gut nicht durch Proteste und anschließende Schauprozesse vor dem Gericht der Bürgergemeinschaft zu verlieren.[203] Auch Vermögenssteuern wurden im Wesentlichen erst durch die Stadträte eingeführt. Das sind freilich auch heute noch typische Probleme von Mitbestimmungsmodellen, deren Regelungsbefugnis im Prinzip unbeschränkt ist und die keine Haftung der Organe vorsehen.

Interessant ist auch, wie die Städte Fragen der Einwanderung, der Kriminalität und der Besteuerung regelten. Aufgrund der Vielzahl der Stadtneugründungen und der dünnen Besiedelung im Mittelalter gab es einerseits eine Konkurrenz um Siedler. Besonders Fachkräfte verschiedenster Art, hauptsächlich Handwerker und Spezialisten aus dem florierenden Textilgewerbe wie die Weber, aber auch Kaufleute aller Art, waren gefragt. Die Städte benötigten sie, um sich wirtschaftlich weiterzuentwickeln, mehr Steuern einzunehmen und sich gegen äußere Feinde besser zur Wehr setzen zu können. Andererseits wurden Arme oder Kriminelle von außerhalb gar nicht erst in die Stadt gelassen. Mancherorts durften Arme nur als Tagelöhner in der Stadt arbeiten und mussten diese verlassen, wenn sie keine Anstellung fanden.[204]

Ihre Einnahmen erzielten Städte zum einen über einen Grundzins, zum anderen über Zölle – welche oft zur Erhaltung der Straßen in und um die Stadt genutzt wurden und den sogenannten Marktfrieden finanzierten.[205]

Hinzu kam häufig eine allgemeine Vermögenssteuer auf die Vermögen aller Stadtbewohner, welche meist nicht mehr als 1 % pro Jahr betrug. Daneben gab es vielerorts Anerkennungs- und Aufnahmegebühren für Neubürger, die als Preis für die zur Verfügung stehenden öffentlichen Güter der Stadt verstanden wurden. In besonderen Krisensituationen oder für besondere Großprojekte wie den Bau einer neuen Stadtmauer wurden außerdem indirekte Steuern auf Getränke und ähnliche Verbrauchsgüter erhoben, weil deren breite Basis sie ertragreich machte. Schließlich verdienten Städte an den Strafen, die für Regelverstöße gezahlt wurden oder den Arbeiten, die dafür verrichtet werden mussten.[206]

Bei schwereren Vergehen oder einheimischen Verbrechern erfolgte die Bestrafung durch Strafzahlungen, Schmerz (wie Hiebe), Bloßstellung (wie Pranger) oder Tod (z. B. am Strang) durch selbstständig arbeitende Henker. Das Gefängnis war nur für die Untersuchungs- und Prozesszeit gedacht, während der auch Folter nicht unüblich war. Verbrecher, die nicht der Stadt entstammten, wurden meist verbannt.[207] Zusammenfassend lässt sich im Hinblick auf das Strafrecht als Gemeinsamkeit der mittelalterlichen Rechtsordnungen, wie auch des früheren römischen Zwölftafelgesetzes festhalten, dass leichte oder unbeabsichtigte Vergehen fast immer mit Kompensation und monetären Strafen, schwere fast immer mit Schmerz oder Tod bestraft wurden.[208] Außerdem fällt auf, dass die Regeln bezüglich Selbstverteidigung, Hilfeleistung, Festnahmerecht für Jedermann sowie bezüglich des Prozesses und auch der Bestrafung so ausgelegt waren, dass mit minimalem finanziellen und personellen Aufwand Recht und Ordnung wiederhergestellt werden konnte.

Die Städte bildeten im Laufe der Zeit mächtige Bündnisse wie den *Süddeutschen Städtebund* oder die *Hanse*, welche in ganz Nordeuropa Mitgliedstädte hatte und auch Großmächten trotzen konnte. Die meisten freien Reichstädte verloren aber im Zuge der napoleonischen Kriege spätestens mit dem *Reichsdeputationshauptschluss* von 1803 ihre Selbstständigkeit, Frankfurt am Main überdauerte bis 1866, Lübeck bis 1871. Die Hansestädte Hamburg und Bremen sind bis heute eigenständige Stadtstaaten innerhalb des föderalen Systems der Bundesrepublik Deutschland.[209] Der gebürtige Frankfurter *Johann Wolfgang von Goethe* sah Anfang des 19. Jahrhunderts den Bedeutungsverlust voraus:

> *Frankfurt, Bremen, Hamburg, Lübeck sind groß und glänzend, ihre Wirkungen auf den Wohlstand von Deutschland gar nicht zu berechnen. Würden sie aber wohl bleiben, was sie sind, wenn sie ihre eigene Souveränität verlieren und irgendeinem großen deutschen Reich als Provinzialstädte einverleibt werden sollten? – Ich habe Ursache, daran zu zweifeln.*[210]

Die Stadt Lübeck, einst stolzer Hauptort der Hanse, ist heute zu einer unbedeutenden deutschen Regionalstadt herabgesunken.

DIE HANSE (ca. 1150–1669)

Als aus einem vormaligen Kaufmannsverbund nach und nach der Städtebund der Hanse (auch *Deutsche Hanse* oder *Hansa Teutonica* genannt) entstand, waren viele zeitgenössische Beobachter verwirrt. Was war das eigentlich für ein Gebilde? Ein Staat war es nicht, nicht einmal ein Staatenbund. Denn die ihm zugehörigen Städte waren nicht souverän, sondern gehörten zu anderen staatlichen Gebilden, überwiegend zum Heiligen Römischen Reich.[211]

Ziel der Hanse war zunächst die Sicherheit der ihr angeschlossenen Seehandelskaufleute und die Vertretung gemeinsamer wirtschaftlicher Interessen, besonders im Ausland. Die Hanse entwickelte sich im Laufe der Zeit nicht nur auf wirtschaftlichem, sondern auch auf politischem und kulturellem Gebiet zu einem wichtigen Faktor. Dies lag darin begründet, dass die Freien Städte zulasten der Territorialstaaten zunehmend Bedeutung erlangten und in den Stadträten die Hansekaufleute meist das Sagen hatten. Die Hanse hatte das Prinzip der *freien Einung*, so dass Kaufleute, die sich zur Hanse zählten, über die Stadträte selbst entscheiden konnten, inwiefern sie sich den anderen Hansestädten anschlossen, etwa was Zölle oder bestimmte Handelsregeln anging.[212] Die Blütezeit der Hanse war zwischen 1250 und 1400. In den Zeiten ihrer größten Ausdehnung waren nahezu 300 See- und Binnenstädte des nördlichen Europas in der Hanse zusammengeschlossen, und sie beherrschte den damals wichtigsten Seehandelsraum in Nord- und Ostsee.[213] Durch Freihandel gelangten viele Hansestädte zu großem Reichtum, was sich bis heute an zahlreichen bedeutenden Bauwerken ablesen lässt, etwa dem Lübecker Holstentor.

Der *Hansetag* war die oberste Instanz und das Organ der Gemeinschaft, auf dem die Interessen der Gemeinschaft ausgehandelt, beschlossen und durchgesetzt wurden. Hierzu zählten insbesondere die Ratifizierung von Verträgen, das Aushandeln von Handelsprivilegien, Verhandlungen mit ausländischen Herrschern, Entscheidungen über Frieden, Krieg und Wirtschaftsblockaden, Festlegungen von wirtschaftlichen Vorschriften und die Aufnahme oder der Ausschluss aus der Gemeinschaft. Neben dem Hansetag gab es keine weiteren Organisationsstrukturen der Hanse, keine Verfassung, keinen Finanzhaushalt oder Beamte. Die entsandten Vertreter der Städte, die *Tagfahrer*, kehrten mit dem Ergebnis des Hansetages in ihre Stadt zurück, wo es beim Rat der Stadt lag, ob der Beschluss angenommen wurde, oder nicht. Versuche, Mitgliedsgebühren und eine klare Führung zu etablieren, scheiterten.[214] Trotz aller Führungslosigkeit war der Konsens in der Hanse oft stark genug, um Sicherheit auf See zu gewährleisten, Embargos durchzusetzen oder Kriege zu führen, etwa gegen Dänemark oder die Seeräuber in Nord- und Ostsee.[215]

Die meisten Städte übernahmen das sogenannte Lübische Recht von der Hansestadt Lübeck, die allgemein als Hauptort der Hanse anerkannt war. Bei rechtlichen Streitigkeiten in anderen Hansestädten diente das Gericht in Lübeck häufig als Berufungsinstanz. Niederlassungen der Hanse hatten ihr eigenes Gericht (z. B. im norwegischen Bergen), wo die Prozesse zeitnah und nach den Normen der Hansekaufleute entschieden wurden. Diese legten großen Wert darauf, sich im Falle von Anschuldigungen vor eigenen Gerichten freisprechen zu lassen, um ihren Ruf unter Kaufleuten zu wahren. Gleichzeitig konnte es sein, dass die gleichen Kaufleute zu Anhörungen der ortseigenen Gerichte gar nicht erst erschienen und sich deren Zugriff entzogen, weil sie und ihre Handelspartner ihnen keine Autorität zuerkannten.[216]

Ab dem 16 Jh. begann sich die Hanse unter der Führung Lübecks in zahlreiche Kriege in Nordeuropa zu verstricken, welche die militärische und politische Kraft der Hanse verringerten. Viele Städte waren es mit der Zeit leid, Geld und Soldaten für die zahlreichen politischen Abenteuer und Kriege des Zentrums Lübeck aufzubringen. Der endgültige Machtverlust der Hanse begann mit dem Erstarken der landesherrlichen Territorialgewalten, welche viele Städte zwangen, aus der Hanse auszutreten. In ihrer Schlussphase bestand die Hanse faktisch nur noch aus den freien Städten Hamburg, Lübeck und Bremen, der letzte Hansetag fand 1669 statt. Die 1980 begründete *Neue Hanse*,[217] der nur ehemalige Hansestädte angehören dürfen, hat bislang eher touristisch-kulturelle Bedeutung.

Die Übernahme bewährter Rechtsordnungen, die freie Rechtswahl, wirksame Schutz- und Trutzbündnisse ohne zentralistische Strukturen, Freihandel sowie die gegenseitige Unterstützung waren Merkmale der Hanse, die auch heute noch beispielhaft sind.

VENEDIG (697–1797)

Besonders erfolgreiche Städte wurden selbst zu unabhängigen Großmächten, neben Genua gilt dies für allem für Venedig, das über tausend Jahre seine Eigenständigkeit bewahren konnte. Venedig war bis 1797 Hauptstadt der gleichnamigen Republik und lange Zeit eine der größten europäischen Städte. Bis ins 16. Jahrhundert hinein war Venedig zudem eine der weltweit bedeutendsten Handelsmetropolen und hatte zeitweilig die größte Handels- und Kriegsflotte der Welt! Trotz geringer eigener Ressourcen und relativ kleinem und verstreuten Herrschaftsgebiet konnte Venedig über lange Zeit eine führende Rolle im Mittelmeerraum spielen. Das lag neben diplomatischem Geschick vor allem an der wirtschaftlichen Stärke der Stadt, die im Handel mit dem Orient insbesondere für Salz und Getreide jahrhundertlang eine quasi-Monopolstellung besaß.

In gewisser Weise war das ursprüngliche Venedig eine Flüchtlingsstadt. Das sagenhafte Gründungsdatum im Jahre 421 fällt in die Zeit, als die umliegenden Bewohner vor den Westgoten und Hunnen in die Lagune von Venedig flüchteten und sich dort ansiedelten, da diese leichter verteidigt werden konnte. Venedig war ursprünglich Teil des byzantinischen Reiches und behielt diesen Status formell noch etwa bis zum Jahre 900 bei. Faktisch war Venedig aber spätestens mit der Ernennung des ersten Dogen im Jahre 697 unabhängig.[218]

Bemerkenswert ist, dass Venedig es schaffte, sich mit Diplomatie, eigener Militärmacht und wechselnden Bündnissen über einen Zeitraum von 1.100 Jahren (!) zwischen den Groß- und Regionalmächten manövrierend als selbständiges Gemeinwesen zu halten. Und das waren keine ruhigen Zeiten in jener Region. Die Liste der Mächte und Konkurrenten, mit denen Venedig sich auseinanderzusetzen hatte und die es fast alle überdauerte, umfasst Langobarden, Byzantiner, das Heilige Römische Reich, den Papst, freie Städte wie Genua, Bologna und Pisa, die Normannen, Ungarn, Kroaten, Habsburger und Osmanen sowie schließlich Spanien und Frankreich. Außenpolitisch setzte die Republik auf Diplomatie, effiziente Informationsbeschaffung und Pragmatismus. Aus ideologischen und religiösen Streitigkeiten hielt Venedig sich möglichst heraus. Das wirtschaftliche Wohlergehen der Stadt ging der Ausdehnung politischer Macht vor. Im Inneren wurde sorgfältig auf das Austarieren der Macht zwischen den verschiedenen Gruppen und das Bestehen gegenseitiger Kontrollen der Staatsorgane geachtet. Dies gilt als einer der Gründe für die einzigartige Stabilität dieses Staates im unruhigen Europa: in 1.100 Jahren wurde keine einzige Regierung gestürzt![219] Die Vorherrschaft einer einzigen Familie, wie in den anderen Stadtstaaten Oberitaliens üblich, sollte verhindert werden. Das funktionierte nicht immer ohne Auseinandersetzungen und ein weitreichendes Polizei- und Spitzelsystem war ein weiterer Preis dafür; insgesamt aber gelang es, zu große Machtkonzentration zu verhindern. Auch hatte Venedig den Ruf, seinen Bürgern politische Stabilität und persönliche Freiheit zu gewähren, was im Europa des ausgehenden Mittelalters die Ausnahme war. Der Historiker *Gilmour* schreibt:

> *Der Patrizier und der Gondoliere lebten zwar in unterschiedlichen sozialen Verhältnissen, aber rechtlich waren sie gleichgestellt. Juristische Privilegien für den Adel waren unbekannt. Die Zivil- und die Strafgerichtsbarkeit war insgesamt gerecht, und Frauen genossen einzigartige Rechte … Die ausländische Propaganda über Verliese, in denen politische Gefangene schmachteten, war pure Verleumdung … Die Religion war zwar wichtig, aber sie blieb dem Staat untergeordnet: Die Dogen und nicht die Bischöfe waren die Garanten der Republik Venedig. Veneziani, poi cristiani, so pflegten sich die Bewohner selbst zu bezeichnen: zuerst Venezianer und dann erst Christen. Solches*

Selbstbewusstsein ärgerte natürlich die Päpste, die mehrmals ein Interdikt gegen Venedig aussprachen … Die Errungenschaften Venedigs waren für das restliche Europa schwer zu ertragen. Zu krass und zu glanzvoll war der Erfolg der Republik, als dass eifersüchtige Rivalen dies einfach hinnehmen konnten. Man nannte die Venezianer habgierig und hinterhältig, weil sie mit den Osmanen Handel trieben, solange kein Krieg herrschte.[220]

Erst mit dem Aufkommen des Atlantik- und Indienhandels sowie dem Erstarken der Territorialstaaten verlor Venedig zumindest relativ an Handelsmacht und sank zur Lokalgröße hinab. Aus jener Zeit stammt der Ansatz, über die massenhafte (Glasperlen) und kunstvolle Herstellung von Glas zu diversifizieren. Für Letzteres ist die Region noch heute bekannt. Venedig konnte sich bis 1797 seine Unabhängigkeit bewahren, als die Stadt von Napoleon besetzt wurde.

MONACO (SEIT 1297)

Während Venedig seine Unabhängigkeit verloren hat, konnte ein anderes, von Genueser Adligen gegründetes Gemeinwesen am Mittelmeer bis heute überdauern. Die Rede ist vom Fürstentum Monaco, das aufgrund seiner Größe, seines speziellen Verhältnisses zu Frankreich und seiner Lösungen der Themen Sicherheit, Einwanderung und Finanzierung der Staatsausgaben für Freie Privatstädte in vielerlei Hinsicht beispielhaft sein kann. Teilweise wird behauptet, Monaco sei bereits eine Art Privatstaat, der wie eine Aktiengesellschaft seine Zahlen veröffentliche und seine Einwohner als Kunden betrachte.[221]

Die bürgerkriegsartigen Auseinandersetzungen zwischen den Ghibellinen und Guelfen in Norditalien führten 1296 zur Vertreibung der papsttreuen Guelfen und damit auch der Familie Grimaldi aus Genua. Am 8. Januar 1297 gelang es den Grimaldi durch eine List in die bis dahin in ghibellinischer Hand befindliche Festung Monaco einzudringen und diese mit ihren Truppen im Handstreich zu erobern. Seither übt die Familie Grimaldi, mit nur kurzen Unterbrechungen durch Fremdbesetzungen, die Herrschaft über Monaco aus. Im Jahr 1489 wurde die Unabhängigkeit Monacos durch den König von Frankreich und den Herzog von Savoyen formell anerkannt. In der Folge wurde die Unabhängigkeit immer mal wieder in Frage gestellt, häufig durch Frankreich, welches Monaco mittlerweile von drei Seiten umschließt. Heute ist Monacos Souveränität einschließlich seiner Küstengewässer allgemein anerkannt. Das Fürstentum ist seit 1911 eine konstitutionelle Monarchie. Es herrscht Meinungsfreiheit. Der Fürst ernennt die Regierung. Seit der Verfassungsänderung 1962 gibt es ein Parlament, das in freien und geheimen Wahlen auf fünf Jahre gewählt wird. Der Fürst hat aber ein Vetorecht bei Gesetzesvorschlägen des Parlaments. 1993 erfolgte der Beitritt zu den Vereinten Nationen.[222] Monaco ist ein Zwergstaat mit nur 2 km² Fläche. Darauf leben 38.000 Menschen, es handelt sich somit um das am dichtesten besiedelte Land der Welt. Im Fürstentum arbeiten etwa 50.000 Menschen, die meisten sind Tagespendler aus Frankreich oder dem nahen Italien. Sie können es sich meist nicht leisten, in Monaco eine Wohnung zu nehmen.

Trotz formeller Anerkennung als souveräner Staat nimmt das Verhältnis zu Frankreich eine Sonderstellung ein, welche die Unabhängigkeit Monacos in gewisser Weise einschränkt. Monaco hat im Laufe der Jahrhunderte mehrere Verträge mit Frankreich geschlossen und darin das gegenseitige Verhältnis definiert. So wurde auch die letzte große Krise zwischen den beiden Staaten vertraglich gelöst. Anfang der 1960er Jahre hatten vermehrt französische Unternehmen und Privatpersonen ihren Sitz ins steuerfreie Monaco verlegt, obwohl sie die Masse ihrer Einkünfte in Frankreich erzielten. Frankreich forderte daraufhin von Monaco, sämtliche seiner Einwohner und Unternehmen der französischen Besteuerung zu unterstellen. Der 1963 letztlich erzielte Kompromiss sieht vor, dass Personen mit französischer Staatsbürgerschaft, die nicht schon vor 1962 in Monaco lebten, nach Frankreich versteuern. Außerdem übernimmt Monaco den jeweiligen französischen Mehrwertsteuersatz und führt einen Teil der Mehrwertsteuer nach Frankreich ab. Das Fürstentum verpflichtete sich weiter, seine Souveränitätsrechte so auszuüben, dass die wirtschaftlichen und politischen Interessen Frankreichs gewahrt bleiben. Dazu zählt auch, keine in Frankreich unerwünschten Personen einreisen zu lassen. Frankreich übernimmt im Gegenzug die Verantwortung für die äußere Sicherheit Monacos.[223]

Monaco mit seiner Vielfalt an kulturellem, kulinarischem und sportlichem Angebot, verbunden mit seiner Zivilisiertheit, seiner Geschichte, seinem Glanz und seinem Ruf als Heimstatt der Reichen und Schönen kann durchaus als Kulminationspunkt europäischer Hochkultur angesehen werden. An Kritikern ist kein Mangel, aber die Touristen und Tagesbesucher strömen in Scharen, wie auch die Nachfrage nach Wohnraum das Angebot um ein Vielfaches übersteigt, weshalb die Immobilienpreise die höchsten der Welt sind. Etwa 30 % aller Einwohner sollen über ein liquides Vermögen von mehr als einer Million US-Dollar verfügen.[224] Monaco gilt als der Staat mit der niedrigsten Armutsquote und der höchsten Lebenserwartung weltweit. Noch Mitte des 19. Jahrhunderts war Monaco arm, die Einwohnerschaft war zu einem Zeitpunkt gar auf 300 Menschen zurückgegangen. Erst mit Eröffnung eines erfolgreichen Kasinos sowie des Bahnanschlusses 1868 gelang die Wende. Als die jährlichen Einnahmen aus dem Kasinobetrieb 95 % des Staatshaushaltes finanzierten, entschied der damalige Fürst, seinen Untertanen fortan die Steuern zu erlassen. Dabei ist es im Grundsatz bis heute geblieben. Monaco erhebt weder Einkommens- noch Erbschaftssteuer noch Steuern auf Kapitalgewinne. Unternehmen, welche die Masse ihrer Einkünfte außerhalb Monacos erwirtschaften, zahlen allerdings Unternehmenssteuern. Hinzu kommt die erwähnte Mehrwertsteuer, welche heute etwa die Hälfte des Staatshaushaltes finanziert. Einnahmen aus staatlichen Kasinos und Hotels spielen nur noch eine untergeordnete Rolle (etwa 5 %), der Rest wird durch Unternehmenssteuern, Immobiliensteuern und sonstige Abgaben finanziert. Der Haushalt weist einen leichten Überschuss aus und Monaco ist nicht nur schuldenfrei, sondern hat darüber hinaus liquide Rücklagen in Höhe von mehr als zwei Jahresbudgets.[225]

Das Fürstentum hat seit 1865 eine Zollunion mit Frankreich, über die es auch am EU-Markt teilnimmt, ist aber selbst kein Mitglied der Europäischen Union. Monaco benutzt den Euro als Währung und hat auch von der EU das Recht erhalten, eine gewisse Anzahl an Münzen selbst zu prägen. Etwa 80 % der Bevölkerung sind Ausländer ohne monegassische Staatsbürgerschaft. Es leben Menschen aus 139 Nationen friedlich zusammen. Monaco hat die weltweit niedrigste Kriminalitäts- und Armutsrate, ohne Grenzkontrollen und trotz zehntausender Pendler und ebenso vieler Besucher täglich. Wie ist das möglich? Das Fürstentum hat weltweit die höchste Polizeidichte pro Kopf und überwacht sein gesamtes Territorium mit Kameras; auf etwa 70 Einwohner kommen ein Polizist und eine Videokamera. Insgesamt hat die Polizei eine Stärke von 520 Personen; hinzu kommt noch einmal dieselbe Zahl an privatem Sicherheitspersonal sowie zwei paramilitärische Einheiten (Palastwache und Feuerwehr). Aufgrund des fließenden Übergangs der Bebauung zu den französischen Nachbargemeinden sowie des hohen Verkehrsaufkommens wäre die Durchführung von Grenzkontrollen im eigentlichen Sinne ohnehin schwierig. Monaco überwacht stattdessen hereinkommende Fahrzeuge mit Nummernschildlesern und per Sichtkontrolle durch Polizisten, die an den Eingangsstraßen postiert sind. Verdächtige Personen werden durch die Kameraüberwachung erfasst und dann von Streifenpolizisten kontrolliert. Im Übrigen schaut sich Monaco genau an, wen es sich als Bewohner ins Land holt. Wer sich in Monaco niederlassen möchte, muss auch in Frankreich aufenthaltsberechtigt sein, eine Wohnung in Monaco nachweisen (Miete oder Eigentum), über ausreichendes Einkommen oder Vermögen zur Sicherung des Lebensunterhalts verfügen, sowie für alle erwachsenen Familienangehörigen einen Lebenslauf und ein polizeiliches Führungszeugnis seines Herkunftsstaates vorlegen. Auf dieser Grundlage wird dann eine Internetrecherche gemacht und ein persönliches Gespräch mit einem Polizeioffizier geführt. Bestehen keine Bedenken, vergibt Monaco eine Aufenthaltsgenehmigung für zunächst ein Jahr, welche noch zweimal um jeweils ein Jahr verlängert werden kann, bevor dann eine dreijährige Aufenthaltserlaubnis erteilt wird usw. Dies gibt Monaco die Möglichkeit, bei zweifelhaften oder unangenehm aufgefallenen

Neubürgern die Aufenthaltserlaubnis schlicht nicht zu verlängern, anstelle langwierige rechtliche Auseinandersetzungen über den Widerruf einer Aufenthaltsberechtigung zu führen. Bei Kriminalität kennt Monaco keine Toleranz. Verurteilte Nichtmonegassen müssen, gegebenenfalls nach Verbüßung einer Haftstrafe, das Fürstentum wieder verlassen, selbst bei kleineren Vergehen wie Ladendiebstahl.[226] Es ist die Kombination all dieser Maßnahmen, also die Kameraüberwachung, die strengen Einwanderungsregeln, die Abschiebung von Kriminellen und die starke Polizeipräsenz, die dazu führt, dass Eltern in Monaco ihre Kinder selbst um Mitternacht ohne Bedenken auf die Straße schicken können.

HONG KONG (SEIT 1843)

Die Entwicklung von Hong Kong ist ein Beispiel dafür, wie ein Stadtstaat sich aus einfachen Anfängen mit einem freiheitlichen System zu beachtlichem Wohlstand und auch zu enormer Größe hocharbeiten kann. Die Bevölkerung hat sich vervielfacht (von 7.500 im Jahre 1843 über 1,7 Millionen im Jahr 1945 auf über 7,3 Millionen 2015), was vor allem auf die Einwanderung aus der Volksrepublik China zurückzuführen ist. Für viele Festlandchinesen war die britische Kolonie Zufluchtsort vor dem Chinesischen Bürgerkrieg und später der kommunistischen Volksrepublik China. Lebensqualität und Lebenserwartung, Pro-Kopf-Einkommen und Wirtschaftsfreundlichkeit in Hongkong gehören heute zur Weltspitze.[227]

Hongkong stand von 1843 bis 1997 unter britischer Verwaltung, konnte aber insbesondere nach dem Zweiten Weltkrieg eine weitgehende Autonomie erlangen. Dies ermöglichte seiner Führung während einer Zeit, in der im Mutterland und anderswo Planwirtschaft, Protektionismus und Keynesianismus hoch im Kurs standen, das genaue Gegenteil zu tun. Hong Kong ließ freie Märkte zu, hielt die Steuern niedrig und machte keine Schulden, sondern baute stattdessen eine Reserve in Höhe eines Jahresbudgets auf. Das ermöglichte hohe Wachstumsraten über Jahrzehnte. Im Grunde war es nur eine kleine Gruppe von englischen Kolonialbeamten, welche diese Richtung festlegte. Beraten wurden sie von offiziellen und inoffiziellen Mitgliedern des *Legislative Council*, die letzteren meist chinesische Geschäftsleute. Im Jahre 1959 stellte der damalige Gouverneur *Robert Black* vor diesem Gremium fest, dass Hong Kong wohl das einzige verbliebene Land auf der Welt mit echtem Freihandel sei. Er fügte hinzu, dass er darauf stolz sei und sicher, dass es allen Anwesenden auch so ginge.[228] Ziel war, durch Vollbeschäftigung den Lebensstandard aller zu erhöhen und so auch die vielen Migranten aus China zu integrieren.

Der Finanzchef Hong Kongs, *John Cowperthwaite*, leitete daraus später die Doktrin des *Positiven Non-Interventionismus* ab, wonach die Regierung sich nur in engen Ausnahmefällen in die Wirtschaft einmischt, und stattdessen den rechtlichen und infrastrukturellen Rahmen schafft, damit eine marktbasierte Entwicklung erleichtert wird.[229] Hong Kong hat also im Gegensatz zum britischen Mutterland freie Märkte ohne Umverteilung zugelassen und damit enorme Erfolge erzielt. Der direkte Vergleich zwischen den beiden Systemen geht eindeutig zugunsten Hong Kongs aus, es hat das Mutterland in allen maßgeblichen Kennzahlen überholt.[230] *Cowperthwaite* hatte erkannt:

> *Auf lange Sicht ist die Summe der Entscheidungen der Geschäftsleute in einer freien Wirtschaft, die diese jeweils aufgrund ihrer persönlichen Einschätzungen treffen, auch wenn diese oft falsch sind, weniger schädlich als jede zentralisierte Entscheidung einer Regierung; und in jedem Fall wird bei einer unternehmerischen Fehlentscheidung schneller gegengesteuert.*[231]

Jeder Dollar, den die Regierung dem Steuerzahler wegnimmt, hätte andernfalls von diesem dazu verwendet werden können, ein Bedürfnis zu decken, sein Wohlbefinden zu erhöhen oder eine profitable Investition zu tätigen.[232] Es ist *Cowperthwaites* Beharrlichkeit und intellektueller Unabhängigkeit zu verdanken, dass dieser Weg gegen alle Begehrlichkeiten auch in Zeiten des Abschwungs durchgehalten wurde. An Bestrebungen zu Steuererhöhungen, Importbeschränkungen, Preiskontrollen und mehr staatlicher Aktivität war auch in Hong Kong kein Mangel.[233]

Zum Thema politische Mitbestimmung führte Gouverneur *Grantham* bei seiner Abschiedsrede aus, dass Kritiker häufig übersehen würden, dass auch Demokratie kein Selbstzweck sei, sondern nur Mittel zum Zweck, nämlich um individuelle Freiheit zu garantieren. Hong Kong sei zwar nicht demokratisch verfasst, aber die Freiheit gewährleistet und es gebe wenige Plätze auf der Welt, wo die Leitidee „Leben und leben lassen" so gut verwirklicht sei.[234] *Grantham* hat damit den Nagel auf den Kopf getroffen. Während er seinerzeit argumentierte, dass es (ausnahmsweise) auch ohne Demokratie Freiheit geben könne, ist heute die Frage zu stellen, ob insbesondere die wirtschaftliche Freiheit in demokratischen Systemen überhaupt überleben kann. Angesichts der Tendenz der Mehrheit, vom Staat Eingriffe aller Art zu verlangen, erscheint die dauerhafte Gewährleistung eines Laissez-Faire-Systems nach dem Modell Hong Kongs in Demokratien nicht möglich. Wenn schon ein entschlossenes Regierungsmitglied wie *Cowperthwaite* in einem nichtdemokratischen System nur unter größten Anstrengungen alle möglichen Interventionsbegehren abwenden kann, dann ist dies in einer Demokratie wohl aussichtslos. Ein *Cowperthwaite* würde einfach abgewählt werden; eine Position der Nichteinmischung, also des Nichtstuns, steht im politischen Kampf um Wählerstimmen auf verlorenem Posten.[235]

Deng Xiaopeng, welcher die marktwirtschaftliche Öffnung der Volksrepublik China einleitete und der vielleicht einer der größten chinesischen Reformer überhaupt ist, soll sich Hong Kong zum Beispiel genommen haben. Er erkannte, dass das Wirtschaftssystem von Hong Kong offensichtlich funktionierte, das der Volksrepublik aber nicht. Das betraf insbesondere das Bestehen freier Märkte und das Recht, Privateigentum zu erwerben, auch an Produktionsmitteln. Nach dem Vorbild Hong Kongs wurden daher seit Beginn der 1980er Jahre Sonderwirtschaftszonen im ganzen Land eingerichtet, etwa in Shenzhen. Diese haben sich so nachhaltig bewährt, dass sie immer weiter ausgedehnt wurden und China seither einen enormen wirtschaftlichen Aufschwung genommen hat. Schließlich wurde das System freier Märkte auf das ganze Land ausgedehnt. Heute muss niemand mehr hungern in China. Vorher schon. Man kann also die Auffassung vertreten, dass Hong Kong aufgrund seiner Vorbildfunktion China weit mehr verändert hat, als es durch die politische Übernahme selbst verändert wurde.

Diese erfolgte im Jahr 1997. Seitdem ist Hong Kong eine chinesische Sonderverwaltungszone, die von einem sogenannten *Chief Executive* geleitet wird, unter Beibehaltung einer Marktwirtschaft, eigener auf dem englischen Recht beruhender Gesetze, eigener Behörden, eigener Währung und innerer Autonomie. Nach dem 1984 zwischen China und dem Vereinigten Königreich vereinbarten Prinzip „Ein Land, Zwei Systeme" behält Hong Kong für mindestens 50 Jahre nach der Übernahme seinen eigenständigen politischen und wirtschaftlichen Status. Ausgenommen sind Außenpolitik und Verteidigungsangelegenheiten. Insofern ist Hong Kong durchaus Modell für das Verhältnis einer Freien Privatstadt zum Gastgeberstaat.

Gleichwohl wurde der Non-Interventionismus bereits zu britischen Zeiten seit dem Weggang *Cowperthwaites* und mit zunehmender Parlamentsbeteiligung immer weiter ausgehöhlt. Heute hat Hong Kong Mindestlöhne, Antidiskriminierungsgesetze, verpflichtende Alterssicherung und eine Besteuerung, die denen westlicher Staaten entspricht. Geschäftsleute berichten, dass inzwischen Teile der Beamtenschaft, die ausgetauscht bzw. durch Festlandschinesen ergänzt wurde, anfällig seien für Korruption, was vormals undenkbar gewesen sei.[236] Zudem mischt sich die Regierung in Peking, zum Leidwesen vieler Hong-Kong-Chinesen, häufig in die Innenpolitik ein, die gesetzlich garantierte Meinungs- und Pressefreiheit sind faktisch eingeschränkt. Trotzdem ist Hong Kong, was die wirtschaftlichen Betätigungsmöglichkeiten angeht, immer noch einer der freiesten Plätze der Welt.

DUBAI (SEIT 1971)

Dubai ist eine weitere bemerkenswerte Erfolgsgeschichte. Zum Zeitpunkt der Unabhängigkeit von Großbritannien im Jahr 1971 war Dubai ein kleiner Ort von lediglich regionaler Bedeutung. Heute, keine 50 Jahre später, verfügt die Stadt über den bedeutendsten Flughafen und Seehafen des Mittleren Ostens, das weltweit höchste Gebäude, das weltgrößte Einkaufszentrum und den weltgrößten Blumengarten. An Dubais Küste wurden künstliche Inseln in Form einer Palme angelegt; die Stadt wird jährlich von etwa 15 Millionen ausländischen Touristen besucht, was Dubai zu einer der meistbesuchten Metropolen der Welt macht. Im Großraum wohnen 2,7 Millionen Menschen, davon sind über 80 % Ausländer. Hauptwirtschaftszweige sind Immobilien, Handel, Hafen und Finanzdienstleistungen. Die Öl- und Gasförderung hat insgesamt nur noch geringe wirtschaftliche Bedeutung. Dubai finanziert seinen Staatshaushalt im Wesentlichen über zahlreiche indirekte Steuern (Abgaben auf Hotelübernachtungen, Alkoholkonsum, Mieteinnahmen, Elektrizität, Wasser) sowie die Besteuerung von Gewinnen der Ölindustrie und der Banken.[237]

Die Stadt Dubai ist Hauptstadt des gleichnamigen Emirats, das zu den Vereinigten Arabischen Emiraten gehört. Als solches ist es eine absolute Monarchie, es gibt in Dubai weder Verfassung, noch Wahlen oder Mitbestimmung. Das Emirat Dubai unterhält eigene Streitkräfte zusätzlich zu denjenigen, die in die Vereinigten Arabischen Emirate integriert sind. Einheimische genießen zahlreiche Privilegien und soziale Wohltaten.

Trotzdem ist Dubai für Zuwanderer hochattraktiv und erfolgreich, zudem Sitz vieler international tätiger Unternehmen. Dies ist möglich, weil Dubai Rahmenbedingungen geschaffen hat, die insbesondere für Unternehmen, aber auch für deren Arbeitnehmer attraktiv sind. So gibt es garantierte Steuerfreiheit für 50 Jahre, Investitionsschutzgarantien sowie maßgeschneiderte Sonderwirtschaftszonen für verschiedene Industrien. Zum Teil gilt dort sogar ein eigenes, auf englischem *Common Law* aufbauendes Rechtssystem, wie etwa im *Dubai International Financial Centre*.[238] Dubai bietet Freiheit von direkten Steuern, geringe Regelungsdichte, und gleichzeitig eine gewisse Toleranz. Ein freiheitlicher Lebensstil ist an bestimmten Orten trotz entgegenstehender Rechtslage faktisch möglich, ebenso die Ausübung einer anderen Religion als der des Islam.[239]

Die Einwanderung ist streng reglementiert, auch die Aufnahme von Flüchtlingen wird grundsätzlich abgelehnt.[240] Wer seine Arbeitsstelle verliert, muss das Land wieder verlassen. Weniger attraktiv ist auch, dass selbst Ausländer, die ihr ganzes Leben in Dubai gewohnt und gearbeitet haben, ihren Ruhestand nach Ablauf ihres Arbeitsvisums woanders verbringen müssen.[241] Die Kriminalitätsrate ist niedrig, Dubai gilt als sicher. Imame werden vom Staat kontrolliert und jeder, der religiösen Hass oder Extremismus predigt, wird üblicherweise eingesperrt und dann des Landes verwiesen.[242] Das auch für Ausländer geltende einheimische Scharia-Rechtssystem kennt hingegen noch Bestrafungen wie Steinigung und Auspeitschung.[243] Auf Homosexualität steht die Todesstrafe. Vergewaltigte Frauen werden nach Anzeigeerstattung wegen außerehelichen Geschlechtsverkehrs verhaftet, es sei denn, sie können vier männliche Zeugen vorbringen, die ihre Geschichte bestätigen. Kriminelles Verhalten ist bereits gegeben, wenn man sich in der Öffentlichkeit küsst, eine Rechnung nicht rechtzeitig bezahlt, jemanden in einer vollen Bar anfasst, um ihn zur Seite zu schieben, wenn man Alkohol trinkt, sogar in lizensierten Bars. Verlobte machen sich strafbar, wenn sie ein Zimmer teilen, auch in den eigenen vier Wänden.[244] Die meiste Zeit werden solche Delikte nicht verfolgt, aber manchmal eben doch; insofern muss das Rechtssystem als willkürlich bezeichnet werden. Eine grundlegende Abhilfe ist derzeit nicht in Sicht.

SINGAPUR (SEIT 1965)

Singapur hat sich seit der Unabhängigkeit 1965 innerhalb von 50 Jahren zu einer der reichsten Städte der Welt entwickelt. Der Stadtstaat schaffte innerhalb einer Generation den Sprung vom Entwicklungsland zu einer Industrienation und verfügt heute über mehr als fünfeinhalb Millionen Einwohner.

Singapur war nach der Unabhängigkeit von Großbritannien im Jahr 1963 zunächst Teil des neu formierten Staates Malaysia, verließ diesen aber bereits zwei Jahre später wieder, aufgrund von Differenzen über die institutionalisierte Bevorzugung ethnischer Malaien gegenüber Chinesen.[245] Ohne Rohstoffe, nennenswertes Hinterland und etablierte Strukturen, dafür aber mit einer gemischten Bevölkerung ohne einheitliche Kultur und Religion, war der erste Premierminister und als Vater des modernen Singapur geltende *Lee Kuan Yew* (genannt Harry, 1923-2015) vor die Aufgabe gestellt, ein stabiles Gemeinwesen aufzubauen. Obwohl ursprünglich Sozialist, hatte er erkannt, dass die Stadt am besten mit Freihandel, Anreizen für Unternehmensgründungen und einer möglichst unregulierten Wirtschaft gedeihen kann. Entgegen der seinerzeit (und teilweise noch heute) im Westen verbreiteten Auffassung, internationale Großkonzerne würde arme Entwicklungsländer ausbeuten und dort nur verbrannte Erde hinterlassen, erkannte *Lee Kuan Yew*, dass die Ansiedlung solcher Multis Arbeitsplätze und damit Wohlstand im großen Stil schaffen können. Und so geschah es, zum Vorteil Singapurs.[246] Diese wirtschaftliche Freiheit, kombiniert mit einer Beschränkung der demokratischen und politischen Rechte bei strikter Regeldurchsetzung zur Aufrechterhaltung „sozialer Harmonie", prägen die Entwicklung Singapurs bis heute. Die Partei des Staatsgründers hat seit der Unabhängigkeit jede Wahl gewonnen. Faktisch handelt es sich um ein Einparteiensystem. Da dies verbunden ist mit eingeschränkter Presse- und Meinungsfreiheit und vielfältigen Beschränkungen persönlicher Freiheiten, ist Singapur am treffendsten als semi-autoritäres System einzustufen. Die Kombination einer autoritären, rein sachorientierten Regierung mit dem Willen zu guter Regierungsführung und der internen Auswahl nach den Kriterien Verdienst und Leistung wird offiziell als Erfolgsrezept des Singapurer Modells angesehen.[247]

Singapur ist ein multiethnischer und multireligiöser Stadtstaat, in dem die ethnischen Chinesen die mit Abstand größte Bevölkerungsgruppe stellen, gefolgt von Malaien und Indern. Es gehört zu den Ländern mit dem höchsten Pro-Kopf-Einkommen weltweit und nimmt internationale Spitzenplätze ein, was Erziehung, Gesundheitsversorgung, Lebenserwartung, Lebensqualität und persönliche Sicherheit angeht. 90 % aller Wohnungen werden von ihren jeweiligen Eigentümern bewohnt. Obwohl es vier offizielle Sprachen gibt, ist Englisch die gemeinsame *Lingua Franca* und die am weitesten verbreitete Sprache.

Die Wirtschaft von Singapur gilt als eine der freiesten, innovativsten, wettbewerbsfähigsten, dynamischsten und wirtschaftsfreundlichen in der ganzen Welt. Es gibt keinen Mindestlohn und so ist die Arbeitslosenrate auch eine der weltweit niedrigsten. Singapur hat daneben niedrige Steuersätze, keine Korruption, gute Infrastruktur und qualifizierte Arbeitskräfte und ist daher sehr attraktiv für ausländische Firmen. Tausende multinationaler Unternehmen haben Sitz oder Niederlassung in Singapur. Die Wirtschaft ist diversifiziert, die Hauptzweige sind Finanzdienstleistungen, Erdölraffinade, Produktion elektronischer Bauteile und Tourismus.

Trotz seiner großen wirtschaftlichen Freiheiten ist Singapur auch ein Wohlfahrtsstaat. Es gibt Beihilfen und Programme von der Unterbringung über die medizinische Versorgung bis hin zur Schulausbildung für die Kinder. *Lee Kuan Yew* zufolge führe nur eine Marktwirtschaft zur Prosperität, schaffe aber auch Verlierer bzw. Menschen, die sich als solche fühlten. Daher müsse zum Erhalt der sozialen Harmonie der Staat einen Ausgleich schaffen.[248] Da der Staat selbst an der Wirtschaft durch zahlreiche Unternehmen beteiligt ist, kann er sich leisten, allen seinen Bürgern Unterstützung für die medizinische Versorgung, die Strom- und Wasserversorgung sowie den öffentlichen Nahverkehr anzubieten. Auch hier werden Staatsbürger bevorzugt. Anders als Monaco oder Dubai ist Singapur aber daran interessiert, dass seine Einwohner die Staatsbürgerschaft erwerben, daher sind etwa 2/3 aller Einwohner Singapurs auch dessen Staatsbürger. Nicht nur Verkehr und Transport, auch der private Autobesitz ist ebenso streng reguliert wie der Wohnungsmarkt.

Das Rechtssystem von Singapur basiert auf englischem Common Law mit signifikanten lokale Eigenheiten. Das Gerichtssystem gilt als eines der zuverlässigsten und besten in Asien. Singapur kennt im Bereich des Strafrechts drakonische Strafen, wie die Todesstrafe, die für Mord obligatorisch ist und Prügelstrafen etwa für Graffiti. *Lee Kuan Yew* begründet dies damit, dass seine eigene Erfahrung gezeigt habe, dass Armut nicht automatisch zu Kriminalität führe, wie westliche Soziologen das behaupten. Während der japanischen Besatzung habe es kaum genug zu essen gegeben, trotzdem wäre die Stadt sehr sicher gewesen, da die Besatzer drakonische Strafen verfügt hätten.[249] Zahlreiche Verhaltensweisen stehen unter Strafe, homosexuelle Sexualpraktiken sind etwa verboten. Die überbordende Einmischung des Staates in private Angelegenheiten und das Fehlen persönlicher Freiheiten ist aber als Entwicklungs- und Attraktivitätshindernis erkannt. Das Verbot, bestimmte Kaugummis zu verkaufen, wurde 2004 ebenso aufgehoben wie 2007 das Verbot des Oral- und Analverkehrs, das auch für verheiratete Paare galt.

Singapur hat eine für seine Größe beachtliche Armee mit modernen Kampfpanzern, Flugzeugen, Schiffen und sogar U-Booten.[250] Es herrscht Wehrpflicht und es finden regelmäßig Reserveübungen statt. Etwa 250.000 Singapurer sind entweder im aktiven Dienst oder Reservisten. Beim Aufbau der Armee hatte Singapur von Israel Unterstützung erbeten und noch heute besteht eine enge Kooperation in Sicherheitsfragen. Singapur ist Mitglied der regionalen ASEAN-Allianz, die auch sicherheitspolitische Funktion hat. Für *Lee Kuan Yew* waren – und das gilt auch für die heute Verantwortlichen– Sicherheit und Prosperität stets eine Einheit. Diplomatie bezeichnete er als wichtigstes außenpolitisches Instrument, die ohne glaubwürdige militärische Komponente aber zahnlos bleibe.[251] Trotz seines beeindruckenden militärischen Potenzials ist Singapur außen- und sicherheitspolitisch zurückhaltend.

Die Religionsfreiheit ist in der Verfassung verankert und wird auch gewährleistet. Singapur verfolgt dabei das Konzept des *wehrhaften Säkularismus* (*muscular secularism*). Religiöser Extremismus wird nicht toleriert und umgehend geahndet, da dieser aufgrund der Zusammensetzung der Bevölkerung als Gefahr für die soziale Harmonie angesehen wird.[252] Herabsetzungen Andersgläubiger sowie missionarische Aktivitäten, mit denen die religiöse Harmonie gestört werden könnte, sind gesetzlich verboten. An den Schulen herrscht Kopftuchverbot. Singapur sieht sich als säkularer Staat, in dem die verschiedenen Religionen in Frieden miteinander leben.

Singapur hat strenge Einwanderungsregeln und achtet insbesondere darauf, dass sich die Verhältnisse zwischen den verschiedenen Bevölkerungsgruppen nicht zu stark verschieben. Der Stadtstaat legt nach jeweiligem Bedarf und nach Wirtschaftslage fest, welche Qualifikationen zur Einwanderung berechtigen.[253]

SANDY SPRINGS (SEIT 2005)

Die US-Stadt Sandy Springs ist kein autonomes Gemeinwesen, aber aus einem anderen Grund interessant: praktisch alle kommunalen Dienstleistungen werden von privaten Unternehmen erbracht.

Die Stadt im US-Bundesstaat Georgia war dort die erste Neugründung seit 50 Jahren. Nach jahrelangen Vorbereitungen schafften es die mit den Leistungen des Landkreises unzufriedenen Bewohner, die notwendigen politischen Hürden zu nehmen, um die Stadt am 1. Dezember 2005 als neue selbstständige Gemeinde zu errichten.[254] Aus der Not, dass man keine eigene Verwaltung besaß, wurde eine Tugend gemacht. Nach dem Besuch der Privatstadt Weston in Florida regte eine der treibenden Kräfte in der Bürgerschaft, *Oliver Porter*, an, Privatfirmen per Ausschreibung mit der Verwaltung der Stadt zu beauftragen. Neben größerer Flexibilität und Abwesenheit politischer Einflussnahme auf die Leistungserbringung sprach insbesondere die Pensionsproblematik für diesen Schritt. Das Bestehen wachsender Pensionsverpflichtungen für die Stadtbediensteten hat zahlreiche amerikanische Kommunen an den Rand der Zahlungsunfähigkeit gebracht.

Sandy Springs lässt mit Ausnahme von Polizei, Feuerwehr und Gerichten sämtliche städtischen Dienstleistungen durch Privatunternehmen auf Vertragsbasis erbringen. Dies betrifft sowohl administrative als auch technische Funktionen. Im Falle von Schlechtleistungen können die Anbieter vom Bürgermeister bzw. vom Gemeinderat ausgetauscht werden.[255] Die Stadt konnte 2015 nach zehn Jahren das Fazit ziehen, dass die Qualität städtischer Leistungen durchweg gestiegen, die Kosten aber je nach Sparte um 10-40 % gesunken waren. In dieser Periode machte Sandy Springs nicht nur keine Schulden, sondern konnte sogar eine Reserve von 45 Millionen US-Dollar aufbauen.[256] Die Stadt ist entsprechend attraktiv. Bei der Gründung lebten etwa 90.000 Menschen im jetzigen Stadtgebiet, inzwischen sind es 105.000. *Oliver Porter* berichtet, dass es großes Interesse in den USA und auch im Ausland am Sandy Springs Modell gebe. So seien bislang neun weitere Städte mit insgesamt über 1,5 Millionen Einwohnern nach diesem Muster entstanden, allesamt Neugründungen. Sämtliche Versuche, das Modell auf bereits bestehende Kommunen zu übertragen, seien hingegen am Widerstand von Politik und Verwaltung gescheitert. Selbst in Fällen, in denen private Anbieter eine 25 %ige Kostensenkung gegenüber dem Istzustand garantiert hätten, habe die Furcht vor Macht- oder Arbeitsplatzverlust die Einführung des Konzepts verhindert.[257]

LEHREN

Es gibt ein ganzes Bündel an Lehren, das man aus den beschriebenen erfolgreichen Stadtstaaten und freien Städten mitnehmen kann. Ein Gemeinwesen ist dann erfolgreich, wenn über einen längeren Zeitraum viele Menschen freiwillig darin leben möchten. Alle sonstigen Kennziffern sind demgegenüber sekundär und lediglich Anhaltspunkte, warum ein System gefragt ist. Auch hier gilt die *subjektive Werttheorie*: wenn Menschen ein System (subjektiv) bevorzugen, ist es (objektiv) erfolgreich, zumindest dann, wenn es eine gewisse Zeit aus eigener Kraft überdauern kann. Das ist für die untersuchten Beispiele, die noch heute bestehen, eindeutig nachweisbar: sie haben ihre Überlebensfähigkeit unter Beweis gestellt und haben sämtlich mehr Einwanderungsnachfrage als Bedarf. Alle untersuchten Systeme sind unvollkommen und keines gleicht dem anderen. Ihr Erfolg spricht dafür, sich zumindest einige ihre Praktiken zum Vorbild zu nehmen. Gerade für Entwicklungsländer kann etwa Singapur ein Beispiel sein. Autoritäre Führung ist möglicherweise ein notwendiger Zwischenschritt für sich entwickelnde Gesellschaften. Denn die Defizite des demokratischen Modells sind gerade in Afrika besonders gut sichtbar. So hat sich etwa die Regierung von Ruanda ausdrücklich Singapur zum Vorbild genommen und kann seither beachtliche Erfolge aufweisen.[258]

Offensichtlich führen viele Wege nach Rom. Es gibt nicht ein einziges funktionierendes Konzept, das alle anderen ausschließt. Das ist zunächst einmal ein gutes Zeichen im Hinblick auf eine mögliche künftige Vielfalt an Formen des Zusammenlebens. Gleichwohl gibt es einige Bereiche, die aufgrund der jeweils ähnlichen Handhabung durch die untersuchten Beispiele wahrscheinlich für den Erfolg ursächlich waren. So ist festzuhalten, dass Freihandel und eine möglichst unregulierte, freie Marktwirtschaft in praktisch allen Fällen ein entscheidender Erfolgsfaktor waren. Protektionismus könnten sich jene Städte aufgrund ihrer räumlichen Kleinheit auch gar nicht leisten. Es ist aber bemerkenswert, wie viel mehr Wohlstand in kurzer Zeit freie Marktwirtschaften gegenüber stark regulierten Systemen zu schaffen imstande sind. Hong Kong, Singapur und Dubai belegen zudem, dass „protestantische Ethik" (*Max Weber*) keine notwendige Bedingung für den Erfolg oder die Entstehung marktwirtschaftlicher Systeme ist.[259] Eine weitere Gemeinsamkeit ist, dass sich die erfolgreichen Städte ihre Einwanderer aussuchen und zwar nach ihren jeweiligen Bedürfnissen bzw. Vorgaben. Dies entspricht den oben gewonnenen Erkenntnissen zur Zuwanderungsthematik. Spätestens wenn ein gewisser Wohlstand erreicht ist, wie in Dubai, Hong Kong und Singapur, wird eine unkontrollierte Zuwanderung zur Gefahr. Überall da, wo etwas zu holen ist, finden sich nämlich sehr schnell auch Elemente ein, welche sich Wohlstand durch Wegnahme anstatt durch ehrliche Arbeit schaffen wollen. Das würde die Sicherheit gefährden und den jeweiligen Stadtstaat unattraktiv machen. Die Öffnung der Grenzen im Sinne von ungeprüfter Einwanderungsmöglichkeit für jeden steht für die Regierungen erfolgreicher Stadtstaaten daher nicht zur Debatte; diese beschränkt sich auf westliche Intellektuelle.

Ein weiteres Kennzeichen der hier untersuchten Stadtstaaten ist, dass sie demokratische Mitbestimmung nicht oder nur eingeschränkt zulassen. Das entspricht den oben gezogenen Schlussfolgerungen, dass eine weitgehende Entkopplung von Mitbestimmung und Haftung nicht erfolgversprechend ist und letztlich zu unendlichen Verteilungskämpfen, Empörungswettbewerb und Überschuldung führt. Aber warum sind jene Städte auch für Einwanderer westlicher Staaten attraktiv, obwohl die gewohnte demokratische Mitbestimmung nicht möglich ist? Jeder Einzelne wägt für sich selbst ab: größere wirtschaftliche Freiheit und mehr Sicherheit gegen persönliche Freiheiten, mehr Selbstbestimmungsmöglichkeiten gegen weniger Mitbestimmungsmöglichkeiten, zumal sich die Mitbestimmung im parlamentarischen Demokratien darin erschöpft, alle vier Jahre eine Stimme abzugeben, die für sich allein genommen kein Gewicht hat.

Mit Ausnahme von Dubai kann man die aufgeführten Gegenwartsbeispiele alle als Rechtsstaaten ansehen (Hong Kong freilich mit abnehmender Tendenz); aber auch Dubai hält sich an die Zusagen, die es den entsprechenden Sonderzonen gemacht hat bzw. lässt dort sogar in gewissem Umfang eigene Rechtsprechung zu. Insofern besteht für Einwanderer eine Vorhersehbarkeit und damit auch Planbarkeit und Stabilität, welche Defizite in der Rechtsstaatlichkeit zumindest teilweise aufwiegt.

Eine weitere Gemeinsamkeit ist, dass die Stadtstaaten wehrhaft sind (mit Einschränkungen selbst Monaco) und bei entsprechender politischer Eigenständigkeit sogar größere Streitkräfte unterhalten. Gleichzeitig sind sie bemüht, ein gutes Verhältnis zu ihren Nachbarstaaten zu haben und Konflikte möglichst zu vermeiden. Dazu werden ggf. auch Zugeständnisse gemacht, die ein souveränes Land nicht machen müsste.

Weiter wird die Frage der sozialen Harmonie insbesondere in multiethnischen und multireligiösen Städten dahingehend beantwortet, dass gewisse Regeln des Zusammenlebens nicht verhandelbar sind und auch strikt durchgesetzt werden. Insofern gibt es insbesondere keine Toleranz gegenüber der Intoleranz. Dies ist auch für Freie Privatstädte sinnvoll, weil gerade Gemeinwesen, die anfänglich über keine gemeinsame Geschichte oder Kultur verfügen, sonst keine Kohäsionskräfte haben, die sie zusammenhalten. Das friedliche Nebeneinander verschiedenster Gruppen ist dabei nicht das Problem; problematisch sind vielmehr das Streben nach Vorrechten oder gar Dominanz, schlimmstenfalls verbunden mit der Bereitschaft, verschiedene Bevölkerungsgruppen gegeneinander aufzuwiegeln oder sogar Gewalt anzuwenden.

Die Beispiele zeigen, dass eine sichere, stabile Ordnung mit hoher wirtschaftlicher Freiheit auch dann erfolgreich sein kann, wenn die persönlichen Freiheiten eingeschränkt sind. Insbesondere Singapur scheint aber erkannt zu haben, dass ein weiteres qualitatives Wachstum die Einräumung größerer Freiheiten voraussetzt. Es ist auch nicht einsehbar, welchen Vorteil für die soziale Harmonie es bringen soll, wenn die Regierung vorgibt, welche Sexualpraktiken im heimischen Schlafzimmer stattfinden dürfen und welche nicht. Die Aufrechterhaltung des sozialen Friedens hängt davon ab, wie sich Menschen anderen gegenüber verhalten. Nur hier besteht ein Regelungsbedarf.

Schließlich belegt das Sandy Springs-Beispiel, dass die Neugründung Freier Privatstädte auf bisher unbewohntem Territorium weitaus leichter sein dürfte als die Umwandlung bestehender Gemeinden.

Der Blick auf die freien Städte der Vergangenheit offenbart einen Sachverhalt, dessen Kenntnis in heutigen Gesellschaften weitgehend verloren gegangen ist. Strafverfolgung und Inhaftierung von Kriminellen (von aufwändigen Resozialisierungsmaßnahmen ganz zu schweigen) kosten Geld, nämlich das Geld der Bürger. Diese werden dadurch ein zweites Mal geschädigt. Von daher ist es naheliegend und vernünftig, diese Kosten zu minimieren. Das muss nun nicht heißen, Todesstrafe, Pranger und Prügelstrafen wieder einzuführen. Aber der Verzicht auf Gefängnisstrafen bei kleineren Delikten, und stattdessen die Zahlung einer Geldstrafe oder ersatzweise von Arbeitsleistung, sowie die anschließende Verbannung aus der Stadt sind Vorgehensweisen, die auch für Freie Privatstädte beispielhaft sein können. Gefängnisaufenthalte würden dann nur bei wenigen schweren Delikten erfolgen und im Anschluss ebenfalls eine Verbannung nach sich ziehen.

Die Orientierung an Vorbildern bedeutet nicht, dass diese Probleme nicht anders gelöst werden können, insbesondere was Kriminalität, Einwanderung und die Aufrechterhaltung des sozialen Friedens in der Stadt angeht. Die hier vorgestellten Methoden haben freilich den Vorteil, dass sie erwiesenermaßen funktionieren. Dies können so manche anderen Ideen nicht von sich behaupten. Es erscheint daher klug, bei der Etablierung Freier Privatstädte für bestimmte Bereiche zunächst auf bewährte Methoden zurückzugreifen. Eine Änderung oder Weiterentwicklung kann dann evolutionär über den Markt stattfinden.

KAPITEL 10

PRÄZEDENZFÄLLE PRIVATER REGULIERUNG

Eine der glücklichsten Konsequenzen der Abwesenheit einer Regierung ist das Reifen der individuellen Stärke. Jedermann lernt für sich selbst zu denken und zu handeln, ohne mit der Unterstützung durch eine äußere Macht zu rechnen, die, so wachsam sie auch immer sein mag, niemals allen Bedürfnissen der Menschen in einer Gesellschaft gerecht werden kann.

Alexis de Tocqueville, Politikwissenschaftler

Die Annahme, dass es entweder staatliche Gesetze gibt oder einen anarchischen Naturzustand, ist nicht zutreffend. Regeln können nämlich auch dann Geltung erlangen, wenn sie nicht ausdrücklich angeordnet worden sind. Sie können einfach das Resultat von Handlungs- und Unterlassungsgepflogenheiten sein, die Menschen aus freien Stücken entwickeln, weil sie ihnen sinnvoll erscheinen. Findet eine solche Gepflogenheit in einer Gesellschaft im Laufe der Zeit eine genügend große Anhängerschaft, wird sie also von immer mehr handelnden Personen freiwillig eingehalten, so verfestigt sie sich zunächst zu einer sozialen Konvention und wird dann mitunter zusätzlich in geschriebenes Recht überführt. Man kann es daher für wahrscheinlich halten, dass sich in allen Gesellschaften mit der Zeit die Regel entwickelt, andere nicht gewaltsam anzugreifen oder zu bestehlen.

Entgegen einer landläufigen Ansicht war nicht einmal der „Wilde Westen" ein anarchischer Naturzustand, in dem das Recht des Stärkeren herrschte. Tatsächlich entwickelten sich sehr schnell Regeln und Vereinbarungen in Knappheits- und Konfliktsituationen, so etwa in Lagern der Goldschürfer[260] oder zur Nutzung von Farmland[261] einschließlich der Bestimmung von Eigentumsrechten und Streitschlichtungsverfahren. Auch Wagentrecks von Siedlern erfolgten sämtlich auf Basis von Verträgen, in dem die Befugnisse und Pflichten des Treckführers und der einzelnen Angehörigen genau festgehalten waren, u. a. das Recht, sich aus dem Verband zu lösen und betreffs der Ansprüche auf den Anteil am Gemeinschaftseigentum in derartigen Fällen.[262]

Die private, nichtstaatliche Regulierung von Sachverhalten ist auch heute viel weiter verbreitet als gemeinhin angenommen. Als Beispiel sei etwa der Online-Bezahldienst *PayPal* genannt. Der Gründer Peter Thiel berichtet dazu, dass in der Anfangsphase die Verfolgung von Betrugsfällen im Rahmen des staatlichen Repertoires schlichtweg nicht möglich war (meist: Nichtlieferung trotz Zahlung).[263] Die staatlichen Behörden waren völlig uninformiert und entsprechend hilflos, was die Möglichkeiten des Online-Betrugs anging. Zahlungsausfälle durch Betrüger kosteten einige Mitbewerber im Online-Bezahlgeschäft die Existenz. Eine Verfolgung im Ausland war faktisch unmöglich, zum einen weil die grenzüberschreitende Rechtslage im Hinblick auf Online-Betrug unterschiedlich war, zum anderen, weil die Kosten und die Dauer der Vollstreckung von Urteilen häufig in keinem Verhältnis zum eingetretenen Schaden standen. *PayPal* musste also eigene private Lösungsmechanismen finden, um Betrug zu verhindern oder doch zu minimieren.

Die von *PayPal* entwickelten Modelle zur Vorbeugung von Betrugsfällen sind heute Standard der Branche. Dazu zählt etwa die Aufforderung, bestimmte Symbole oder Bilder zu erkennen, welche Computerprogramme nicht lesen können, oder einige wenige Cent zu überweisen und den Empfänger um Bestätigung zu bitten oder generell anhand bestimmter Parameter verdächtige Bewegungen zu ermitteln. Wenn viele Nutzer plötzlich kleine Summen auf ein bestimmtes Konto überweisen, löst dies Maßnahmen aus. Aufgrund der vertraglichen Vereinbarung mit allen Nutzern hat *Paypal* die Möglichkeit, verdächtige Konten bis zur Klärung einzufrieren. Die Betrugsversuchsrate beträgt bei *PayPal* heute nur noch 0,5 % aller Transaktionen.[264]

Eine funktionierende private Regulierung hat auch der Taxiservice *Uber* eingeführt. Fahrer, die von den Kunden schlecht bewertet werden, verlieren ihren Vertrag mit *Uber*. Fahrer können auch nicht zu viel abrechnen, weil die Zahlung direkt an *Uber* erfolgt. Der Fahrpreis hängt außerdem von der Nachfrage ab und bietet so zu Stoßzeiten aufgrund hoher Preise zusätzlichen Fahrern einen Anreiz, ihre Dienste anzubieten. Die häufigsten Probleme der Praxis, nämlich unfreundliche Fahrer, Ablehnung von Kurzfahrten, Abrechnungsbetrug, sowie zu wenig Wagen in Stoßzeiten, konnten somit durch ein privates System gelöst werden, ohne dass es einer staatlichen Regulierung bedurft hätte. Die Vorteile von *Uber* und vergleichbaren Anbietern sind so evident, dass sich das System als solches letztlich durchsetzen wird, es ist lediglich eine Frage der Zeit. Auch mechanische Webstühle und Spinnräder waren in vielen europäischen Städten lange Zeit verboten, weil sie bestehende Arbeitsplätze gefährdeten. So beschloss der Rat der Stadt Köln im Jahre 1412:

> *Es sei bekannt gemacht, dass an unsere Ratsherren herangetragen wurde, dass Walther Kesinger ein Rad verfertigen lassen wollte, auf dem man Seide spinnen kann. Also haben unsere Ratsherren überlegt und sich gesorgt, dass dann viele Menschen in ihrer Stadt, die innerhalb der Seidenspinnerzunft ihr Auskommen finden, ins Chaos gestürzt und zu Grunde gerichtet würden. Und darum sind sie übereingekommen, dass man weder dieses Rad noch irgendwelche anderen Räder jetzt oder in Zukunft jemals einsetzen soll.*[265]

Der Siegeszug der Automatisierung und die Verbilligung der Kleidung für alle wurden dadurch nicht aufgehalten, lediglich verzögert.

Auch Kreditkartenunternehmen mussten die Erfahrung machen, dass im grenzüberschreitenden Zahlungsverkehr staatliche Rechtsdurchsetzung und -verfolgung an ihre Grenzen stößt. Anstelle jetzt aber eine Weltregierung zu fordern oder ein internationales Abkommen anzumahnen, haben die Anbieter einfach alternative, private Lösungen gefunden. Diese werden laufend weiterentwickelt aufgrund besserer Gestaltungsideen oder neuer Sachverhalte, ohne dass der Kunde viel davon mitbekommt. Der Kreditkartenanbieter übernimmt für den Kunden die Kontrolle. Er prüft verdächtige Zahlungsvorgänge automatisch unter Anwendung geeigneter Algorithmen und sperrt bei Verdacht auf Missbrauch die entsprechenden Zahlungen bzw. die Karte insgesamt. Der Kunde wird informiert und kann dann nach eigener Prüfung die verdächtige Zahlung dennoch freigeben oder ihr ausdrücklich widersprechen. Beharrt bei Widerspruch die Gegenpartei auf Zahlung, muss der Kunde innerhalb einer Frist eine eidesstattliche Versicherung abgeben, dass er das Geschäft, z. B. Kauf einer Ware, nicht getätigt hat. Er wird dann von einer Zahlungspflicht frei. Das System funktioniert. Nichts davon beruht auf staatlicher Initiative. Ähnliches gilt für internationale Zahlungsvorgänge sowie Börsen- und Termingeschäfte. Diese privaten Mechanismen sind in der Lage, auch hochkomplexe Transfers einschließlich des Risikos von Zahlungsausfällen so zu regulieren, dass täglich internationale Zahlungsvorgänge in exorbitanten Größenordnungen reibungslos stattfinden können.[266] Wenn aber hochkomplexe Vorgänge privat reguliert werden können, dann müsste es für einfachere Vorgänge erst recht möglich sein. Und so ist es. Selbst eine rein private Polizei mit eigenem Regelwerk hat im San Francisco des 19. Jahrhunderts erfolgreich für Sicherheit und Ordnung gesorgt.[267] Streitigkeiten zwischen Verkäufer und Käufer von Waren, etwa Probleme von Nichtleistung, Schlechtleistung und Rückgewähr werden etwa bei *ebay* weitgehend durch ein eigenes privates Käuferschutz- und Streitschlichtungssystem gelöst.[268] Ein Rückgriff auf staatliche Gerichte ist nur noch in Ausnahmefällen erforderlich.

Private Sicherheitsfirmen sichern Vergnügungsparks nach der dort geltenden Hausordnung. So müssen einige Gäste schon einmal des Parks verwiesen oder wegen krimineller Delikte angezeigt werden. Aber eines hört man eigentlich nie: dass private Sicherheitsfirmen in Vergnügungsparks (oder auf Kreuzfahrtschiffen) durch überzogene Brutalität gegenüber den Gästen aufgefallen sind. Denn die Gäste sind zahlende Kunden mit einem vertraglichen Anspruch auf angemessene Behandlung, auch wenn sie sich falsch verhalten. Dieses Bewusstsein in den Köpfen der Sicherheitsmitarbeiter scheint ausreichend zu sein, Schlimmeres regelmäßig zu verhindern.

Kreuzfahrtschiffe sind zudem ein gutes Beispiel dafür, dass es bereits Fälle gibt, in denen sich Menschen aus freien Stücken vollständig privater Regelungshoheit unterwerfen. Denn auf hoher See außerhalb der Hoheitsgewässer unterliegen die Passagiere weder dem Recht des Staates, aus dem sie stammen noch dem, vor dessen Küste gekreuzt wird. Und der Kapitän hat die oberste Exekutivgewalt inne, es gibt an Bord weder ein Gericht noch ein Parlament. Es gibt dafür eine andere Rechtsgrundlage, nämlich den Vertrag, den die Passagiere mit der Kreuzfahrtgesellschaft (in der Regel über den Reiseveranstalter) geschlossen haben. Auch wenn sie ihn nie gelesen haben, ein solcher Vertrag existiert und er legt auch das anwendbare Recht fest. Für die Dauer der Kreuzfahrt übernimmt es das Personal der Kreuzfahrtgesellschaft, für ihre Sicherheit zu sorgen, ihr Eigentum zu schützen und mögliche Streitigkeiten zu schlichten. Natürlich ist die Hauptleistung die Kreuzfahrt als solche, aber als Nebenleistung übernimmt die Gesellschaft viele der Dienste, die ein Staat an Land bietet. Die Kunden zahlen dafür einen vorher festgelegten Betrag, den die Kreuzfahrtgesellschaft genauso wenig einseitig ändern kann wie den Routenverlauf und die im Rahmen der Kreuzfahrt versprochenen Leistungen. Tut sie es dennoch, haben die Kunden einen Schadensersatzanspruch.

Freie Privatstädte übertragen diesen Mechanismus einfach aufs Land.

KAPITEL 11

SONDERZONEN UND ANDERE VARIANTEN

Je mehr der Staat mitwirkt, desto ähnlicher ist nicht bloß alles Wirkende, sondern auch alles Gewirkte.

Wilhelm von Humboldt, Bildungsreformer

Freie Privatstädte entsprechen klassisch-liberalen Minimalstaaten, die von Privatunternehmen betrieben werden. Vielen ist das zu wenig, manchen aber schon zu viel Staat. Beiden Gruppen kann geholfen werden. Denn das „Betriebssystem" Freie Privatstadt kann eine relativ große Bandbreite an politischen Vorlieben abdecken. Falls eine private Verwaltung nicht durchsetzbar ist, besteht noch die Möglichkeit, im Wege einer Sonderzone oder einer faktischen Privatstadt zumindest Teile des Konzepts umzusetzen.

I. MEHR STAAT

Eine Freie Privatstadt muss nicht zwingend als schlanker „Nachtwächterstaat" ausgestaltet sein. Es ist ohne weiteres möglich, das verpflichtend abzunehmende Basispaket des Betreibers zu erweitern.

MEHR LEISTUNGEN, MEHR REGULIERUNG

So könnten etwa zusätzliche städtische Dienstleistungen wie Müllabfuhr, Wasser und Elektrizität im Paket enthalten sein, daneben möglicherweise Kranken- und Rentenversicherungen und sonstige Sozialbeiträge. Der Betreiber muss trotzdem diese Leistungen nicht selbst erbringen, sondern kann sich privater Subunternehmer bedienen.

Weiter kann es erwünscht oder vom Gastgeberstaat gefordert sein, dass bestimmte Bereiche von vornherein geregelt sind. Dies betrifft etwa Genehmigungserfordernisse für alle Arten von umweltrelevanten Vorhaben oder Lizenzierungen für bestimmte Berufe, Impfpflichten oder den obligatorischen Schulbesuch. Prinzipiell kann solchen und anderen Regulierungswünschen Rechnung getragen werden, indem der Bürgervertrag entsprechend gestaltet wird. Sowohl was die Leistungsausweitung als auch die Regelungsausweitung angeht, ist freilich zu beachten, dass dadurch Freiheit und Handlungsspielraum der Bewohner eingeschränkt werden. Letztlich wird die Frage nach dem optimalen Leistungs- und Regelungsmix vom Markt beantwortet werden. Was nicht nachgefragt wird, verschwindet wieder.

REGELÄNDERUNGEN DURCH GREMIEN

Einzelne Betreiber könnten auch zu dem Schluss gelangen, dass Regeländerungen unvermeidlich sind, der Weg über die Rechtsfortbildung kraft Gerichtsurteilen oder Schiedsgerichtssprüchen aber zu mühselig und langwierig ist. Insofern könnte man Gremien einrichten, die über diese Änderungen befinden. Solche Gremien können etwa externe Agenturen sein, die kein Eigeninteresse an einem bestimmten Ergebnis ihrer Tätigkeit haben, weil sie nicht in der Stadt selbst angesiedelt sind. Alternativ könnten solche Gremien natürlich mit Vertretern der Bewohner, Landeigentümer oder Geschäftsleute besetzt sein oder auch ganz frei gewählt werden.

Hierbei ist allerdings zu beachten, dass solche Gremien mit der Zeit dazu tendieren, immer mehr Befugnisse an sich zu ziehen und den Bürgervertrag so nach und nach zu entwerten. Voraussetzung ist daher, dass es einen Kernbereich des Bürgervertrages gibt, der nicht geändert werden kann und dass die Bereiche, die Regeländerungen zugänglich sind, möglichst klein gehalten werden. Andernfalls wird sich dieses Gremium in ein Gesetzgebungsorgan verwandeln mit all den negativen Begleiterscheinungen und Folgen, die wir aus der parlamentarischen Demokratie kennen.

DEMOKRATISCHE MITBESTIMMUNG

Sofern demokratische Mitbestimmung gewünscht oder vom Gastgeberstaat gefordert ist, der Betreiber die negativen Wirkungen einer Massendemokratie aber vermeiden möchte, ist Folgendes denkbar: jeder Einwohner verpflichtet sich mit Vertragsunterzeichnung, mindestens einen Anteilsschein an der Betreibergesellschaft zu erwerben. Bestimmte Sachverhalte, auch Regeländerungen innerhalb des vom Bürgervertrag erlaubten Rahmens, können dann der Entscheidung der Gesellschafterversammlung anvertraut werden. Diese entscheidet wie in Aktiengesellschaften bei Satzungsänderungen mit (ggf. qualifizierter) Kapitalmehrheit. Es besteht ein Anreiz für die jeweiligen Minderheits- wie auch Mehrheitsaktionäre, im Sinne einer positiven Entwicklung der gesamten Stadt abzustimmen, weil andernfalls ihre Anteile im Wert sinken.

Sollte das immer noch zu wenig Demokratie sein, kann neben der beschriebenen „Aktionärsdemokratie“ ein zweites Verfahren hinzukommen, die sogenannte *korrektive Demokratie.*[269] Haben die Gesellschafter eine bestimmte Entscheidung über die in der Stadt geltenden Regeln mit Kapitalmehrheit getroffen, dann können die Vertragsbürger innerhalb einer bestimmten Frist darüber eine Volksabstimmung anberaumen und diese Entscheidung mit Personenmehrheit ablehnen. Die Änderung unterbleibt dann bzw. der Betreiber muss versuchen, eine andere Regelung zu finden, die sowohl in der Gesellschafterversammlung als auch unter allen Bewohnern mehrheitsfähig ist. Die korrektive Demokratie gibt nur ein Vetorecht. Es besteht keine Möglichkeit, auf diesem Wege eigene Änderungs- oder Regelvorschläge einzubringen. Damit können die Nachteile der Demokratie vermieden und dennoch eine Mitbestimmung erreicht werden.

ÖFFENTLICH STATT PRIVAT

Das entscheidende Element einer Freien Privatstadt ist der Bürgervertrag, der zumindest einen Kernbereich definieren sollte, welcher Änderungen nicht zugänglich ist. Ein weiteres wesentliches Element ist das Bestehen einer privaten Betreibergesellschaft, unabhängig davon, ob diese nun genossenschaftlich allen Bewohnern, einem Unternehmen oder dem Gastgeberstaat gehört bzw. sich im Streubesitz befindet. Schließlich muss diese Gesellschaft aus Anreizgründen ein Gewinnmotiv haben und eine gewisse Regelungsautonomie.

In vielen Staaten mag dieses Modell aus politischen Gründen noch nicht durchsetzbar sein. Dann sind Zwischenlösungen gefragt. Am nächsten kommt man dem Konzept einer Freien Privatstadt, wenn man den privaten Stadtbetreiber durch eine öffentlich-rechtliche Körperschaft ersetzt, deren Leitung und Überwachungsgremien vom Gastgeberstaat eingesetzt oder von den Bewohnern gewählt werden. Alternativ könnte man auch eine Mischform als *Public-Private-Partnership* konstruieren, etwa indem der private Betreiber von einem staatlichen oder gewählten Gremium überwacht wird.

Entscheidend ist in allen Fällen das Bestehen eines Bürgervertrages mit jedem Einzelnen, der den entsandten oder gewählten Vertretern die Richtung vorgibt, sie aber auch daran hindert, zu sehr in die Rechtsposition der Bewohner einzugreifen.

II. WENIGER STAAT

Die Erkenntnis, dass ein nicht auf Freiwilligkeit basierendes Gemeinwesen letztlich immer zum Machtmissbrauch führt, ist in libertären Kreisen am weitesten verbreitet. Insofern ist es nicht überraschend, dass von dort zahlreiche Vorschläge gemacht wurden, wie Staatsalternativen auf freiwilliger Basis gestaltet werden können. Die entsprechenden Modelle[270] können nicht alle im Einzelnen besprochen werden, aber die wichtigsten Elemente nichtstaatlicher Systemvorschläge werden im Folgenden erörtert.

REGELUNGS- ABER KEIN GEWALTMONOPOL

Um einem möglichen Machtmissbrauch von vornherein den Boden zu entziehen, wird vorgeschlagen, Regeln vorzugeben, die alle Bewohner akzeptieren müssen, auf ein Gewaltmonopol aber zu verzichten. Stattdessen sind konkurrierende Sicherheitsunternehmen zuzulassen, die aufgrund des Wettbewerbs untereinander gezwungen sind, gute Leistung zu erbringen und ihre Macht nicht zu missbrauchen.[271] Ein solches Vorgehen ist in einer Freien Privatstadt grundsätzlich möglich, wobei die Regeln für Polizeimaßnahmen, an die sich auch die Sicherheitsanbieter halten müssen, im Bürgervertrag vorgegeben werden. Freilich hat der Betreiber dafür Sorge zu tragen, dass es mehrere Sicherheitsanbieter im Stadtgebiet gibt und dass alle Bürger einen entsprechenden Vertrag mit einem Sicherheitsunternehmen haben. Entsprechendes gilt für Ideen, die Rechtsdurchsetzung an Versicherungsagenturen auszulagern. Solange keine Versicherung so etwas in der Praxis anbietet, bleibt das ein Gedankenspiel.

Grundsätzlich haben alle Modelle, die einerseits die Regelvorgabe durch den Betreiber vorsehen, aber andererseits diesem keine Befugnisse einräumen, jene auch durchzusetzen, ein Exekutionsproblem, insbesondere im Hinblick auf die Ausweisung von Personen aus dem Stadtgebiet oder den Umgang mit regelbrechenden Sicherheitsdiensten.

WEDER REGELUNGS- NOCH GEWALTMONOPOL

Noch weitergehender sind Vorschläge, die weder einen Regelungsrahmen noch ein Gewaltmonopol vorsehen. Dabei sollen die Bewohner selbst entscheiden, welchem Recht sie unterliegen wollen. Mit der Zeit würden sich Kollisionsregeln herausarbeiten, wie Konfliktsituationen unterschiedlicher Rechts- und Sicherheitsanbieter aufzulösen wären.[272] Theoretisch ist auch dieser Ansatz in einer Freien Privatstadt möglich, allerdings ist dann der Bürgervertrag mehr oder weniger entbehrlich, es sei denn man beschränkt die freie Rechts- und Regelwahl auf bestimmte Bereiche. Der Betreiber könnte dann noch mit Grundstücksgeschäften und freiwilligen Regulierungs- und Sicherheitsangeboten Geld verdienen. Allerdings kann das Herausbilden von Kollisionsregeln Jahre dauern, die organisierte Kriminalität kann in solche Systeme leicht einsickern und die sich daraus ergebende Unfähigkeit des Betreibers, Sicherheit zu gewährleisten, führt wahrscheinlich zur relativen Unattraktivität solcher Ordnungen insbesondere für Familien und Unternehmen (vgl. auch die Diskussion in Kapitel 17).

PACHTMODELLE

Zur Lösung wiederum dieser Probleme werden Pachtmodelle vorgeschlagen, in denen die Betreibergesellschaft Eigentümerin des gesamten Grund und Bodens bleibt und insofern jederzeit ihre entsprechende Befugnisse aus dem Eigentum ausüben kann.[273] Die Bewohner können nur Eigentum an den Gebäuden erwerben. Die Situation ähnelt der einer Wohnungseigentümergemeinschaft, das Gewinnmotiv der Gesellschaft tritt in den Hintergrund. Der Vorteil ist freilich, dass die Betreibergesellschaft nicht nur Dienstleister ist, sondern in gewisser Weise „die Stadt" schlechthin. Der Firmenwert dürfte höher sein, gerade auch im Hinblick auf eine spätere Kapitalisierung. Auch in solchen Pachtmodellen müssen aber die gegenseitigen Rechte und Pflichten relativ genau bestimmt sein, insbesondere welchen Umfang das jeweilige Eigentumsrecht (Gebäude- versus Grundeigentum) hat, so dass sich dieses Modell nicht grundlegend von dem hier vertretenen unterscheidet. Nachteil ist allerdings, dass die Bewohner kein Recht haben, Grundeigentum zu erwerben.

Irgendeine Abwägung muss immer getroffen werden. Will ich auf alle Monopole verzichten, dann darf ich mir selbst auch kein Regelungs- und Grundeigentumsmonopol zugestehen. Es wird dann aber schwierig bis unmöglich, Störer auszuweisen oder das Gemeinwesen unternehmerisch zu betreiben.

Aber lassen wir den Markt entscheiden. Letztlich wird sich in der Wirklichkeit zeigen, was Erfolg haben wird. Jahrzehntelang breitgetretene Theorien können in einem Wettbewerb der Systeme erstmals einem Praxistest unterzogen werden. Auch hier gilt, dass möglicherweise mehrere Modelle gut funktionieren und schlichtweg verschiedene Zielgruppen ansprechen.

III. SONDERZONEN

Sollten Freie Privatstädte politisch noch nicht durchsetzbar sein, obwohl die Bereitschaft für weitreichende Reformen und Neuansätze grundsätzlich vorhanden ist, besteht die Möglichkeit, zumindest einzelne Aspekte in einer *Sonderzone* aufzugreifen. Dafür gibt es gute Argumente: Ein Staat, der alle Regeln einheitlich handhabt, muss sich immer für einen bestimmten Weg entscheiden, der erst nach Jahren oder Jahrzehnten korrigiert werden kann. Eine mögliche Weiterentwicklung wird dadurch gelähmt, wenn nicht verhindert. Im Produkt- und Dienstleistungsmarkt können Startup-Unternehmen etablierte Wettbewerber mit neuen Produkten herausfordern. Das gilt auch und gerade dann, wenn die Mehrheits- und Expertenmeinung solchen Produkten zunächst keinerlei Erfolgsaussichten einräumt. Diesen etablierten und gut funktionierenden Mechanismus kann man auf den Markt des Zusammenlebens übertragen: Innerhalb bestehender Staatsgebiete werden Sonderzonen geschaffen, in denen wirtschaftlich und politisch abweichende Regeln gelten dürfen. Diese stehen im Wettbewerb sowohl untereinander als auch mit dem Mutterstaat, der sein altes Regelungsregime beibehält. Um niemanden etwas aufzuzwingen, das er nicht will, werden diese Zonen möglichst in schwach oder gar nicht bevölkerten Gebieten eingerichtet. Sie werden ausschließlich von Freiwilligen besiedelt, die sich mit den dort geltenden Regeln identifizieren können. Vorher Ansässige können optieren, ob sie den Regeln der Sonderzone unterworfen sein wollen oder nicht. Wem die dortigen Ideen nicht gefallen, der bleibt einfach weg bzw. geht in eine Sonderzone, die ihm besser zusagt. So kann jeder – auch außerhalb der Zonen - beobachten, welche Modelle funktionieren und welche nicht.

Bei der Einrichtung von Sonderzonen kann es auch darum gehen, einer unzufriedenen Minderheit ein Ventil zu bieten oder schlicht darum, Investoren anzulocken. Letzteres ist bereits weltweit gängige Praxis, und zwar in Form von *Sonderwirtschaftszonen*. Deren Kennzeichen sind meistens Steuererleichterungen, Investitionsschutz, Zollfreiheit und geringere Regulierung für Unternehmen. Die wirtschaftlichen Freiheiten sind also punktuell höher als im Rest des Landes, wenngleich die sonstigen Gesetze und die persönlichen Freiheiten in der Regel nicht anders gehandhabt werden. Sonderwirtschaftszonen zeigen aber, dass für bestimmte Interessen Sonderregeln möglich sind. Bisher sind das nur wirtschaftliche Interessen; aber warum sollte das in Zukunft nicht auch für sonstige Interessen gelten? Es ist daher zu erwarten, dass auch Sonderwirtschaftszonen zunehmend mehr Abweichungen von den Regeln des Mutterlandes erlauben und sich sukzessive in *Sonderverwaltungszonen* verwandeln werden. Sonderverwaltungszonen sind Gebiete, die eigenes Recht setzen dürfen. Ein klassisches Beispiel ist etwa Hong Kong, das zu China gehört, aber für die meisten Bereiche eine eigene Regelungshoheit hat, eine eigene Regierung und sogar eine eigene Währung besitzt. Auch Überseegebiete ehemaliger Kolonialmächte wie Großbritannien oder Frankreich genießen faktisch den Status von Sonderverwaltungszonen, da sie eine eigene Regelungsbefugnis ausüben. Diese ist mal mehr, mal weniger den Gesetzen des Mutterstaates unterworfen. Bestimmte Gebiete, wie etwa die Britischen Jungferninseln, haben nur noch die englische Königin als formales Oberhaupt, sind im Übrigen aber autonom. Neben Gebieten kolonialen Ursprungs gibt es auch echte Neuschöpfungen von Sonderverwaltungszonen, wie zum Beispiel das *Dubai International Financial Centre*. Dieses stellt eine Zwischenform zwischen Sonderwirtschaftszone und Sonderverwaltungszone dar. Es umfasst eine Fläche von lediglich 0,25 km^2. Die Zone wurde 2002 gegründet. Sie hat einen eigenen rechtlichen

Status mit eigenen Gesetzen, die auf Common Law - Grundsätzen beruhen und eigenen, unabhängigen Gerichten. Die entsprechenden Rechtstexte sind in englischer Sprache geschrieben.[274] Vergleichbares gilt für die 2013 entstandene Sonderzone *Abu Dhabi Global Markets*.[275]

Noch einen Schritt weiter geht Honduras mit seinen ZEDE – Sonderzonen, die sich an Vorschläge von *Paul Romer* (Charter Cities)[276] und *Mark Klugman* (LEAP-Zones)[277] anlehnen. Das entsprechende Gesetz wurde nach Verfassungsänderung im September 2013 erlassen.[278] ZEDEs entstehen auf Initiative von inländischen oder ausländischen Privatpersonen und Unternehmen. In unbesiedelten Gebieten reicht die Zustimmung der Landeigentümer zur Etablierung der Zone, im Übrigen sind Referenden und die Zustimmung des Parlaments erforderlich. Sie erlauben die Etablierung einer eigenen Rechtsordnung, eigener Gerichte und eigener Sicherheitskräfte. Davon verspricht sich der Mutterstaat Attraktivität für ausländische aber auch inländische Investoren, die den entsprechenden Institutionen in Honduras bisher wenig Vertrauen entgegenbringen. Es ist auch attraktiv für Honduraner, in einem derartigen stabilen Umfeld zu leben und zu arbeiten. Ziel ist es, Arbeitsplätze zu schaffen, die wirtschaftliche Entwicklung zu beschleunigen und die Lebensqualität der Honduraner zu erhöhen. Das vorgesehene rechtliche und administrative Regime bedarf der Billigung einer staatlichen Kommission und wird von dieser dauerhaft überwacht. Teile der Verfassung, sowie die von Honduras abgeschlossenen internationalen Vereinbarungen und auch das honduranische Strafrecht gelten weiter. Die jeweilige Sonderzone wird von einem *Technischen Sekretär* geleitet, der honduranischer Staatsbürger sein muss und dessen Ernennung durch die staatliche Kommission erfolgt. Er kann sich zur Verwaltung der Zone auch Privatunternehmen bedienen. Die Bewohner der Zone können einen Vertrag mit der Zonenverwaltung fordern, der die gegenseitigen Rechte und Pflichten festlegt. Von den Abgaben, welche die Zonenverwaltung von ihren Bewohnern erhebt, ist ein Teil an Honduras abzuführen. Bemerkenswert ist, dass der spätere Beitritt zu der Sonderzone prinzipiell für jeden interessierten Landeigentümer möglich ist, die Zonen also wachsen können.[279] Derzeit befinden sich mehrere ZEDEs in der Anbahnung, die erste Genehmigung wurde im Dezember 2017 einem Unternehmen erteilt, an dem auch meine Firma *Free Private Cities Inc.* beteiligt ist. Ein ähnliches Modell favorisiert das *Seasteading-Institut* derzeit im Pazifik, namentlich in Französisch-Polynesien.[280] Dort wird über die Einrichtung einer Seezone (mit Landanteil) verhandelt, in der ähnliche Möglichkeiten bestehen wie in den Sonderzonen in Honduras. Die Möglichkeiten, die ZEDEs in Honduras und mögliche Seezonen im Pazifik bieten, kommen dem Ideal einer Freien Privatstadt bisher weltweit am nächsten. Man kann ein solches Gebiet als Sonderzone, Freizone, Sonderverwaltungszone, Sonderwirtschaftszone-Plus oder Superwirtschaftszone bezeichnen.

Wo auch eine solche autonome Sonderzone politisch nicht durchsetzbar ist, können zumindest Themen-Sonderzonen eingerichtet werden. So könnten etwa *Krypto-Sonderzonen* eingerichtet werden, in denen attraktive, verlässliche und dauerhafte Regeln für Unternehmen gelten, die sich mit Kryptowährungen und Blockchain-Technologien befassen. In einer *Sozialversicherungs-Sonderzone* könnten neue Modelle der sozialen Sicherung erprobt werden, etwa eine rein kapitalgedeckte Rentenversicherung mit Anbieterwahlrecht nach chilenisch-australischem Vorbild. Die Krankenversicherung könnte daneben ähnlich der von *Singapur* organisiert sein, nämlich lediglich mit einer Basispflichtversicherung entsprechend der Kfz-Haftpflicht. Für darüber hinausgehende Leistungen entscheidet jeder selbst, ob er eine Versicherung abschließen will oder nicht. Weiter wäre denkbar, dass in einer *Innovations-Sonderzone* neue Produkte grundsätzlich ohne Genehmigungsverfahren zugelassen sind. In E*inwanderungs-Sonderzonen* könnten verschiedene Lösungsmöglichkeiten für die Migrationsproblematik getestet werden. Wer schlecht ausgebildet ist und die Sprache des Aufnahmelandes nicht oder nur schwach beherrscht, ist zur Sicherung seines Lebensunterhalts auf den Niedriglohnsektor angewiesen. Wo staatlich festgesetzte Mindestlöhne die Schaffung solcher Jobs verhindern, ist keine Integration möglich. Nicht einmal Billigunterkünfte können in vielen Ländern errichtet werden, weil die strengen Dämm- und sonstigen Vorschriften dem entgegenstehen bzw. den Bau exorbitant verteuern. All das wäre in diesen Sonderzonen nicht der Fall, weil der uferlose Regulierungsmehltau weitgehend außer Kraft gesetzt wäre. Alle arbeits- und integrationswilligen Menschen, welche sich verpflichten, die Regeln der Einwanderungs-Sonderzone zu beachten, wären willkommen. Um gewisse Obergrenzen wird man freilich schon aus Platzgründen nicht herumkommen.

Da die Teilnahme in jedem Fall freiwillig ist, müssen alle Sonderzonen lediglich ein jederzeitiges Austrittsrecht für jeden Bewohner zwingend einräumen (unbedingte Exit-Befugnis). Wer von der Sonderzone enttäuscht ist, kann diese wieder verlassen. Sei es, weil sie nicht hält, was sich der Betreffende davon versprochen hat, oder weil er spätere Entscheidungen der Verwaltung oder der gewählten Vertretung ablehnt, vielleicht auch, weil ihn das Leben dort überfordert. Der Wettbewerb wird dafür sorgen, dass die besten Sonderzonen Erfolg haben und die anderen wieder verschwinden. Und: die bisherigen Staatsbürger müssen ihr Leben nicht ändern, alles bleibt dort beim Alten. Die Geschichte zeigt, dass die Mehrheit am *status quo* hängt und dessen Beibehaltung Veränderungen vorzieht. Diesem Bedürfnis würde mit der Schaffung von Sonderzonen Rechnung getragen.

IV. FAKTISCHE PRIVATSTÄDTE

Wenn auch Sonderzonen kein politisch gangbarer Weg sind, ist immer noch die Einrichtung von Quasi-Privatstädten möglich. Dies sind Siedlungen, die sich ausschließlich auf Privatgrund befinden: der Grundeigentümer schließt als Stadtbetreiber mit jedem Siedler einen Vertrag, der etwa zum Inhalt hat, dass sich die Bewohner verpflichten, die dort aufgestellten Regeln einzuhalten, nur die vorgesehenen Streitschlichtungssysteme zu nutzen und auch die Einrichtung eines Sicherheitsdienstes und dessen Befugnisse zu akzeptieren. Bei Zuwiderhandlung erfolgt eine Vertragskündigung und der Verlust der Aufenthaltsberechtigung. Beispiele für solche faktischen Privatstädte sind die amerikanischen *Home Owner Associations* bzw. regulierte Privatstädte wie *Weston*[281] oder *Celebration*[282] in Florida. In diese Rubrik fallen auch libertäre Neugründungen wie das norwegische Projekt *Liberstad*[283].

Natürlich sind in solchen Fällen weiterhin alle staatlichen Gesetze anwendbar; aber zumindest für den Bereich der Sicherheit, Streitschlichtung und der sozialen Harmonie kann über diese Gestaltung ein angenehmeres Zusammenleben hergestellt werden. Weiter könnten die Bewohner sukzessive versuchen, im Bereich der Bildung und der sozialen Sicherung eigene Parallelsysteme aufzubauen, um sich im Rahmen der rechtlichen Möglichkeiten den bestehenden Systemen so weit wie möglich zu entziehen. Auch die Schaffung einer eigenen (Krypto-) Währung ist denkbar. Dadurch, dass der Betreiber die Möglichkeit hat, Bewerber abzulehnen (wenngleich diese Vertragsfreiheit von staatlicher Seite immer weiter eingeschränkt wird) und denjenigen kündigen kann, die die Regeln brechen, ist eine Positivauswahl möglich. Auch Siedlungen der *Amischen* in Nordamerika oder der *Mennoniten* in Südamerika sind in diesem Zusammenhang instruktiv, zumal sie es im Laufe der Zeit geschafft haben, eine gewisse formale oder zumindest faktische Autonomie vom Staat zu erhalten.

V. MIGRANTENSTÄDTE

Erhebungen zufolge wollen derzeit etwa 700 Millionen Menschen ihre Heimat verlassen, meist aus afrikanischen und arabischen Staaten.[284] Bis zum Jahre 2050 soll die Zahl aufgrund des Bevölkerungswachstums in diesen Ländern sogar auf 1,2 Milliarden Wanderungswillige ansteigen.[285] Ihr bevorzugtes Ziel sind wohlhabende, westliche Staaten. Das ist einerseits menschlich verständlich, andererseits ist die Menge von Auswanderungswilligen so hoch, dass sie geeignet ist, auch bisher stabile Industrieländer in Schieflage zu bringen. Konflikte sind so vorprogrammiert.

Migrantenstädte nach dem Modell Freier Privatstädte sind ein aussichtsreicher Versuch, diese Probleme in den Griff zu bekommen. Sie bieten *vor Ort* einen verlässlichen rechtlichen Rahmen und die Möglichkeit, unkompliziert Grundeigentum zu erwerben, Waren ein- und auszuführen sowie Firmen zu gründen. Das sind genau die Voraussetzungen, welche in den Auswanderungsländern meist fehlen und eine wirtschaftliche Entwicklung behindern. Migrantenstädte haben also beste Voraussetzungen dafür, Flüchtlingen und Migranten in ihren eigenen Kulturkreisen ein sicheres Leben, eine neue Gemeinschaft und ein wirtschaftliches Fortkommen zu sichern. Sie ziehen darüber hinaus Unternehmen und Leistungsträger aus der Nachbarschaft und aus der ganzen Welt an, die an stabilen Rahmenbedingungen und neuen Märkten interessiert sind, die fraglichen Gegenden aber bisher aufgrund von politischen Risiken gemieden haben.

Die Einrichtung eines solchen Territoriums bedarf der Vereinbarung mit der jeweiligen Regierung oder, falls deren Einfluss im vorgesehenen Gebiet zweifelhaft ist, zusätzlich mit lokalen Machthabern. Es ist sinnvoll, dass eine solche Vereinbarung nicht nur zwischen dem privaten Betreiber der Privatstadt und dem Gastgeberstaat abgeschlossen wird, sondern andere Staaten sozusagen als Garantiemächte der Migrantenstadt mit unterzeichnen. Dabei werden die Vertragsparteien etwa vereinbaren, in der Stadt Menschenrechte und internationale Abkommen einzuhalten, z.B. solche zur Verhinderung von Menschenhandel, Geldwäsche und dergleichen. Gleichwohl ist es ein nicht zu unterschätzender Vorteil, dass Migrantenstädte von einem Privatunternehmen geführt werden. Die Akzeptanz für ein solches Gebilde dürfte weit höher sein, als wenn andere Staaten die Verwaltung direkt übernehmen. Kein Land hat gerne ein von fremden Mächten verwaltetes Territorium im eigenen Hoheitsgebiet. Zudem könnte dem Gastgeberstaat ein Anteil an der Betreiberfirma der Privatstadt eingeräumt werden, der Mitsprache in der Gesellschafterversammlung oder eine spätere Gewinnbeteiligung sichert.

Gerade in Krisengebieten ist es unabdingbar, die Migrantenstadt nach außen militärisch zu sichern. Die Stadt selbst ist nach Schweizer Vorbild unbedingt neutral und enthält sich jeder Einmischung in Konflikte. Daher sollte die Gewährleistung der äußeren Sicherheit nicht durch lokale Kräfte erfolgen, sondern durch international tätige Sicherheitsfirmen. Das gilt insbesondere, wenn man die Präsenz von Truppen anderer Staaten vermeiden möchte. Haben andere Staaten den Vertrag mitunterschrieben, können jene aber eine Sicherheitsgarantie für die Migrantenstadt abgeben. Bereits das wird helfen, mögliche Begehrlichkeiten der Nachbarn im Zaum zu halten. Innerhalb der Stadt ist eine gewisse Robustheit im Hinblick auf die innere Sicherheit unvermeidlich, gerade auch im Hinblick auf bestehende Regionalkonflikte. Im Bürgervertrag verpflichtet sich jeder Bewohner zur Einhaltung der Regeln, welche Gewaltverzicht und Toleranz gegenüber

Andersgläubigen und Andersdenkenden einschließen. Ein Verstoß gegen diese Regeln führt zur Kündigung des Vertrages und zum Verweis aus der Stadt. Jeder Bewohner bestätigt mit Vertragsunterschrift weiter, in einem solchen Falle dahin zurückzukehren von wo er gekommen ist. Gerade weil in einer Migrantenstadt verschiedene Gruppen zu erwarten sind, die nicht unbedingt ein gemeinsames kulturelles und religiöses Verständnis haben, ist es unabdingbar, klare Regeln aufzustellen und diese nach dem Null-Toleranz-Prinzip auch durchzusetzen. Eine klare Linie setzt Anreize, sich entsprechend zu verhalten, um in der Stadt verbleiben zu dürfen. Darin liegt auch eine Chance. Die gemäßigten Kräfte werden unterstützt und ermuntert. Letztlich wird eine Migrantenstadt nur dann wirtschaftlich erfolgreich sein, wenn neben der wirtschaftlichen Freiheit auch die persönliche Freiheit derjenigen Menschen gewährleistet ist, die einer anderen Religion angehören oder gar nicht glauben. Diesen Zusammenhang in der Praxis zu beweisen, stellt eine nicht zu unterschätzende Möglichkeit dar, religiösen und politischen Fundamentalisten den Wind aus den Segeln zu nehmen.

Wie in anderen Freien Privatstädten auch, ist für die Dienstleistung des Stadtbetreibers ein jährlicher Beitrag zu entrichten. Mittellosen Neuankömmlingen können anfänglich die Beiträge gestundet werden, mit der Maßgabe, dass diese Beträge später zurückzuzahlen sind, nachdem ein entsprechendes Einkommen vorhanden ist. Der Eindruck eines Almosen-Gemeinwesens ist zu vermeiden. Es handelt sich nicht um ein Flüchtlingslager, das aufgrund von wohltätigen Spenden oder durch die Vereinten Nationen unterhalten wird, sondern es ist eine Stadt, die von und durch ihre Bewohner lebt. Eine Empfängermentalität soll gar nicht erst aufkommen. Hier muss auch Härte gegenüber denen gezeigt werden, die nach Jahr und Tag eine Beitragszahlung bzw. Arbeitsaufnahme immer noch verweigern. Sie müssen die Stadt wieder verlassen. Eine Migrantenstadt, die aus dem Nichts entsteht, kann nur erfolgreich sein, wenn ihre Bewohner arbeits- und leistungswillig sind. Es ist in diesem Zusammenhang wichtig, dass Migrantenstädte Anreize für die Ansiedlung höher Gebildeter, Unternehmer und Investoren bieten. Städte, deren Einwohner ausschließlich oder weit überwiegend aus Analphabeten bestehen, werden keinen Erfolg haben. Von daher muss jede einzelne Stadt die Möglichkeit haben, sich ihre Bewohner selbst auszuwählen, um eine gesunde Mischung aus Quantität und Qualität zu erreichen. Floriert die Privatstadt später, werden automatisch weitere Arbeitsplätze für Ungelernte entstehen.

Die private Struktur der Stadt vermeidet die Gefahr, dass im Falle eines Wahlsieges der Gewinner eine ihm nahestehende Gruppe begünstigt oder ein Regime installiert, das die Stabilität gefährdet oder Unternehmen und Investoren vertreibt. Systembedingt werden so politische Konflikte in der Migrantenstadt erst gar nicht geschaffen.

Aufgrund der garantierten Sicherheit, der Bindung an Recht und Vertrag, der persönlichen und wirtschaftlichen Freiheiten, der Nichtzulassung politischer oder religiöser Konflikte und der Abwesenheit von Korruption spricht alles dafür, dass solche Gemeinwesen wachsen und gedeihen werden. Sie können vielen Menschen eine Perspektive bieten, die sie anderweitig nicht haben. Im Erfolgsfalle werden sich zahlreiche Nachahmer finden. Bei flächendeckender Verbreitung könnten Migrantenstädte so wesentlich zur Entschärfung der Flüchtlings- und Migrationskrise beitragen.

TEIL III.
UMSETZUNG

KAPITEL 12

ETABLIERUNG UND VERHÄLTNIS ZUM GASTGEBERSTAAT

Aller Fortschritt der Menschheit vollzog sich stets in der Weise, dass eine kleine Minderheit von den Ideen und Gebräuchen der Mehrheit abzuweichen begann, bis schließlich ihr Beispiel die anderen zur Übernahme der Neuerung bewog.

Ludwig von Mises, Ökonom und Philosoph

Wirklich neue Produkte setzen sich üblicherweise erst durch, nachdem sie bereits eine Weile vorhanden sind und sich jeder von ihrem Nutzen überzeugen konnte. Um 1900 hätten vermutlich die meisten Menschen die Frage, welches bessere Transportmittel sie sich vorstellen können, mit „schnellere Pferde" beantwortet.[286] Das *Faxgerät* wurde von den beauftragten Marktforschungsinstituten vor seiner Einführung als nicht nachgefragter Schnickschnack beurteilt.[287] Hätte man vor Erscheinen des ersten *iPhones* vergleichbare Umfragen gemacht („ein Handcomputer, mit dem man auch telefonieren kann "), wäre wohl etwas ähnliches herausgekommen. Es ist daher unumgänglich, das Produkt *Freie Privatstadt* nicht nur zu beschreiben, sondern zu verwirklichen. Erst dann können sich die Menschen ein wirkliches Bild machen. Wenn neue Produkte überzeugen, können sie in der Folge ganze Märkte umwälzen. Heute produzieren praktisch alle Hersteller *iPhone*-ähnliche Smartphones, denn etwas anderes wird nicht mehr nachgefragt.

Aber wie können Freie Privatstädte entstehen? Warum sollten bestehende Staaten, deren Zustimmung man braucht, sich darauf einlassen? Wie schon bei den Freien Reichsstädten des Mittelalters gibt es nur einen einzigen Grund: eigene Interessen. Staaten können einverstanden sein, für ein bestimmtes Gebiet einen Teil ihrer Befugnisse abzugeben, wenn sie sich Vorteile davon versprechen.

VORTEILE FÜR GASTGEBERSTAATEN

Man betrachte Hong Kong, Singapur oder auch Monaco. Um diese Stadtstaaten herum hat sich in den angrenzenden Ländern eine Art Wohlstandsgürtel gebildet. Dessen Einwohner versteuern in die Anrainerstaaten. Daneben schaffen die genannten Stadtstaaten zahlreiche Arbeitsplätze für Pendler aus den umliegenden Ländern, die andernfalls vielleicht arbeitslos geblieben wären. Wenn nun eine Freie Privatstadt in einem vormals strukturschwachen oder unbesiedelten Gebiet entsteht, dann kann der Gastgeberstaat aufgrund dieser Effekte nur gewinnen. Aber auch in dichter besiedelten Gegenden gilt, dass der wirtschaftliche Nutzen, welche der Gastgeberstaat aus ihnen generiert, nach Etablierung einer Freien Privatstadt höher sein kann als vorher. In anderen Fällen sind Regierungen reformbereit, sehen sich im eigenen Land aber erheblichen Hindernissen und Beharrungskräften ausgesetzt, die aus unterschiedlichsten Gründen keine Veränderung wollen. In derartigen Fällen können Freie Privatstädte neue Ansätze ermöglichen, ohne das politische System des Gastgeberstaates ändern zu müssen. Es kann weiter Sondersituationen geben, wie etwa die Einrichtung von Sicherheitszonen oder Flüchtlingsstädten in ehemaligen Bürgerkriegsgebieten oder der Wunsch, in Sonderzonen Alternativlösungen auszuprobieren. In solchen Fällen kann es vorteilhaft sein, die Verwaltung einem unabhängigen, unparteiischen Privatunternehmen anzuvertrauen.

SONDERWIRTSCHAFTSZONEN ALS WEGBEREITER

Schließlich ist die Einrichtung einer Freien Privatstadt desto leichter, je mehr Präzedenzfälle es dafür gibt. Das erste Mal ist wie so oft das schwerste. Allerdings hilft hier eine Besonderheit unserer Zeit, nämlich das Bestehen von *Sonderwirtschaftszonen.* Während noch vor 50 Jahren kaum Sonderwirtschaftszonen existierten, ist ihre Zahl heute auf etwa 4.300 angestiegen.[288]

Die Tatsache, dass Sonderwirtschaftszonen überhaupt existieren, ist bereits ein faktisches Eingeständnis der Staaten, dass ihre herkömmlichen Regelungen offenbar nicht das Optimum für Unternehmen und Investoren sind. Es ist weiter das unausgesprochene Eingeständnis, dass eine Einheitslösung für alle offenbar doch nicht der Weisheit letzter Schluss ist. Im Grunde genommen ist die Einrichtung einer Freien Privatstadt nur die Fortsetzung dieser Entwicklung. Sie ist folgerichtig, denn viele Staaten mussten die Erfahrung machen, dass die von Ihnen eingerichteten Sonderwirtschaftszonen nicht nachgefragt werden. Ähnliches gilt für so manche ehrgeizigen Neubau-Städte. Der Grund dafür ist, dass Menschen wie Unternehmen ein Umfeld bevorzugen, das Sicherheit, Planbarkeit sowie wirtschaftliche und auch persönliche Freiheit ermöglicht. Steuer- und Zollerleichterungen gibt es auch anderswo, das alleine reicht heute nicht mehr aus, um signifikante Neuansiedlungen oder Investitionen zu generieren. Und oft ist die langfristige Stabilität solcher Zonen fraglich, weil die entsprechenden Machthaber oder Gesetzgebungsorgane ihre Meinung nach der nächsten Wahl wieder ändern können.

Freie Privatstädte greifen diese Gesichtspunkte auf, indem sie einen verlässlichen und stabilen Rahmen schaffen, der in entsprechenden Abkommen mit dem Gastgeberstaat abgesichert ist und neben garantierter Sicherheit ein Maximum an wirtschaftlicher, aber auch persönlicher Freiheit bietet. Dazu wird der Betreiber der Freien Privatstadt einen Vertrag mit dem Gastgeberstaat abschließen. Es kann erforderlich sein, dass dieser zunächst seine Gesetze ändern muss, möglicherweise sogar seine Verfassung, um ein solches Abkommen zu ermöglichen.

Freie Privatstädte sind in gewisser Weise daher „nur" eine Weiterentwicklung von Sonderwirtschaftszonen und können unter diesem Aspekt vermutlich leichter vermittelt werden („Sonderwirtschaftszone Plus"), zumal Staaten ungern völliges Neuland betreten. Es liegt in der Natur der Sache, dass eher Länder, die Probleme haben, derartige neue Ideen nachfragen, weil für die anderen der Handlungsdruck (noch) nicht groß genug ist. Mögliche erste Standorte werden also nicht die attraktivsten Plätze in den stabilsten Ländern sein. Damit muss man leben. Wird die erste Freie Privatstadt ein Erfolg, werden sich auch leichter andere Staaten gewinnen lassen. In der Praxis werden Regierungen umso eher geneigt sein, der Einrichtung einer Freien Privatstadt zuzustimmen, je mehr Investitionen der Betreiber in Aussicht stellen kann. Es empfiehlt sich daher, ein entsprechendes Investitionsvolumen zu organisieren, bevor man an potenzielle Gastgeberstaaten herantritt.

INHALT DER VEREINBARUNG

Voraussichtlich wird eine Freie Privatstadt keine vollständige Unabhängigkeit vom Gastgeberstaat aushandeln können. Dieser wird sich neben der territorialen Souveränität (Verteidigung, Außenpolitik) die Weitergeltung bestimmter Rechtsnormen vorbehalten, etwa die Geltung der in seiner Verfassung verankerten Menschenrechte, die von ihm abgeschlossenen internationalen Abkommen oder strafrechtliche Vorschriften. Damit sollte die Freie Privatstadt zurecht kommen, ohne ihren Wesenskern aufzugeben. Insofern wird die Freie Privatstadt auch keine eigene Staatsbürgerschaft vergeben können; jeder Bewohner behält die seinige.

Es gibt in solchen Fällen allerdings Überschneidungen mit den Interessen des Gastgeberstaates, die aus Gründen der Konfliktvermeidung bereits vorab geregelt werden sollten. Dies betrifft etwa steuerpflichtige Bürger des Gastgeberstaates, die sich durch Umzug in die Privatstadt ihrer Steuerpflichten entledigen könnten. Ein anderes Thema sind Waren und Dienstleistungen, die in der Freien Privatstadt aufgrund von Steuer- und Regulierungsvorteilen deutlich günstiger als im Gastgeberstaat angeboten werden (z. B. Benzin, Zigaretten). Das kann die grenznahen Anbieter des Gastgeberstaates in wirtschaftliche Schwierigkeiten bringen, was wiederum politische Probleme für die Freie Privatstadt nach sich ziehen dürfte. Beide Sachverhalte können so geregelt werden, dass dem Gastgeberstaat kein Nachteil entsteht. Etwa indem bestimmte Produkte nur von Bewohnern der Privatstadt erworben werden dürfen und Bürger des Gastgeberstaates weiterhin dessen Steuerpflicht unterliegen (wie Franzosen in Monaco).

Bei aller Verhandlungsbereitschaft wird man sich freilich einen Mindestkatalog von Autonomierechten vorbehalten müssen, weil andernfalls die Einrichtung einer Freien Privatstadt keinen Wettbewerbsvorteil mehr bieten würde. Im Einzelnen:

1. *Die Freie Privatstadt hat die Befugnis, Wirtschafts- und Handelsrecht nach eigenem Gutdünken zu regeln. Dies schließt arbeitsrechtliche, baurechtliche und umweltrechtliche Vorschriften ein, welche Unternehmensgründung und -durchführung erleichtern. Hierzu zählt auch die Möglichkeit, in jeder beliebigen Währung Geschäfte abzuschließen und schnell und unkompliziert Unternehmen gründen zu können.*
2. *Die Freie Privatstadt kann ein eigenes Steuer-, Zoll- und Sozialregime errichten, das unabhängig von den Regelungen des Gastgeberstaates ist.*
3. *Der Erwerb von Eigentum, auch Grundeigentum ist ohne weitere Hürden und rechtssicher nach den Regeln der Freien Privatstadt möglich. Die entsprechenden Rechtsakte werden vom Gastgeberstaat anerkannt.*
4. *Die Rechtsposition der Bewohner aus dem Bürgervertrag wird vom Gastgeberstaat anerkannt, auch wenn einige gleichzeitig seine eigenen Staatsbürger sind.*
5. *Justiz, Polizei und Verwaltung werden in eigener Regie und durch eigenes Personal durchgeführt.*
6. *Der Gastgeberstaat und dessen Organe mischen sich nicht in die inneren Angelegenheiten der Privatstadt, ihrer Bewohner oder Unternehmen ein.*
7. *Grundlegende Freiheitsrechte wie Meinungsfreiheit, Versammlungsfreiheit sowie die Gleichheit vor dem Gesetz sind gewährleistet, auch wenn dies im Gastgeberstaat nicht der Fall ist.*
8. *Die Freie Privatstadt ist berechtigt, unerwünschte Personen auszuweisen oder diesen den Eintritt zu verweigern, auch wenn es sich dabei um Angehörige des Gastgeberstaates handelt.*

9. *Der Status der Freien Privatstadt wird vom Gastgeberstaat für einen langjährigen Zeitraum garantiert (ideal: 50 Jahre oder länger).*
10. *Sämtliche Investitionen, die in der Freien Privatstadt getätigt werden, unterliegen einem besonderen, vertraglich garantierten Schutz.*

Welchen Grad an innerer Autonomie die Freie Privatstadt am Ende tatsächlich hat, ist letztlich Verhandlungssache. Auch hier gilt, dass das Bestehen erfolgreicher Privatstädte die Ausgangsposition für nachfolgende Vorhaben erleichtert. Ein bewährtes Mittel zur Optimierung der Situation ist die Vereinbarung einer *Meistbegünstigungsklausel,* d.h. die Freie Privatstadt wird so gestellt, wie ein beliebiges anderes Land, das mit dem Gastgeberstaat einen Vertrag hat. Sämtliche Begünstigungen, die anderen Ländern insofern eingeräumt wurden, gelten damit auch für die Privatstadt. Eine *erweiterte Meistbegünstigungsklausel* könnte sogar lauten, dass alles, was in mindestens einem Staat der Erde zulässig ist, auch in der Freien Privatstadt zulässig sein kann. Dies würde den Regelungsspielraum erheblich erweitern. Von allzu gewieften juristischen Schachzügen oder den Gastgeberstaat übervorteilenden Regelungen im Vertrag wird abgeraten. Diese kommen irgendwann ans Licht und bewirken im Gastgeberstaat politischen Druck dahin, den Vertrag zu kündigen oder zu ändern. Auch wenn dies vertraglich nicht zulässig sein sollte, werden sich die Machthaber solchem öffentlichen Druck kaum entziehen können, insbesondere wenn die entsprechende Vertragsklausel tatsächlich eine einseitige Benachteiligung des Gastgeberstaates darstellt.

Ein späterer einseitiger Widerruf oder eine Änderung der Vereinbarung durch den Gastgeberstaat kommt einer Enteignung gleich. Daher ist eine ganz entscheidende Frage der Investitionsschutz, der sich auf sämtliche Bewohner, Unternehmer und Eigentümer in der Freien Privatstadt erstrecken sollte und nicht nur auf Investoren aus dem Ausland. Staaten schließen häufig bilaterale Investitionsschutzabkommen mit ausländischen Unternehmen, die im Staatsgebiet investieren. Darin wird in der Regel die Anrufung eines anerkannten Schiedsgerichts für den Konfliktfall vereinbart. Der Betreiber der Freien Privatstadt übernimmt diesen Ansatz, dehnt den Geltungsbereich aber auf alle in der Stadt ansässigen Unternehmen und auf alle Vertragsbürger aus. Dadurch, dass man Investitionsschutz und Schiedsgerichtsbarkeit ausdrücklich mit dem Gastgeberstaat vereinbart, gelten diese Regelungen für alle Bewohner, selbst wenn sie Staatsbürger des Gastgeberstaates sind. Daneben kann die Betreibergesellschaft ihren Sitz in einem Staat nehmen, der mit dem Gastgeberstaat bereits ein bi- oder multilaterales Investitionsschutzabkommen hat. Sie ist als ausländisches Unternehmen dann durch die entsprechenden Verträge geschützt und kann die Freie Privatstadt so abschirmen. Solche zwischenstaatlichen Abkommen sind häufig; sie sehen meist schiedsgerichtliche Streitschlichtungsverfahren vor. Die entsprechenden Schiedssprüche oder Urteile sind im Regelfall auch vollstreckbar, da die meisten Staaten Vertragspartner der New Yorker Konvention[289] sind. Derartige Investitionsschutzmechanismen sind das wesentliche Sicherungsmittel einer Freien Privatstadt gegen einen plötzlichen Sinneswandel und vertragswidriges Vorgehen des Gastgeberstaates. In der Praxis funktionieren sie auch, weil der Staat zwar theoretisch seine Verpflichtungen in den Wind schießen und Schiedsgerichtssprüche ignorieren kann, aber die Geschädigten dann eine Pfändung von Auslandsvermögen des Gastgeberstaates bewirken können. Zudem wird es für den Staat danach sehr schwer, überhaupt noch fremde Investoren anzuziehen, auch für eigene Staatsanleihen.

UMGANG MIT KONFLIKTEN

Trotz eines schriftlichen Abkommens mit dem Gastgeberstaat kann es zu Auslegungsdifferenzen über den Vertragsinhalt kommen; auch ist es möglich, dass neue Sachverhalte auftreten, die im Vertrag nicht ausdrücklich geregelt sind und die zu Interessenkonflikten führen. Hier ist Fingerspitzengefühl des Betreibers gegenüber dem Gastgeberstaat gefragt. Wichtig ist, dass aufgrund der sachlichen und räumlichen Nähe zum Gastgeberstaat regelmäßige Treffen der beiden Verwaltungen stattfinden. So können aktuelle Fragen und Probleme erörtert und mögliche Konflikte frühzeitig erkannt und ausgeräumt werden. Empfehlenswert ist, derartige Treffen genau zu protokollieren und die Protokolle aufzubewahren:

> *Ein monegassischer Diplomat hat mich darauf aufmerksam gemacht, dass es für Monaco im Streit mit Frankreich Anfang der 1960er Jahre hilfreich war, dass Monaco sämtliche Protokolle früherer bilateraler Besprechungen und der dort getroffenen Entscheidungen archiviert hatte und zu Rate ziehen konnte, selbst wenn diese mehr als hundert Jahre zurückreichten.*

Für den Fall des Falles ist unabdingbar, Streitigkeiten über den Vertragsinhalt und die gegenseitigen Rechte und Pflichten einem überregionalen, international anerkannten Schiedsgericht zuzuweisen. Für Streitigkeiten zwischen ausländischen Investoren und dem Gaststaat, in dem sie investiert haben, ist das *International Centre for Settlement of Investment Disputes* (ICSID) der Weltbank in Washington die wichtigste Institution. Andere wichtige internationale Schiedsgerichte sind die *International Chamber of Commerce* (ICC) in Paris, die *American Arbitration Association* (AAA) in New York, das *Singapore International*

Arbitration Center (SIAC) und der *London Court of International Arbitration* (LCIA). Eine entsprechende Klausel sollte bereits im Vertrag mit dem Gastgeberstaat vereinbart sein. Es ist dann für den Gastgeberstaat schwerer, bzw. wäre sogar mit Nachteilen im internationalen Handelsverkehr verbunden, solche Schiedsgerichtssprüche einfach zu ignorieren. Wichtig ist, auch bei Konflikten im Auge zu behalten, dass die Freie Privatstadt für den Gastgeberstaat immer noch einen Vorteil bringt. So hat sich auch China nach 1997 Hong Kong nicht vollständig einverleibt und die dortigen Verwaltungsstrukturen zerschlagen, wohl wissend, dass Hong Kong als Sonderverwaltungszone einen größeren Nutzen für China hat, als wenn es eine gewöhnliche Provinzstadt wäre. Eine gut aufgestellte Freie Privatstadt wird für den Gastgeberstaat eine ähnliche Wirkung entfalten.

VORHER ANSÄSSIGE

Der Idealfall, dass eine Freie Privatstadt in völlig unbewohntem Gebiet entsteht, wird vermutlich selten sein. Wahrscheinlicher ist, dass im vorgesehenen Gebiet zumindest einige wenige Staatsbürger des Gastgeberstaates ansässig sind. Damit stellt sich die Frage, welchen rechtlichen Status diese in der Freie Privatstadt haben. Der einfachste und naheliegendste Weg ist, dass diese einen Bürgervertrag unterschreiben wie die Neusiedler auch. Aber was geschieht mit denen, die das nicht wollen? Grundsätzlich soll die Freie Privatstadt doch eine Ordnung sein, die auf Freiwilligkeit beruht. Im Prinzip gibt es nur drei Möglichkeiten:

1. *Wer den Vertrag nicht unterschreiben will, muss das Territorium verlassen und enthält ggf. eine Entschädigung.*
2. *Nicht vertragswillige Vorbewohner unterfallen nach wie vor nur der Rechtsordnung und den Exekutivorganen des Gastgeberstaates.*
3. *Die Geltung des Vertragsinhaltes wird für diesen Bevölkerungsteil ganz oder in Teilen angeordnet.*

Rechtsgrundlage wäre in allen Fällen der Vertrag mit dem Gastgeberstaat, der entsprechendes regelt. Keine der Lösungen ist optimal, die erste zwingt Menschen, gegen ihren Willen die angestammte Heimat zu verlassen, die zweite schafft zwei Klassen von Bewohnern, sorgt für Trittbrettfahrereffekte und gefährdet die innere Unabhängigkeit durch Einmischung von Staatsorganen des Gastgeberstaates, die dritte widerspricht dem Freiwilligkeitsprinzip. Gleichwohl ist die letztgenannte Lösung vermutlich vorzugswürdig, denn sie ist weniger einschneidend als die erste Lösung, stellt die wichtige Rechtsgleichheit und Geltung der Regeln der Freien Privatstadt sicher und stellt die Bewohner nicht schlechter: Gesetzesänderungen des Gastgeberstaates waren auch zuvor jederzeit möglich. Sie ist vermutlich auch die einzig realistische Variante in denjenigen Fällen, in denen ganze Gemeinden oder Städte entscheiden, dass sie Freie Privatstädte werden wollen – diese Entscheidung erfolgt aller Voraussicht nach entsprechend den bisherigen Mechanismen dieser Gebietskörperschaften, also kraft Gemeinderatsentscheidung oder Referendum, so dass immer eine Minderheit von Unwilligen vorhanden sein wird. Möglicherweise bietet die Gemeinde denjenigen ein eigenes Stadtviertel an (interne Umsiedlung) oder denkt über sonstige Ausgleichsmaßnahmen für wegzugswillige Privatstadtgegner nach.

KAPITEL 13

RECHTSSYSTEM

Alles Recht in der Welt ist erstritten worden, jeder wichtige Rechtssatz hat erst denen, die sich ihm widersetzten, abgerungen werden müssen, und jedes Recht setzt die stetige Bereitschaft zu seiner Behauptung voraus.

Rudolf von Jhering, Rechtsgelehrter

Das Recht hat die Funktion, das menschliche Zusammenleben zu ordnen und zu gestalten, Konflikte in einem geregelten Verfahren verbindlich zu lösen und den Einzelnen vor Übergriffen anderer Personen oder des Staates zu schützen. Die Gleichheit vor dem Gesetz, die Bindung von Machthabern an Recht und Gesetz und die für alle verbindliche Streitschlichtung durch unabhängige Gerichte zählen zu den größten Errungenschaften der Zivilisation. Welche Bedeutung die Rechtsordnung für unser Zusammenleben hat, wird gemeinhin unterschätzt. Tatsächlich gibt es kaum etwas von größerer Bedeutung. Wer die Befugnis hat, Recht zu setzen und zu ändern, hat praktisch Allmacht über seine Mitmenschen. Rechtsetzungsorgane sind daher sowohl in demokratischen als auch in nichtdemokratischen Staaten ein Magnet für Interessengruppen, Lobbyisten und politische Aktivisten aller Art. Die daraus erwachsenden Probleme sind bis heute nicht zufriedenstellend gelöst. Freie Privatstädte müssen deshalb auf ihre Rechtsordnung ein besonderes Augenmerk richten, um einen echten und dauerhaften Wettbewerbsvorteil zu schaffen.

Es gibt weltweit zahlreiche Projekte zum Neubau ganzer Städte, die zum Teil auch durch Privatunternehmen verwaltet werden sollen. Diese Städte unterliegen aber vollständig dem Recht des Staates, dem sie angehören. Sie mögen eigene Regeln haben, aber diese gelten *zusätzlich* zu all den staatlichen Gesetzen, nicht an deren Stelle. Insofern sind sie zwar Privatstädte, aber eben keine Freien Privatstädte. Im Hinblick auf die im ersten Teil untersuchten Probleme ist dadurch wenig gewonnen.

Ein Entwickler der koreanischen Privatstadt Songdo berichtete im privaten Gespräch, dass der geplante Neubau eines Krankenhauses bereits daran gescheitert sei, dass die Ärzte-Gewerkschaft von ihrem Recht Gebrauch gemacht hätte, dagegen Einspruch zu erheben.

Auch die Betreiber von Sonderwirtschaftszonen erkennen zunehmend, dass die Gewährung von Steuer- und Zollerleichterungen allein nicht mehr ausreichend ist, um Investoren anzuziehen. Das ist weder ein Wettbewerbsvorteil gegenüber anderen Sonderwirtschaftszonen, noch löst es die Probleme der langfristigen Stabilität und Rechtssicherheit, noch bedient es die Bedürfnisse qualifizierter Individuen nach Handlungs- und Meinungsfreiheit. Die „Software" im übertragenen Sinne, d. h. die Gestaltung eines attraktiven Rechts- und Ordnungsrahmens, der nicht nur wirtschaftliche, sondern auch persönliche Freiheiten garantiert, ist wichtiger als die „Hardware", also der Aufbau von Häusern, Fabriken und Infrastruktur. Stimmt die Software, folgt die Hardware früher oder später von allein. Umgekehrt gilt das nicht.

Freie Privatstädte sollen insofern größtmögliche persönliche und wirtschaftliche Freiheit ermöglichen, Ungewissheit aufgrund von Regeländerungen vermeiden und dabei einen stabilen rechtlichen Rahmen zur Verfügung stellen, dessen Regeln auf strikter Gegenseitigkeit (Reziprozität) und Gleichrangigkeit beruhen, ohne einseitige Bevorzugung von Beteiligten aufgrund ideologischer Erwägungen. Wie muss die Rechtsordnung gestaltet sein, um das zu gewährleisten? Zur Beantwortung der Frage ist zunächst ein Grundverständnis der verschiedenen Rechtsgebiete erforderlich.

DREI UNTERSCHIEDLICHE RECHTSGEBIETE

In der kontinentaleuropäischen Rechtstradition unterscheidet man zwischen Öffentlichem Recht, Privatrecht und Strafrecht. In den Rechtsordnungen, die auf englischem Common Law beruhen, ist die Unterscheidung weniger strikt ausgeprägt und sie ist auch nicht zwingend. Zum besseren Verständnis unseres Zusammenlebens ist es aber angezeigt, diese drei Bereiche auseinander zu halten. Im Grunde reden wir also über drei verschiedene Rechtsordnungen, denen in der Welt von heute jeder Mensch unterworfen ist.

Das Öffentliche Recht oder *Verwaltungsrecht*[290] behandelt das Verhältnis zwischen Bürger und Staat. Da hier ein Über- und Unterordnungsverhältnis besteht, haben sich im Laufe der Geschichte besondere Regeln herausgebildet, um willkürliche Akte der Regierung und ihrer Verwaltung zu unterbinden. Die Bindung der Exekutive an Recht und Gesetz ist eines der Hauptmerkmale eines Rechtsstaates. Die Abgrenzung zum Privatrecht ist wichtig, weil im Öffentlichen Recht zwingende, nicht durch Vertrag abdingbare Regeln herrschen und der Staat in der Regel privilegiert ist (Immunität der Amtsträger, Schutz vor Haftung und Insolvenz, Möglichkeit die Gesetze zu ändern usw.).

Hingegen regelt das *Privatrecht*, auch als *Zivilrecht* oder *bürgerliches Recht* bezeichnet, die Rechtsbeziehungen zwischen zwei beliebigen Privatpersonen (oder juristischen Personen, etwa Unternehmen) und beruht auf der Gleichordnung beider Streitparteien. Im Privatrecht haben sich seit Jahrtausenden Grundsätze herausgebildet, die in den meisten Rechtsordnungen gleich sind, selbst in denen, die nur mündlich überliefertes Gewohnheitsrecht kennen. So findet sich die unterschiedliche Behandlung von vertraglichen und nichtvertraglichen Schuldverhältnissen, die mit dem Privateigentum verbundenen Rechte oder die formelle Gleichberechtigung zweier streitender Parteien bereits in dem fast viertausend Jahre alten babylonischen *Codex Hammurabi*[291]. Heute weltweit verbreitete Privatrechtsgrundsätze sind etwa das Verbot, einen Vertrag zulasten nicht beteiligter Dritter zu schließen oder die Schadensersatzpflicht bei verschuldeter Nichterfüllung eines Vertrages. Alle diese Regelungen fußen auf einem als vernünftig und fair empfundenen Interessenausgleich zwischen den Parteien sowie dem Gedanken, dass gleiche Regeln für alle gelten sollen. Sie folgen der Idee der Vertragsfreiheit oder Privatautonomie, also der Möglichkeit, die meisten Regeln des Privatrechts vertraglich auszuschließen oder abzuändern, wenn beide Parteien damit einverstanden sind. Privatrecht ist Gegenseitigkeit *par exellence*. Daher sind die Grundsätze des Privatrechts viel stabiler und älter als sämtliche öffentlich-rechtlichen Gesetze, die derzeit in Kraft sind. Zwar ist die Geltung eines bestimmten Privatrechts ebenfalls von Staats wegen angeordnet, inhaltlich ist jenes aber grundsätzlich unabhängig von der Staatsform und den Regeln des Öffentlichen Rechts, die in einem Land gelten:

> *Am 01.01.1900 trat im Deutschen Reich unter Kaiser Wilhelm II. das Bürgerliche Gesetzbuch (BGB) in Kraft, welches das Privatrecht vereinheitlichte und systematisierte. Das BGB galt nach der Abdankung des Kaisers in der Weimarer Republik weiter, behielt seine Gültigkeit während der Naziherrschaft, in der Besatzungszeit nach dem Krieg und schließlich in der Bundesrepublik Deutschland bis zum heutigen Tage.*

Das BGB überdauerte somit unbeschadet Monarchie, Demokratie, Diktatur und Militärverwaltung.

Das *Strafrecht* ist eigentlich eine Sonderform des Öffentlichen Rechtes, hat sich aufgrund der speziellen Bedeutung aber als eigenes Rechtsgebiet verselbständigt. Das Strafrecht ordnet für bestimmte Handlungen eine Strafbarkeit an. Die Täter werden von Staats wegen und auf Staatskosten verfolgt, verurteilt und bestraft. Es geht insofern um die Aufrechterhaltung der öffentlichen Sicherheit und Ordnung, nicht um einen Täter-Opfer-Ausgleich (für diesen ist wiederum in den meisten Rechtsordnungen das Privatrecht zuständig). Das Opfer hat einen sogenannten deliktischen Anspruch aus dem Privatrecht, der heutzutage allerdings nur materiellen Schadensersatz oder Schmerzensgeld, keine darüber hinausgehende Bestrafung des Täters mehr umfasst.

PRIVATVERWALTUNGSRECHT

In einem privaten Gemeinwesen stellt sich die Frage, ob es überhaupt Anwendungsfelder für Öffentliches Recht und Strafrecht gibt. Denn der Anbieter der Freien Privatstadt und der Bürger stehen sich als gleichberechtigte Rechtssubjekte gegenüber. Beide sind Vertragsparteien und schließen einen privatrechtlichen Vertrag, so wie man das auch mit einem Dienstleister oder Versicherungsunternehmen tun würde. Leistung und Gegenleistung stehen in einem klar definierten Verhältnis. Für sämtliche Streitigkeiten über die Vertragsauslegung oder bei Schlechtleistung oder Nichterfüllung einer Partei sind privatrechtliche Grundsätze und Konfliktlösungsmechanismen anwendbar. Das gilt auch für die Fälle, in denen Gewaltmittel angewendet werden, etwa durch die Privatpolizei des Betreibers. Dies ist vergleichbar mit dem Verweis eines Gastes aus einem Hotel oder Vergnügungspark wegen Verfehlungen gegen die Hausordnung durch den Sicherheitsdienst. Selbst ein vorübergehendes Einsperren und sonstige Sanktionen sind auf privatrechtlicher Grundlage möglich, etwa auf einem Kreuzfahrtschiff oder in einem Internat. Dagegen kann der Betroffene vor einem Zivilgericht klagen und gegebenenfalls einen Anspruch auf zukünftige Unterlassung und Schadensersatz beziehungsweise Schmerzensgeld zugesprochen bekommen.

Die entsprechenden Befugnisse der Sicherheitskräfte sind in einer Freien Privatstadt im Bürgervertrag niedergelegt, vergleichbar einem Polizeigesetz. Solches „Privatverwaltungsrecht“ ist nicht abdingbar, sondern gilt für alle Bewohner (vgl. dazu auch Kapitel 14). Im Gegensatz zu echtem Öffentlichen Recht sind die entsprechenden Regelungen aber Vertragsbestandteil und jedem Bürger vor Vertragsunterschrift bekannt. Sie können grundsätzlich nicht einseitig vom Betreiber geändert oder erweitert werden. Daher besteht in Freien Privatstädten in der Tat kein Bedarf für ein Öffentliches Recht. Der Betreiber hat keine Rechtsposition, die über die eines Dienstleisters hinausgeht, und die vor ordentlichen Zivilgerichten bzw. Schiedsgerichten überprüft werden kann. Und zwar auf Betreiben jedes einzelnen Inhabers eines Bürgervertrags. Allein das verbessert die Rechtsstellung der Vertragsbürger einer Freien Privatstadt signifikant gegenüber „normalen“ Staatsbürgern, denen in öffentlich-rechtlichen Angelegenheiten häufig schon die Klagebefugnis fehlt.

PRIVATSTRAFRECHT

Es gibt weiter die Überlegung, in vertraglich begründeten Gesellschaftsordnungen auf ein Strafrecht ganz zu verzichten und sämtliche Rechtsverletzungen lediglich über privatrechtlichen Schadensersatz zu vergelten. Das Opfer würde so vom Täter finanziellen Ausgleich erhalten. Im Falle einer Tötung wären die Begünstigten die Familie bzw. die Erben des Opfers. Das entspricht alter Tradition und ist sicherlich in vielen Fällen eine gute Lösung. Da aber von Seiten der Bürger der Freien Privatstadt bei schwerkriminellen Handlungen ein nachvollziehbares Interesse besteht, derartige Täter nicht länger in der Nähe zu dulden, könnte für Strafdelikte im Bürgervertrag zusätzlich angeordnet sein, dass bei ihrem Begehen der Vertrag fristlos gekündigt wird und der Betroffene die Freie Privatstadt unverzüglich verlassen muss. Diese Lösung hat einen gewissen Charme, insbesondere weil kein Strafverfolgungs- und Gefängnisapparat aufgebaut werden muss.

Sie hat allerdings auch Nachteile. Was geschieht, wenn der Täter nicht zahlen kann, insbesondere bei schweren Delikten? Wie erhält das Opfer dann Genugtuung? Was ist, wenn reiche Tunichtgute aus anderen Ländern aus Spaß Verbrechen in der Freien Privatstadt begehen? Die Entschädigungszahlungen könnten diese locker aufbringen und der Verweis aus der Freien Privatstadt würde sie als Besucher ohnehin nicht abschrecken. Was ist mit Kriminellen, die entgegen eines Verbots immer wieder in die Freie Privatstadt zurückkehren, etwa um dort Einbrüche zu begehen? Wie wird man mit organisierter Kriminalität fertig, die Zeugen und Opfer einschüchtert, um keinen Schadensersatz zahlen zu müssen?

All das spricht dafür, zumindest einige Handlungen als Straftaten zu qualifizieren, die vom Betreiber bzw. dessen Sicherheitskräften automatisch verfolgt und neben dem Schadensersatz für die Opfer mit Haftstrafen belegt werden, etwa im Bereich der schweren Körperverletzung, Tötung oder Vergewaltigung. Es wird trotzdem empfohlen, das Begehen einer Straftat als Kündigungsgrund im Bürgervertrag zu verankern und von diesem Kündigungsrecht auch Gebrauch zu machen. Zur Deckung der Gefängniskosten müssen die Verurteilten gemeinnützige Arbeit leisten und nach Verbüßung der Strafe die Stadt verlassen.

Die Freie Privatstadt könnte sich eines bestehenden Strafrechts samt Strafprozessordnung bedienen und „Verbrechen" wie Blasphemie oder Ehebruch sowie reine Meinungsdelikte wie etwa die „Volksverhetzung" herausnehmen. Auch Beleidigungs- und Verleumdungsdelikte können vollständig über den Privatrechtsweg (Unterlassung, Schmerzensgeld) abgewickelt werden. Da die Freie Privatstadt kein Völkerrechtssubjekt ist, sollte der Gastgeberstaat in jedem Fall dem Strafrecht und der Vollstreckbarkeit der Urteile von Strafgerichten der Privatstadt ausdrücklich seine Zustimmung erteilt haben. In einem eigenen Strafrechtssystem stellt sich weiter die Frage des Verfahrens. Ein Geschworenensystem hat gegenüber einer Entscheidung durch ein professionelles Gericht keine wirklichen Vorteile, insbesondere ist es für die Geschworenen eine erhebliche

Belastung und Beeinträchtigung ihres normalen Tagesablaufs. Das Problem der aktuellen westlichen Strafjustiz ist die faktische Ausblendung der Opferperspektive und stattdessen die Überbetonung der Resozialisierung des Täters und der mildernden Umstände. Dem berechtigten Genugtuungsinteresse des Opfers und der schieren Notwendigkeit des Wegschließens des Täters zum Schutz der Gesellschaft vor Wiederholungen könnte dadurch Rechnung getragen werden, dass zum einen Mindeststrafen für jedes Delikt vorgesehen werden, die nicht zur Bewährung ausgesetzt werden können und zum anderen das Strafmaß (innerhalb eines vorgegebenen Strafrahmens) allein durch das Opfer bzw. dessen Angehörige bestimmt wird, nachdem das Gericht die Schuldfrage geklärt hat.

GRUNDSATZ DER FREIEN RECHTSWAHL

Grundsätzlich gilt in der Freien Privatstadt für alle zivilrechtlichen Angelegenheiten freie Rechtswahl: Bürger und Unternehmen können untereinander vereinbaren, welches Recht, welche Verfahrensordnung und welche Schlichtungsmechanismen sie im Streitfall anwenden möchten. Dies ist im internationalen Handelsverkehr zwischen Unternehmen seit langem gang und gäbe. Es gibt keinen Grund, souveränen Privatpersonen dieses Recht vorzuenthalten. Es kann auch für die jeweils betroffenen Parteien Sinn machen, für bestimmte Sachverhalte auf dieses, für andere auf jenes Recht zurück zu greifen, sowie man sich verschiedener Werkzeuge für verschiedene Handwerksarbeiten bedient.[292] Die Parteien eines Rechtsstreits in der Freien Privatstadt genießen somit vollständige Freiheit, eine ihnen genehme Rechtsordnung (z.B. das Recht von Delaware) oder auch nur Teile davon und auch ein beliebiges Streitschlichtungsverfahren zu wählen, was etwa auch bedeuten kann, Gerichte anderer Staaten (z.B. die von England) für zuständig zu erklären.

Das funktioniert freilich nur, wenn beide Streitparteien einverstanden sind. Da nicht davon auszugehen ist, dass darüber immer Einigkeit erzielt werden kann, muss es ein Auffangprivatrecht und eine Auffangstreitordnung geben. Andernfalls bestünde erhebliche Rechtsunsicherheit, welches Recht und welche Verfahrensordnung für den jeweiligen Streitfall gelten würden. Ist es das Recht, das in der Freie Privatstadt meistens angewendet wird, das Recht des Gastgeberstaates oder das Recht der Länder, deren Staatsangehörige die Streitparteien sind, welche wiederum aus verschiedenen Ländern kommen können? Es gibt etablierte Kollisionsregeln dazu, das sogenannte Internationale Privatrecht; die Prüfung bedarf ausgeprägten Expertenwissens. In der Praxis ist nicht vorhersehbar und oft überraschend, welches Recht danach schließlich Anwendung findet. Die anwendbare Rechtsordnung sollte besser klar und vorhersehbar geregelt sein. Dazu muss der Betreiber der Privatstadt im Bürgervertrag eindeutig festlegen, welches Privatrechtssystem in den Fällen gelten soll, in denen sich die Streitparteien nicht auf ein Recht einigen können oder wollen. Zweckmäßigerweise wird er für Vertragsstreitigkeiten zwischen Vertragsbürgern und ihm selbst dasselbe Privatrechtssystem vorgeben.

WAHL DER PRIVATRECHTSORDNUNG

Welche Privatrechtsordnung soll eine Freie Privatstadt wählen? Die weltweit wichtigsten Privatrechtsordnungen beruhen entweder auf *Common Law* oder auf niedergeschriebenem (kodifiziertem) *Zivilrecht*.

Common Law, auch als Fallrecht bekannt, ist das Recht, das von Richtern, Gerichten und ähnlichen Spruchkörpern in Entscheidungen entwickelt wird, die in erster Linie Einzelfälle betreffen, aber darüber hinaus Bindungswirkung für zukünftige Fälle haben. In Fällen, in denen die Parteien über die Rechtslage uneinig sind, überprüft das Gericht frühere Entscheidungen in vergleichbaren Angelegenheiten. Wenn ein ähnlicher Streit in der Vergangenheit per Gerichtsentscheid gelöst worden ist, ist das Gericht in der Regel verpflichtet, der in jener Entscheidung verwendeten Begründung zu folgen. Wenn jedoch das Gericht feststellt, dass der gegenwärtige Streit von allen früheren Fällen verschieden ist und einschlägige Gesetze nicht vorhanden oder mehrdeutig sind, haben die Richter die Befugnis und die Pflicht, das Problem zu lösen. Ihre Entscheidung wird dann ein Präzedenzfall, der künftige Gerichte bindet. Common Law - Systeme entstanden im Mittelalter in England und verbreiteten sich von dort in den Kolonien des britischen Weltreichs. Noch heute sind etwa in England und Wales, im englischsprachigen Kanada und in den meisten Staaten der USA die Grundregeln über Verträge und Eigentum nicht in Gesetzesform gefasst, sondern ergeben sich aus dem gesammelten Fallrecht. Etwa ein Drittel der Weltbevölkerung lebt in Common Law - Systemen oder gemischten Systemen mit Common Law-Anteil.[293]

Kodifizierte Zivilrechtssysteme hingegen stammen aus Kontinentaleuropa und haben ihren Ursprung im römischen Recht, insbesondere in der Zusammenstellung des *Corpus Juris Civilis*, die Kaiser *Justinian* im Jahre 528 veranlasste. Ihr gemeinsames Merkmal ist, dass die Grundregeln des Privatrechts systematisch niedergeschrieben wurden und Gesetzeskraft haben. Sie dienen als primäre Rechtsquelle für die Entscheidung von Privatrechtsfällen. Konzeptionell geht das Zivilrecht nicht von Einzelfällen, sondern von Abstraktionen aus, und formuliert allgemeine Grundsätze, mit denen sämtliche Fälle entschieden werden können. Der Zweck der Kodifizierung ist es, allen Bürgern die Möglichkeit zu geben, die geltende und von den Gerichten zugrunde gelegte Rechtslage zu kennen. Zivilrechtssysteme sind die am weitesten verbreitete Systeme des Privatrechts in der Welt, sie gelten in verschiedenen Formen in etwa 150 Ländern.

Es ist strittig, welches System überlegen ist.[294] Das gerichtlich festgestellte Ergebnis von Streitfällen ist in beiden Rechtsordnungen fast immer das Gleiche. Denn nahezu alle niedergeschriebenen Rechtsgrundsätze des Zivilrechts finden sich irgendwo auch im Fallrecht des Common Law wieder. In Zivilrechtssystemen wird die Entscheidung gefunden, indem man von den niedergeschriebenen Regeln ableitet, in Common Law Systemen, in dem man die Entscheidung früherer vergleichbarer Fälle untersucht und überträgt. Das Zivilrecht ist systematischer und damit auch von Nichtjuristen leichter nachzuvollziehen. Dies ist wahrscheinlich der Grund, warum es häufiger von Ländern angenommen wird, die ein neues Privatrecht einführen wollen.

Die Übernahme fremder Privatrechtsordnungen ist nichts Ungewöhnliches. So wurde das bereits erwähnte deutsche Bürgerliche Gesetzbuch etwa von Japan, Griechenland und Estland übernommen bzw. in eigenes Recht übertragen und es stand 1986 auch Pate für die „Allgemeinen privatrechtlichen Grundsätze der Volksrepublik China".[295] Zur Zeit der Freien Reichsstädte und der Hanse haben viele Städte „Lübecker Recht" oder „Magdeburger Recht" übernommen und sogar die Gerichte dieser Städte als Berufungsinstanz verwendet (s.o. Kapitel 9).

Zur Vermeidung von Rechtsunsicherheit ist, soweit eine Verweisung auf bestehende Privatrechtssysteme erfolgt, eine *statische* Verweisung, d. h. Übernahme zu einem Stichtag, mit einer Liste der übernommenen Gesetz zu wählen. Soweit eigene Ergänzungen gewünscht sind, sind diese ausdrücklich aufzunehmen. Der Vorteil bei einer *statischen* Übernahme liegt darin, dass man nicht von ungewissen künftigen Rechtsänderungen im Ursprungsland abhängig ist, sondern seine Rechtslage ab dem Übernahmezeitpunkt selbst gestalten kann.[296]

PROZESSORDNUNG UND INSTANZENZUG

Während sich das sogenannte *materielle Recht* mit dem Inhalt von Ansprüchen und Einwendungen dagegen befasst, umfasst das *formelle Recht* die Regeln, nach denen ein Gerichts- oder Schiedsgerichtsverfahren abläuft. Hat man sich für eine Rechtsordnung bzw. Teile davon entschieden, stellt sich weiter die Frage, welche Verfahrens- bzw. Prozessordnung und welchen Gerichtsaufbau man verwenden möchte. Das formelle Recht soll ein faires, verlässliches und gleichförmiges Verfahren für alle Beteiligten gewährleisten.

Es ist durchaus vorstellbar, in einer Freien Privatstadt das materielle Recht von Land A, aber das Verfahrensrecht der privaten Schiedsgerichtsorganisation B zu verwenden. Auch die Frage des Gerichtsaufbaus und des Instanzenzuges (Berufung, Revision) kann ganz anders beantwortet werden, als dies im Ursprungsland des übernommenen Privatrechts der Fall ist.

Es gehört zum Leistungsumfang des Stadtbetreibers, Gerichte bzw. Schiedsgerichte zu etablieren, um den Vertragsbürgern *untereinander* die Durchsetzung ihrer berechtigten Ansprüche in einem geregelten Verfahren zu ermöglichen. Zur Vermeidung von Interessenkonflikten empfiehlt es sich hingegen, in Fällen von Streitigkeiten *zwischen Betreiber und Vertragsbürgern* immer auf unabhängige, externe Schiedsgerichte zurückzugreifen, die nicht der Organisation des Betreibers angehören oder ihr nahestehen. Eine Option für solche Fälle ist das Adhoc-Schiedsgericht: Jede Streitpartei benennt einen Schiedsrichter, die beiden einigen sich auf einen Vorsitzenden. Als Schiedsrichter in Frage kommen etwa qualifizierte Rechtsanwalte oder ehemalige Richter, oder auch sonstige geeignete Personen. Das Schiedsgericht bestimmt seine Verfahrensordnung selbst, der Schiedsspruch erfolgt mit der Mehrheit der Stimmen.[297]

Künftig könnten auch private Streitschlichtungsorganisationen die ganze Palette möglicher Dispute mit abgestuften Verfahren und eigenen Richter-Pools oder Online-Jurys abdecken. Es ist davon auszugehen, dass entsprechende Verfahren und Anbieter sich in den nächsten Jahren zunehmend etablieren und so ein preiswerter, zügiger und verlässlicher Rechtschutz erleichtert wird.[298] Solche Institutionen könnten in Freien Privatstädten neben bestehenden Gerichten oder sogar stattdessen die Streitschlichtung übernehmen, falls sich die Kontrahenten nicht auf ein abweichendes Verfahren einigen.

EIGENES SYSTEM

Auch bei Schaffung eines neuen, eigenen Rechtssystems ist es empfehlenswert, sich an bewährten Grundsätzen zu orientieren. Nicht nur, weil diese den Langzeit-Praxistest bestanden haben, sondern auch, weil allzu „originelle" neue Privatrechtsregeln die Anerkennung von Verträgen, Urteilen und sonstigen Rechtsakten im Ausland unnötig erschweren. So hat zwar die Sonderwirtschaftszone *Dubai International Financial Centre* ein selbstgeschaffenes Recht, aber auf Basis von etablierten Common Law-Grundsätzen.[299] Der kalifornische Rechtsprofessor *Tom W. Bell* hat - in Anlehnung an die Programmiersprache UNIX – ein Privatrechtssystem namens ULEX entworfen, das der Bearbeitung und Ergänzung durch prinzipiell jeden Autor weltweit offen ist, so dass später verbesserte oder auch schlicht unterschiedliche Versionen zur Verfügung stehen. Inhaltlich handelt es sich um Altbekanntes. Die Version ULEX 1.1[300] kodifiziert praktisch die hergebrachten Grundsätze des Common Law in den USA, wie sie in den Restatements of Law, einer lehrbuchmäßigen Systematisierung des *American Law Institute,* niedergelegt sind. Es enthält daneben andere bewährte zivil- und handelsrechtliche Regeln aus verschiedenen, meist US-amerikanischen Quellen und auch prozessuale Regelungen, z. B. eine verbindliche Schiedsgerichtsbarkeit nach dem Modell der Vereinten Nationen.[301] Einen ähnlichen Weg sind US-Amerikanische Überseegebiete gegangen, die nicht über eine Common Law – Tradition verfügen, wie etwa die Amerikanischen Jungferninseln in der Karibik (vormals Dänisch) oder die Nördlichen Marianen-Inseln im Pazifik (vormals Spanisch, Deutsch).[302]

VOLLSTRECKUNG, INSOLVENZ, VORLÄUFIGER RECHTSSCHUTZ

Was nützt die beste Entscheidung, wenn die Gegenpartei sie einfach ignoriert? Es ist daher zu klären, wie die Vollstreckbarkeit von Urteilen gehandhabt wird. Dies betrifft sowohl Schiedssprüche von privaten Schiedsgerichten als auch Urteile, die vor Gerichten des Betreibers gefällt werden, gleich nach welchem Recht diese sich richten. Immer wieder wird der Fall eintreten, dass Beklagte, die per Urteil zur Zahlung verpflichtet worden sind, einfach nicht bezahlen. Haben diese nun Einkommen oder ein Grundstück innerhalb der Freien Privatstadt, ist die Vollstreckung möglich. Dafür bedarf es eines Gerichtsvollziehers, der durchaus Privatunternehmer sein kann, aber andererseits auch mit rechtlichen Befugnissen ausgestattet sein muss, die Vollstreckung durchzuführen. Die Frage der Vollstreckbarkeit von Schiedsgerichtssprüchen und Gerichtsurteilen ist daher im Bürgervertrag zu regeln.

Insofern hat die Freie Privatstadt als Vertragsgesellschaft einige Vorteile. Sie kann im Bürgervertrag festlegen, dass Schiedsgerichtsentscheidungen nur Rechtskraft erlangen, wenn diese an eine zentrale Stelle übermittelt werden. So können die ergangenen Entscheidungen zu den verschiedenen Streitfragen gesammelt und als Präzedenzfälle der Öffentlichkeit (anonymisiert) zugänglich gemacht werden. Weiter kann der Bürgervertrag vorsehen, dass jeder Vertragsbürger eine ladungsfähige Anschrift oder eine email-Adresse angeben muss, an die wirksam zugestellt werden kann. Diese Zustellung gilt auch dann als erfolgt, wenn der Bürger umgezogen ist ohne seine neue Anschrift mitzuteilen. Schließlich kann im Bürgervertrag vereinbart sein, dass die Nichtbefolgung von rechtskräftigen Schiedsgerichtssprüchen die Kündigung des Vertrages nach sich zieht. Diese Drohung allein sollte zahlreiche Vollstreckungsmaßnahmen ersparen. Eine weitere Option ist, jeden Bürger bei Vertragsbeginn eine Sicherheitsleistung erbringen zu lassen, aus der vollstreckbare Titel befriedigt werden können. Das ist freilich eine Zusatzbelastung, die sich nicht jeder wird leisten können. Möglicherweise kann die Verwendung von sogenannten *Smart Contracts* künftig Gerichts- und Vollstreckungsverfahren in vielen, insbesondere einfach gelagerten Fällen überflüssig machen.[303]

Dennoch wird manchmal eine Vollstreckung erforderlich sein. Wenn die einzige Drohung die Kündigung des Bürgervertrages ist, dann können diverse Leistungen empfangen und vereinnahmt, aber nicht bezahlt werden. Es ist im Geschäftsleben nicht immer möglich, Vorkasse zu verlangen. Der Empfänger bliebe dann u.U. Eigentümer einer gekauften aber nicht bezahlten Sache, auch wenn er aus der Freien Privatstadt verwiesen wird. Der Leistende ginge leer aus. Wenn der Schuldner über Immobilienvermögen in der Freie Privatstadt verfügt, ist eine Vollstreckung durch Pfändung und Zwangsversteigerung aber verhältnismäßig einfach.

Auch die Möglichkeit einer Insolvenz von Firmen und Privatpersonen hat sich im Prinzip bewährt; anstelle der immer weiteren Aufhäufung von Verbindlichkeiten unter Verschleierung der eigenen Zahlungsunfähigkeit, zum Schaden der Geschäftspartner, tritt ein geregeltes Verfahren. Das schützt zum einen potenzielle Vertragspartner vor Geschäften, deren Gegenleistung ohnehin nicht erbracht werden kann; zum anderen ist es eine Chance für das betroffene Unternehmen oder auch die Privatperson, nach erfolgreichem Durchlaufen des Verfahrens und der wenigstens teilweise erfolgen Befriedigung der Gläubiger schuldenfrei einen Neuanfang zu machen. Auch dazu sind ein Verfahren und eine Überwachungsstelle notwendig.

Ähnliches gilt für den sogenannten vorläufigen Rechtsschutz. Es kann erforderlich sein, eine Handlung, die geeignet ist, irreversiblen Schaden anzurichten, schon im Vorfeld gerichtlich verbieten zu lassen, etwa den Abriss eines Hauses auf einem Grundstück, dessen Eigentumsverhältnisse umstritten sind. Sieht das Gericht ein entsprechendes Vorbringen eines betroffenen Hausbewohners als plausibel an, wird es im Wege der *Einstweiligen Verfügung* den Abriss untersagen, bis die Eigentumsverhältnisse geklärt sind bzw. die Gegenseite nachgewiesen hat, dass diese in Wahrheit bereits eindeutig feststehen. Um einen Missbrauch vorzubeugen, sollte das Gericht befugt sein, eine entsprechend hohe Sicherheitsleistung für Maßnahmen des vorläufigen Rechtschutzes fordern; so ist derjenige zum Schadensersatz verpflichtet, der eine Einstweilige Verfügung erwirkt hat, die sich später als unberechtigt herausstellt.

Prozess- und Verfahrensrecht einschließlich der Frage, wer welche Kosten trägt, Vollstreckungs- und Insolvenzordnungen können von bekannten Rechtssystemen oder Schiedsgerichtsordnungen übernommen werden, ggf. in abgespeckter Form.

REGISTERSACHEN

Die Führung von Registern und verbindliche Eintragungspflichten sind anzuraten, da sie ermöglichen, die handelnden Personen bzw. Firmen und deren Eigentum klar zu identifizieren. Damit wird auch ein Stück Rechtssicherheit gewonnen. Ob die Registerführung in Papierform, digital oder mittels neuer Technologien wie der *Blockchain* als dezentrales Buchführungssystem erfolgt, muss die jeweilige Freie Privatstadt nach Abwägung von Für und Wider entscheiden, sollte sich die Einführung neuer Technologien aber nicht verbauen. Folgende Register werden empfohlen:

GESELLSCHAFTSREGISTER. Darin müssen sich alle in der Freie Privatstadt aktiven Unternehmen mit ihrem Geschäftszweck eintragen lassen, wenn sie ein Geschäft betreiben wollen (ausgenommen Einzelpersonen mit Kleingewerben). Dies dient einmal zur Feststellung der Rechtsform als auch als Blockademöglichkeit der ggf. nach dem Bürgervertrag unzulässigen Geschäfte. Schließlich können Geschäftspartner im Streitfall so die Adresse und Rechtsform ihrer Gegenpartei ermitteln. Dieses Register sollte öffentlich (online) zugänglich sein.

GRUNDSTÜCKSREGISTER. Darin sind sämtliche Grundstückseigentümer und die Belastungen von Grundstücken, etwa durch Grundschulden oder Wegerechte, vermerkt. Es ist zu empfehlen, die Wirksamkeit von Grundstückserwerben davon abhängig zu machen, dass der Verkäufer im Register eingetragen war, umgekehrt aus Gründen der Rechtssicherheit aber auch den Erwerb als gültig zu betrachten, wenn jemand fälschlich als Eigentümer aufgeführt worden war. Das entsprechende deutsch-österreichische Grundbuchsystem hat sich bewährt. Es schafft Rechtssicherheit und erspart umfangreiche Titel- und Übertragungsrecherchen, die u.U. jahrhundertelang zurückreichen müssen. Dieses Register ist entweder ganz öffentlich oder demjenigen zugänglich, der ein berechtigtes Interesse geltend machen kann (z. B. Kaufabsicht).

PERSONENREGISTER. Darin sind sämtliche in der Freie Privatstadt lebenden Personen eingetragen. Dieses muss ohnehin geführt werden, weil alle in der Stadt Ansässigen einen Vertrag haben und die Aufenthaltsberechtigung nachgehalten werden muss. Darüber hinaus kann dieses auch eine rechtsverbindliche ladungsfähige Anschrift enthalten, so dass ein möglicher Kläger in einem Rechtsstreit immer einen Adressaten hat. Dieses Register sollte nur demjenigen zugänglich sein, der ein berechtigtes Interesse geltend machen kann.

EINBETTUNG IN DAS RECHT DES GASTGEBERSTAATES

Weiter stellt sich die Frage des Verhältnisses zum Recht des Gastgeberstaates. Idealerweise wird dieses in der Freien Privatstadt gar nicht mehr weiter gelten. Vermutlich hat sich der Gastgeberstaat aber die Weitergeltung von Teilen des eigenen Rechts bzw. von internationalen Abkommen vorbehalten. Dieses Recht ist entsprechend zu übernehmen. Am einfachsten werden diese Rechtsquellen im Bürgervertrag ausdrücklich aufgeführt und klargestellt, dass sie den Vereinbarungen im Bürgervertrag sowie dem übernommenen Privatrecht vorgehen, aber dass über ihre Einhaltung ausschließlich durch Gerichte der Freien Privatstadt befunden wird.

INTERNATIONALE ORGANISATIONEN

Soweit die Freie Privatstadt umfassende Autonomie hat, kann sie selbst entscheiden, welchen internationalen Abkommen und Organisationen sie beitritt und welchen nicht. Vermutlich wird sich der Gastgeberstaat aber entsprechende Souveränitätsrechte vorbehalten haben. Das muss kein Nachteil sein. Zum einen bringt die Mitgliedschaft in internationalen Organisationen erheblichen finanziellen und personellen Aufwand mit sich, zum anderen tendieren supranationale Organisationen dazu, ihre Befugnisse stetig zu erweitern und sich in die inneren Angelegenheiten ihrer Mitgliedstaaten einzumischen. Sofern sie mit eigener Gerichtsbarkeit ausgestattet sind, maßt sich diese häufig quasi-legislatorische Befugnisse an und gefährdet dadurch die Unabhängigkeit der Mitgliedstaaten und ihrer Gesetzgebungsorgane.[304]

Aus Gründen der Rechtssicherheit ist es daher empfehlenswert, soweit durchsetzbar im Vertrag mit dem Gastgeberstaat eine Klausel zu vereinbaren, wonach sich dieser bei künftigen internationalen Abkommen und Mitgliedschaften eine Nichtgeltungsklausel für die Freie Privatstadt einräumen lässt.

KAPITEL 14

ORDRE PUBLIC

Jemand der es darauf anlegt, in allen Dingen moralisch gut zu handeln, der muss unter einem Haufen, der sich nicht darum schert, zugrunde gehen.

Niccolò Machiavelli, Staatsphilosoph und Politiker

Das vom Betreiber zugrunde gelegte Privatrechtssystem und die entsprechenden Streitschlichtungsregeln decken den Gutteil der zu erwartenden Interessenkollisionen ab. Gleichwohl bedarf es darüber hinaus eines Ordnungsrahmens mit entsprechenden Regeln des Zusammenlebens, eines sogenannten *Ordre Public*. Dieser umfasst neben Zweckmäßigkeitsregeln auch solche, die Ausfluss der gemeinsamen Grundüberzeugungen der Bewohner sind. Eine Art Hausordnung, die nicht verhandelbar ist, ist schon aus praktischen Gründen erforderlich, wenn viele Menschen auf relativ engem Raum zusammenkommen. Auch in rein privat betriebenen Schwimmbädern, Einkaufszentren und Freizeitparks gibt der Betreiber entsprechende Regeln vor. Diese haben meist zum Inhalt, andere Kunden nicht zu belästigen und den Anweisungen der Mitarbeiter Folge zu leisten. Mit Eintritt in die entsprechenden Anlagen wird die Geltung dieser Regeln akzeptiert. In Freien Privatstädten gilt derselbe Gedanke. Es ist einfach, wenn Straßen und Plätze im Eigentum der Betreibergesellschaft sind, aber das kann sich im Laufe der Zeit ändern. Man wird daher im Bürgervertrag einen öffentlichen Raum definieren, der etwa Straßen und Plätze umfasst und weitergilt, unabhängig davon wer Eigentum daran hat. Rechtlich gesehen wird das Eigentum mit der entsprechenden „Belastung" als öffentlicher Raum weiterveräußert, vergleichbar etwa einem im Grundbuch eingetragenen Wegerecht.

INTERESSENAUSGLEICH

Freilich sind in einer Freien Privatstadt mögliche Friktionen wahrscheinlicher als in einem Einkaufszentrum, einfach weil es viel mehr Bereiche des Zusammenlebens gibt, in denen Konflikte auftreten können. Hier gilt es abzuwägen zwischen der Souveränität der Vertragsbürger, diese Konflikte untereinander selbst zu lösen und dem Interesse an einem attraktiven, konfliktarmen und entwicklungsfähigen Gemeinwesen. So wäre beispielsweise denkbar, auf Vorgaben zur Bauplanung ganz zu verzichten und dies den Bürgern und Grundstückseigentümern zu überlassen. Sobald aber eine Fabrik eröffnet, die Staub und Lärm produziert, entsteht ein Problem, das eine Vielzahl von Menschen betrifft:

> *Während der Industrialisierung im 19. Jahrhundert in Deutschland verwandelten sich viele vormalige Handwerksbetriebe und Manufakturen in Industriebetriebe. Allerdings blieben sie an Ort und Stelle, meist in den Innenstädten. Ihr Ausstoß an Produkten vervielfältigte sich, allerdings Lärm, Gestank und Ruß ebenso. In der Folge gab es Klagewellen betroffener Nachbarn, welche Besitz- und Eigentumsbeeinträchtigungen geltend machten. Dies führte zu einer Verstopfung der Gerichte und endlosen Verfahren über die Zumutbarkeit bestimmter Emissionen. Das Problem wurde von den betroffenen Städten schließlich dadurch gelöst, dass Industrie- und Gewerbegebiete im Außenbereich ausgewiesen wurden, in denen insofern andere Maßstäbe galten als in der Innenstadt.*

Die Ausweisung von Gebieten für eine bestimmte Nutzung einschließlich zugehöriger Grenzwerte kann also friedensstiftend wirken und die Transaktionskosten für alle Beteiligte senken. Der andere Weg, das Maß der zulässigen Nutzung über Eigentums- und Besitzrechtsansprüche auszufechten, wäre ebenso denkbar, schafft aber erhebliche Rechtsunsicherheit sowohl für potenziell betroffene Bürger als auch für produzierende Unternehmen. Aus Gründen der Rechts- und Investitionssicherheit werden gerade Produktionsbetriebe vermutlich einen Genehmigungsbescheid nachfragen; die Auskunft, man müsse sich darüber mit allen Nachbarn und potenziell Betroffenen bilateral verständigen (das können Tausende sein), wird eher abschrecken.

Freie Privatstädte, die sich diesen Fragen eher pragmatisch als ideologisch nähern, dürften erfolgreicher sein. Gleichwohl sollte immer eine einvernehmliche Abweichung von nachbarschützenden Vorschriften möglich sein, wenn sich alle Betroffenen ausdrücklich damit einverstanden erklären. Über die Ausweisung verschieden stark regulierter Zonen kann den unterschiedlichen Bedürfnissen Rechnung getragen und zudem ein Experimentierfeld geschaffen werden. Dort kann auch studiert werden, wie sich bestimmte Bereiche entwickeln, die gänzlich unreguliert sind.

ZWECKMÄSSIGKEITSERWÄGUNGEN

Der Stadtbetreiber wird weiter daran interessiert sein, im Interesse seiner Kunden ein attraktives Stadtbild zu gewährleisten. Dazu ist es erforderlich, Bebauungsvorgaben im Sinne eines Bebauungsplanes zu machen (etwa Zahl der Geschosse, maximale Höhe, Abstandsflächen, Brandschutz). Insbesondere im Kernbereich sind diese Vorgaben vermutlich strenger als in den Außenbezirken, wo man ggf. weitgehend oder ganz darauf verzichten kann.

Einige Regelungsinhalte wird der Betreiber einer Stadt vorgeben wollen, um das geordnete Zusammenleben und die Weiterentwicklung der Stadt zu erleichtern. Dazu zählen etwa Verbote bzw. Lizenzierungen bestimmter Tätigkeiten und gefährlicher Stoffe, Bauplanungs-, Bauordnungs- und Verkehrsvorschriften, Arbeitssicherheitsvorschriften, Befugnisse der Sicherheitsorgane, Emissions- und Umweltvorschriften.[305] Es kann auch sinnvoll sein, für bestimmte Bereiche den Nachweis eines Versicherungsvertrages zu fordern, etwa für Kraftfahrzeug-Haftpflicht oder Gebäudeschäden. All diese Leistungen haben den Schutz der anderen Bürger zum Gegenstand, insbesondere wenn sehr große Schäden entstanden sind; die Versicherung springt auch dann ein, wenn der Verursacher keine Mittel hat, den Schaden zu begleichen.

Schließlich gibt es noch Erfordernisse von Seiten des Gastgeberstaates. So gibt es zahlreiche Länder, die den Konsum bestimmter Drogen als illegal ansehen und sämtliche damit zusammenhängende Aktivitäten unterbinden. Darauf muss auch der Betreiber einer Freien Privatstadt Rücksicht nehmen, andernfalls wird er keinen Gastgeberstaat finden oder schnell ins Visier mächtiger Staaten oder der organisierten Kriminalität geraten. Insofern werden sich bestimmte Verhaltensrestriktionen, die im Vertrag mit dem Gastgeberstaat zugestanden werden mussten, in den internen Regeln der Stadt wiederfinden. Hierzu zählen ggf. Versicherungs- und Nummernschildpflicht für Kraftfahrzeuge, Einschränkungen von Waffen- und Drogenbesitz, Regelungen zu Patenten und Urheberrecht usw. Vergleichbares gilt für das weite Feld der Bankenregulierung und Geldwäsche. Im Sinne einer erweiterten Meistbegünstigungsklausel könnte man sich im Vertrag mit dem Gastgeberstaat vorbehalten, dass die Freie Privatstadt grundsätzlich solche Regelungen treffen darf, die in mindestens einem anderen Staat der Welt auch gelten. So hätte man zumindest die Möglichkeit, sich bei Regelungspflicht die jeweils freieste Variante herauszusuchen. Eine Freie Privatstadt sollte gleichwohl mit einem winzigen Bruchteil der Gesetze und Verordnungen heutiger Staaten auskommen.

HERSTELLUNG SOZIALER HARMONIE

Kennzeichen einer Freien Privatstadt sind die Freiwilligkeit der Teilnahme, das Bestehen eines Vertrages zwischen Betreiber und Bürger, die allgemeine Handlungsfreiheit als Grundsatz, begrenzt nur durch die Handlungsfreiheit der anderen sowie Regeln und Vorgaben, die dem friedlichen Zusammenleben dienen, daneben aber auch sicherstellen, dass die Bewohner gewisse Grundwerte teilen und die Stadt für die jeweilige Zielgruppe attraktiv ist. Es ist daher durchaus wahrscheinlich, dass verschiedene Freie Privatstädte einen voneinander abweichenden *Ordre Public* haben. Der jeweilige Betreiber wird insofern Regeln des Zusammenlebens vorgegeben, die nach seiner Markteinschätzung die Lebensqualität für seine Zielgruppe erhöhen und das friedliche Zusammenleben vereinfachen. So könnte er etwa untersagen, in der Öffentlichkeit nackt, vollverschleiert oder mit Schusswaffen herumzulaufen. Auch Verbote in der Öffentlichkeit zu kopulieren oder zu betteln sind mögliche Bestandteile des *Ordre Public* in Freien Privatstädten. All dies sind mehr oder weniger Geschmacks- und Abwägungsfragen. Grundsatzdiskussionen darüber sind ebenso fruchtlos wie entbehrlich, zumal die entsprechenden Regeln vor Vertragsschluss bekannt sind. Was jemand in seinen Privaträumen tut, ist davon freilich unberührt. Differenzierungen sind denkbar, so könnten etwa im Kernbereich der Stadt strengere Regeln gelten als in den Außenbezirken. Vorstellbar ist auch, ganze Stadtviertel Immobilienentwicklern zu überlassen, welche dann für diese eine eigene Hausordnung festsetzen dürfen, die in bestimmten Bereichen von den sonst geltenden Regeln abweichen darf.

Gleichwohl muss ein bestimmter *Ordre Public* für die gesamte Freie Privatstadt verbindlich und einheitlich sein. Es ist bereits angesprochen worden, dass ein gewisser Wertekonsens der Bürger erforderlich ist. Dieser geht über den öffentlichen Raum hinaus. Daher wird es Regeln geben müssen, welche Geltung haben sollen, auch wenn es sich um Aktivitäten auf Privatgrundstücken handelt. Das betrifft generell den Gewaltverzicht zur Durchsetzung eigener Zwecke, insbesondere Körperverletzungs- und Tötungsdelikte, aber auch sämtliche anderen Strafvorschriften. Zum anderen fallen darunter Vorschriften, welche keine Straftaten sind, aber die öffentliche Ordnung betreffen, z. B. das Verbot auf bestimmten Flächen zu parken, die Höchstgeschwindigkeit zu überschreiten oder unter Alkoholeinfluss Auto zu fahren. Hierbei handelt es sich um Ordnungswidrigkeiten, die gegebenenfalls mit einer Geldstrafe belegt werden, im Wiederholungsfalle aber durchaus zur Verweisung aus der Stadt führen können soweit der Bürgervertrag dies vorsieht.

Der *Ordre Public* spielt immer dann eine Rolle, wenn bestimmte Regeln als für die Gesellschaft grundlegend oder so wichtig erachtet werden, dass diese auch im Privatbereich der Bürger Durchsetzung finden müssen. Dies dient letztlich der Herstellung und Aufrechterhaltung von sozialer Harmonie.

> *In einer Gesellschaft ohne Ordre Public gibt es niemanden, der Eltern davon abhält, aufgrund religiöser Überzeugungen ihren Kindern im Alter von zehn Jahren den rechten Arm abzuschneiden. Ein anderer könnte in seinem Garten Hunde und Katzen aufs grausamste quälen und diese ge-*

kreuzigt zur Schau stellen, da es sich ja um sein Eigentum handelt. Wieder andere bewegen sich im öffentlichen Raum ausschließlich nackt. Auch die grundsätzlich mögliche Zulassung fremder Rechtssysteme hat ihre Grenzen. So könnten sich beispielsweise bestimmte Gruppen darauf verständigen, im Innenverhältnis die Scharia zur Anwendung zu bringen und Dieben die Hand abzuhacken oder Ehebrecher zu steinigen. Auch die Witwenverbrennung in Indien erfolgte häufig mit dem religiös begründeten Einverständnis der betroffenen Frauen. Ebenso dürften die meisten Menschen ablehnen, dass Kannibalismus an den Körpern Verstorbener stattfindet, selbst wenn diese sich im Testament damit einverstanden erklärt haben. Ähnliches gilt für die Akzeptanz von Kinderehen von Vertragsbürgern, auch wenn diese wirksam im Ausland geschlossen worden sind.

Hier wird deutlich, dass bestimmte Verhaltensweisen, die wir aufgrund unser sozialen Prägung automatisch meiden, tatsächlich auf einem gesellschaftlichen Wertekonsens beruhen. In einer Freien Privatstadt als neuer Gesellschaftsordnung müssen diese Dinge ausdrücklich adressiert werden. Darin liegt aber auch die Chance, sich einmal zu vergewissern, dass solche Tabus tatsächlich bestehen und warum sie es tun. Die Freie Privatstadt sollte sich insofern generell vorbehalten, dass Verhaltensweisen nicht erlaubt sind, die der grundlegenden Ordnung der Stadt zuwiderlaufen, auch wenn diese woanders zulässig sind.[306] Diese können daher unterbunden beziehungsweise mit Verweis aus der Privatstadt geahndet werden. Im Grunde geht es beim *Ordre Public* darum, in einem Kernbereich gleiche Regeln für alle durchzusetzen und keine Sonderrechte, etwa für religiöse Menschen, einzuräumen. Welche Regeln das sind und wie weit diese gehen, wird naturgemäß von Menschen ganz unterschiedlich beantwortet. Allein deshalb ist es vorteilhaft, wenn es verschiedenartige Gesellschaftsordnungen und unterschiedliche Freie Privatstädte gibt. Insofern hat auch die Selbstbestimmung Grenzen, aber es ist nicht auszuschließen, dass es künftig Gesellschaftsordnungen geben wird, die insofern gar keine Vorgaben machen. Solange die Teilnahme freiwillig ist, ist das hinzunehmen.

Daneben wird es allein aus Gründen des Selbsterhalts geboten sein, alle Versuche, die freiheitliche Ordnung der Freien Privatstadt zu untergraben, entweder unter Strafe zu stellen oder doch als Verstoß gegen den *Ordre Public* mit Ausweisung zu sanktionieren. Etwa wenn politische Extremisten dazu aufrufen, die Ordnung der Stadt zu stürzen und den Betreiber oder die Grundeigentümer zu enteignen. Oder wenn in religiösen Versammlungen Hass und Gewalt gegen Andersgläubige gepredigt werden. Schwere Fälle, etwa die Anstiftung zu Sachbeschädigung oder gar Tötung werden in aller Regel eigenständige Straftaten darstellen, und damit einen Grund zur Vertragskündigung und zur Verweisung aus der Freie Privatstadt geben. Was aber ist mit Aufrufen zur aggressiven Intoleranz, welche die Strafbarkeitsschwelle nicht erreichen? Ein Beispiel:

Oh Allah, schenke Sieg, Ehre und Macht unseren Brüdern, den Dschihadisten im Jemen, in Syrien, im Irak, auf der ganzen Welt. Lass' sie triumphieren über die verräterischen Juden, die bösartigen Christen und die unzuverlässigen Heuchler.

Dieses „Gebet" sprach ein wahhabitischer Iman der *Heiligen Moschee* von Mekka während der jährlichen Pilgerfahrt 2016.[307] Über die Bezugnahme auf die Dschihadisten in den drei besagten, zu diesem Zeitpunkt im Bürgerkrieg befindlichen Ländern, wird die Gewaltanwendung gegen die genannten Gruppen gutgeheißen und zwar „auf der ganzen Welt". Die Empfehlung lautet, solchen Personen zu kündigen und sie aus der Freien Privatstadt auszuweisen. Die Intoleranz gewähren zu lassen, das hat die Erfahrung wieder und wieder bestätigt, ist nicht tolerant, sondern dumm. Eine Nichtsanktionierung solcher Äußerungen wird den erhöhten Zuzug Gleichgesinnter zur Folge haben. Von daher ist die Meinungsfreiheit insofern beschränkt, als das Äußern einer negativen Meinung über eine andere Gruppe, Einzelperson oder Religion zwar grundsätzlich zulässig ist, aber voraussetzt, dass damit kein Aufruf zur Gewaltanwendung einher geht oder anderen nicht schlechthin die Existenzberechtigung abgesprochen wird (Verbot aggressiver Intoleranz). Die Abgrenzung zur erlaubten freien Meinungsäußerung wird nicht immer einfach sein, aber damit muss man leben. Zumal die Sanktion keine strafrechtliche Verfolgung und Verurteilung wegen "Volksverhetzung" ist, sondern lediglich die Nichtverlängerung bzw. Kündigung des Vertrages und die Ausweisung. Zudem ist die Kündigung (schieds-) gerichtlich anfechtbar. Hier könnte sich der Betreiber freilich vertraglich vorbehalten, im Falle des Unterliegens nur Schadensersatz in bestimmter Höhe zahlen zu müssen, ohne verpflichtet zu sein, die Kündigung als solche rückgängig zu machen. Dies wäre auch anwendbar für Fälle, in denen renitente und alle Rechtsmittel ausschöpfende Störer der Stadt verwiesen werden sollen. Anders erscheint das *Böckenförde-Dilemma* (vgl. Kapitel 4 VI.) nicht lösbar.

Unter solchen Rahmenbedingungen dürfte sich auch in Freien Privatstädten mit der Zeit eine gemeinsame Identität von allein herausbilden, sei es aus Stolz über den geschafften Aufbau oder auf die als einzigartig angesehene Gesellschaftsordnung. Es ist zu erwarten, dass sich mit der Zeit bestimmte Verhaltensweisen, wie gute Kleidung und zivilisiertes Verhalten als Erfolgskennzeichen herauskristallisieren, nachdem die anfängliche wirtschaftliche Unsicherheit gemeistert wurde.[308]

KAPITEL 15

BÜRGERVERTRAG STATT VERFASSUNG

Bürgermeister sind besser als Präsidenten, wenn es um Müllbeseitigung geht – und es besteht eine geringere Wahrscheinlichkeit, dass sie uns in einen Krieg manövrieren.

Nassim Nicholas Taleb, Philosoph und Statistiker

Der Vertrag, den jeder Bewohner mit der Betreibergesellschaft hat, ist das zentrale Dokument einer Freien Privatstadt. Nach alter Überlieferung wird derjenige, der in einem gesicherten Raum (Burg) verweilen darf, als Bürger bezeichnet. Dieser Sachverhalt trifft auch auf Freie Privatstädte zu. Daher seien Einwohner als Vertragsbürger und der Vertrag als Bürgervertrag bezeichnet. Der Bürgervertrag regelt die gegenseitigen Rechte und Pflichten *ausdrücklich und abschließend* und tritt in der Freien Privatstadt an die Stelle einer Verfassung bzw. eines fiktiven Gesellschaftsvertrages. Er ist gewissermaßen die persönliche Verfassungsurkunde jedes Einzelnen. Sämtliche geltende Regeln einschließlich des zugrundeliegenden Privatrechts und des Ordre Public sind Bestandteil dieses Vertrages. Als solche werden sie den Vertragsparteien auch zugänglich gemacht, mindestens als Anlage. Es ist eine der Schwächen bestehender Systeme, dass weder alteingesessene Bürger noch Einwanderer wissen, welche Regeln in ihrem Land gelten, zumal sich diese ständig ändern. Unwissenheit schützt vor Strafe nicht, aber welches Recht gilt, wird einem nirgends gesagt. Das ist in der Freien Privatstadt anders. Es ist auch erforderlich, da der Bürgervertrag ein rein privatrechtlicher Vertrag ist. Daher müssen alle Vertragsbestandteile klar benannt sein.

GRUNDFRAGEN

Zunächst stellt sich die Frage, wer überhaupt Vertragspartner ist. Auf der Seite der Freien Privatstadt ist dies die Betreibergesellschaft, bzw. die von ihr betriebene Stadt als Körperschaft. Auf der Seite der Bewohner können dies Einzelpersonen, Familien oder auch Unternehmen sein.

Der Normalfall ist der Bürgervertrag zwischen der Betreibergesellschaft und einer erwachsenen Einzelperson. Ein Vertrag mit Familien ist möglich, erfordert aber einen Mechanismus für den Fall, dass eine Ehe geschieden wird oder die Familie auseinandergeht. Zweckmäßiger erscheint, jede natürliche Person mit einem eigenen Vertrag auszustatten. Kinder werden in den Vertrag eines Elternteils mit aufgenommen. Sind die Kinder volljährig, können und müssen sie sich entscheiden, ob sie die Regeln der Stadt akzeptieren und weiterhin Vertragsbürger bleiben möchten. Falls ja, müssen sie einen eigenen Vertrag abschließen und entsprechende Beiträge entrichten, auch wenn diese in der Praxis zunächst weiterhin durch die Eltern bezahlt werden. Denkbar ist eine Übergangsfrist, in der die Jugendlichen andere Systeme testen können. Wenn sie anschließend bewusst die Ordnung der Freien Privatstadt ablehnen und die Vertragsunterzeichnung ablehnen, haben sie die Freie Privatstadt zu verlassen. Alles andere gefährdet das Grundprinzip einer auf Freiwilligkeit basierenden Vertragsgesellschaft und auch die soziale Harmonie.

Im Hinblick auf Unternehmen bietet es sich an, mit denjenigen Firmen, die eine eigene Rechtspersönlichkeit haben, einen Vertrag zu schließen, also etwa mit Gesellschaften mit beschränkter Haftung und Aktiengesellschaften (sogenannte juristische Personen). Kleingewerbetreibende und Einzelunternehmer, die als Vertragsbürger nicht doppelt zahlen möchten, können auf andere Rechtsformen wie die Personengesellschaft ausweichen. Zur Vermeidung von Umgehungen könnte ab einer gewissen Größe des Unternehmens eine allgemeine Vertragspflicht angeordnet werden, unabhängig von der Rechtsform. Für spezielle oder besonders große Unternehmen, die sich ansiedeln möchten, können Sondervereinbarungen getroffen werden. Auch für Einzelpersonen sind Spezialverträge denkbar, etwa für diejenigen, die sich nur vorübergehend (z. B. für Bauprojekte) in der Freien Privatstadt aufhalten. Es kann sinnvoll sein, ihnen einen Sonderstatus einzuräumen, der verminderte Rechte und Pflichten enthält. Für Pendler, die in der Stadt nur arbeiten und für Besucher ist ein Sonderstatus sogar erforderlich. Aufgrund des privatrechtlichen Charakters der Freien Privatstadt müssen diese auf irgendeine Art und Weise bestätigen, dass sie mit der Geltung der Regeln einverstanden sind. Mindestens erfolgt dies durch ein großes Schild an der Grenze der Privatstadt, auf dem zu lesen ist, dass man sich durch Betreten mit den Regeln der Freien Privatstadt einverstanden erklärt. Alternativ wird bei Eintritt ein Dokument unterschrieben und ggf. ein Tagesbeitrag bezahlt, der auch eine Kranken- und Rückführungsversicherung in Notfällen einschließt.

INHALT

Inhaltlich umfasst der Bürgervertrag drei Bereiche, nämlich Leistungen, Rechtsordnung und Vertragsstörungen.

Im *Leistungsteil* werden die vom Betreiber zu erbringenden Leistungen geregelt. Diese können von Stadt zu Stadt unterschiedlich ausfallen, aber der Kernbereich ist der Schutz von Leben, Freiheit und Eigentum der Vertragsbürger. Im Gegenzug verpflichten sich die Vertragsbürger zur Zahlung eines festgelegten Betrages (vgl. Kapitel 24).

Im *Rechtsordnungsteil* ist geregelt: das privatrechtliche Auffangsystem mitsamt der entsprechenden Prozessordnung samt Streitschlichtungssystem, die weitergeltenden Teile des Rechts des Gastgeberstaates, die garantierten, unveränderlichen Rechte der Vertragsbürger sowie schließlich der *Ordre Public*, der von Verhaltensregeln über Befugnisse der Sicherheitsorgane bis hin zum Strafrecht reicht.

Im *Vertragsstörungsteil* ist beschrieben, unter welchen Voraussetzungen der Vertrag gekündigt werden kann, welche Sanktionen für Vertragsbrüche erfolgen und wie und wo Streitigkeiten zwischen Vertragsbürger und Betreiber über die Auslegung des Vertrages verhandelt werden.

STREITBEILEGUNG

Während der Stadtbetreiber für die Konflikte der Bewohner untereinander ein eigenes Gerichts- bzw. Schiedsgerichtssystem anbietet, sollte für die Streitigkeiten zwischen Betreiber und Vertragsbürger ein gesondertes Verfahren gelten. Einer der nachvollziehbaren Kritikpunkte an aktuellen Systemen ist, dass auch Streitfälle von Bürgern gegen den Staat von den staatlich installierten und bezahlten Gerichten entschieden werden. Daher sollte der Vertrag ein Verfahren vor einer neutralen Schiedsgerichtsorganisation oder einem Adhoc-Schiedsgericht (vgl. Kapitel 13) vorsehen, wenn es um das Verhältnis Vertragsbürger-Betreiber geht. Etwa, wenn einzelne Klauseln des Bürgervertrages verschieden ausgelegt werden oder die Bedeutung der vertraglichen Regelung in einem Einzelfall nicht klar ist. Ebenso möglich sind Interessenkonflikte, weil Vertragsbürger mit der Leistungserbringung des Betreibers nicht einverstanden sind oder den für eine Sanktion maßgeblichen Tatbestand bestreiten.

Missachtet der Betreiber für ihn ungünstige Schiedsgerichtssprüche, ist sein Geschäftsmodell praktisch erledigt. Das wird sich schnell herumsprechen, die Ansiedlung neuer Bürger behindern und die Auswanderung bestehender Kunden nach sich ziehen. Denn Rechtssicherheit wird einer der wesentlichen Erfolgsfaktoren einer Freien Privatstadt sein. Schließlich werden die Vertragsbürger auch in solchen Fällen letztlich Wege finden, ihre Rechte geltend zu machen, indem sie etwa vor ausländischen Gerichten Titel gegen den Betreiber erwirken und auf dessen Auslandsvermögen zugreifen.

SCHLECHTLEISTUNG UND NICHTERFÜLLUNG

Ein weiterer Erfolgsfaktor ist die direkte Verknüpfung von Leistung und Gegenleistung. Der Vertragsbürger bezahlt seinen Beitrag, erwirbt dadurch aber auch einen Anspruch auf die im Vertrag benannten Dienstleistungen, etwa Sicherheit für Leib und Leben. Wird nun ein Vertragsbürger trotzdem Opfer eines Verbrechens, liegt eine Schlechtleistung des Betreibers vor. Der Betroffene hat einen Schadensersatzanspruch gegen die Betreibergesellschaft. Treiben sich kriminelle Banden in der Stadt herum, hat der Vertragsbürger einen Erfüllungsanspruch darauf, dass der Betreiber dies unterbindet. Dies ist eine völlig andere Situation als in bestehenden Staaten, wo es weder einen Schadensersatzanspruch für Schlechterfüllung staatlicher Leistungen noch einen einklagbaren Rechtsanspruch auf Sicherheit gibt.

ÄNDERUNGEN UND ANPASSUNGEN DES VERTRAGES

Auch der beste Vertrag vermag nicht alle künftigen Entwicklungen abzudecken. Aber ein Vertrag, der jederzeit vom Betreiber geändert werden kann oder unklare Gummiklauseln enthält, ist kein wirklicher Gewinn für die Bewohner. Eine solche Situation entspricht aktuellen Systemen, in denen die Bürger ständigen Änderungen der Gesetzeslage ausgesetzt sind. Die Frage der Vertragsänderung ist daher eine der zentralen Fragen Freier Privatstädte. Hält man den Vertrag relativ vage und offen, um damit möglichst viele unvorhergesehene Entwicklungen abzudecken, oder schließt man spätere einseitige Änderungen kategorisch aus? In dem einen Fall ist Rechtsunsicherheit und damit Unattraktivität der Freien Privatstadt die Folge. In dem anderen Fall ist es möglicherweise die Insolvenz des Betreibers, wenn nämlich Entwicklungen eintreten, die er auf Grundlage der vertraglich vereinbarten Beitragsstruktur nicht bezahlen kann, die er aber aufgrund seiner Leistungspflichten finanzieren muss. Es gibt hierzu unterschiedliche Lösungsansätze.

Die Betreibergesellschaft kann jedem Einzelnen eine Vertragsänderung vorschlagen, die aber nur bei denen wirksam wird, die den Vertrag annehmen. Das ist vermutlich unproblematisch bei Änderungen, die dem Vertragsbürger lediglich einen Vorteil bringen, etwa bei Absenkung der Beiträge oder Ausweitung der Leistungen. Wird die Position des Vertragsbürgers verschlechtert, werden allerdings viele die Änderung ablehnen. Neuankömmlingen kann der Betreiber freilich stets einen neuen Vertrag seiner Wahl anbieten. Dieses Vorgehen führt dazu, dass nach einer gewissen Zeit sehr viele unterschiedliche Vertragsversionen existieren.

Eine andere Möglichkeit ist, bestimmte Vertragselemente von Änderungen komplett auszunehmen, etwa die Bürgerrechte, den gesamten Vertragsstörungsteil oder die Beitragshöhe. Andere, weniger kritische Bereiche können hingegen dem Ermessen des Betreibers überlassen sein, z. B. die Festlegung und Änderung der Verkehrsregeln. Schließlich kann man eine Generalklausel für Ausnahmefälle wie Krieg oder Naturkatastrophen in den Vertrag aufnehmen, die eine Vertragsanpassung ermöglicht. Da solche Klauseln stets auslegungsbedürftig sind, bedeutet dies freilich eine gewisse Rechtsunsicherheit, selbst wenn die jeweilige Auslegung gerichtlich überprüfbar ist. In neuen Freien Privatstädten kann zudem eine einmalige Änderungsmöglichkeit des Vertrages nach einer Anlaufperiode von drei oder fünf Jahren vereinbart sein. Insbesondere in der Anfangsphase Freier Privatstädte dürften einige Sachverhalte auftreten, die bei Vertragsschluss nicht bedacht wurden und daher eine Vertragsänderung nahelegen. Als Entschädigung für diese Rechtsunsicherheit könnten den frühen Vertragsbürgern Beitragsermäßigungen oder dergleichen zugesagt werden.

Schließlich besteht die Möglichkeit, bestimmte Vertragsänderungen von der Zustimmung qualifizierter Mehrheiten abhängig zu machen oder diesen ein Vetorecht zuzugestehen (vgl. Kapitel 11). Solche Änderungen sollten aber auf wenige, im Vertrag festgelegte Bereiche beschränkt bleiben. Verlässt man dieses Prinzip und stellt *jegliche* Vertrags- und Regeländerung kollektiver Entscheidungsfindung der Bewohner oder der Anteilsinhaber der Betreibergesellschaft anheim, dann wird man über kurz oder lang wieder genau die Probleme haben, die zeitgenössische Demokratien charakterisieren. Es beginnt dann der politische Kampf um die Erhöhung des Lebensstandards. Anstatt Waren oder Dienstleistungen zu produzieren, für die andere bereit sind, freiwillig etwas zu bezahlen, wird sich ein stetig wachsender Teil der Bevölkerung denjenigen politischen Kräften zuwenden, die das „Recht" versprechen, kraft Vertragsanpassung auf Kosten anderer zu leben.

Es gibt aber noch einen anderen Weg. Wenn der Vertrag aufgrund fehlender oder allgemein gehaltener Regelungen in bestimmten Bereichen zu Auslegungsstreitigkeiten führt, dann können auch Gerichte den Vertragsinhalt fortentwickeln, ohne dass jedes Mal eine schriftliche Vertragsänderung notwendig wird. Freilich führt dies im Laufe der Zeit dazu, dass die Vertragsparteien diese (schieds-) gerichtlichen Fortbildungen des Bürgervertrages beachten müssen, aber so funktionieren im Prinzip auch alle auf Fallrecht basierenden Rechtsordnungen wie das Common Law. Die Vertragsfortbildung erfolgt in einem solchen Mechanismus ausschließlich durch bindende Gerichtsurteile und Schiedssprüche, nicht durch neue Regeln oder Vertragsänderungen. Es sollte für Schiedsgerichte und Gerichte möglich sein, auch neuartige Sachverhalte unter Rückgriff auf die seit Jahrhunderten geltenden Rechtsprinzipien und einen abgewogenen, vernünftigen Interessenausgleich zu entscheiden.[309] Vermutlich werden sich in vielen Lebensbereichen auch ohne Zutun von Gerichten interessegerechte Regelungen finden, wie das etwa im Kreditkartengewerbe zur Regelung von Betrugsfällen geschehen ist.

Die Praxis wird zeigen, welches Modell oder welche Kombination verschiedener Ansätze erfolgreich ist. Der Betreiber stellt ohnehin nur Regeln für die Sicherheit und Ordnung sowie wenige sonstige Sachverhalte. Alle anderen Bereiche sind damit stets einer freiwilligen, jeweils maßgeschneiderten Lösung durch die Betroffenen zugänglich.

SEZESSION

Gibt es ein Sezessionsrecht derjenigen, welche nicht mehr unter der Ordnung der Freien Privatstadt leben wollen? Grundsätzlich ist das Begehren nach Sezession ein legitimer Ausdruck der Selbstbestimmung. In Flächenstaaten, deren Gesellschaftsordnungen man zudem nie wirklich zugestimmt hat, ist sie im Falle ernsthafter Konflikte oft die einzige Möglichkeit, ohne Gewalt ein alternatives System zu installieren. *Im Prinzip* ist dagegen auch in Freien Privatstädten nichts einzuwenden. Die Probleme liegen mehr auf der praktischen Ebene. Lässt man zu, dass mitten im Stadtgebiet befindliche Grundstückseigentümer oder gar Einzelpersonen per Erklärung nicht mehr dem Vertragsregime der Freien Privatstadt unterliegen, dann werden zahlreiche Trittbrettfahrer dies nutzen, um der Beitragszahlung und sonstigen Vertragspflichten zu entgehen. Faktisch werden sie aber weiterhin die Leistungen der Freien Privatstadt in Anspruch nehmen, namentlich Sicherheit und Infrastruktur. Ein Gemeinwesen, das fremde Ordnungen wie Löcher im Schweizer Käse in sich trägt, kann die Sicherheit und den Ordre Public aber nicht mehr gewährleisten. Das gilt insbesondere dann, wenn Kriminelle sich diese Lage zunutze machen und ihre exterritorialen Grundstücke als Rückzugsraum benutzen. Problematisch ist auch, wenn Vertragsbürger erklären, sie würden ab jetzt wieder der Ordnung des Gastgeberstaates angehören und bei Problemen aller Art dessen Sicherheitsorgane in die Stadt rufen.

Liechtenstein, dessen Verfassung ausdrücklich die Sezession erlaubt, beschränkt das Abspaltungsrecht daher auf seine Gemeinden, die darüber intern mit Mehrheit entscheiden. Das erscheint sachgerecht, weil die Gemeinde als kleinste Verwaltungseinheit geografisch abgrenzbar ist und auch auf sich allein gestellt einigermaßen die Sicherung von Leben, Freiheit und Eigentum erfüllen kann.[310] Überträgt man diesen Gedanken auf Freie Privatstädte, wird man das Sezessionsrecht auf abtrennbare Grundstücke oder Stadtviertel an der Außengrenze beschränken müssen. Freilich können dann Bewohner dieser Gebiete, die keine Abspaltung wollen, sich auf den Vertrag mit dem Betreiber berufen, der gerade keine Mehrheitsentscheidungen vorsieht. Daher ist eine Sezession unter Wahrung der Vertragsbürgerrechte nur dann durchführbar, wenn wirklich *sämtliche* Einwohner eines klar abgrenzbaren Teilgebietes damit einverstanden sind. Alsdann stellt sich die nächste Frage im Hinblick auf den Gastgeberstaat. Für diesen dürfte es kein Problem darstellen, wenn sich der abgespaltene Teil wieder ihm und seiner Ordnung anschließen will. Sollte die Sezession aber ein neues Gemeinwesen begründen, dann wäre ein neuer Vertrag mit dem Gastgeberstaat zu schließen, der dies möglicherweise nicht will und die Freie Privatstadt weiterhin als allein zuständigen Ansprechpartner betrachtet. All dies könnte dazu führen, dass in der Praxis das Recht zur Sezession im Bürgervertrag entweder ausgeschlossen oder auf eng umgrenzte Fälle beschränkt wird. Das erscheint verkraftbar, weil die Freie Privatstadt ohnehin ein kleinräumiges Gebiet und die entsprechende Rechtslage vor Vertragsschluss bekannt ist.

KÜNDIGUNG

Da der Aufenthalt in der Freien Privatstadt freiwillig ist, muss der Bürgervertrag kündbar sein. Hier können Lebensversicherungsverträge als Beispiel dienen. Diese können vom Kunden jederzeit, vom Anbieter aber nur aus wichtigem Grund gekündigt werden, etwa weil die Beiträge nicht bezahlt wurden. Könnte der Betreiber den Vertrag jederzeit kündigen, dann fehlte den Vertragsbürgern die Rechtssicherheit und Investitionen, etwa in das eigene Haus, wären mit erheblicher Unsicherheit behaftet. Auf der anderen Seite ist es wichtig, dass der Vertrag gekündigt werden kann, falls Vertragsbürger schwerwiegende Vertragsverletzungen begehen, etwa kriminelle Akte gegen Mitbürger. Es kann für den Betreiber schwierig werden, Verträge wegen Fehlverhaltens zu kündigen, weil diese Vertragsbeendigungen (schieds-)gerichtlich überprüft werden können. So kann sich selbst die Entfernung einer verurteilten kriminellen Person über Jahre hinziehen. Um dies zu vermeiden, könnte etwa im Vertrag von vornherein festlegt werden, dass im Falle eines Verweises aus der Stadt die gerichtliche Anfechtung im Erfolgsfalle nur zum Schadensersatz berechtigt, nicht aber zum Verbleib.

Unbenommen von einer Vertragskündigung ist das Eigentum. Die absolute Garantie privaten Eigentums schließt ein, dass es bestehen bleibt, auch wenn der ehemalige Vertragsbürger nicht mehr das Recht hat, sich in der Stadt aufzuhalten. Er kann innerhalb der in der Stadt geltenden Eigentumsregeln nach Belieben über sein Eigentum verfügen und es entweder verkaufen, vermieten oder verpachten. Insofern wird der Teil des Vertrages, der die Definition und die entsprechenden Rechte und Pflichten eines Eigentümers regelt, weiter gelten.

Es ist im Übrigen empfehlenswert, zumindest für die ersten ein bis drei Jahre eine Probezeit zu vereinbaren, innerhalb derer der Betreiber den Vertrag ohne weitere Angabe von Gründen kündigen kann. Verhaltensauffällige Personen können so identifiziert und ohne große Rechtsstreite entfernt werden. Alternativ oder ergänzend kann sich die Freie Privatstadt das System von Monaco zu eigen machen, wonach die Aufenthaltsberechtigung in den ersten drei Jahren jeweils nur für ein Jahr gilt. Dies hat für den Betreiber den Vorteil, dass er auf rechtlich anfechtbare Vertragskündigungen verzichten kann und stattdessen den Vertrag bei Ablauf schlicht nicht verlängert.

E-BÜRGERSCHAFT

Von Estland könnten Freie Privatstädte die Idee übernehmen, einen lediglich „elektronischen" Bürgerstatus auch an Nichtansässige zu verleihen.[311] Der Vorteil für solche „e-Bürger" liegt darin, dass sie dann in der Freien Privatstadt nach den dort geltenden Regeln Unternehmen gründen, für diese Geschäftskonten eröffnen und am Streitschlichtungssystem der Stadt teilnehmen können, auch ohne ansässige Vertragsbürger zu sein. Die Hürden gegenüber einer echten, physischen Aufenthaltserlaubnis werden zudem deutlich niedriger sein. Gerade diejenigen, welche die Idee unterstützen, aber (noch) nicht ihren Wohnsitz in die Freie Privatstadt verlegen können, könnten so Teil des Projektes werden und von den genannten Vorteilen profitieren. Im Gegenzug wäre ein geringer Jahresbeitrag zu entrichten und/oder eine einmalige Aufnahmegebühr.

KAPITEL 16

GEMEINSCHAFTSEIGENTUM UND MITBESTIMMUNG

Keines Menschen Leben, Freiheit und Eigentum ist sicher, wenn das Parlament tagt.
Mark Twain, Schriftsteller

Wem gehören eigentlich die Goldreserven der Deutschen Bundesbank, die Bundesautobahnen oder die Schiffe der Bundesmarine? Offensichtlich nicht den Regierungspolitikern oder den Staatsbeamten, denn diese wechseln regelmäßig. Augenscheinlich handelt es sich aber auch nicht um herrenlose Sachen, sonst könnte sie sich jeder aneignen. Wem also?

Der Ansatz von *Rousseau*, unser Zusammenleben anhand zivilrechtlicher Konstrukte zu erklären („Gesellschaftsvertrag"), macht durchaus Sinn. Denn diese Rechtsfiguren haben sich über lange Zeiträume entwickelt, es spricht also einiges dafür, dass sie funktional richtige Beschreibungen sind. Nehmen wir die Genossenschaft. Eine zivilrechtliche Genossenschaft ist ein Zusammenschluss von Personen, deren Ziel die wirtschaftliche oder soziale Förderung ihrer Mitglieder durch einen gemeinschaftlichen Betrieb ist.[312] Insbesondere ist die Genossenschaft vom jeweiligen personellen Bestand ihre Mitglieder unabhängig und kann nicht von diesen gekündigt werden. Es besteht kein Recht des Einzelnen, über seinen Anteil am Genossenschaftseigentum zu verfügen.

Diese Definition passt auch auf einen Staat. Tatsächlich gibt es sogar Zwangsgenossenschaften, in denen alle Grundeigentümer eines bestimmten Gebietes zwangsweise Mitglied sind, etwa Jagdgenossenschaften oder Deichachten. Unsere Staaten von heute entsprechen somit am ehesten Zwangsgenossenschaften, in denen man bei Vorliegen bestimmter Voraussetzungen (Abstammung, Geburt in einem bestimmten Gebiet) automatisch Mitglied beziehungsweise Staatsbürger wird, die aber gleichzeitig den freiwilligen Beitritt durch Einbürgerung zulassen. Dadurch erwirbt jeder Einzelne einen Anteil am Staatseigentum, über den er aber nicht verfügungsberechtigt ist. Beim Ausscheiden aus der „Genossenschaft Staat" geht er allerdings leer aus bzw. muss sogar oft noch ein Lösegeld in Form einer Wegzugssteuer bezahlen, selbst wenn er vormals mehr Steuern einbezahlt als Leistungen entnommen hat. Auch wenn der Staat Überschüsse erzielt, wird niemals etwas an die Genossen ausgeschüttet. All das ist bereits eine eigentümliche Schieflage, die noch dadurch verstärkt wird, dass sämtliche Zwangsgenossen bzw. Staatsbürger für alle Verbindlichkeiten haften, welche die Regierung angehäuft hat, diese aber den Genossen gegenüber nicht haftbar ist.

KEINE ÖFFENTLICHEN GÜTER

Wie ist das in einer Freien Privatstadt? Sämtliche Einrichtungen und Dienste sind eigentumsrechtlich klar zugeordnet, „öffentliche Güter“ gibt es nicht. Entweder diese werden von Privatfirmen errichtet und betrieben, dann sind diese die Eigentümer. Oder sie werden von der Betreibergesellschaft vorgehalten, dann gehören die entsprechenden Einrichtungen, etwa Straßen, Plätze oder Polizeifahrzeuge, der Betreibergesellschaft. Letztere wiederum gehört den Anteilseignern. Das können, müssen aber nicht, die Vertragsbürger sein. Wer der Betreibergesellschaft nicht mehr angehören möchte und Anteile hält, kann diese veräußern.

Die übrigen Zahlungen der Vertragsbürger, vor allem der Grundbeitrag, werden als Gegenleistung für die Dienstleistungen des Stadtbetreibers erbracht, vermitteln aber als solche kein Eigentum an der Betreibergesellschaft. Diese ist freilich haftbar für Schlechtleistungen aller Art. Im Übrigen verfügen die Vertragsbürger über ihr Eigentum an Grundstücken, Sachen oder Unternehmen, die sie in der Stadt halten. Ein Wegzug ändert an dieser Rechtsposition nichts.

EIGENTUM AN DER BETREIBERGESELLSCHAFT

Denkt man in herkömmlichen Kategorien, dann scheint es sehr wichtig zu sein, welche Person die Betreibergesellschaft der Freien Privatstadt leitet und wer die Mehrheit an dieser Gesellschaft hält. Tatsächlich sind beide Punkte von untergeordneter Bedeutung. Freie Privatstädte kennen kein Verhältnis zwischen Obrigkeit und Untertan bzw. Regierung und Bürger wie in herkömmlichen Systemen. Der Betreiber ist weder König noch Diktator, sondern ein Dienstleister, der nur das machen darf (bzw. muss), was beide Seiten im Vertrag vereinbart haben.

Wenn Sie sich auf ein Kreuzfahrtschiff begeben, dann sind Sie völlig in der Hand des Kapitäns. Sie vertrauen aber darauf, dass er sich vertragskonform und kundenfreundlich verhält, schließlich wird er mittelbar von Ihnen bezahlt. Sie wollen auch keine Mitbestimmung an Bord, sondern nur, dass die Kreuzfahrt so stattfindet wie angekündigt und dass Kapitän und Besatzung ihren Job machen. Insbesondere soll der Kapitän nicht während der Fahrt die Regeln oder gar die Route ändern, die Sie gebucht haben. Sollte er es doch tun, können Sie den Reiseveranstalter oder die Reederei, der das Kreuzfahrtschiff gehört, verklagen. Wem der Reiseveranstalter oder die Reederei gehört und wer diese leitet, ist dafür ohne Relevanz.

Entsprechendes gilt für Freie Privatstädte. Entscheidend ist allein der Vertragsinhalt und die daraus abgeleitete Rechtsposition.

RECHTSPOSITION DES EINZELNEN

Die wichtigste Frage in Freien Privatstädten ist daher, wie die Rechtsstellung des einzelnen Vertragsbürgers aussieht und wie diese dauerhaft gesichert wird. Er selber ist nämlich der Bestimmer, der entscheidet, was er tut, wofür er Geld ausgibt und welche Initiativen er unterstützt. Von überragender Bedeutung ist mithin, zu verhindern, dass der Betreiber oder ein von der Mehrheit gewähltes Gremium immer mehr Befugnisse an sich ziehen und den Bewohnern in ihre Lebensgestaltung hineinreden können. Daher sind der Vertrag mit jedem Einzelnen und die entsprechende Rechtsposition so wichtig. Es geht um größtmögliche Selbstbestimmung, nicht um größtmögliche Mitbestimmung.

Wenn Bürger freiwillig einen Vertrag mit dem Betreiber schließen, der Betreiber sich an diesen Vertrag hält, bei Streitigkeiten zwischen Vertragsbürger und Betreiber neutrale Schiedsgerichte entscheiden und der Betreiber deren Entscheidungen beachtet, dann besteht gar kein Bedarf für eine institutionalisierte Mitbestimmung oder ein Miteigentum der Vertragsbürger an der Betreibergesellschaft. Insofern spielt es auch keine Rolle, wem die Betreibergesellschaft gehört oder wer ihr vorsteht.

RECHTSFORMEN

Eine Betreibergesellschaft bzw. die Freie Privatstadt kann in verschiedenen Rechtsformen organisiert sein, wobei auch Kombinationen oder Modifikationen der verschiedenen Modelle möglich sind.

PRIVATUNTERNEHMEN. Es liegt aus Haftungsgründen und angesichts des Umfangs des Vorhabens nahe, dass die Betreibergesellschaften als Gesellschaften mit beschränkter Haftung konstruiert sind, obwohl theoretisch auch die Rechtsform einer voll haftenden Personengesellschaft denkbar ist. Die Gesellschaft gehört einem oder mehreren Anteilseignern. Deren Anteile können frei handelbar sein oder auch nicht, je nachdem wie die Gründer der Gesellschaft dies vorgesehen haben. Betreibt ein Unternehmen mehrere Freie Privatstädte, ist es sinnvoll, für jede Stadt eine Tochtergesellschaft zu gründen.

AKTIENGESELLSCHAFT. Vorstellbar ist, dass Freie Privatstädte im Hinblick auf einen späteren Börsengang als Aktiengesellschaften organisiert sind. Aber auch schon vor Börsengang ist der Aktienerwerb für Dritte möglich. Insbesondere Vertragsbürger können davon Gebrauch machen, um auf der jährlichen Hauptversammlung Fragen zu stelle, die sie für wichtig erachten, insbesondere zur Mittelverwendung für den Ausbau der städtischen Infrastruktur. Daneben können sie als Aktionäre mitbestimmen über die Besetzung des Aufsichtsrats und die Gewinnausschüttung. Möglicherweise ist der Stadtbetreiber sogar der Meinung, jeder Bewohner der Stadt *müsse* bei Eintritt mindestens eine Aktie erwerben, um die Bindung an die Freie Privatstadt und deren Angelegenheiten zu vertiefen. Das schließt Gewinnbeteiligung über Dividendenbezug ein. Möchte der Betreiber die Mehrheit an der Gesellschaft behalten, kann er stimmrechtslose Vorzugsaktien ausgeben.

GENOSSENSCHAFT. Eine alternative Rechtsform für die Betreibergesellschaft ist die bereits angesprochene Genossenschaft. Insofern können alle Bewohner, Unternehmen und Grundeigentümer der Freien Privatstadt kraft vertraglich vereinbarter Genossenschaftssatzung gemeinschaftlich Eigentümer des Stadtbetreibers („der Stadt") sein. Damit ist sichergestellt, dass alle Vertragsbürger ein Mitspracherecht haben, was die Verwendung der Mittel und der Überschüsse sowie die Auswahl des Leitungspersonals angeht. Diese Struktur ist aber nicht dahingehend zu verstehen, dass die Genossen auch beliebig die Regeln des Zusammenlebens ändern können, denn insoweit hat jeder einzelne Vertragsbürger seinen Vertrag mit der Genossenschaft als Betreibergesellschaft, der ihm seine individuelle Rechtsposition sichert. Geht man darüber hinaus und lässt die Genossenschaftsversammlung auch sämtliche Regeln des Zusammenlebens festlegen, dann handelt man sich wieder etliche der Nachteile ein, welche durch das Modell der Freien Privatstadt gerade vermieden werden sollen.

BÜRGERGESELLSCHAFT. Ähnliches gilt für die Bürgergesellschaft. Darunter sei verstanden eine Betreibergesellschaft beliebiger Rechtsform, für die kraft Satzung festgelegt ist, dass nur Bewohner der Stadt Miteigentümer der Betreibergesellschaft sein dürfen. Dann kann man weiter differenzieren, etwa dergestalt, dass jeder Bewohner mindestens einen Anteil halten muss solange er in der Stadt lebt und diesen bei Wegzug wieder zu verkaufen hat. Solche Bürgergesellschaften können etwa dadurch entstehen, dass Investoren die Finanzierung für die ersten Jahre übernehmen und dann ihre Anteile an die Vertragsbürger teilweise oder zur Gänze veräußern. Es ist ebenso denkbar, dass eine Betreibergesellschaft zum Verkauf steht und die Vertragsbürger der Freien Privatstadt diese gemeinsam erwerben *(Resident-Buy-Out)*.

Aus den Beispielen wird deutlich, dass eine Fülle von Möglichkeiten besteht, wie das Eigentum am Stadtbetreiber gestaltet werden kann. Es besteht allerdings Grund zur Annahme, dass dieser Punkt in der Praxis nicht entscheidend sein wird. Wichtiger wird sein, dass eine gute, verlässliche Leistung geboten wird und der Betreiber sich an den Bürgervertrag hält. Vertragstreue Privatstädte werden mehr Zulauf haben als andere, egal wie ihre Eigentumsverhältnisse gestaltet sind. Im Zuge von Arbeitsteilung und Wettbewerb kann es sich herausstellen, dass bestimmte Betreibermodelle besser funktionieren als andere. Letztlich wird sich das Optimum erst auf Basis von Erfahrungen erweisen, abhängig von den jeweils erwünschten Formen des Zusammenlebens in den verschiedenen Privatstädten.

INSOLVENZ

Was geschieht, wenn der Betreiber sich verkalkuliert hat und zahlungsunfähig wird? Im Prinzip gilt hier nichts anderes als bei anderen Unternehmensinsolvenzen. Ein Insolvenzverwalter wird installiert und dieser versucht, die Stadt zu sanieren oder an einen anderen Betreiber zu verkaufen. In diesem Zusammenhang können die Vertragsbürger auch selbst anbieten, die Stadt zu übernehmen. Sollte die Freie Privatstadt einigermaßen funktionieren beziehungsweise in der Vergangenheit funktioniert haben, dürften sich auch Käufer finden. Zumindest sollte es möglich sein, die Basisdienstleistungen durch die Weiterbezahlung der Grundbeitrages bis dahin aufrecht zu erhalten. Es empfiehlt sich, im Bürgervertrag eine Insolvenzklausel aufzunehmen, wonach im Insolvenzfall eine bestimmte Prozedur einzuhalten ist, welches Recht insofern anwendbar ist und welche Rechte den Vertragsbürgern im Insolvenzverfahren zukommen.

SONDERFORMEN DER BÜRGERBETEILIGUNG

Die Fragen von Mitbestimmung und Bürgerbeteiligung spielen eine größere Rolle, wenn einseitige Vertragsänderungen durch den Betreiber möglich sind, aus Akzeptanzgründen eine Einbeziehung der Vertragsbürger gewünscht ist oder der Betreiber aufgrund der Vereinbarung mit dem Gastgeberstaat dazu verpflichtet ist. Dies ist in gewissem Umfang möglich, auch ohne das Modell infrage zu stellen, wonach Betreiber und Vertragsbürger einen Vertrag haben und nur dieser verbindlich ist.

In dem Vertrag könnte etwa vorgesehen sein, dass die Spitzen der Verwaltung, seien es der Bürgermeister, der oberste Richter oder der Polizeichef von der Mehrheit der Bewohner gewählt oder abberufen werden können. Dies ändert nichts an den Befugnissen dieser Personen, die durch den Vertrag vorgegeben sind, schafft aber die Möglichkeit, als ungeeignet eingeschätzte Personen auch dann auszutauschen, wenn die Betreibergesellschaft keinen Handlungsbedarf sieht.

Daneben können bereits im Vertrag bestimmte Regelungsbereiche einem Bürgerreferendum zugeordnet sein, etwa die Einführung oder Änderung von Verkehrsregeln oder auch die Strafbarkeit bestimmter Sachverhalte. Hier ist allerdings zu beachten, dass diese Bereiche eng umgrenzt und klar definiert sind, weil sonst die Gefahr besteht, dass in die Eigentums- und Freiheitsrechte der anderen Bewohner über eine solche Abstimmung zu leicht eingegriffen wird. Dieses Problem wird vermieden durch die im Kapitel II beschriebene *korrektive Demokratie*, die lediglich ein Vetorecht kraft Referendum zulässt, nachdem die Anteilseigner mit Aktienmehrheit eine gestaltende Entscheidung in den Bereichen getroffen haben, für die das gemäß Vertrag vorgesehen ist.

Ein kundenorientierter Stadtbetreiber wird ohnehin daran interessiert sein, was seinen Vertragsbürgern am Herzen liegt und daher von sich aus immer ansprechbar sein. Er könnte eine Bürger-Hotline einrichten und regelmäßig Informationsveranstaltungen anberaumen, etwa zu geplanten Infrastrukturvorhaben. Je mehr Freie Privatstädte es gibt, desto leichter können die Vertragsbürger zudem mit den Füßen abstimmen. Das Thema Mitbestimmung dürfte daher im Laufe der Zeit an Relevanz verlieren.

KAPITEL 17

INNERE UND ÄUSSERE SICHERHEIT

Dinge, die ersetzbar sind, können versichert werden. Dinge, die unersetzbar sind, wie Leben und körperliche Unversehrtheit, können nur an einem sicheren Ort sicher gemacht werden. Was wir unbedingt brauchen, ist ein sicherer Ort.

Spencer Heath, Ingenieur, Jurist und Philosoph

Da der Betreiber einer Freien Privatstadt Gewinn machen möchte, muss er ein attraktives Produkt anbieten. Das bedeutet vor allem die Gewährleistung von Sicherheit für Leben, Freiheit und Eigentum der Vertragsbürger. Nach klassisch-liberaler Auffassung ist das auch die einzig legitime Aufgabe eines Staates und die einzig zulässige Rechtfertigung für sein Gewaltmonopol.[313] Staaten wie auch Freie Privatstädte, welche die Sicherheit ihrer Bürger nicht gewährleisten können oder wollen, haben im Grunde keine Existenzberechtigung. Schon *Thomas Hobbes* erkannte 1651 in seinem *Leviathan*:

> *Die Verpflichtung der Bürger gegen den Oberherrn kann nur so lange dauern, als dieser imstande ist, die Bürger zu schützen; denn das natürliche Recht der Menschen, sich selbst zu schützen, falls es kein anderer tun kann, wird durch keinen Vertrag vernichtet.*[314]

Auch der Betreiber einer Freien Privatstadt muss einerseits mit der Gewaltanwendung anderer rechnen, und andererseits als *ultima ratio* selbst dazu bereit sein. Wer sich dieser Einsicht verschließt, kann nicht mit Aussicht auf Erfolg ein Gemeinwesen begründen. Denn selbst wenn alle Einwohner handverlesene Pazifisten wären, müssten sie doch mit dem Eindringen ungebetener Gäste fertig werden.

GEWALTMONOPOL?

Um diese Schutzaufgabe zufriedenstellend zu erfüllen, muss der Betreiber Sicherheitskräfte unterhalten und durch einen Regelungsrahmen vorgeben, was erlaubt ist und was nicht. Er muss weiter durchsetzen, dass gefährliche Personen nicht in die Stadt kommen oder wieder ausgewiesen werden können. Insofern ist der Betreiber Inhaber des „Hausrechts" und damit Territorial- und Gewaltmonopolist. Darin unterscheidet er sich nicht von einem Betreiber eines Hotels, eines Vergnügungsparks oder eines Ferienressorts. Die Hausordnung dort ist ebenfalls vorgegeben, nicht verhandelbar und wird notfalls auch durchgesetzt. Es ist im Interesse des Betreibers, sowohl Sicherheitskräfte als auch Rettungskräfte unter Kontrolle zu haben, um eine vertragsgemäße Qualität garantieren zu können. Dass sich der Betreiber dabei selbst verschiedener Privatfirmen bedient, die diese Leistung erbringen, steht auf einem anderen Blatt. Er könnte beispielsweise nach dem Vorbild der privaten Polizei von San Francisco[315] auch die Polizeidienstleistungen räumlich abgegrenzt an verschiedene Firmen vergeben, um so einen gewissen Wettbewerb zur Qualitätssicherung zu gewährleisten. Dies geschieht freilich nach gleichen, vom Betreiber vorgegebenen Regeln. Erfüllt ein Unternehmen die entsprechenden Dienste schlecht, verliert es den Bezirk an einen Mitbewerber. All dies geschieht aber unter der Oberaufsicht des Betreibers. Gegenüber den Bürgern bleibt er der allein verpflichtete Vertragspartner, aber damit auch der Inhaber des Gewaltmonopols.

Der Ansatz, konkurrierende Sicherheitsdienstleister mit jeweils eigenen Regeln und insofern konkurrierenden Rechtssystemen zuzulassen, mag aus Gründen der Monopolverhinderung theoretisch attraktiv erscheinen. In der Praxis sind vermutlich der damit verbundene Aufwand und die Unannehmlichkeiten (die sogenannten Transaktionskosten) zu hoch. Bis sich am Markt Regeln herausgebildet hätten, wie Kollisionen der verschiedenen Anbieter und Rechtssysteme aufzulösen wären, würden Jahre vergehen. So werden in praktisch allen grenzüberschreitenden privaten Verträgen die Kollisionsregel des internationalen Privatrechts ausgeschlossen. Diese Regeln bestimmen, welches Recht anwendbar ist, wenn verschiedene Rechtsordnungen aufeinander stoßen. Es ist aber nahezu unmöglich vorherzusagen, welches Recht nach diesen Regeln im Einzelfall anwendbar sein wird. Diese Rechtsunsicherheit ist den Vertragsparteien zu groß. Lieber wählen sie eine bekannte Rechtsordnung, selbst wenn es nicht die eigene ist. Eine entsprechende Problematik würde in der Freien Privatstadt auftreten, wenn im Streitfall konkurrierende Ordnungen aufeinanderstoßen. Beispiele:

Ein Bürger hat einen Herzinfarkt und bricht bewusstlos zusammen, wer rettet? Ein Bürger der keinen Sicherheitsdienstleister (mehr) hat, wird ausgeraubt, wer hilft? Einige Leute würden sich die Feuerwehr sparen, weil das Geld kostet, wer löscht? Eine Parzelle wird unbemerkt von der Organisierten Kriminalität erworben, diese akzeptieren die Regeln irgendwann nicht mehr, haben aber die mit Abstand größte Security, was nun? Gewaltbereite Personen dringen in großer Zahl in die Stadt ein, was geschieht mit ihnen?

In all diesen Fällen muss es eine Instanz geben, die schnell und verbindlich für die Einhaltung der Ordnung sorgt. Schließlich müssen Störer rechtswirksam aus der Stadt entfernt und Entscheidungen darüber getroffen werden können. Das wird erheblich erschwert, wenn nicht vereitelt, wenn es keine letztzuständige Exekutivgewalt gibt.

Wie in Kapitel II ausgeführt, gibt es zahlreiche alternative Konzepte dazu, den Praxistest müssen sie alle noch bestehen. Auch auf privaten Kreuzfahrschiffen gibt es weder konkurrierende Sicherheitsdienste noch konkurrierende Kapitäne. Sollten aber Modelle ohne Gewaltmonopol in der Zukunft funktionieren, werden sie sich auf dem Markt des Zusammenlebens auch durchsetzen.

Ein Machtmissbrauch des Betreibers wird durch das Erfordernis zahlender Kunden sowie deren einklagbare Vertragsposition, auch gegen den Betreiber bzw. dessen Sicherheitskräfte, und den Wettbewerb mit anderen Gebietskörperschaften unwahrscheinlich. Soweit der Betreiber ein Interesse hat, bestimmte Vorgänge zu vertuschen weil sie seinem Ansehen abträglich sind, z. B. wenn Sicherheitskräfte einen Bewohner erschossen haben, könnte von vornherein im Bürgervertrag vereinbart werden, dass bei definierten Vorkommnissen externe Agenturen zur Aufklärung herbeizuziehen sind oder dies von den Bürgern verlangt werden kann. Ist die Sicherheitslage schlecht oder überschreiten die Sicherheitskräfte regelmäßig ihre im Bürgervertrag eingeräumten Befugnisse, dann wird die Stadt dauerhaft nicht erfolgreich sein. Neukunden werden ausbleiben, Vertragsbürger abwandern und der Wert des Unternehmens wird sinken, nicht steigen. Es bestehen daher ausreichend Anreize für den Betreiber, sich auch im Hinblick auf sein Gewaltmonopol vertragstreu zu verhalten. Hat sich das Modell Freier Privatstädte einmal bewährt und kann damit Geld verdient werden, dann werden zwingend weitere Wettbewerber auf den Plan treten. Dies stellt die beste Gewähr für die Bewohner da, dass der jeweilige Betreiber seine Machtstellung nicht missbraucht.

Im Übrigen bleibt das Recht jedes Vertragsbürgers zur Selbstverteidigung im Rahmen der Notwehr und der entsprechenden Unterstützung Dritter gegen Angriffe (sogenannte Nothilfe) sowie das entsprechende Recht zur vorläufigen Festnahme[316] unberührt bzw. wird vertraglich ausdrücklich garantiert. Dies schließt ein, dass jeder Vertragsbürger auf eigene Kosten noch zusätzliche Sicherheitsdienste anheuern kann, welche (nur) diese Rechte ebenfalls ausüben können. Das entspricht der heute gängigen Praxis in den meisten Staaten.

PRIVATPOLIZEI

Der Betreiber wird daher eine private Polizei etablieren. Ob er diese nun selbst aufstellt oder sich dazu einer oder mehrerer privater Sicherheitsfirmen bedient, ist einerlei. Diese kann gleichzeitig als Ansprechpartner für Besucher und Bewohner dienen sowie als

Schlichter für kleinere Streitfälle, vergleichbar dem „Bobby“ oder „Schutzmann“. Dieser war im England bzw. Deutschland der Vergangenheit ein verlässlicher Bestandteil der gesellschaftlichen Ordnung. Da er jeweils für ein bestimmtes Wohnviertel zuständig war, kannte er die Bürger und diese ihn. Ein solches Modell schafft Vertrauen und Stabilität. Es ist wichtig, dass die Polizisten freundlich auftreten und ein Dienstleistungsbewusstsein haben. Immerhin werden sie durch die Beiträge der Bewohner bezahlt.

Ein Teil der Polizei und der Feuerwehr können sich ergänzen und im Einsatzfall unterstützen; ebenso können Aufgaben der Grenzsicherung von diesen Kräften wahrgenommen werden. Daneben kann eine Freiwillige Polizeireserve und eine Freiwillige Feuerwehr aus Vertragsbürgern eine Option sein, deren Angehörige dafür eine Vergütung oder eine Ermäßigung des Jahresbeitrages erhalten.

Wie groß muss die entsprechende Polizei sein? In den meisten westlichen Staaten kommen etwa drei Polizisten auf 1.000 Einwohner.[317] Stadtstaaten haben deutlich höhere Werte, so kommen in Singapur sieben Polizisten auf 1.000 Einwohner, in Monaco gar vierzehn.[318] Monaco ist gleichwohl ein Sonderfall, weil es aufgrund seiner hohen Zahl reicher Einwohner und der praktisch offenen Grenze zu Frankreich ein ausgeprägtes Sicherheitsbedürfnis hat.

FEUERWEHR UND NOTFALLRETTUNG

Feuer, Verkehrsunfälle, Herzinfarkte und ähnliche Unglücksfälle geschehen immer wieder. Ein Haus abbrennen zu lassen, weil der Betreffende keinen Feuerwehrvertrag abgeschlossen hat oder ein schwer verletztes Unfallopfer auf der Straße liegen zu lassen, weil es keine Notfallversicherung abgeschlossen hat, widerspricht dem Grundgedanken der Freien Privatstadt, nämlich dem Schutz von Leben, Freiheit und Eigentum ihrer Bürger. Insofern wird der Betreiber die entsprechenden Dienste von Feuerwehr und Notfallrettung im Rahmen des Pflichtpakets vorhalten und im Grundbeitrag einrechnen, zumal auch Besucher in den Genuss dieser Leistungen kommen sollen. Eine Alternative wäre, analog einer Kfz-Haftpflicht die Bewohner zu verpflichten, eine Versicherung nachzuweisen, welche die entsprechenden Risiken und Kosten abdeckt.

REGELDURCHSETZUNG

Es ist von überragender Bedeutung, die bestehenden Regeln konsequent durchzusetzen. Die entsprechende Strategie ist als *Null-Toleranz-Prinzip* bekannt geworden.[319] Das bedeutet, dass alle Vergehen, auch kleinere, sofort und unnachgiebig geahndet werden. Insbesondere multiethnische Einwanderungsgesellschaften, wie die Städte New York, Monaco oder Singapur setzen diese Prinzipien um und sind dadurch trotz ihrer hohen Bevölkerungsdichte und Diversität relativ sichere Orte. Insofern haben Freie Privatstädte Anschauungsbeispiele und müssen nicht die Fehler westlicher Demokratien wiederholen, die aus falsch verstandener Liberalität ihre eigenen Regeln und Prinzipien entwerten. Anstelle eine Vielzahl von Verhaltensweisen unter Strafe zu stellen, diese dann aber nur selektiv zu ahnden, setzt man besser wenige klare Regeln, deren Zuwiderhandlung konsequent bestraft wird. Die Behauptungen westlicher Soziologen und Kriminologen, schärfere Strafen wirkten nicht abschreckend, können dabei getrost ignoriert werden, zumal sie nicht auf einem tragfähigen empirischen Fundament stehen, sondern ideologischem Denken[320] entspringen.

Wer über die Autobahn von Deutschland nach Italien durch die Schweiz fährt, wird folgendes feststellen: In Deutschland und Italien werden die Geschwindigkeitsbegrenzungen von vielen Verkehrsteilnehmern nicht eingehalten. Dieselben Verkehrsteilnehmer halten sich nach Grenzübertritt aber penibel an die in der Schweiz geltenden Höchstgeschwindigkeiten. Der simple Grund: die Schweiz verhängt drakonische Strafen für zu schnelles Fahren.

Eine vergleichbare Beobachtung hatte *Lee Kuan Yew* im Singapur unter japanischer Besetzung gemacht (vgl. Kapitel 9).[321] Gerade weil die Einwohner von Freien Privatstädten vermutlich häufig keine gemeinsame Geschichte, Kultur oder sonstige überlieferte Wertesysteme haben, muss die Einhaltung der wenigen Regeln strikt überwacht und Störer müssen rechtzeitig aus dem System entfernt werden können. Werden Regeln im Einzelfall als unzweckmäßig oder unpassend angesehen, dann sollen sie formal aufgegeben oder geändert werden. Wenn in einer Gemeinschaft die vereinbarten Regeln nicht oder nur noch selten durchgesetzt werden, wird für eine zunehmende Anzahl von Bürgern der Anreiz gesetzt, diese Regeln nicht mehr zu beachten. Es liegt in der menschlichen Natur, dass dann auch die Zahl derer steigt, die austesten werden, wie weit sie ungestraft noch gehen können. Manche kommen damit durch, andere nicht, was wiederum von vielen Bürgern als ungerecht empfunden wird. Und „Intensivtäter" kann es überhaupt nur dann geben, wenn deren Vergehen nicht oder nicht wirksam geahndet wurden.[322] Sonst würden sie nämlich bereits nach der ersten Tat entweder im Gefängnis sitzen oder wären ausgewiesen worden.

AUSWEISUNG ALS HAUPTSANKTIONSMITTEL

Die Ausweisung ist neben der vorherigen Auswahl der Einwanderer praktisch das wichtigste Werkzeug zur Steuerung der positiven Sicherheitsentwicklung der Stadt. Wie in Schule und Beruf, können auch in einer Stadt verhältnismäßig wenige Widerlinge das Gesamtklima leicht zerstören. Jeder macht mal einen Fehler. Aber wer permanent den Frieden stört, aggressiv oder kriminell wird und gegen die Regeln verstößt, also nicht willens oder in der Lage ist, sich in eine Gemeinschaft einzufügen, der muss aus dieser entfernt werden. Dasselbe gilt für Personen, deren erklärtes Ziel es ist, die Gemeinschaft zu zerstören oder durch eine andere Ordnung zu ersetzen. Es ist widersinnig, solche Menschen aufzunehmen. Es kann der Beste nicht in Frieden leben, wenn es dem bösen Nachbarn nicht gefällt. Also müssen die bösen Nachbarn weg, damit die Menschen in Frieden leben können. Andernfalls werden die Guten vertrieben und die Bösen holen ihresgleichen nach. Es ist einer der Fehler heutiger Staaten, dass sie von dem Mittel der Ausweisung praktisch keinen Gebrauch machen, das in früheren Zeiten unter dem Begriff „Verbannung" mit gutem Grund die Hauptsanktion einer Gesellschaft war.[323] Freie Privatstädte, die nach dem *Null-Toleranz-Prinzip* vorgehen, werden dadurch nicht zu „Polizeistaaten" sondern im Gegenteil zu Orten, in denen man als rechtstreuer Bürger jahrelang leben kann, ohne überhaupt Kontakt mit den Sicherheitskräften zu haben. Funktionierende Gemeinschaften müssen sich von denen trennen, die eine Gefahr für den Bestand dieser Gemeinschaft sind. An dieser Einsicht führt kein Weg vorbei. Es empfiehlt sich daher, im Bürgervertrag zu vereinbaren, dass kriminelles Verhalten jeglicher Art zwingend zum Verweis aus der Freien Privatstadt führt, gegebenenfalls nach Verbüßung einer Gefängnisstrafe. Das gilt auch für Kleinkriminalität wie Ladendiebstähle. Natürlich kann abgestuft werden, ab welchem Schweregrad Vergehen minderer Ordnung zur Vertragskündigung berechtigen, etwa nur nach mehrfacher Wiederholung. Für länger Ansässige wird die Toleranzschwelle höher sein als für Neuankömmlinge. Man könnte für langjährige Vertragsbürger an eine entsprechende Anwendung der *Three Strikes And You Are Out* Regel denken: erst nach der dritten Verurteilung wegen einer Straftat erfolgt die Ausweisung.

Das Mittel der Ausweisung entlastet einerseits die Bevölkerung von Übeltätern, andererseits gibt es Vertragsbürgern einen starken Anreiz, die Regeln einzuhalten, wenn sie weiterhin in der Freien Privatstadt leben möchten. Tatsächlich sind es Erhebungen zufolge nur etwa 5 % der Einwohner, welche 50 % aller Straftaten begehen.[324] Die Wahrscheinlichkeit, dass verurteilte Kriminelle nach Verbüßung ihre Haftstrafe wieder kriminell werden, ist trotz aller Resozialisierungsbemühungen hoch. Dieses Risiko sollte ein verständiger Betreiber eher nicht eingehen. Im Laufe der Zeit führt dies zu einer Positivauslese, die dann ein Eingreifen der Polizei immer seltener erfordert.

Neben kriminellen Handlungen können auch die Nichtbefolgung von Schiedsgerichtsurteilen, Falschauskünfte im Aufnahmeverfahren und natürlich die Nichtzahlung der Beiträge Gründe sein, die den Betreiber zur Kündigung des Vertrages und damit der Entziehung der Aufenthaltserlaubnis berechtigten; entsprechende Tatbestände sind im Bürgervertrag aufzuführen. Der Betreiber der Freien Privatstadt hat insoweit sogar einen Vorteil dadurch, dass er keine eigene Staatsbürgerschaft vergibt. Jeder Vertragsbürger hat nämlich bereits eine Staatsangehörigkeit und damit einen Ort, an den er gegebenenfalls zurückkehren kann. Mit Vertragsunterschrift kann er sich etwa verpflichten, im Falle der Vertragskündigung auf eigene Kosten in seinen Heimatstaat oder einen Ort seiner Wahl auszureisen. Sollten in der Zukunft einmal Freie Privatstädte eine eigene Staatsangehörigkeit oder einen vergleichbaren Status vergeben und Inhaber derselben oder in der Stadt geborene Kinder nach Erreichen der Volljährigkeit kriminell werden, dann ist auch das kein unlösbares Problem. Die Verurteilten können etwa in bestimmten Sonderräumen angesiedelt werden, welche die Freie Privatstadt von anderen Ländern gepachtet hat, wobei jene das Recht haben, diese jederzeit zu verlassen, sofern sie woanders Aufnahme finden, aber eben nicht in Richtung Freie Privatstadt.

Die Steuerung der Qualität der Bewohner über die Möglichkeit der Ausweisung wie auch die Auswahl bei der Einwanderung werden dazu führen, dass nach einiger Zeit ein Klima der Sicherheit und des gegenseitigen Vertrauens entstehen wird, von den wirtschaftlichen Vorteilen aufgrund erhöhten „Sozialkapitals" einmal ganz abgesehen. Und zwar auch dann, wenn die Bewohner unterschiedliche ethnische, kulturelle und religiöse Hintergründe haben. Es wird sich mit der Zeit wahrscheinlich ein Gemeinschaftsgefühl herausbilden, verbunden möglicherweise sogar mit einer Art Stolz, Vertragsbürger dieser besonders sicheren und zivilisierten Freien Privatstadt zu sein.

SICHERHEITSORGANE DES GASTGEBERSTAATES

Es ist anzuraten, zu den Sicherheitskräften des Gastgeberstaates ein gutes Verhältnis zu pflegen, auch über mögliche formelle Kooperationsvereinbarungen hinaus. Man wird diese von Zeit zu Zeit um Hilfe ersuchen müssen, etwa wenn größere Veranstaltungen die Kräfte der lokalen Polizei übersteigen oder andere Fälle auftreten, die man allein nicht bewältigen kann. Umgekehrt sollte eine entsprechende Hilfsbereitschaft bestehen, Polizei und Feuerwehr des Gastgeberstaates im Notfall zu unterstützen. Über die Jahre wird sich dies auszahlen.

GRENZSICHERUNG

Um die Sicherheit der Bewohner zu gewährleisten, ist es unabdingbar, den Eintritt in die Stadt zu überwachen beziehungsweise zu kontrollieren. Andernfalls werden Kriminelle sehr schnell feststellen, dass es einfach ist, in der Freien Privatstadt auf Raubzug zu gehen und dann wieder zu verschwinden. Denn die Sicherheitskräfte der Stadt haben außerhalb derselben keine oder nur eingeschränkte Möglichkeiten zur Verfolgung.

Wie intensiv die Grenze gesichert wird, hängt von den örtlichen Gegebenheiten ab. In Ländern mit hoher Kriminalität wird man einen Zaun oder eine sonstige Sperre errichten müssen. In ruhigeren Gegenden kann man sich auf Kameraüberwachung beschränken und verdächtige Personen und Fahrzeuge anhalten. Je nach geographischer Beschaffenheit hat die Freie Privatstadt möglicherweise ausreichend Fläche zur Verfügung, um Geländestreifen mit Kameras und Bewegungsmeldern Tag und Nacht zu überwachen und Eindringlinge, die sich außerhalb der dafür vorgesehenen Eingänge nähern, durch Polizeikräfte zu stoppen. Mit den heutigen technischen Möglichkeiten ist es zudem keine Schwierigkeit, zu ermitteln, wer sich zu welchem Zeitpunkt in der Freien Privatstadt aufhält.

> *Monaco, das über keine direkten Grenzkontrollen verfügt, überwacht stattdessen sein gesamtes Territorium mit Kameras. Diese werden von erfahrenen Polizisten ausgewertet. Wird eine verdächtige Person ausgemacht, wird sofort der nächste in der Nähe befindliche Streifenpolizist informiert, der daraufhin die Zielperson kontrolliert. Ergeben sich Verdachtsmomente oder Vorstrafen, wird diese Person einer Befragung im Polizeirevier unterzogen und/oder ein Platzverweis ausgesprochen. Das beständige und konsequente Vorgehen nach diesem Prinzip hat dafür gesorgt, dass zwielichtige und kriminelle Personen den Eintritt nach Monaco von vornherein meiden.*[325]

Hilfreich ist, wenn Ein- und Austritt in die Freie Privatstadt nur über wenige Zugänge erfolgen, die im Notfall leicht gesperrt werden können. Die Flucht von Straftätern kann so leichter verhindert werden. Auch wenn sich eine aufgewiegelte und plünderungsbereite Menge von mehreren hundert Menschen nähert, weil im Gastgeberstaat Unruhen ausgebrochen sind, sollte der Betreiber darauf eine Antwort haben.

SCHUTZ VOR GEWALTSAMER ÜBERNAHME

Es ist eher unwahrscheinlich, dass ein anderer Staat als der Gastgeberstaat der Freien Privatstadt unmittelbar gefährlich wird, weil diese schließlich noch Teil seines Staatsgebiets ist. Von daher muss sich der Betreiber vor allem überlegen, wie man sich einer Erpressung oder Vereinnahmung durch den Gastgeberstaat erwehren kann. Nach einem Regierungswechsel könnte etwa ein Demagoge ins Amt gelangen, der die Auffassung vertritt, man sei bei dem Vertragsschluss mit dem Betreiber der Freien Privatstadt betrogen worden.

Es gibt für solche Fälle kein Patentrezept. Der Betreiber wird versuchen müssen, durch eine Kombination verschiedener Mittel den Aggressor letztlich von diesem Schritt abzuhalten, neben den Investitionsschutzklauseln im Vertrag etwa durch Öffentlichkeitsarbeit, prominente Vertragsbürger oder Sympathisanten, wirtschaftliche und diplomatische Kontakte zu anderen Staaten und internationalen Organisationen; schließlich auch mittels einer gewissen Defensivfähigkeit, welche die Einnahme der Freien Privatstadt mit einem Preis verbindet der den Nutzen fraglich erscheinen lässt. Schließlich sind die Bewohner hochmobil und würden im Falle einer Übernahme der Stadt diese aller Voraussicht nach verlassen. Dadurch würde die Stadt aber erheblich an Wirtschaftskraft verlieren. Dies kann einem möglichen Aggressor schon im Vorfeld kommuniziert werden. Er wird sich dann überlegen, ob es Sinn macht, durch den Angriff die Stadt zu entleeren, deren Ausbeutung er ja anstrebt. Koalitionen oder Schutzabkommen mit mächtigen Staaten oder anderen Freien Privatstädten sind eine weitere Option, sich nach außen abzusichern. Auf längere Sicht führt wirtschaftliche Macht ohnehin zu militärischer Macht, wie etwa die Beispiele Venedig, Genua oder auch Singapur zeigen. Die Kombination „reich und schwach" hat hingegen wenig Aussicht auf dauerhaften Bestand.

Mit der Wehrhaftigkeit einher geht die Nichteinmischung in fremde Streitigkeiten. „Keine Einmischung in fremde Händel" nennen die Schweizer diesen Grundsatz. Das ist allein schon aus Kostengründen richtig, aber auch, weil man die Ursachen des jeweiligen Konflikts und die Berechtigung der Anliegen der Streitparteien aus der Ferne meist nicht angemessen beurteilen kann.

KAPITEL 18

EINWANDERUNG UND AUSWAHL

Wer halb Kalkutta aufnimmt, hilft nicht Kalkutta, sondern wird selbst Kalkutta.

Peter Scholl-Latour, Journalist

Freie Privatstädte, insbesondere solche, die in vormals unbewohnten oder nur dünn besiedelten Gebieten entstehen, sind Einwanderungsgesellschaften. Daher stellt sich die Frage, nach welchen Kriterien diese Einwanderung vor sich gehen soll. Es war bereits von offenen Grenzen im Sinne eines „Einwanderungsrechts für alle" abgeraten worden, weil jene ein unkalkulierbares Sicherheitsrisiko darstellen, massiv in die Rechtsposition der bereits ansässigen Bürger eingreifen und darüber hinaus geeignet sind, die soziale Harmonie und den erreichten Wohlstand zu zerstören (Kapitel 4). Kennzeichnend für ein auf Freiwilligkeit basierendes Gemeinwesen sind sowohl die Möglichkeit, dieses jederzeit wieder verlassen zu dürfen, wie auch das prinzipielle Recht zur Sezession. Ein universelles Recht auf Einreise und Teilhabe gibt es dagegen nicht.

Im Hinblick auf die möglichen Einwanderungskriterien bei gesteuerter Zuwanderung ist gleichwohl eine große Bandbreite möglich. Je unattraktiver ein Standort, desto großzügiger werden die Einwanderungsregeln sein. Gleiches gilt für Neuvorhaben mit noch geringer Infrastruktur und Einwohnerzahl. Umgekehrt gilt: je dichter besiedelt, attraktiver und wohlhabender eine Freie Privatstadt, desto sorgfältiger muss die Auswahl der Zuwanderer erfolgen. Entsprechend streng sind etwa die Einwanderungsbestimmungen von Dubai, Singapur oder Monaco.

In Fragen der Zuwanderung entscheidet allein der Betreiber und wird sich dies im Bürgervertrag auch vorbehalten. Denn es ist seine Hauptdienstleistung, für die bereits ansässigen Vertragsbürger sicherzustellen, dass Einwanderer nicht die freiheitliche Ordnung stören oder gar Leib und Leben bedrohen. Das kann er nur, wenn er die Zuwanderung entsprechend kontrolliert bzw. Störer auch wieder ausweisen kann (was diese freilich rechtlich anfechten können). Anders ist es nicht möglich, den gesellschaftlichen Frieden und Wohlstand dauerhaft auf einem hohen Niveau zu erhalten. Freie Privatstädte können Inseln des Friedens und der Freiheit in einem Meer von Instabilität, religiöser und politischer Intoleranz sein. Der Preis ist, dafür zu sorgen, dass die Intoleranten und Kriminellen außen vor bleiben. Erfolgreiche Unternehmen suchen sich ihre Mitarbeiter sorgfältig aus und nehmen nicht jeden. Für erfolgreiche Freie Privatstädte kann im Grunde nichts anderes gelten. Wie könnte eine solche Auswahl erfolgen? Zunächst ist zu prüfen, ob Einwanderer ein mögliches Sicherheitsrisiko darstellen, alsdann ob sie in der Lage sind, sich und ihre Familie selbst zu unterhalten, schließlich ist der Frage nachzugehen, ob Einwanderer aufgrund ihrer politischen oder religiösen Ansichten eine Gefahr für die soziale Harmonie darstellen. Endlich ist zu prüfen, ob für weitere Zuwanderung überhaupt Platz oder Bedarf besteht bzw. in welchen Berufs- und Geschäftsbereichen dies der Fall ist. Die Kriterien kann man kurz unter den Begriffen Sicherheit, Unterhalt, Harmonie und Bedarf zusammenfassen. Es ist wahrscheinlich, dass die jeweiligen Anforderungen am Anfang weiter sind und später enger gefasst werden, nachdem sich die Stadt erfolgreich entwickelt hat. Verschiedene Freie Privatstädte werden vermutlich verschiedene Lösungen anbieten.

SICHERHEIT

Im Bereich Sicherheit sollte man wenig bis keine Kompromisse machen. Das gilt insbesondere im Hinblick darauf, dass der Stadtbetreiber den Vertragsbürgern Sicherheit garantiert und bei Verbrechen daher grundsätzlich schadensersatzpflichtig ist. Die meisten Staaten verlangen von Einwanderern ein polizeiliches Führungszeugnis. Zusätzlich wird routinemäßig überprüft, ob internationale Haftbefehle vorliegen. Da *Interpol* nur einige wenige Delikte erfasst, wenden sich manche Einwanderungsländer direkt an die Polizei befreundeter Staaten, um Einwanderer aus diesen Ländern abzuprüfen oder ziehen sonstige Auskunftsmittel und Internetrecherchen zu Rate. Viel mehr wird eine Freie Privatstadt auch nicht tun können, sollte diese Mittel aber ausschöpfen.

UNTERHALT

Damit Zuwanderer nicht von vornherein eine Belastung der ansässigen Bevölkerung sind, ist das Bestehen von Unterkunft, Einkünften oder ausreichender Mittel abzufragen, nötigenfalls eine Sicherheitsleistung zu verlangen. Auch dies ist international üblich. Insbesondere erfolgreiche Stadtstaaten federn eine steigende Nachfrage über entsprechend höhere Unterhaltsanforderungen ab. Die Anforderungen können sich mit der Zeit ändern und auch auf spezielle Bedarfe des Arbeitsmarktes angepasst werden. Denkbar ist, dass Vertragsbürger, die bestimmte Personen unbedingt haben wollen (etwa als Arbeitnehmer), eine Sicherheitsleistung für diese erbringen, wenn deren sonstige Eignung nicht abschließend festgestellt werden kann oder diese noch nicht über eigene Mittel verfügen.

SOZIALE HARMONIE

Während Sicherheits- und Unterhaltsaspekte in nahezu allen Einwanderungsländern ausdrücklich abgeprüft werden, sind die Methoden, die soziale Harmonie aufrecht zu erhalten, recht verschieden. So achtet Singapur bei der Einwanderung genau darauf, dass der bestehende Mix der verschiedenen Bevölkerungsgruppen prozentual stabil bleibt. In Kanada sind Sprachkurse und -prüfungen verpflichtend. Dubai möchte keine Hassprediger innerhalb seiner Grenzen haben und prüft einschlägige Bewerber in dieser Hinsicht. Monaco vergibt in den ersten drei Jahren jeweils auf ein Jahr befristete Aufenthaltsgenehmigungen und kann so als ungeeignet erkannte Zuwanderer leicht wieder loswerden auch wenn diese noch nicht kriminell, sondern erst sozial auffällig geworden sind. Solche oder ähnliche Modelle können Freie Privatstädte ebenfalls übernehmen.

Der Abschluss des Bürgervertrages hat daneben den Vorteil, dass jeder Einwanderer mit seiner Unterschrift die Geltung bestimmter Regeln und Grundsätze ausdrücklich anerkennt, ebenso die Kündigungsmöglichkeit bei Zuwiderhandlung. Zu diesen Grundregeln gehört neben der Zahlung des Beitrages und der Beachtung des Ordre Public vor allem, dass jeder machen kann was er möchte, solange er nicht in die Rechte anderer eingreift. Insofern wird man Bewerber, die von vornherein Ansichten vertreten, die mit dieser Ordnung nicht kompatibel oder sogar auf deren Beseitigung gerichtet sind, beispielsweise Kommunisten, nicht einwandern lassen. Gleiches gilt für alle, die den Vorrang von religiösen Bestimmungen vor den Regeln der Freien Privatstadt propagieren. Es ist nicht tolerant, sondern dumm (oder feige), gegenüber der Intoleranz tolerant zu sein und dadurch die Sicherheit und Stabilität der eigenen Gesellschaft zu gefährden. Jeder vernünftige Betreiber wird eine Einwanderung erklärter Systemfeinde daher unterbinden. Nun ist Papier geduldig und ein Vertrag schnell unterschrieben. Insofern ist ein ergänzender Fragebogen oder ein persönliches Gespräch durchaus hilfreich, um unerwünschte Bewerber auszusortieren. Wer etwa Fragen, ob der Abfall von der Religion, Gotteslästerung oder Ehebruch mit dem Tode bestraft werden soll, mit ja beantwortet, wird als neuer Mitbürger eher nicht infrage kommen, auch wenn er alle sonstigen Kriterien erfüllt. Einige werden sich dabei verstellen, aber gerade religiöse Eiferer reden oft erstaunlich offen über ihre Ansichten. Generell gilt: je weniger strikt die Auswahl der Einwanderer geschieht, desto mehr muss nachgesteuert werden über zeitlich gestaffelte Aufenthaltsberechtigungen oder spätere Ausweisungen. Es ist immer leichter, jemanden von vornherein abzulehnen, als ihn später wieder loszuwerden.

BEDARF

Es kann sein, dass mit der Zeit ein Überangebot an bestimmten Berufen und Aktivitäten entsteht. Zuwanderer mit diesen Qualifikationen dürften es schwierig haben, ihren Lebensunterhalt zu bestreiten. Insofern kann man die Einwanderungskriterien entsprechend anpassen. Singapur etwa hat ein Überangebot an Massagesalons und Monaco an Anwälten, weshalb die geplante Sicherung des Lebensunterhalts durch entsprechende Aktivitäten derzeit nicht zur Einwanderung berechtigen.

Daneben ist denkbar, Zeitverträge für Arbeitnehmer vorzusehen, die etwa für bestimmte Bauprojekte in die Freie Privatstadt kommen. Dies kann mit der Aussicht verknüpft werden, nach reibungslosem Ablauf dieser Periode einen echten Bürgervertrag zu erhalten.

SONSTIGE ERWÄGUNGEN

Aus Reputationsgründen kann es angezeigt sein, bestimmte Personen nicht in die Freie Privatstadt zu lassen, etwa Ex-Diktatoren oder mutmaßliche Mafiosi. Ein weiterer Filter kann die Erhebung einer einmaligen Aufnahmegebühr sein, mit dem Neuankömmlinge ihren Beitrag zur bereits bestehenden Infrastruktur leisten.

Daneben kann auch völlig Mittellosen eine Chance gegeben werden. Ein Hong-Kong-Chinese hat mir im Hinblick auf die möglichen Einwanderungsregeln Freier Privatstädte folgenden Hinweis gegeben:

> *Insbesondere während der sogenannten Kulturrevolution hätten viele Festland-Chinesen versucht, nach Hong Kong zu fliehen. Dies sei nicht einfach gewesen, weil die chinesische Grenzpolizei mit allen Mitteln versucht hätte, die Flucht zu vereiteln. Daneben hätte die britische Grenzpolizei alle Chinesen zurückgeschickt, die sie beim Grenzübertritt abfangen konnte. Wer es aber trotzdem geschafft hätte, bis zum Gebäude der Einwanderungsbehörde in Hong Kong vorzudringen, und sei es auch blutverschmiert, der hätte bleiben dürfen. Die Hälfte der zehn erfolgreichsten Unternehmer von Hong Kong sei auf diese Weise in die Stadt gelangt.*

Ob sich die Geschichte genau so zugetragen hat, kann dahingestellt bleiben. Der Grundgedanke ist richtig. Wer nichts besitzt, aber den festen Willen und die Fähigkeiten hat, auch große Hindernisse zu überwinden, um etwas zu erreichen, ist grundsätzlich für jede Gesellschaft eine Bereicherung. Die Freie Privatstadt kann mittels geeigneter Bewerbungsverfahren versuchen, solche Personen zu identifizieren.

KAPITEL 19

INFRASTRUKTUR UND DIENSTLEISTUNGSANGEBOT

Von meiner Stadt verlange ich: Strom, Wasser und Kanalisation. Was die Kultur anbelangt, die besitze ich bereits.

Karl Kraus, Schriftsteller aus Wien

In einer idealen Privatstadtwelt wird die gesamte Infrastruktur von privaten Anbietern bereitgestellt und abgerechnet, also Straßen, Krankenhäuser, Theater, Strom- und Wasserversorgung sowie sämtliche Dienstleistungen, die für das tägliche Leben benötigt werden, von der Feuerwehr über die Müllabfuhr bis hin zu Schulen. Die Anbieter können sich darauf verlassen, dass aufgrund des stabilen rechtlichen Rahmens einer Freien Privatstadt ein Wachstum an zahlungsfähigen Einwohnern gegeben ist und daher mit dem entsprechenden Angebot früher oder später Geld verdient werden kann.

Möglicherweise ist dies einmal Realität, nachdem zahlreiche Freie Privatstädte entstanden sind. Anbieter werden dann einfach ihr Geschäftsmodell aus den bestehenden Privatstädten auf neue übertragen. Realistischerweise wird man das zu Anfang aber nicht erwarten können. Daher stellt sich die Frage, welche Infrastruktur und welche Dienstleistungen notwendig sind, um das Funktionieren einer Freien Privatstadt zu gewährleisten und Vertragsbürger anzuziehen. Weiter stellt sich die Frage, woher jene Angebote kommen und wie sie gegebenenfalls finanziert werden.

Grundsätzlich hat der Betreiber mehrere Möglichkeiten, Infrastruktur und Dienstleistungen in der Stadt zu gewährleisten:

- *Er kann versuchen, einschlägig spezialisierte Anbieter zu gewinnen, gegebenenfalls durch finanzielle Garantien oder andere Vergünstigungen für die Anfangszeit. Je länger die Stadt besteht, desto einfacher wird es sein, entsprechende Anbieter zu überzeugen.*
- *Er gründet eigene Tochterunternehmen, die diese Aufgaben übernehmen und die später an spezialisierte Anbieter bzw. interessierte Vertragsbürger verkauft werden.*
- *Er verhandelt mit öffentlichen und privaten Anbietern im Gastgeberstaat über die Mitbenutzung von deren Infrastruktur und Dienstleistungen gegen entsprechende Bezahlung.*

Vermutlich wird in der Praxis eine Kombination aller drei Methoden erfolgen. Neben der Erfüllung der sicherheitsbezogenen Leistungen aus dem Bürgervertrag ist es eine der Hauptleistungen des Betreibers, für die Bewohner von Anfang an eine brauchbare Infrastruktur und Versorgung zu gewährleisten, auch wenn er diese nicht selbst erbringt. Andernfalls ist sein Produkt nicht attraktiv.

Ausgehend davon, dass die Errichtung einer Freien Privatstadt mit einer entsprechenden Rechts- und Sozialordnung auf unbebautem Gebiet ungleich einfacher ist als die Umwandlung einer bereits bestehenden Stadt, soll im Folgenden nur die Neubau-Variante behandelt werden. Weiter wird davon ausgegangen, dass keine Mittel in unbegrenzter Höhe zur Verfügung stehen und die Stadt daher mehr oder weniger organisch wachsen muss. Es gibt Städte, die vom Reißbrett entstanden sind, nachdem staatliche Stellen oder private Immobilienentwickler viele Milliarden zur Verfügung gestellt haben. Falls Zugang zu Mitteln besteht, die von vornherein die Planung einer solchen Stadt ermöglichen, umso besser. Auf das Eintreten solcher Umstände wird sich der Gründer einer Freien Privatstadt freilich nicht verlassen können.

MEHRSTUFENSYSTEM

Der Aufbau der Infrastruktur und des entsprechenden Dienstleistungsangebots sollte in mehreren Stufen konzipiert sein. Wie schnell von einer in die nächste Stufe gewechselt werden kann, hängt freilich von den vorhandenen Mitteln und der Zahl der investitionswilligen Unternehmen ab. Die Nähe zu bestehender Infrastruktur ist dabei ein nicht zu unterschätzender Vorteil, insbesondere in der Anfangszeit.

In der ersten Stufe kann etwa mit einer anfänglichen Größe von bis zu 1.000 Personen kalkuliert werden, die Infrastruktur ist für diese Zahl an Einwohnern auszulegen und vorzufinanzieren. Es bietet sich an, bereits von Anfang an mit erfahrenen Immobilienentwicklern zusammenzuarbeiten, welche sich insbesondere um die Finanzierung, die Errichtung von Wohn- und Geschäftsgebäuden und ein erstes Straßennetz kümmern. In dieser Phase entstehende Gebäude, etwa für die Verwaltung, können nötigenfalls zunächst in Billigbauweise errichtet und später durch andere Gebäude ersetzt werden. Von Seiten der Betreibergesellschaft sind aufgrund der Verpflichtungen im Bürgervertrag Polizei, Feuerwehr und Notfallrettung zu organisieren sowie Gerichte oder Schiedsgerichte, an die man sich im Streitfalle wenden kann. Insbesondere Feuerwehr und Notfallrettung können anfangs gegen Bezahlung ausgelagert werden, sofern sie in der Nachbarschaft verfügbar sind. Das Verwaltungsgebäude kann ein Multifunktionshaus sein, in dem neben der Verwaltung auch Polizei, Gerichte, Register und ggf. auch Feuerwehr und Notfallversorgung untergebracht sind. Ferner sind eine Strom- und Wasserversorgung, Internetanschluss und mobile Netzabdeckung, Einkaufsmöglichkeiten für Lebensmittel sowie Zugang zu ärztlichen Diensten erforderlich. Je nach Nähe zu bestehender Infrastruktur des Gastgeberstaates wird der Betreiber hier versuchen, vertragliche Regelungen mit regionalen Anbietern abzuschließen, wenn eigene Lösungen nicht in Frage kommen oder noch zu teuer sind. Auf lange Sicht sollte die Stadt für die meisten Bereiche aber schon aus Gründen der Handlungsfreiheit und Nichterpressbarkeit über entsprechende eigene Infrastruktur verfügen.

Spätestens für die zweite Stufe, die bis zu 10.000 Einwohnern umfasst, müssen dann weitere Elemente hinzukommen, wie Post- und Paketdienste, Kläranlage, Mülldeponie, Banken, Schulen, Kindergärten und ein Krankenhaus, Restaurants, Handwerker, sonstige Dienstleister wie Friseure und Haushaltshilfen, Einkaufszentren, Einzelhandelsgeschäfte und Apotheken sowie Kultur- und Freizeitangebote.

Wächst die Stadt weiter, können in einer dritten Stufe, die bis zu 100.000 Einwohnern umfasst, Flug- und Seehäfen, Parks, ein öffentliches Transportsystem, Industriegebiete und dergleichen errichtet werden.

Schließlich werden in einer vierten Stufe, die bis zu einer Million Einwohner reicht, weitere Stadtviertel und Unterzentren entstehen, Universitäten, Großflughafen und so weiter.

MASTERPLAN ODER MARKTBASIERTE ENTWICKLUNG?

Wie intensiv soll die Stadtentwicklung geplant werden? Soll sich die Leistung des Betreibers darin erschöpfen, in den verschiedenen Stufen jeweils die notwendigen Anbieter von Infrastruktur und Dienstleistungen zu besorgen oder soll es detaillierte Entwicklungs- und Bebauungsvorgaben geben? Die Art und Weise der Planung hängt letztlich vom gewünschten Produktdesign ab. Ehrgeizige neue Stadtprojekte kommen häufig mit einem Masterplan. Ausgehend davon, dass man alles neu erschaffen kann, ist die Versuchung groß, eine perfekte Welt zu planen und dann umzusetzen. Aber auch hier gilt, dass Planwirtschaft unmöglich alle Eventualitäten und künftige Entwicklungen vorhersehen kann. Die Lösungsfindung auf dem Markt ist demgegenüber ein Prozess, der über Versuch und Irrtum, Selektion und die Nachahmung erfolgreicher Lösungen funktioniert. Dieser Prozess korrigiert und reguliert sich selbst und führt schließlich zu einer selbstorganisierten, stabilen Ordnung. Aufgrund der Vielzahl der Marktteilnehmer und der Parameter ist eine solche Ordnung nicht planbar. Dieser Ansatz liegt der Freien Privatstadt als sozialer Ordnung, die lediglich einen Rechts- und Ordnungsrahmen schafft, insgesamt zu Grunde. Daher ist es naheliegend, diesen Gedanken auch auf die Städteplanung zu übertragen (*Marktbasierte Städtische Entwicklung*).[326]

Der Betreiber setzt dabei nur die Eckpunkte, innerhalb derer die privaten Planer und deren Kunden über die Landnutzung entscheiden. Jene werden sich daran orientieren, welcher jeweilige Nutzen den größten Wertzuwachs bringt. Nutzungen die zusammenpassen, werden auch zusammenfinden. Das schließt nicht aus, dass der Betreiber grundsätzliche Vorgaben macht, um potenzielle Dauerkonflikte auszuschließen, indem etwa Schwerindustrien nicht unmittelbar neben Wohn- oder Mischgebieten zugelassen werden. Er kann zudem bestimmte Zonen ausweisen, in denen andere Regeln gelten und die daher mutmaßlich auch andere Landnutzungen anziehen. Dasselbe gilt für Flächen, die für Straßen, Häfen, Flughäfen oder sonstige Sonderzwecke von Anfang an freigehalten werden sollen. Auch kann es sein, dass der Betreiber oder dessen Hauptinvestor ein bestimmtes, für die Bürger und Interessenten attraktives Erscheinungsbild im Zentrum der Stadt wünschen. All dem kann Rechnung getragen werden, indem in bestimmten Gebieten die Vorgaben strenger sind, wohingegen anderswo der *Marktbasierten Städtischen Entwicklung* freier Raum zur Entfaltung gegeben wird.

PFLICHTABNAHME VON DIENSTLEISTUNGEN

Da die Gewährleistung von Sicherheit und Freiheit die Hauptleistung des Betreibers einer Freien Privatstadt ist, sind die Leistungen Polizei, Rechtspflege, Feuerwehr und Notfallrettung direkt durch den Betreiber zu verantworten und als verpflichtend abzunehmende Leistungen im Bürgervertrag zu verankern. Gleichwohl kann die Beauftragung privater Subunternehmen auch für diese Bereiche sinnvoll sein. Insbesondere entstehen dann bei der Stadt keine Pensionsverpflichtungen, eine Position, die in Zeiten steigender Lebenserwartung derzeit viele Kommunen an den Rand der Zahlungsfähigkeit bringt.

Es stellt sich weiter die Frage, wie die anderen notwendigen Dienstleistungen angeboten werden, etwa Wasserversorgung und Müllabfuhr. Die völlige Wahlfreiheit für solche Dienstleistungen führt zu einer Trittbrettfahrer-Problematik. Wenn die Müllabfuhr keine verpflichtende Dienstleistung ist, dann werden einige Bürger dafür kein Geld ausgeben wollen und stattdessen den Müll nachts auf die Straße stellen. Nun könnte der Betreiber vertraglich verlangen, dass jeder Bürger einen Müllabfuhrvertrag vorlegt. Dann muss er das Weiterbestehen des entsprechenden Vertrages allerdings auch nachprüfen und zudem darauf achten, dass keine pro-forma Verträge mit Scheinfirmen abgeschlossen werden, die in Wahrheit gar keine oder nicht ausreichende Dienste anbieten. Es kann zudem sein, dass es von den Bürgern als Belastung empfunden wird, wenn Sie Müllabfuhr und ähnliche Leistungen selbst beauftragen und zusammenstellen müssen.

Unterm Strich kann diese Gemengelage dazu führen, dass der Betreiber diesen Dienstleistungsbereich und möglicherweise noch andere in das Pflichtpaket mit aufnimmt.

Diesen Weg ist etwa *Sandy Springs* gegangen (vgl. Kapitel 9). Auf der anderen Seite ist es im Internetzeitalter nicht schwer, allen Vertragsbürgern eine Applikation zur Verfügung zu stellen, die für alle Lebensbereiche die entsprechenden Dienstleister in der Freien Privatstadt mit jeweiligem Leistungsprofil und Kosten auflistet. Dies ist dann ebenfalls eine Leistung des Betreibers, aber die Auswahl erfolgt letztlich durch die Bürger, die für bestimmte Bereiche etwa nachweispflichtig sind (Kfz.-Haftpflicht, Müllabfuhr). Der Markt wird zeigen, welcher Ansatz sich letztlich durchsetzen wird.

Straßen könnten als Mautstraßen ausgestaltet sein, so dass diese sich selbst finanzieren und der Stadtbetreiber von den entsprechenden Investitionen entlastet ist. Es kann auch sein, das ganze Stadtviertel an Immobilienentwickler übergeben werden, verbunden mit der Auflage, für die entsprechende Straßenunterhaltung zu sorgen. Noch die kleinste Gasse zur Mautstraße machen zu wollen, scheitert aber vermutlich daran, dass dies weder für Anbieter noch Nutzer wirtschaftlich ist. Insofern muss der Stadtbetreiber auch hier eine gewisse Infrastruktur selbst finanzieren, wenn es ihm nicht gelingt, Immobilienentwickler dazu zu bringen, dies zu übernehmen. Die Kosten dafür werden durch den Jahresbeitrag oder aus anderen Einnahmequellen gedeckt.

Sofern Mautstraßen existieren, die eine geografische Monopolstellung haben, also etwa die einzige Zufahrtsstraße in einem engen Tal, wird man um eine gewisse Regulierung nicht umhinkommen. Andernfalls könnte der Anbieter die Freie Privatstadt mit völlig überhöhten Mautgebühren erpressen. Ein ähnliches Problem stellt sich bei faktischen Leitungsmonopolen wie etwa der Wasserversorgung. Sofern solche Monopole unvermeidbar sind, muss sich der Betreiber gewisse Regelungsmöglichkeiten zu Gunsten der Bewohner vorbehalten. Bereits die bloße Einräumung dieses Rechts im Bürgervertrag sollte ausreichend sein, um Missbrauch vorzubeugen.

TECHNOLOGIE HILFT

Wird man überhaupt ausreichend Anbieter für die diversen Dienstleitungen bekommen? Auch dabei hilft der technische Fortschritt. Es ist heutzutage möglich, als Einzelperson oder kleine Gruppe auch größere Gewerbe und sogar Industrien zu betreiben. Der Grund ist, dass es praktisch für alle Bereiche spezialisierte Unterauftragnehmer und Produkte gibt.

> *So konnte die von mir mitgegründete Deutsche Rohstoff AG in Colorado eine Tochterfirma betreiben, die von Null beginnend eine Produktion von mehr als 10.000 Barrel Öl pro Tag aufgebaut hat und das mit nur fünf (!) festen Mitarbeitern. Sämtliche Dienstleistungen wie Seismik, Boh-*

rungen, Aufbau der Förderanlagen, Abholung des Erdöls sowie Kontrolle und Wartung der Anlagen wurden an Subunternehmen vergeben.

Meine Frau kann als Einzelperson von Monaco aus ein Unternehmen führen, das Mode herstellt, die in China und Europa produziert wird, die sie selbst designt und die dann auf der ganzen Welt vertrieben wird.[327] *Das ist möglich, weil es entsprechende Software gibt, weil das Internet günstige Telefonate und Videokonferenzen mit der ganzen Welt zulässt, weil Waren ohne größere Beschränkungen ein- und ausgeführt werden können, weil es entsprechend spezialisierte Versanddienstleister gibt, die auch die Zollformalitäten übernehmen und weil die Bezahlung mit international etablierten Systeme wie Kreditkarten, PayPal und dergleichen möglich ist.*

All dies gibt dem Einzelnen wesentlich mehr Möglichkeiten, als es noch zu Ende des 20. Jahrhunderts der Fall war. Das bedeutet aber auch, dass in einer Freien Privatstadt findige und geschickte Bewohner relativ leicht Unternehmen gründen können, die eine optimale Versorgung mit Gütern und Dienstleistungen ermöglichen.

KAPITEL 20

WIRTSCHAFTLICHE AKTIVITÄT

Der Unternehmer ist der Schöpfer von Wohlstand, vorausgesetzt, der Staat hindert ihn nicht daran.

Jean-Baptiste Say, Ökonom und Unternehmer

Die Ansiedlung von Industrie- und Gewerbebetrieben in der Freien Privatstadt ist von höchster Bedeutung. Es reicht nicht, nur Freiheitsfreunde um sich zu scharen. Wenn die Freie Privatstadt attraktiv sein und wachsen soll, müssen ausreichend Arbeitsplätze vorhanden sein, damit die Bewohner ihren Lebensunterhalt bestreiten können. Insofern ist der Betreiber gefragt, vor allen Dingen in der Startphase aktiv um Unternehmen zu werben.

Ist die Freie Privatstadt einmal etabliert und sind Unternehmen erfolgreich vor Ort tätig, sollten zusätzliche wirtschaftliche Aktivitäten zunehmend zum Selbstläufer werden, denn die Vorteile sind mannigfaltig. Es gibt wenige, überschaubare Regeln und Abgabeverpflichtungen, deren Bestand zudem vertraglich garantiert ist; eine ständige Änderung und Verschärfung von Gesetzen findet nicht statt. Es kann mithin über lange Zeiträume geplant und kalkuliert werden. Weiter besteht Rechtssicherheit und die Möglichkeit, in Konfliktfällen jederzeit unabhängige Schiedsgerichte anzurufen. Sämtliche Modalitäten der Arbeitsverhältnisse werden mit den Beschäftigten oder deren Interessenvertretern direkt ausgehandelt. Unternehmen können einstellen, wen sie wollen, und zwar nach Kriterien, die sie allein festlegen. Abgesehen von den vertraglich zu zahlenden Beiträgen, die vom Betreiber nicht einseitig erhöht werden können, besteht Steuer- und Zollfreiheit. Vorgegebene Regulierungen und Grenzwerte orientieren sich an vernünftigen und wissenschaftlichen, nicht politischen Erwägungen. Es liegt daher nahe, dass insbesondere derzeit hochregulierte Bereiche ein Interesse haben, in Freien Privatstädten tätig zu werden, so zum Beispiel Gentechnik oder medizinische Forschung. Die Kombination aus geringer Regulierungsdichte, damit geringeren Lohnkosten, und Rechtssicherheit machen eine Freie Privatstadt aber auch für Medizintourismus, Finanztechnologien und Seniorenpflege attraktiv. Ähnliches gilt für die meisten Produktionsbetriebe. Letztlich wird die Entwicklung zeigen, welche Branchen besonders von Freien Privatstädte profitieren und sich daher bevorzugt ansiedeln.

Wenn Unternehmen an neuen Orten investieren, insbesondere solchen mit einem anderen Rechtssystem, dann möchten sie sichergehen, dass ihre Investitionen nicht durch politische oder rechtliche Risiken gefährdet sind. Wer Kapital in Millionenhöhe aufbringt, möchte nicht über Nacht enteignet werden, etwa durch einen Gastgeberstaat, der den Vertrag mit der Freien Privatstadt einfach widerruft. Wahrscheinlich können Unternehmen auch für Investitionen in Freien Privatstädten auf bestehende staatliche Absicherungskonzepte wie Außenhandelsbürgschaften zurückgreifen und sich – je nach Herkunftsland - auch auf bilaterale Investitionsschutzabkommen berufen, die ihr Heimatland mit dem Gastgeberstaat der Freien Privatstadt geschlossen hat. Gleichwohl ist eine der wesentlichen Aufgaben des Betreibers, im Vertrag mit dem Gastgeberstaat eine Investitionsschutzklausel zu vereinbaren, welche allen in der Freien Privatstadt tätigen Unternehmen zugutekommt und zwar auch solchen, die von Angehörigen des Gastgeberstaates betrieben werden (vgl. Kapitel 12).

Unternehmen, die größere Betriebsteile in die Freie Privatstadt verbringen möchten, werden möglicherweise gegenüber dem Standard-Bürgervertrag abweichende Regelungen verlangen. Solange das einen gewissen Rahmen nicht überschreitet, sollte das kein Problem sein. So können etwa mitgebrachte Angestellte des Unternehmens ohne weitere Überprüfung als Vertragsbürger zugelassen werden, sind aber natürlich verpflichtet, die Grundregeln der Freien Privatstadt einzuhalten. Unter Umständen kann das Unternehmen auch die Beitragszahlung für die eigenen Angestellten übernehmen. Der Betreiber kann flexibel sein, solange der Ordre Public nicht unterlaufen wird und dem Unternehmen bzw. seinen Mitarbeitern keine Privilegien gewährt werden, die Unmut unter den anderen Bewohnern oder bereits ansässigen Unternehmen hervorrufen. In dieser Hinsicht sind die langfristige Stabilität und der Erfolg der Freien Privatstadt wichtiger als kurzfristige Vorteile durch Ansiedlung eines großen Unternehmens.

Es ist vor allem für lokale Neugründungen hilfreich, wenn die Freie Privatstadt die Gründung von Gesellschaften (Personen- oder Kapitalgesellschaften) nach eigenem Recht ermöglicht. Das bedeutet nicht, das jedes ausländische Unternehmen eine eigene Tochterfirma gründen muss. Der Eintrag einer Niederlassung einer ausländischen Gesellschaft ins Gesellschaftsregister kann insofern genügen. Gleichwohl kann die eigene rechtliche Ausgestaltung von zulässigen Unternehmensformen und der entsprechenden Anforderungen einen Wettbewerbsvorteil darstellen, zumal wenn die Gründung auch *e-Bürgern* möglich sein soll, die nicht selbst in der Freien Privatstadt ansässig sind.

KAPITEL 21

SOZIALE ABSICHERUNG

Alle Hilfe jenseits der Gegenseitigkeit ist nur Almosen. Und Almosen demoralisiert, nimmt alle Selbstachtung, jeden Ansporn zu tüchtigem Tun, stumpft Intelligenz und Tatkraft, lähmt das Vertrauen auf sich selbst und überliefert der Trägheit und dem Leichtsinn. Nimmt man dem Menschen die Sorge um die Existenz, so nimmt man ihm zugleich die beste Freude, die Freude am eigenen Schaffen und an dessen Früchten.

Hermann Schulze-Delitzsch, Sozialreformer

Wie in Kapitel 4 gezeigt, führen Sozial- und Wohlfahrtstaaten mit ihrer verfehlten Anreizstruktur letztlich in den Ruin, entmündigen die Bürger und verursachen unsoziales und unselbständiges Verhalten. Gleichwohl sind Systeme, die gegen elementare Lebensrisiken wie Krankheit, Unfall oder Arbeitsunfähigkeit absichern, extrem nachgefragt. Freie Privatstädte, die auch für Normalverdiener attraktiv sein wollen, müssen daher die Frage beantworten, wie eine solche Absicherung aussehen kann. Vertragsbürger einfach herauszuwerfen, weil sie aufgrund ihres Alters oder eines Unglücksfalles nicht mehr für sich sorgen können, ist mit dem Grundgedanken der Schutzpflicht für Leben, Freiheit und Eigentum der Bewohner nicht vereinbar. Das gilt zumal, wenn solche Bürger den Großteil ihres Lebens in der Freien Privatstadt verbracht haben und sie andernfalls ihren Nationalstaaten oder dem Gastgeberstaat zur Last fallen würden. Das ist auch nicht nötig. Es gibt funktionierende und erprobte Alternativen zu den Sozialsystemen von heute.

KOLLEKTIVE SELBSTHILFEEINRICHTUNGEN

Während des 19. und bis ins frühe 20. Jahrhundert waren die meisten Familien stolz darauf, sich selbst unterhalten zu können. Aber wenn der Hauptverdiener krank wurde oder starb, geriet die Familie in schwere Not. Die Antwort der Menschen auf diese harte Realität war die Schaffung kollektiver Selbsthilfeeinrichtungen. In England waren das die *Friendly Societies*, in den USA die *Fraternal Societies*, in Deutschland die Gewerkvereine und Genossenschaften. Ihnen war gemeinsam, dass die Führer dieser Vereinigungen der paternalistischen Wohlfahrt sehr kritisch gegenüber standen. Sie betrachteten es als Bestandteil ihrer Würde, nicht von solchen Almosen abhängig zu sein, sondern sich untereinander selbst helfen zu können.[328] Ziel war, die Arbeiter zu emanzipieren, anstelle sie in Abhängigkeit von Staat oder Kirche zu bringen. Diese selbstverwalteten Gesellschaften waren von vielfältiger Erscheinung, funktionierten aber mehr oder weniger nach dem gleichen Muster: Wer regelmäßige Beiträge in einen gemeinsamen Fonds leistete oder Hilfeleistung für andere in Naturalien erbrachte, war berechtigt, im Notfall entsprechende Leistungen zu beziehen. So konnten Unterstützungen bei Bewerbungsreisen, Umzügen, Krankheit, Invalidität, Arbeitslosigkeit, außergewöhnlichen Notfällen und bei Sterbefällen gewährt werden. Die Unterstützungsleistungen waren stets nur als äußerste Nothilfe gedacht. Jeder Missbrauch wurde aufmerksam verfolgt und in der Regel mit dem Ausschluss geahndet. Was diesen hohen Grad an sozialer Kontrolle betraf, unterschieden diese Organisationen sich übrigens nicht von ihren Kollegen der sozialistischen Gewerkschaften, welche vergleichbare Hilfskassen eingerichtet hatten. In Deutschland bestanden vor allem die vom liberalen Delitzscher Amtsrichter *Hermann Schulze* initiierten Gewerkvereine und Genossenschaften. *Schulze-Delitzsch* lehnte staatliche und andere „Hilfe von außen" ab, weil sie unselbstständig und abhängig mache. Es ist bemerkenswert, dass er im 19. Jahrhundert bereits nahezu sämtliche Probleme voraussah, die den heutigen Sozialstaat plagen.[329]

Die amerikanischen *Fraternal Societies* umfassten zu ihren Hochzeiten um 1920 etwa 18 Millionen US-Amerikaner, das waren damals etwa 30 % aller männlichen Erwachsenen. Wie sah die Wirklichkeit der Menschen im Rentenalter damals aus? Einer 1930 durchgeführten Erhebung des Staates New York zufolge waren 43 % der Alten aufgrund eigener Tätigkeiten, Ersparnisse oder Rentenansprüche (Versicherungen, *Fraternal Societies*) versorgt, während Familie und Freunde weitere 50 % unterstützten. *Weniger als 4 %* der Alten waren abhängig von öffentlicher oder privater Fürsorge.[330] Zeitgenössische Erhebungen berichten, dass die Kombination aus Eigenverantwortung, familiärer Unterstützung und kollektiven Selbsthilfeeinrichtungen auch in sehr armen Wohngegenden verantwortliches Verhalten nach sich zog. Besonders populär waren die *Fraternal Societies* bei der schwarzen Bevölkerung, die häufig im Niedriglohnbereich arbeitete. Sie hielten hergebrachte kulturelle und zivilisatorische Standards aufrecht, übernahmen Verantwortung für ihr eigenes Leben, zeigten Stolz, Unabhängigkeit und Stärke. Für junge Schwarze war es in den 1920er Jahren, im Gegensatz zu heute, ebenso wahrscheinlich wie für Weiße, in Familien mit zwei Elternteilen aufzuwachsen.[331]

Auch das spricht dafür, dass der Sozialstaat den Großteil der Übel, die er zu bekämpfen vorgibt, selbst verursacht hat.

Bis Anfang des 20. Jahrhunderts waren auch die britischen *Friendly Societies* feste Bestandteile der Gesellschaft. Als die britische Regierung im Jahre 1911, dem *Bismarck'schen* Beispiel folgend, eine verpflichtende Sozialversicherung für 12 Millionen Menschen einführte, waren knapp 7 Millionen Mitglieder bereits in etwa 27.000 *Friendly Societies* versichert (mit stark steigender Tendenz), weitere 2 Millionen waren in unregistrierten Vereinen auf Gegenseitigkeit organisiert. Im Augenblick ihres größten Erfolges wurden diese auf freiwilligem Zusammenschluss beruhenden Gesellschaften also vom Staat durch seine Zwangsversicherung verdrängt.[332] In Deutschland und den USA geschah im Prinzip dasselbe. Im Umkehrschluss gilt: wird der Sozialstaat abgeschafft, leben kollektive Selbsthilfeeinrichtungen wieder auf. Der Betreiber der Freien Privatstadt kann hier Hilfe leisten, indem er die Gründung solcher Einrichtungen selbst vorantreibt oder interessierte Organisationen dazu bewegt. Möglicherweise werden Freie Privatstädte von Neubürgern verlangen, dass sie sich einer solchen Institution anschließen, wenn sie keine privaten Sozialversicherungen unterhalten.

PRIVATE VERSICHERUNGEN

Neben der Mitgliedschaft in kollektiven Selbsthilfeeinrichtungen, die praktisch Versicherungsvereine auf Gegenseitigkeit sind, besteht die Möglichkeit, sich über kommerzielle Versicherungen zu versichern. Das betrifft insbesondere Renten- und Krankenversicherung. Private Unternehmen können immer effizienter und effektiver arbeiten als Staatsbetriebe. Nicht weil sie klüger oder geschickter wären. Sie haben einfach die besseren Anreize: nach oben hin den Gewinn und nach unten hin das Risiko des Verschwindens. Im Ergebnis werden private Anbieter wesentlich mehr für dasselbe Geld leisten, sei es in der Altersversorgung, im Gesundheits- oder dem Bildungssystem.

Auch die Schweiz hat diese Erfahrung machen müssen. Erst 1996 wurde ein Krankenversicherungszwang eingeführt. Zu diesem Zeitpunkt waren aber bereits 97 % aller Schweizer freiwillig privat krankenversichert! Die gesetzlichen Vorgaben und Privilegien des neuen Zwangsversicherungsregimes setzen dieselben Fehlanreize, die an anderer Stelle bereits erörtert wurden. Die vorhersehbare Folge: seither haben sich die Gesundheitskosten knapp verdoppelt und sind dreimal schneller gewachsen als die realen Einkommen.[333]

Es geht auch anders: Singapur verpflichtet seine Bürger, individuelle Gesundheitssparkonten einzurichten und in diese 6-8 % des Lohnes einzuzahlen. Aus diesen wird die Mehrheit der gewünschten Behandlungen vom Inhaber direkt mit den Ärzten abgerechnet, Sonderzahlungen für gewünschte Zusatzleistungen sind jederzeit möglich. Das gleiche gilt für den Abschluss einer zusätzlichen Hochrisikoversicherung für schwerwiegende, teure Behandlungen. Ergebnis: Die Gesundheitsausgaben betragen lediglich 3,5 % des Brutto-Inlandsprodukts (die meisten westlichen Länder liegen um die 10 %), die Qualität der medizinischen Versorgung ist ebenso wie die Lebenserwartung hoch. Die angesparten Mittel bleiben im Eigentum des Zahlers und können bei dessen Tod vererbt werden. Für Bedürftige, etwa 10 % der Bevölkerung, gibt es einen medizinischen Stiftungsfonds, der seine Leistungen ausschließlich aus seinen Anlageerträgen erbringt.[334]

Chile hat trotz alternder Bevölkerung geschafft, was in Europa vielerorts als unmöglich gilt. Die Rede ist vom Wechsel der gesetzlichen Rentenversicherung vom Umlagesystem zum Kapitaldeckungsverfahren. Es besteht nur noch eine einzige Verpflichtung, nämlich 10 % des Bruttoeinkommens auf ein Rentensparkonto einzuzahlen. Wer möchte, kann freiwillig mehr bezahlen. Dafür gibt es zertifizierte, private Rentenversicherungsanbieter, welche die entsprechenden Gelder anlegen und unter denen die Einzahler frei wählen können. Das Rentensparkonto ist das persönliche Eigentum des Arbeitnehmers. Ist die Altersrente von 65 Jahren erreicht, kann der Berechtigte seine Leistungen abrufen, aber auf Wunsch daneben trotzdem weiterarbeiten und zusätzlich verdienen. Umgekehrt kann altersunabhängig jeder, der Ansprüche angespart hat, die eine Rente in Höhe von mindestens 50 % des Durchschnittseinkommens der letzten 10 Jahre ermöglichen, in den Ruhestand gehen. Nach 30 Jahren lautet das Fazit: Die Leistungen des neuen Systems liegen heute bereits um 50–100 % über denen des alten Systems. Durchschnittlich werden Rentenquoten von ca. 80 % des Durchschnittseinkommens der letzten zehn Jahre erreicht! Die Wachstumsrate der chilenischen Wirtschaft hatte sich aufgrund des dadurch neu gewonnenen Anlagekapitals über einen langen Zeitraum nahezu verdoppelt. Die Arbeitnehmer haben ein direktes Interesse an der Wirtschaft entwickelt, sind sie jetzt doch Anteilseigner der größten chilenischen Unternehmen. Demografische Probleme sind irrelevant.[335] Das von Chile etablierte System ist bereits ein Mischsystem, das weit überwiegend private Anteile und marktkonforme Anreize hat: etwa die Entscheidungsfreiheit zwischen mehreren Anbietern, die Selbstvorsorge und Übernahme von Eigenverantwortung. Die Illusion der Gratisleistung wird vermieden. Mehrere Staaten haben das chilenische Modell bereits übernommen, z. B. Australien.

Darauf aufbauend kann der Betreiber der Freien Privatstadt ähnliche Versicherungssysteme selbst oder durch entsprechende Anbieter initiieren. Ob die Teilnahme daran verpflichtend sein soll, hängt von den äußeren Umständen der jeweiligen Privatstadt, dem Bestehen oder Nichtbestehen von kollektiven Selbsthilfeeinrichtungen sowie der Zielgruppe ab.

FAMILIE, FREUNDE UND BEKANNTE

Schließlich bleibt die älteste Form der Hilfe für die Schwachen: die Unterstützung durch Familie, Freunde und Bekannte.

Ein guter Bekannter und Anhänger des Sozialstaates gab mir vor Jahren sein eigenes Beispiel zu bedenken. Er habe vor einem halben Jahr überraschend die Diagnose Gehirntumor erhalten und eine sehr teure – zum Glück erfolgreiche - Operation sei die Folge gewesen. Ohne Sozialstaat, so seine Auffassung, hätte diese Operation nicht erfolgen können.

Aber stimmt das? Nehmen wir an, ein Sozialstaat sei nicht existent und der Betroffene habe weder eine private Krankenversicherung noch wäre er Mitglied einer kollektiven Selbsthilfeeinrichtung. Was wäre dann geschehen? Zunächst einmal hätte seine Familie versucht, das Geld für diese Operation aufzubringen. Wäre das nicht gelungen, dann hätte sich die Familie an nahestehende Freunde gewandt mit der Bitte, zu helfen. Diese hätten die Angelegenheit voraussichtlich im weiteren Bekanntenkreis publik gemacht und um Unterstützung gebeten. Es wäre also eine Anteilnahme einer relativ großen Gruppe von Menschen am Schicksal des Bekannten erfolgt. In Wirklichkeit hat von diesem Fall kaum jemand erfahren. In echten, existenzbedrohenden Situationen stehen Verwandte und Freunde zusammen, gerade weil sie sich und den Betroffenen kennen. Eine soziale Kontrolle zur Verhinderung von Missbrauch ist möglich und wirksam. Aber entscheidend an dem Beispiel ist, dass der gesamte Vorgang der Anteilnahme, der Suche nach Unterstützung und die echte, weil freiwillige Solidarität tatsächlich nicht stattgefunden haben. Und das liegt am Sozialstaat.

KARITATIVE EINRICHTUNGEN

Nun gibt es unbestritten Fälle, in denen Familie oder Freundeskreis die notwendige Hilfe aus finanziellen Gründen nicht aufbringen können. Lediglich für solche Fälle, in denen daneben auch keine Versicherung oder Selbsthilfeeinrichtung eintritt, kommt eine mildtätige oder karitative Zuwendung in Frage. Das schließt etwa familien- und mittellose Alte, Schwerbehinderte oder chronisch Kranke mit sehr teuren Behandlungen ein, für die sich keine bezahlbare Versicherung oder Selbsthilfeeinrichtung finden lässt.

Schätzungsweise beträgt diese Personengruppe in entwickelten Ländern nicht mehr als 5 % der Bevölkerung.[336] Angesichts der Unsummen, die bereits heute im Bereich freiwilliger Wohltätigkeit („Charity") aufgewendet werden, scheint es schwer vorstellbar, dass hierzu nicht auf rein freiwilliger Basis genügend Mittel aufgebracht werden können. Dies gilt insbesondere im Hinblick darauf, dass in einem solchen Szenario die exorbitanten Ausgaben für den Sozialstaat wegfallen würden, also jeder Beschäftigte erheblich höhere Netto-Einkünfte zur Verfügung hätte. Die Freie Privatstadt könnte einen Sozialfonds einrichten und bewerben, in den freiwillig gespendet werden kann und der in geprüften Härtefällen hilft.

MINDESTSICHERUNG DURCH DIE FREIE PRIVATSTADT

Die beschriebenen Unterstützungsmöglichkeiten über

- *Kollektive Selbsthilfeeinrichtungen*
- *Private Versicherungen*
- *Familie und Freundeskreis*
- *Karitative Einrichtungen*

sollten mithin ausreichend sein, um *sämtliche* Fälle von echter Bedürftigkeit in einem Gemeinwesen aufzufangen. Doch möglicherweise bedarf es darüber hinaus noch einer Art Rückversicherung, um ruhiger schlafen zu können. Insofern kann ergänzend eine vertraglich garantierte Mindestsicherung von Leib und Leben durch die Freie Privatstadt erfolgen, welche im Grundbeitrag enthalten ist. Voraussetzung ist der Nachweis der Bedürftigkeit und des Nichtbestehens bzw. der Nichtleistung der anderen Sicherungssysteme. Prüfung und Leistung erfolgen durch die Verwaltung der Freien Privatstadt. Diese wird Verpflegung, Unterkunft und Gesundheitsversorgung für die betroffenen Bürger unter bestimmten Bedingungen bereitstellen, welche Anreize zur Selbsthilfe geben.

FOLGE: AUFSCHWUNG UND STABILE SOZIALE VERHÄLTNISSE

Im Ergebnis wird das mehrstufige Modell wesentlich besser funktionieren als heutige Sozialstaaten. Denn es mobilisiert das Beste im Menschen. Dazu gehört die Übernahme von Verantwortung für sich und andere, echte Anteilnahme, die Stärkung von Familie und kleinen Gemeinschaften, Ideen- und Erfindungsreichtum zur Überwindung von Schwierigkeiten, freiwillige Solidarität und im Gegenzug Dankbarkeit sowie nicht zuletzt Stolz und Zufriedenheit, sein Leben aus eigener Kraft zu meistern. Es ist weiter geeignet, Mündigkeit und Selbstständigkeit zu fördern. Schließlich trägt es zum Verstehen der Grundprinzipien der Freien Privatstadt bei, als da wären *Gegenleistungsprinzip, Freiwilligkeitsprinzip* und *Goldene Regel.* Durch die Bildung von echten Kapitalrücklagen steigt die Investitionsquote. Weniger Kosten fallen an, bei gleichzeitig besserer sozialer Absicherung. Wirtschaftlicher Aufschwung und gesellschaftliche Stabilität sind die Folge.

KAPITEL 22

BILDUNG UND ERZIEHUNG

Die allgemeine Schulpflicht dient dazu, die Menschen so zu formen, dass jeder genau wie der andere wird; diese Formung erfolgt nach dem Geschmack der herrschenden Macht im Staate.
John Stuart Mill, Philosoph und Ökonom

Staatliche Schulsysteme kranken daran, dass ihnen der Anreiz fehlt, Gewinn zu machen. Sie müssen weder um zahlende Kunden werben noch ihre Ressourcen sparsam einsetzen. Eine Rückkopplung und damit Qualitätskontrolle durch ausbleibende Nachfrage besteht nicht. Daher ist es nicht weiter verwunderlich, dass selbst im hochentwickelten Deutschland die Leistungen der Schulabgänger immer schwächer werden. Ein Gutteil der Abiturienten hat Probleme mit Lesen und Schreiben (!), eigentlich Fertigkeiten, die nach Abschluss der Grundschule gegeben sein sollten.[337] Prüfungsaufgaben in Mathematik für Realschulen aus den 1960er Jahren überfordern heute die meisten Abiturienten.[338]

Ein weiterer Grund für diese Fehlentwicklung ist die im Eingangszitat angesprochene Indoktrination. Lehrer wie Schüler sind, an staatlichen und sogar an privaten Schulen, durch verbindliche Lerninhalte und sonstige Vorgaben den politischen Ideen der jeweiligen Machthaber ausgesetzt. Sie können sich deren Experimenten nicht entziehen:

> *Eine aktuelle deutsche Zeitgeistidee ist zum Beispiel die einklagbare „Inklusion" Schwerbehinderter in normale Klassen, was dazu führt, dass sich der Lernfortschritt insgesamt verlangsamt. Was dem Schwerbehinderten möglicherweise nützt, schadet allen anderen. Das Bildungsniveau wird dadurch zwangsläufig abgesenkt, da nur noch eine geringere Menge an Lernstoff in der gegebenen Zeit durchgenommen werden kann.*

Eine andere Mode ist, allen Schülern einen möglichst hohen Bildungsabschluss zukommen zu lassen. Da aber nicht alle gleichermaßen befähigt sind, die höchsten Bildungsabschlüsse zu erwerben, müssen die Anforderungen immer weiter abgesenkt werden. Das entwertet die entsprechenden Abschlüsse, insbesondere Abitur und Universitätsdiplome. Es führt auch dazu, dass Menschen, die als gute Facharbeiter bereits seit Jahren in Lohn und Brot stehen könnten, stattdessen Universitätsabschlüsse in vom Markt nicht nachgefragten Fächern erwerben („Geschwätzwissenschaften").

Schließlich soll „Bildung" möglichst früh beginnen, und zwar komplett institutionalisiert fern des Elternhauses und fern des realen Lebens in einer betreuten Parallelwelt. Als Ergebnis erwartet man einen leistungsfähigen Erwachsenen, der lösungsorientiert, zielgerichtet und flexibel auch schwierigste Aufgaben beherrscht. Anders ausgedrückt: Er soll die Realität meistern, von der er nicht die geringste Ahnung hat.

Auch die verbreitete Ansicht, dass Bildung quasi von allein zu höherem Einkommen und höherer Produktivität führe, ist ein Trugschluss. Erst die erhöhte Nachfrage nach bestimmten Berufen in bestimmten Branchen sorgt dafür, dass mehr Absolventen dieser Ausbildungsrichtungen, und nur dieser, Produktivitätssteigerungen bewirken können. Ist keine ausreichende Nachfrage nach Akademikern vorhanden, dann müssen jene Berufe ergreifen, für die kein Studium notwendig gewesen wäre, sie haben also – von Einkommen und Produktivität her betrachtet - Jahre ihres Lebens verschwendet und den Steuerzahler unnötig belastet.[339]

Dass staatliche Machthaber trotzdem nicht davon lassen können, Schule und Universitäten unter enger Kontrolle zu halten, liegt darin begründet, dass junge Menschen besonders beeinflussbar sind. Es bestand und besteht bisher noch in jedem System ein Interesse, möglichst unkritische Konformisten heranzuziehen, welche die staatlich verkündeten Wahrheiten nicht in Frage stellen.[340]

GRUNDEINSICHTEN

Konformisten schaffen aber keine Innovationen. Da eine Gesellschaftsordnung immer nur so gut sein kann, wie die in ihr befindlichen Individuen, sind in Freien Privatstädten deutlich mehr Freiräume für Bildungskonzepte zu gewähren. Daher ist von Lehrplanvorgaben abzusehen und sind zunächst einmal alle Arten von Lehrangeboten und Konzepten zuzulassen. Freilich sollten auch Schulen und Universitäten gewinnorientiert geführt werden. Nur so besteht ein Anreiz, ein bestmögliches Angebot mit Effizienz und Kundenfreundlichkeit zu kombinieren. Auch die Wissensvermittlung in der Familie wird in der Freien Privatstadt nicht etwa als ein ungerechtes Privileg kritisiert, sondern als eine besonders effiziente Eigeninitiative ausdrücklich begrüßt. Das gezielte Sammeln außerschulischer Erfahrungen, etwa durch Mithilfe im elterlichen Betrieb, in Vereinen oder bei Ferienjobs, ist genau so wichtig wie die formale Bildung.

Am Beispiel einer Freien Privatstadt wird besonders anschaulich, wie abwegig die Forderung nach „kostenloser" Bildung ist. Die Gelder dafür können ja nur von den vermeintlich Begünstigten selbst stammen, sei es, dass diese einen erhöhten Grundbeitrag zahlen, sei es, dass sie mit dem Betreiber Immobilien- oder sonstige Geschäfte tätigen, aus deren Einkünften die Freie Privatstadt dann den Schulbesuch bezahlen kann. Diese Variante ist durchaus denkbar, nur ist sie eben nicht kostenlos. Tatsächlich steckt hinter dem „Menschenrecht auf Bildung" wieder nur der profane Wunsch, auf Kosten anderer zu leben. Es ist wichtig, dass die Vertragsbürger verstehen, dass die Vermittlung von Bildung eine Dienstleistung wie jede andere auch ist und entsprechend bezahlt werden muss. Entweder von den Nutzern der jeweiligen Einrichtungen, allen Vertragsbürgern gleichermaßen oder von privaten Wohltätern und Organisationen. Das schließt niemanden vom Zugang zur Bildung aus. Es gibt zahlreiche Beispiele für Privatschulen, die an den ärmsten Orten der Welt mit wenig Geld erfolgreich Bildung vermitteln.[341]

Erziehung hingegen ist in erster Linie Sache der Eltern, nicht der Schulen. Insofern haften Eltern auch für das Verhalten ihrer Kinder. Das sollte durchaus in dieser Klarheit vom Stadtbetreiber vermittelt werden. Möglicherweise etablieren sich mit der Zeit Dienstleister, welche neben der Bildung auch explizit Teile der Kindererziehung übernehmen.

SCHULPFLICHT?

Das Gesagte spricht zunächst einmal gegen eine allgemeine Schulpflicht. Ob diese angezeigt ist, hängt aber auch von den äußeren Umständen ab. Eine Freie Privatstadt in einem Entwicklungsland oder eine Migrantenstadt wird möglicherweise zu dem Schluss kommen, dass eine Schulpflicht zur Beschleunigung der Stadtentwicklung sinnvoll ist, während anderswo darauf verzichtet werden kann. Befürwortet man eine Schulpflicht oder muss man diese aufgrund des Vertrags mit dem Gastgeberstaat umsetzen, korreliert damit in aller Regel die Übernahme der entsprechenden Kosten durch den Betreiber.

Will man trotz Schulpflicht kein eigenes Schulsystem aufbauen, dann ist die Ausgabe von Bildungsgutscheinen eine Alternative.[342] Aber auch in Freien Privatstädten ohne formelle Schulpflicht kann es sinnvoll sein, den Schulbesuch auf diese Weise zu fördern. Bildungsgutscheine haben einen bestimmten Wert, der vom Schulanbieter beim Betreiber einlösbar ist, und berechtigten für eine vorgegebene Zeitspanne dazu, eine Schule eigener Wahl aufzusuchen. Die Kosten werden in diesem Modell etwa durch einen erhöhten Grundbeitrag für die Vertragsbürger abgedeckt, im Gegenzug besteht Anspruch auf die Bildungsgutscheine.

Eine *eingeschränkte Schulpflicht* könnte sich darauf beschränken, die Ableistung einer oder mehrerer Prüfungen in einem vorgegebenen Lebensalter zu fordern, in denen Lese- und Schreibfähigkeiten sowie die Grundrechenarten abgefragt werden, ggf. weitere Qualifikationen im höheren Alter. Im Übrigen sind die Betroffenen frei, welche Schulen und welches System sie wählen, auch Heimunterricht ist selbstverständlich zulässig.

LEHRINHALTE

Das Problem der Manipulation von Kindern und Jugendlichen existiert natürlich auch in Freien Privatstädten. So scheinen insbesondere Lehrer, aus welchen Gründen auch immer, für Vorstellungen besonders empfänglich zu sein, man könne eine „gerechte Weltordnung" mittels staatlicher Maßnahmen konstruieren. Sie werden jene Ideen mehr oder weniger direkt an ihre Schüler weitergeben. Mögliche Folge: nach einigen Jahren kippt das ganze System nach links, Freisinnige ziehen weg, der Stadtbetreiber verkauft und unter dem Jubel der Bürger wird ein umverteilender Sozialstaat eingeführt, der sich anschließend stetig vergrößert mit dem üblichen Ergebnis.

Insofern ist es wichtig, dass auch bei grundsätzlicher Freiheit der Lehrinhalte die grundlegenden Ideen von *Selbstbestimmung und Eigenverantwortung* sowie die Grundprinzipien einer Freien Privatstadt, nämlich *Goldene Regel, Gegenleistungsprinzip und Freiwilligkeitsprinzip* den Heranwachsenden sowie generell allen Neubürgern vermittelt werden. Das kann auch in Systemen ohne Schulpflicht dadurch geschehen, dass die Freie Privatstadt selbst in eigenen Räumlichkeiten solche Kurse anbietet oder entsprechende Referenten in die bestehenden Schulen entsendet.

In jedem Fall sollte freilich Erziehung zu Hass und Gewalt nicht toleriert und Schulanbietern bei Zuwiderhandlung der Bürgervertrag gekündigt werden.

BETRIEB VON SCHULEN UND UNIVERSITÄTEN

Im Übrigen sollte sich der Betreiber darauf beschränken, gute Anbieter anzuziehen, anstatt eigene Schulen und Universitäten zu betreiben, selbst wenn eine Schulpflicht angeordnet wird. Und auch wenn keine Schulpflicht besteht und der Betreiber weder eigene Schulen unterhält noch die Schulausbildung finanziert, geht davon die Welt nicht unter. Entsprechend günstige und gute Schulangebote werden aus Gewinnerzielungsabsicht entstehen. Die Leistung des Betreibers ist es, einschlägige Anbieter zu überzeugen, in die Freie Privatstadt zu kommen.

Es gibt neben privaten Schulbetreibern eine Vielzahl von privaten Universitäten und Instituten, welche mit ganz verschiedenen Konzepten Wissen und Fertigkeiten vermitteln. Das Bestehen wirklich freier Universitäten ohne „politisch korrekte" Lehr- und Forschungsbeschränkungen, verbunden mit der Anwendung neuer Lernmethoden kann gar zu einem ausgewiesenen Wettbewerbsvorteil einer Freien Privatstadt werden. Namhafte Professoren brauchen sich nicht von 20jährigen wegen einer „falschen" Meinung niederbrüllen lassen. Stipendien vom Betreiber oder von Dritten können denen eine weiterführende Ausbildung ermöglichen, die es sich sonst nicht leisten könnten. Aber auch wer erst als Erwachsener entdeckt, dass eine bessere Ausbildung für ihn möglich und nützlich gewesen wäre, kann diese nachholen. Das gilt auch für Grundfertigkeiten wie Lesen und Schreiben. Durch das Internet besteht zudem die Möglichkeit, sich oder seine Kinder umfassend selbst weiterzubilden.[343] Die besten Referenten der Welt können über Internet-Videodienste buchstäblich ins eigene Wohnzimmer geholt werden. Die Zahl der entsprechenden Weiterbildungsangebote ist bereits heute erfreulich umfangreich.

KAPITEL 23
UMWELTSCHUTZ UND EXTERNALITÄTEN

Der Drang, die Menschheit zu retten, ist fast immer ein Vorwand für den Drang, sie zu beherrschen.
Henry Louis Mencken, Journalist und Zyniker

Eine Freie Privatstadt ist an einer sauberen Umwelt schon deshalb interessiert, weil sie andernfalls nicht attraktiv ist und Schwierigkeiten haben wird, Leistungsträger anzuziehen. Eine saubere Umwelt erfordert aber nicht zehntausende von Gesetzen, Verordnungen und Richtlinien.

SCHUTZ INDIVIDUELLER RECHTE

Im Grundsatz erfolgt der Umweltschutz in der Freien Privatstadt über den Schutz individueller Rechte. Umweltbeeinträchtigungen sind nicht denkbar, ohne dass Grundeigentum, Besitz oder Personen in Mitleidenschaft gezogen werden. Von daher besteht auch eine Klagebefugnis und es ist dann von den Gerichten zu entscheiden, ob die Klage berechtigt ist. In einer Freien Privatstadt gibt es insofern keine Tragik der Allmende, weil sich sämtliche Grundstücke, Gewässer und dergleichen im Eigentum oder zumindest der Verfügungsgewalt von Akteuren befinden. Das gilt insbesondere für den Stadtbetreiber selbst, der neben seiner Verwaltungstätigkeit auch der privatrechtliche Eigentümer von Grundstücken, Straßen und Plätzen ist und als solcher seine Klagebefugnis gegen Umweltbeeinträchtigungen im Sinne der übrigen Vertragsbürger - sozusagen stellvertretend für alle - nutzen kann. Selbst wenn er im Laufe der Zeit sämtliches Grundeigentum an andere veräußert, könnte er sich doch bei Verkauf eine Art Besitzrecht sichern, welches ihm auch künftig das Recht gibt, für das betreffende Grundstück im eigenen Namen umweltrelevante Beeinträchtigungen geltend zu machen. Oder er könnte sich im Bürgervertrag eine generelle Klagebefugnis für die Beeinträchtigung fremder Rechte durch Emissionen aller Art (austretende Flüssigkeiten oder Feststoffe, Rauch, Lärm, selbst Gestank) einräumen lassen. Damit sind bereits die meisten Lehrbuchprobleme erledigt.[344] Gehen die Verschmutzungshandlungen über die Freie Privatstadt hinaus, haben neben den unmittelbar Betroffenen auch der Gastgeberstaat oder Nachbarstaaten einen Unterlassungsanspruch.[345]

INTERESSENAUSGLEICH

Nun kann etwa der Eigentumsschutz nicht absolut sein. Andernfalls könnte ein Grundstückseigentümer verbieten, dass Fahrzeuge an seinem Grundstück vorbeifahren, weil ihn die Lärmemissionen beeinträchtigen. Im Sinne der hier vorgeschlagenen Rechtsfortbildung durch Gerichte könnte man das Problem dadurch auffangen, dass im Bürgervertrag geregelt wird, dass eine „sozialadäquate" Nutzung von Eigentum oder Besitz keinen Unterlassungsanspruch Dritter begründet. Was dann im Einzelfall sozialadäquat ist, bestimmen die Gerichte, etwa anhand weithin anerkannter Grenzwerte. Das kann sich im Laufe der Jahre freilich ändern. Während Geräusche von handelsüblichen Verbrennungsmotoren heutzutage als sozialadäquat akzeptiert werden, ist dies in 25 Jahren vielleicht nicht mehr der Fall, weil man sich dann möglicherweise fast lautlos fortbewegt. Wie immer bei unbestimmten Rechtsbegriffen bleibt eine gewisse Unschärfe zurück. Das ist nicht zu ändern.

Alternativ oder ergänzend ist die Aufnahme bestimmter Grenzwerte im Bürgervertrag sinnvoll, ggf. abgestuft nach Nutzungsarten (höhere Werte im Industriegebiet), gerade auch um die Zahl der Streitverfahren zu minimieren. Davon unberührt sollte in einer Freien Privatstadt generell die Möglichkeit bestehen, auch bei Überschreiten der Grenzwerte mit den Betroffenen eine Vereinbarung auszuhandeln, nach der diesen ersatzweise Entschädigungen bezahlt werden, wenn sie die erhöhten Emissionen hinnehmen. Das ist in herkömmlichen Systemen nicht möglich, trägt aber dem Gedanken Rechnung, dass es beim Umweltschutz letztlich um die Verletzung subjektiver Rechte und nicht objektiver Zustände geht, jeder Einzelfall anders gelagert ist und es die Betroffenen sind, die am ehesten eine sachgerechte Regelung finden können.[346]

PRÄVENTION

In einigen Bereichen kann es angeraten sein, vorbeugend regelmäßige Kontrollen durchzuführen, weil ein möglicher Schaden so groß sein kann, dass man sich nicht auf die nachträgliche Korrektur durch Klageverfahren verlassen möchte. So könnte etwa ein Industriebetrieb öffnen, dessen Produktionsablauf starke Radioaktivität oder giftige Gase freisetzt. Die Nachbarn bemerken dies erst, nachdem irreversible gesundheitliche Schäden bereits eingetreten sind. Insbesondere bei größeren Vorhaben aller Art werden die Investoren ohnehin vorab wissen wollen, ob ihr Projekt durchführbar ist. Der bloße Hinweis auf eine spätere gerichtliche Klärung bewirkt Unsicherheit und ist investitionshemmend. Eine Vorabklärung durch ein Genehmigungsverfahren ist in diesen Fällen empfehlenswert. In herkömmlichen Rechtsstaaten wird ein vom Investor beantragtes Genehmigungsverfahren durch die zuständige Behörde durchgeführt, die auf der Grundlage bestehenden Rechts und der dort genannten Kriterien bestimmt, ggf. unter Einbeziehung Betroffener, ob eine Genehmigung erteilt wird oder nicht. Dagegen können dann Betroffene oder der Antragsteller innerhalb einer definierten Frist Rechtsmittel einlegen, wenn mit der Entscheidung kein Einverständnis besteht. Verstreicht die Frist oder weist das Gericht geltend gemachte Ansprüche zurück, dann ist die Genehmigung rechtskräftig und der Investor kann sich darauf verlassen, dass er sein Vorhaben verwirklichen kann. Ein solches Vorgehen ist grundsätzlich sinnvoll. Analog könnte im Bürgervertrag bestimmt werden, dass bestimmte Vorhaben, insbesondere solche die geeignet sind, erhebliche Umweltbeeinträchtigungen oder gesundheitliche Beeinträchtigungen der Bewohner hervorzurufen, der Genehmigungspflicht unterliegen. Dabei sind Kriterien zu benennen, bei deren Erfüllung eine Genehmigung zu erteilen ist. Dazu kann auch die Stellung einer Sicherheit oder die Vorlage einer entsprechenden Versicherung zählen. In diesem Verfahren werden der Betreiber der Freien Privatstadt, die betroffenen Nachbarn und der Investor die Sachlage erörtern und das entsprechende Gremium dann eine Entscheidung treffen. Dagegen ist wiederum Klage möglich. Ob dieses Gremium vom Stadtbetreiber eingesetzt ist oder aus Gründen der Neutralität besser an ein unabhängiges Privatunternehmen ausgelagert wird, wird die Praxis zeigen. Es ist durchaus denkbar, dass sich Ingenieurbüros oder Umweltberatungsunternehmen darauf spezialisieren, derartige Genehmigungsfälle so zu lösen, dass ein angemessener Interessenausgleich zwischen den Beteiligten hergestellt wird, ohne die weitere wirtschaftliche Entwicklung der Stadt unnötig zu hemmen. Ein solches Verfahren ist durchaus auch im Sinne des Antragstellers, weil die zugrundeliegenden Fragen dann geklärt sind und er nicht zahlreiche Klagen während des Betriebs befürchten muss.

NEGATIVE EXTERNALITÄTEN

Negative Externalitäten sind Kosten bzw. Nachteile, die in der Produktion entstehen, jedoch nicht beim Verursacher anfallen, sondern bei Außenstehenden, die dadurch ungerechtfertigt belastet werden. Ein Beispiel ist die Luftverschmutzung durch Industriebetriebe oder durch den Autoverkehr. Da in einer Freien Privatstadt für grenzwertüberschreitende Beeinträchtigungen vom Verursacher Schadensersatz oder Unterlassung durch die Betroffenen gefordert werden können, können die meisten derartigen Fälle mit dem vorhandenen Instrumentarium gelöst werden. Es bleiben als möglicherweise zu regelnde Anwendungsfälle diejenigen Nachteile, die nicht klar einem Verursacher zugeordnet werden können oder den Einzelnen nicht messbar beeinträchtigen, z. B. Autoabgase, die erst in ihrer Summe gesundheitsschädlich wirken. Die einfachste Lösung ist es, wenn die Freie Privatstadt insofern Auflagen machen kann, welche die negativen Effekte minimieren, z. B. die Anordnung von Katalysatorbetrieb.

Alternativlösungen wie *Emissionsrechtehandel*[347] oder *Pigou-Steuern*[348] haben demgegenüber den Nachteil, dass die mit der Externalität verbundenen Kosten nicht wirklich ermittelbar und letztlich willkürlich sind. Hier können alle möglichen Mondzahlen erfunden werden, weil man Gegeneffekte nicht einrechnet, lineare statt toxische Grenzwerte verwendet oder schlicht aus politischen Gründen Beträge festsetzt und einige Marktteilnehmer davon wieder ausnimmt. Oft sind solche vermeintlichen Lenkungsabgaben nur eine zusätzliche Einnahmequelle für den Staat.

Bei der Externalitäten-Diskussion wird auch verkannt, dass *jede* menschliche Aktivität Folgen hat, die nicht unmittelbar in Produkte eingepreist sind und auch nicht sein können, weil man schlicht (noch) nicht weiß, was man einpreisen muss. Jede Tätigkeit, jedes neue Produkt, jeden neue Technologie hat Auswirkungen, die nicht vollumfänglich überblickt werden können und deren Folgewirkungen in allen Facetten sich möglicherweise erst nach Jahrzehnten oder gar Jahrhunderten herausstellen. Dies können positive wie negative Langzeitfolgen sein, meist ist es eine Gemengelage, es gibt positive Entwicklungen mit negativen Begleiterscheinungen oder umgekehrt. Man denke etwa an die Erfindung der Buchdruckkunst, die einerseits die Verbreitung von Wissen, anderseits aber auch die von Propaganda förderte. Sogar die Produktion von Socken kann zu unvorhergesehenen Wirkungen führen (mehr Krankheiten, weil die Leute nicht mehr barfuß gehen und entsprechend weniger abgehärtet sind), die insgesamt entweder negativ oder neutral oder positiv sind. Soll der Sockenhersteller jetzt eine Externalitätensteuer zahlen? Und wer will das auf welcher Grundlage entscheiden? Man könnte argumentieren, dass jedes zusätzliche Kind zusätzliche Verschmutzung verursacht und daher eine Geburtensteuer einführen. Aber ohne Kinder stirbt die Menschheit aus. Ähnliches gilt für globale Erwärmung und CO_2-Anstieg: Letzterer bedeutet auch mehr Pflanzenwachstum und die Urbarwerdung von Dauerfrostzonen, was wiederum mehr Menschen ernährt. In welcher Größenordnung wird das in den Preis für CO_2-Zertifikate eingerechnet? Oft ist es aufgrund der Vielzahl beeinflusster Parameter schlicht nicht ermittelbar, ob die Effekte in Summe negativ oder positiv sein werden. Die Gefahr, hier durch faktisch willkürliche Markteingriffe und deren Hintertüren mehr Schaden anzurichten als zu verhindern, ist aber durchaus real.

Die Setzung von Auflagen im Genehmigungsverfahren auf der Grundlage der bekannten und ermittelbaren Auswirkungen erscheint demgegenüber vorzugswürdig.

GEFÄHRDUNGSPRINZIP STATT VORSORGEPRINZIP

Im Laufe der Zeit könnte sich herausstellen, dass Stoffe gesundheitsgefährdend sind, die bisher nicht als solche erkannt waren. In derartigen Fällen muss der Bürgervertrag nicht geändert werden, solange eine Klausel enthalten ist, dass auch in diesen Fällen aufgrund wissenschaftlichen Fortschritts ausnahmsweise eine Klagebefugnis besteht. Jeder Betroffene, etwa der Nachbar eines Betriebes, in dem dieser Stoff hergestellt oder verwendet wird, oder der Stadtbetreiber aufgrund seiner vertraglichen Klagebefugnis, könnte dann eine Eigentums- oder Gesundheitsbeeinträchtigung geltend machen, in dem er sich auf die entsprechenden neuen Erkenntnisse beruft. Alternativ kann die Anpassung von Grenzwerten einem Gremium überlassen werden, das dann von sich aus oder auf Antrag tätig werden kann. In beiden Fällen ist darauf abzustellen, dass die Gefährdung real ist. Daher wird eine vernunftgeleitete Freie Privatstadt auf wissenschaftlich anerkannte Grenzwerte zur *Toxizität* zurückgreifen, wie sie etwa für die Sicherheit am Arbeitsplatz entwickelt wurden. Der menschliche Organismus hat im Laufe seiner Entwicklung gelernt, Schadstoffe zu verarbeiten, wenn diese ein bestimmtes Maß nicht überschreiten. Die Dosis macht das Gift – auf diesem Grundsatz beruhen toxische Grenzwerte. Demgegenüber wird seit einigen Jahren von interessierter Seite versucht, lineare Grenzwerte durchzusetzen, mit der nicht nachweisbaren Behauptung, ein potenzieller Schadstoff sei in jeder Konzentration schädlich. Ist die Bevölkerung nur groß genug, dann errechnen sich statistisch-linear mit jeder Grenzwertabsenkung angeblich Tausende von Toten pro Jahr, die dadurch vermieden werden. Das ist nicht nur unwissenschaftlich, sondern im Endeffekt auch der Freibrief, bei Bedarf jede industrielle und landwirtschaftliche Produktion durch willkürliche Absenkung von Grenzwerten zu zerstören.

Auch ein Vorsorgeprinzip dergestalt, dass *jegliche* theoretisch denkbare Schädigung dazu berechtigt, neue Vorhaben und Technologien zu verbieten, besteht in der Freien Privatstadt ausdrücklich nicht. Es gilt zugunsten von Innovationen das *Schädigungsprinzip* (reale Schäden sind eingetreten) und das *Gefährdungsprinzip* bei wahrscheinlichen und konkret zu erwartenden Schäden. Wer ein striktes Vorsorgeprinzip bejaht, wie es die Überflussgesellschaften des Westens heute zunehmend tun, hätte bereits das Feuer verbieten müssen. Vormals dynamische Gemeinwesen verwandeln sich durch eine derartige Risikoaversion allmählich in Verhinderungsgesellschaften. Das soll in Freien Privatstädte ausdrücklich anders sein.

KAPITEL 24

BUDGET- UND WÄHRUNGSFRAGEN

Wenn wir eine freie Gesellschaft erhalten wollen, müssen wir der Regierung das Geldausgabe-Monopol nehmen.

Friedrich August von Hayek, Ökonom und Sozialphilosoph

Einerseits muss die Freie Privatstadt attraktiv genug ausgestaltet sein, um Bürger anzuziehen, das bedeutet Ausgaben für Sicherheitsorgane, Streitschlichtungs- und Registersysteme sowie eine Basis-Infrastruktur, andererseits dürfen die dafür erhobenen Beiträge nicht zu hoch sein, weil dies wiederum Interessenten abschrecken würde. Von daher muss der Betreiber einen Mittelweg finden, sich über verschiedene Einnahmequellen so aufzustellen, dass die Beitragshöhe attraktiv ist und dennoch ein ausreichend hohes Leistungsniveau und eine ansprechende Infrastruktur zur Verfügung gestellt werden können. Es ist nicht möglich, vorherzusagen, welche Finanzierungsmodelle insofern am besten funktionieren werden. Dies muss die Praxis zeigen. Die Frage hängt auch davon ab, wie der Vertrag mit dem Gastgeberstaat ausgestaltet ist; hier müssen gegebenenfalls Abgaben oder Zahlungen an diesen abgeführt werden, möglicherweise ist auch eine bestimmte Einnahmeart vorgegeben. Aus den Einnahmen sind Rückstellungen zu bilden für nicht voraussehbare Entwicklungen und Notfälle, damit die Bürger nicht extra zur Kasse gebeten oder angebettelt werden müssen. Monaco verfügt etwa über Rücklagen in Höhe der doppelten jährlichen Staatsausgaben, Liechtenstein immerhin über ein komplettes Jahresbudget.[349]

I. EINNAHMEN

Grundsätzlich sind für den Betreiber mehrere Einnahmequellen möglich. Herkömmliche Staaten finanzieren sich aus Steuern aller Art, sonstigen Beiträgen und Abgaben, Gebühren sowie Geldbußen. Das wesentliche Merkmal von Steuern ist, dass damit *keine* unmittelbare Gegenleistung verknüpft ist oder eingefordert werden kann.[350] Gebühren hingegen sind für konkrete Inanspruchnahme zu leistende Entgelte, zum Beispiel Gerichtsgebühren oder die Beförderungsgebühr im öffentlichen Nahverkehr. Gebühren für konkret nachgefragte Leistungen unterscheiden sich im Grundsatz nicht von Preisen, die nichtstaatliche Dienstleister für entsprechende Tätigkeiten in Rechnung stellen; diese Einnahmequelle steht der Freien Privatstadt ebenso zur Verfügung, etwa in Form von Gerichts- oder Registergebühren. Die Erhebung einer Gebühr macht auch vor dem

Hintergrund Sinn, die unnötige Viel- oder Dauerbeanspruchung dieser Einrichtungen durch einzelne Querulanten zu erschweren.

Die Erhebung von jederzeit änderbaren Beiträgen ohne konkreten Gegenleistungsanspruch würde hingegen auch in einer Freien Privatstadt zu der besprochenen Rechtsunsicherheit und zu Verteilungskämpfen führen. Dem kann begegnet werden, indem Zahl, Art und maximale Höhe der zu leistenden Zahlungen von vornherein vertraglich festgelegt sind und nicht einseitig geändert werden können. Andernfalls gäbe man einen großen Wettbewerbsvorteil Freier Privatstädte aus der Hand und würde sich insofern nicht mehr von anderen staatlichen Systemen unterscheiden. Denn auch wenn die jederzeitige Möglichkeit des Weggangs gegeben ist, so schaffen doch Systeme, die willkürlich die Abgabenverpflichtung nach Art und Höhe ändern oder ausweiten können, eine erhebliche Ungewissheit, welche das erarbeitete Vermögen, das Einkommen und die Alterssicherung der Vertragsbürger gefährden. Und was die Wirkung insbesondere der populären Umverteilungspolitik angeht, also die „Reichen" zu besteuern um vorgeblich den „Armen" zu helfen, so gilt: hierdurch wird das Problem der Armut nicht vermindert, sondern ganz im Gegenteil vergrößert. Denn man reduziert mit einer derartigen Umverteilungspolitik den Anreiz reich zu werden und produktiv zu sein und erhöht den Anreiz arm zu bleiben und unproduktiv zu sein.

Die Vertragsbürger in einer Freien Privatstadt sollen aber nur für das bezahlen, was sie zu bekannten Konditionen bestellt haben. Daher sind *sämtliche* zu bezahlenden Beiträge als *Entgelte für Dienstleistungen* einzustufen, welche ausschließlich für die im Bürgervertrag festgelegten Zwecke Verwendung finden dürfen. Beiträge und Abgaben werden somit in ein vertragliches Leistungs- und Gegenleistungsverhältnis gesetzt, das (schieds-) gerichtlicher Überprüfung unterliegt. Sie können somit auch Gegenstand eines zivilrechtlichen Zurückbehaltungsrechts sein, nämlich dann, wenn der Betreiber seinen vertraglichen Pflichten nicht wie vereinbart nachkommt. Insofern ist es unerheblich, wie die zu leistenden Beiträge genannt werden. Aus Gründen der begrifflichen Abgrenzung sollen derartige Zahlungen im Rahmen des Bürgervertrages aber im Folgenden nicht als Steuern, sondern als Beiträge und Abgaben bezeichnet werden.

GRUNDBEITRAG

Die ehrlichste und transparenteste Finanzierung ist die Erhebung eines jährlichen Beitrags, der für alle Bewohner gleich ist und der die entsprechenden Kosten für die empfangenen Dienstleistungen gemäß Pflichtpaket im Bürgervertrag abdeckt.[351] Grundsätzlich sollten keine Ausnahmen bestehen, was die Verpflichtung zur Zahlung diese

Grundbeitrags angeht. Bei der Erbringung privater Dienstleitungen am Markt wird auch nicht preislich differenziert, welcher Einkommensgruppe der Dienstleistungsempfänger angehört. Allerdings kann es sein, dass Neuankömmlinge, die arbeitssuchend sind, Schwierigkeiten haben, den Grundbeitrag aufzubringen. Insofern könnte eine Stundung für die ersten ein bis zwei Jahre erfolgen. Der Grundbeitrag kann später nachbezahlt werden, wenn der Betreffende über ausreichende Liquidität verfügt. Eine ähnliche Regelung ist denkbar für Vertragsbürger, die in finanzielle Schwierigkeiten geraten sind.

Alternativ können Unternehmen sich bereit erklären, für bestimmte Arbeitskräfte die Beiträge zu übernehmen. Sonderregelung sind weiter vorstellbar für minderjährige Kinder. Diese bezahlen entweder einen geringeren oder gar keinen Beitrag bis zur Volljährigkeit. Ebenso kann man die Beitragszahlung für Rentner erlassen, sofern diese eine Mindestzahl an Jahren in der Freien Privatstadt ansässig waren und Beiträge bezahlt haben. Auch für die ersten Siedler, die höhere Risiken auf sich genommen haben, kann nach Ablauf einer gewissen Zeit eine Beitragsermäßigung einhergehen.

Hier besteht ein weiter Gestaltungsspielraum für den Stadtbetreiber, der abwägen muss zwischen dem Interesse aller an Gleichbehandlung und den sachgerechten Ausnahmen. Eine Warnung sei allerdings angebracht: je mehr Sondertatbestände und Ungleichbehandlung es gibt, desto mehr Versuche wird es geben, unberechtigte Vorteile abzugreifen. Insbesondere sollte der Grundbeitrag nicht als Umverteilungswerkzeug benutzt werden (Progression, Erlass für Arme usw.); es geht hier in erster Linie um ein Entgelt für eine real erbrachte Dienstleistung, nämlich die Zurverfügungstellung eines sicheren und stabilen Rahmens durch die Freie Privatstadt. Diese Dienstleistung kostet nicht nur etwas, sondern ist auch etwas wert.

Sei es, weil nicht jeder Einwohner den Grundbeitrag bezahlt, sei es, weil der Grundbeitrag generell niedrig gehalten werden soll: es kann erforderlich sein, die Ausgaben teilweise aus anderen Einnahmequellen zu bestreiten. Insbesondere eigene wirtschaftliche Betätigung des Betreibers sowie sonstige Abgaben und Gebühren sind Optionen, den Pro-Kopf-Beitrag querzufinanzieren oder zusätzliches Investitionskapital zu generieren. Möglicherweise realisieren Betreiber aus den Immobilien und sonstigen Geschäften so viel Umsatz, dass überhaupt kein Beitrag mehr erhoben werden muss. Gleichwohl sollte der Grundbeitrag nicht gänzlich abgeschafft werden. Mindestens ein symbolischer Beitrag sollte immer fällig sein, einfach um klarzumachen, dass die Leistungen der Freien Privatstadt nicht gratis vom Himmel fallen und ein untrennbarer Zusammenhang zwischen Leistung und Gegenleistung besteht. Der Beitrag kann etwa jährlich oder quartalsweise (im Voraus) bezahlt werden. Eine Nichtzahlung berechtigt den Betreiber, gegebenenfalls nach Verstreichen einer gewissen Frist, zur Kündigung des Vertrages.

Idealerweise sind außer dem Grundbeitrag keine weiteren Zahlungen fällig. Der Betreiber bietet eine Dienstleistung, und diese ist damit abgegolten.

Nun kann es ein, dass die entsprechenden Einnahmen je nach angebotenem Leistungsumfang der Freien Privatstadt nicht ausreichen, oder man aufgrund des Vertrages mit dem Gastgeberstaat verpflichtet ist, bestimmte Steuern oder Abgaben zu erheben.[352] In solchen Fällen sind weitere Einnahmearten denkbar, die aber in jedem Fall vorab im Bürgervertrag nach Art und Höhe bestimmt werden müssen.

VERBRAUCHSABGABEN

Eine mögliche zusätzliche Einnahmequelle sind Verbrauchsabgaben. Diese fallen als Aufschlag auf den Verkaufspreis von Produkten und Dienstleistungen an, aber nur dann, wenn ein entsprechender Umsatz oder Verbrauch getätigt wird (ähnlich einer Mehrwertsteuer). Solche Beiträge haben den Vorteil, dass das Herumschnüffeln im Privatbereich der Bürger zur Beitragserhebung vermieden wird und der Anfall des Beitrags vom Abgabepflichtigen beinflussbar ist, indem er vorher entscheiden kann, ob ihm die Anschaffung den zusätzlichen Beitrag wert ist. Allerdings muss darauf hingewiesen werden, dass solche Abgaben insbesondere kleinere und mittlere Gewerbetreibende nicht unerheblich belasten, denn sie müssen die Beträge zunächst stellvertretend einziehen. Dazu sind nicht nur regelmäßige Erklärungen zu den entsprechenden Einnahmen abzugeben, sondern es ergeben sich auch teilweise komplizierte Fragestellungen, betreffend etwa den sogenannten Vorsteuerabzug[353] oder Leistungen mit Auslandsbezug. Wirtschaftsfreundlicher, zumindest für Klein- und Kleinstbetriebe ist es daher, auf solche Verbrauchsbeiträge zu verzichten. Dies erspart allen Beteiligten einen hohen bürokratischen Aufwand. Im Übrigen tragen Verbrauchsbeiträge dazu bei, dass sich die Produkte und damit die Lebenshaltungskosten für jedermann verteuern.

GRUNDABGABEN

Eine mögliche weitere Einnahmequelle stellen Abgaben auf das Grundeigentum dar. Sie greifen in Eigentumsrechte und in die Vermögenssubstanz ein, sind aber gegenüber einer eventuell vom Gastgeberstaat ins Spiel gebrachten Einkommenssteuer das kleinere Übel. Grundabgaben haben den Vorteil, dass der Zahlungsverpflichtete und der entsprechende Bezugswert jederzeit leicht feststellbar sind. So kann eine Grundeigentumsabgabe verlangt werden, die sich am Grundstückswert orientiert.[354] Sie ist jährlich zahlbar und der entsprechende Wert wird durch Gutachter festgestellt. Anknüpfend an Grundstücksveräußerungen sind daneben sowohl Registergebühren als auch zusätzliche Transaktionsgebühren[355] möglich. Idealerweise erhöht sich der Marktwert der Grundstücke durch Weiterentwicklung der Freien Privatstadt stetig, so dass auch die entsprechenden Einnahmen aus Grundabgaben steigen. Sowohl die Grundeigentumsabgabe als auch die Transaktionsgebühren sollten freilich im niedrigen einstelligen Prozentbereich oder darunter liegen, um den Grunderwerb nicht unangemessen zu verteuern.[356]

ANDERE ABGABEN

Dringend abzuraten ist von allen Abgaben, die direkt in bestehende Einkünfte oder Eigentum eingreifen (Ausnahme siehe vorstehender Absatz) und eine umfangreiche Mitwirkung der Verpflichteten erfordern, so zum Beispiel Beiträge mit der Wirkung von Einkommensteuern, Unternehmenssteuern, Steuern auf Kapitalgewinne, Erbschaftssteuern oder Vermögensteuern. Diese Abgaben setzen jeweils voraus, dass intensiv in die Verhältnisse des Zahlungspflichtigen Einblick genommen wird. Dieser steht stets mit einem Bein im Gefängnis, weil er möglicherweise nicht alles richtig dargelegt hat usw. Der Aufbau von Vermögen, Eigentum, Altersversorgung und Unternehmen, auch über Generationen hinweg, und damit die Fähigkeit, für sich selbst zu sorgen, werden dadurch erheblich erschwert.[357] Steuern auf der Ebene der Unternehmen verteuern die Produkte für alle und schwächen die internationale Wettbewerbsfähigkeit der Betriebe.

Ähnlich der Praxis in mittelalterlichen, freien Reichsstädten könnten erfolgreiche Freie Privatstädte aber überlegen, eine Art Einmalzahlung von Neubürgern zu verlangen, mit der ein Anteil an den bereits erfolgten Investitionen abgegolten wird. Alternativ kann mit Zuzug der Erwerb eines Anteils an der Betreibergesellschaft gegen Bareinlage gefordert werden, der im Gegenzug Mitsprache und Dividendenanspruch sichert.

GEBÜHREN

Eine weitere Finanzierungsquelle sind Gebühren. Da die meisten Bereiche in der Freien Privatstadt privatisiert sind, ist der Anwendungsbereich für Gebühren relativ klein. Die Grundleistungen Polizei, Feuerwehr und Notfallrettung sind bereits mit dem Grundbetrag bezahlt. In Frage kommen Gerichts- und Registergebühren. Man könnte allerdings über Gebühren für Spezialfälle nachdenken, etwa die Absicherung einer privaten Großveranstaltung durch Polizei und Feuerwehr. Anders als beim Grundbeitrag sowie sonstigen Abgaben, erscheint es vertretbar, die Höhe der Gebühren ins Ermessen des Betreibers zu stellen, zumal diese nur anfallen, wenn die entsprechenden Einrichtungen tatsächlich in Anspruch genommen werden, also insofern von den Nutzern steuerbar sind.

IMMOBILIENGESCHÄFTE

Gewinne aus Immobiliengeschäften, sei es durch Verkauf oder Vermietung, dürften zumindest in den ersten Jahren oder Jahrzehnten nach Gründung eine der Haupteinnahmequellen für die Betreibergesellschaft darstellen. Das liegt einfach daran, dass der Betreiber von Anfang an den vorgesehenen Standort kennt. Er kann Grund und Boden zu einem Betrag erwerben, der den Sonderstatus einer Freien Privatstadt noch nicht eingepreist hat. Nachdem dieser dann geschaffen ist, erfährt das Grundeigentum allein dadurch eine Wertsteigerung. Bei erfolgreicher Entwicklung der Stadt setzt sich diese fort und sollte über die Jahre ein Vielfaches des ursprünglichen Wertes erreichen. Zwar ist es auch vorstellbar, dass die Freie Privatstadt entwickelt wird, ohne dass die Betreibergesellschaft überhaupt über Grundeigentum verfügt. Das erscheint nachteilig, weil dann schon der Aufbau der Basisinfrastruktur durch Einsprüche der jeweiligen Grundeigentümer erschwert werden kann und im Übrigen auch die möglichen Einnahmen, die sich aus der Wertsteigerung der Grundstücke ergeben, nicht abgeschöpft werden. Gerade diese stellen aber eine mögliche Rücklage für künftige Investitionen, eine Querfinanzierung der Basisdienstleistungen und unvorhergesehene Ausgaben dar. Sofern die fragliche Grundfläche, auf der die Freie Privatstadt entstehen soll, nicht im Eigentum des Gastgeberstaates steht (und der Eigentumsübertrag ohnehin Bestandteil der Verhandlung mit diesem ist), kann ein Problem beim Grundstückserwerb von Privateigentümern darin liegen, dass bei Bekanntwerden der vertraglichen Einigung mit dem Gastgeberstaat die Grundstückspreise über Nacht ins Uferlose steigen. Regierungsangehörige, die an den Verhandlungen beteiligt sind oder davon wissen, könnten versuchen, solche Grundstücke vorab auf eigene Rechnung zu erwerben usw. Dem kann der Betreiber vorbeugen, indem er frühzeitig Optionsvereinbarungen mit den verkaufswilligen Grundstückseigentümern schließt, wonach die Option zu einem vorher festgelegten Preis ausgeübt werden kann, wenn es tatsächlich zur Vereinbarung mit dem Gastgeberstaat kommt.

BETEILIGUNGEN

Schließlich kann sich der Betreiber an Firmen beteiligen, die Dienstleistungen für die Bewohner erbringen und dadurch Gewinne erzielen. Zu Anfang würde er dies möglicherweise sogar selbst übernehmen müssen, weil andere Anbieter noch nicht bereit sind, in der Frühphase der Freien Privatstadt ein unternehmerisches Risiko einzugehen. Dies betrifft etwa den Betrieb von Müllabfuhr, Wasser- und Elektrizitätsversorgung, Schulen, Kindergärten, Krankenhäusern, Mautstraßen, um nur einige Bereiche zu nennen. Diese Betriebe beziehungsweise Anteile daran kann der Betreiber später, wenn die Stadt etabliert ist, gewinnbringend an spezialisierte Unternehmen verkaufen. In diesem Bereich besteht die Versuchung, Monopolgewinne zu vereinnahmen, indem andere Anbieter nicht zugelassen oder gezwungen werden, Anteile an den Stadt-Betreiber abzutreten. Wenn der Stadtbetreiber hier seine Gewinnerwartungen zulasten der Leistungsqualität optimiert, verliert aber sein Produkt insgesamt an Attraktivität. Es kann sein, dass es in den Bereichen Wasserversorgung und Müllabfuhr unzweckmäßig ist, mehrere Wettbewerber im selben Territorium agieren zu lassen. Insofern ist eine Aufteilung nach Gebieten möglich. Für die meisten Bereiche ist es aber unproblematisch, mehrere Wettbewerber gleichzeitig zuzulassen, man denke nur an Kindergärten, Schulen oder Krankenhäuser.

GEWICHTUNG

Ein Anhaltspunkt für die Gewichtung der Einnahmen in einer Freien Privatstadt geben private Betreiber von Sonderwirtschaftszonen, wie etwa der *Jebel Ali Free Zone*. Diese erzielen etwa 60-70 % ihrer Umsätze durch Immobiliengeschäfte, 20-30 % durch Dienstleistungen wie Lagerhaltung, Hafenbewirtschaftung und Müllabfuhr sowie 10-20 % durch Verwaltungs- und Lizenzgebühren.[358]

II. AUSGABEN

Welche Ausgaben werden voraussichtlich anfallen? Betrachtet man die Budgets von Klein- und Stadtstaaten, dann belaufen sich die größten Positionen in der Regel auf Bildung, Gesundheit, Pensionen, Sozialleistungen und Schuldendienst. Aufwendungen für innere Sicherheit (Polizei, Feuerwehr, Gerichte, Gefängnisse) bewegen sich in der Regel im Bereich von nur 5 % der Gesamtausgaben. Infrastruktur-Ausgaben (Straßen, Leitungen, Beleuchtung und so weiter) betragen um die 10 % des Gesamtbudgets. Das bedeutet, mit nur 15 % eines üblichen staatlichen Budgets kann eine Freie Privatstadt betrieben werden. Was aber bedeutet das in absoluten Zahlen? Dies hängt in erster Linie von der Größe der Stadt ab.

Die kleinsten Budgets unabhängiger Staaten haben Inselstaaten im Pazifik und in der Karibik. So gibt etwa *Tuvalu* 23 Millionen US-Dollar jährlich für 10.000 Einwohner aus, [359]*Vanuatu* 168 Millionen US-Dollar für 220.000 Einwohner.[360] Zum Vergleich: ein wohlhabender Kleinstaat wie *Andorra* leistet sich Ausgaben von 790 Millionen US-Dollar für 83.000 Einwohnern,[361] eine Millionenstadt wie *Hongkong* 41,5 Milliarden US-Dollar für 7,2 Millionen Einwohner.[362] Bereits aus dem Vergleich von *Tuvalu* und *Vanuatu* werden erhebliche Skaleneffekte deutlich. Während das arme Tuvalu 2.300 US-Dollar pro Kopf und Jahr ausgibt, sind es in Vanuatu nur etwa 750 US-Dollar. Das liegt einfach daran, dass bestimmte Dinge für eine Bevölkerung vorgehalten werden müssen, auch wenn sie nur 10.000 Köpfe zählt; die gleichen Institutionen im 220.000 Einwohner starken Vanuatu sind aber längst nicht 22mal so teuer. Mehr geht natürlich immer, insbesondere in den Staaten, die ein weit höheres Bruttosozialprodukt und Pro-Kopf-Einkommen ausweisen: das verglichen mit *Vanuatu* etwa gleich große *Barbados* gibt mit 3.100 US-Dollar pro Kopf mehr als das vierfache für seine Bürger aus, in *Andorra* sind es 9.500 US-Dollar, in *Hongkong* 5.700 US-Dollar. *Singapur* gibt 5.900 US-Dollar pro Kopf aus. In *Monaco* sind es fast 30.000 US-Dollar, in *Luxemburg* gar 45.000 US-Dollar.[363]

Auf Basis dieser Werte sei angenommen, dass das Pflichtpaket des Bürgervertrages aufgerundet etwa 20 % des Budgets herkömmlicher Kleinstaaten entspreche. Damit sollte eine Freie Privatstadt mit einem jährlichen Pro-Kopf-Beitrag zwischen 500 US-Dollar (Tuvalu-Standard, 10.000 Einwohner) und 1.200 US-Dollar (Singapur/Hong-Kong-Standard, 100.000 Einwohner und mehr) auskommen. Aufgrund von Effizienz- und Kostenvorteilen privater Verwaltung könnte das sogar deutlich weniger sein. Die Erfahrungen von *Sandy Springs* haben gezeigt, dass die Erbringung vormals öffentlicher Dienste durch Privatunternehmen Einsparungen von 10–40 % ermöglichen.[364] Und in der Tat: ein Quervergleich mit *Sandy Springs* zeigt, dass bei einem Jahresbudget von 95 Millionen US-Dollar[365] und einer Einwohnerzahl von 95.000 auf jeden Einwohner Ausgaben von 1.000 US-Dollar entfallen, wobei die Bestandteile des für Freie Privatstädte angenommenen Pflichtpakets etwa ein Drittel des Gesamtbudgets ausmachen. Mithin wäre bei 100.000 Einwohnern ein Jahresbeitrag von nur 350 US-Dollar pro Person darstellbar, um für das Pflichtpaket den Leistungsstandard eines hochentwickelten Landes zu gewährleisten!

Das klingt sagenhaft niedrig. Zu beachten ist dabei freilich, dass die Bewohner in einer Freien Privatstadt natürlich weitere Ausgaben haben, die anderswo vom Staat übernommen werden, insbesondere für Bildung und soziale Absicherung. Aber auch für diese Bereiche spricht nichts gegen die Annahme, dass aufgrund privatwirtschaftlicher Leistungserbringung Einsparungen in der Größenordnung wie in *Sandy Springs* erzielt werden können. Vor dem Hintergrund der Ineffektivität öffentlicher Verwaltung liegen hier erhebliche Reserven, die von einem gewinnorientierten Anbieter gehoben werden können, ohne dass die Qualität der Leistung darunter leidet. Zudem kann sich jeder Vertragsbürger sein entsprechendes Portfolio und Schutzniveau entsprechend seinem Portemonnaie und seinen Vorlieben zusammenstellen. Das Leben dürfte also für praktisch die gesamte arbeitende Bevölkerung spürbar billiger werden, ohne dass die Leistungen schlechter sind. Damit stehen mehr Mittel zur Steigerung des Lebensstandards, der Alterssicherung oder sonstige Zwecke zur Verfügung.

Weiter muss bei der Berechnung des Beitrages beachtet werden, dass bei der reinen Pro-Kopf-Betrachtung in den Beispielen auch minderjährige Kinder, Arbeitsunfähige und Rentner mitgezählt sind. Hier muss der Betreiber entscheiden, inwiefern er diese Gruppen zur Kasse bitten will. Insbesondere Kinder, die ja für das weitere Wachstum der Stadt hoch erwünscht sind, könnten im Beitrag ihrer Eltern enthalten sein, einem Familientarif unterliegen oder ab einem bestimmten Alter gegebenenfalls einen ermäßigten Betrag bezahlen. Wie auch immer der Betreiber entscheidet, je größer die Gruppe derjenigen ist, die keine oder geringere Beiträge bezahlen müssen, desto höher ist der Beitrag für alle anderen.

Ein zusätzlicher Posten sind Ausgaben für die Verteidigung sowie die Wahrnehmung der Souveränitätsrechte generell, etwa der Unterhalt von Botschaften, Mitgliedschaften in internationalen Vereinigungen usw. Soweit dies vom Gastgeberstaat geleistet wird, ist es angemessen, wenn die Freie Privatstadt dafür etwas bezahlt. Im Abkommen mit dem Gastgeberstaat können weitere Zahlungen vereinbart worden sein. Diese gehören zum Pflichtpaket und sind durch den Grundbeitrag ebenfalls abzudecken. Wird gewünscht oder vom Gastgeberstaat gefordert, dass etwa Bildung und Gesundheitsversorgung vom Stadtbetreiber „kostenlos" angeboten werden, dann erhöht sich der Beitrag nochmals. Dem Entstehen einer ineffizienten Bildungs- und Gesundheitsbürokratie kann der Betreiber dadurch begegnen, dass er mittels Anreizen und Garantien dafür Sorge trägt, dass ausreichend private Anbieter in der Stadt vorhanden sind. Er muss dann nur Bildungs- und Gesundheitsgutscheine aushändigen und den Nachweis der Schulausbildung bzw. den Nachweis einer Krankenversicherung verlangen.

Am Vergleich zwischen Tuvalu und Vanuatu wird auch deutlich, wie ein Betreiber jenseits von Immobiliengeschäften Geld verdienen kann, nämlich über Skaleneffekte. Im vorliegenden Falle gibt Vanuatu nur ein Bruchteil der Kosten pro Kopf von Tuvalu aus, einfach weil es 220.000 Einwohner gegenüber nur 10.000 Einwohnern hat. Trotzdem sind Lebensstandard und Lebenserwartung in Vanuatu höher.[366] Entsprechendes gilt für eine Freie Privatstadt. In der Anfangszeit mit wenigen Einwohnern wird der Betreiber vorfinanzieren oder aus Immobiliengeschäften quersubventionieren müssen, um die Beiträge nicht exorbitant hoch ansetzen zu müssen, später arbeitet er kostendeckend bzw. mit einer kleinen Marge. Steigt die Einwohnerzahl dann über ein gewisses Maß an, kann beachtlicher Gewinn gemacht werden. Dazu eine vereinfachte Beispielrechnung:

Angenommen, der Kostendeckungsbeitrag für das Pflichtpaket wie im Sandy Springs - Beispiel beträgt 350 US-Dollar (Gesamtbudget 35 Millionen für 100.000 Einwohner), der Betreiber fordert aber 400 US-Dollar. Dann macht er bei 100.000 zahlenden Vertragsbürgern einen Gewinn von 5 Millionen US-Dollar pro Jahr, Rückstellungen und sonstige Einnahmequellen unberücksichtigt. Das entspricht immerhin einer Rendite von 14,3 %. Angenommen, die Einwohnerzahl steigt nun auf 200.000. Er muss nun Infrastruktur und Personal für das Pflichtpaket nicht verdoppeln, um dasselbe Leistungsniveau zu erzielen. Nehmen wir an, das Gesamtbudget erhöht sich in einem solchen Fall auf 50 Millionen Dollar. Der Kostendeckungsbeitrag pro Kopf wird dann auf 250 Dollar absinken, der zu zahlende Beitrag verbleibt bei 400 Dollar. Die Einnahmen verdoppeln sich dadurch, so dass der Gewinn auf 30 Millionen ansteigt (400 Dollar minus 250 Dollar ergibt 150 US-Dollar mal 200.000), das ergibt eine Rendite von 60 % pro Jahr! Spätestens jetzt könnte der Betreiber anfangen Rücklagen zu bilden, Infrastrukturinvestitionen zu tätigen oder den Beitrag zu senken.

Die Ausgabenpositionen einer Freien Privatstadt, welche nur das Pflichtpaket anbietet, könnten wie folgt aussehen:

1. Sicherheit
- *1.1 Polizei*
- *1.2 Feuerwehr / Notfallrettung*
- *1.3 Grenzsicherung / Immigration*

2. Verwaltung
- *2.1 Gerichte/ Register*
- *2.2 Finanzen / Beitragseinziehung*
- *2.3 Kooperation mit Gastgeberstaat*
- *2.4 Sonstige Verwaltung*

3. Infrastruktur
- *3.1 Straßenbau und Instandhaltung*
- *3.2 Leitungsbau und Instandhaltung*
- *3.3 Beleuchtung*
- *3.4 Öffentliche Plätze und Parks*
- *3.5 Sonstiges*

4. Soziale Grundsicherung (vgl. Kapitel 21)

5. Zahlungen an Gastgeberstaat

6. Rückstellung für Schäden durch Naturereignisse und Ähnliches

Dabei können praktisch sämtliche Bereiche wiederum an private Unternehmen als Subunternehmen vergeben werden. Die Freie Privatstadt bleibt gegenüber den Vertragsbürgern aber Verpflichtete. Der Vorteil für den Stadtbetreiber ist, dass diese Dienstleister in der Regel spezialisiert und dadurch erfahrener und effektiver sind, sie bei Schlechtleistung durch andere Unternehmen ausgetauscht werden können und schließlich auf Seiten der Stadt keine Pensionsverpflichtungen anfallen.

Sonstige wirtschaftliche Aktivitäten des Stadtbetreibers wie Immobilienentwicklung oder der Betrieb von Serviceorganisationen sind hier nicht berücksichtigt. Diese sollten wirtschaftlich auf eigenen Beinen stehen und Gewinne machen, die dann ggf. zur Quersubventionierung des Pflichtpaketes oder für Investitionen in die Infrastruktur verwendet werden können. Es wird vermutlich nicht gleich möglich sein, sämtliche Infrastrukturmaßnahmen privaten Immobilienentwicklern auf deren Rechnung zu überantworten (Bau von Mautstraßen und dergleichen). Mit der Zeit ist freilich denkbar, dass dies geschieht. Das betrifft insbesondere den Bau von Strom- und Wasserleitungen. Eine weitere Privatisierung in den anderen Bereichen ist ebenso vorstellbar, so dass diese Bereiche dann nach und nach aus dem Budget der Freien Privatstadt verschwinden können.

Die folgenden Bereiche zählen im hier vorgeschlagenen Modell nicht zum Pflichtpaket:

- *Wasser, Abwasser*
- *Strom*
- *Müllabfuhr*
- *Schulen, Aus- und Weiterbildung*
- *Krankenversicherung*
- *Alterssicherung*
- *Sonstige Versicherungen*

Sie sollten am besten sofort, mindestens aber mittelfristig von spezialisierten Anbietern übernommen und von diesen direkt mit den Vertragsbürgern abgerechnet werden.

III. WÄHRUNG UND ZENTRALBANK

Ein weiteres Merkmal einer erfolgreichen Gesellschaft ist eine stabile Geldwährung. Diese ist sozusagen das Schmiermittel einer funktionierenden Wirtschaft, da sie Transaktionen erleichtert und das Sparen ermöglicht. Weiter ist sie vertrauensbildend und ermöglicht langfristige Planung und Altersvorsorge. Geld ist tatsächlich eine der praktischsten und besten Erfindungen der Menschheit, denn es versetzt jeden Menschen in die Lage, praktisch überall auf der Welt die gewünschten Waren und Dienstleistungen zu erwerben. Die ideologische Verteufelung des Geldes geht völlig an der Sache vorbei. Wenn es das Geld in seiner jetzigen Form nicht gäbe, würden automatisch andere Tauschobjekte oder Gefälligkeiten an deren Stelle treten. Geld ist also immer nur ein Gradmesser für die tatsächliche Kaufkraft einer Person. Diese wiederum hängt von Fleiß, Tatkraft, Geschick und natürlich auch Glück des Einzelnen (oder seiner Vorfahren) ab.

Sofern nicht vom Gastgeberstaat gefordert, gibt es keinen Grund, eine Zentralbank einzurichten oder eine bestimmte Währung für die Zahlungsvorgänge der Vertragsbürger vorzugeben. Die Schaffung von Zentralbanken, die Geldmenge und Zins manipulieren (und zahlungsunfähige Geschäftsbanken „retten"), stellt den untauglichen Versuch dar, planwirtschaftlich in überkomplexe Märkte einzugreifen, um bestimmte Ergebnisse zu erreichen.[367] Diese Versuche werden letztlich genauso wenig erfolgreich sein wie alle anderen planwirtschaftlichen Eingriffe in Waren- und Dienstleistungsmärkte. Sie erzielen durchaus einen Effekt, schaden aber mittel- und langfristig dem Gesamtsystem weit mehr als sie nutzen, weil Geschäftsbanken dann zu erhöhter Risikobereitschaft neigen und die Versuchung für jede Regierung letztlich zu groß ist, zu eigenen Gunsten zu manipulieren: künstlich niedrige Zinsen erleichtern den staatlichen Schuldendienst, der Aufkauf von Staatsanleihen durch die Zentralbank entspricht dem Drucken von Geld. Preisinflation ist früher oder später die sichere Folge. Eine kontrollierte Inflation aber gibt es nicht. Der Effekt entspricht dem der Ketchup-Flasche: erst kommt lange gar nichts raus und dann alles auf einmal. Der Vertrauensverlust in bislang stabile Währungen kann binnen weniger Tage und Wochen eintreten. Es gibt in der Geschichte kein Beispiel für ein reines Papier- oder Buchgeld,[368] das letztendlich nicht gescheitert wäre.

Der Markt kann auch entscheiden, welche Währungen zu welchen Konditionen und Zinssätzen bevorzugt werden. Insbesondere der Zinssatz sollte sich am Markt bilden, denn andernfalls treten Fehlallokationen auf, die zu Ressourcenverschwendung, zu Blasen und nachfolgend zu Krisen führen. Wenn Panama, Liechtenstein oder Monaco ohne Zentralbank auskommen können, dann sollte auch eine Freie Privatstadt dazu in der Lage sein.[369]

Vermutlich wird sich von allein entweder die Währung des Gastgeberstaates, eine Kryptowährung wie *Bitcoin* oder eine gängige Regional- oder Hauptwährung durchsetzen bzw. es werden alle nebeneinander existieren. Gleichwohl muss die Frage beantwortet werden, wie Beiträge, Abgaben und Gebühren an die Freie Privatstadt bezahlt werden sollen. Dazu kann der Betreiber im Bürgervertrag mehrere mögliche Währungen vorgegeben oder auch nur eine. Allerdings besteht immer die Gefahr, dass diese Währung, weil ungedecktes Papiergeld, durch Inflationierung massiv entwertet wird oder irgendwann gar nicht mehr besteht. Für solche Fälle gibt es zwei Lösungen: einmal könnte man eine Anpassungsklausel in den Vertrag aufnehmen, wonach sich der Beitrag erhöht, wenn eine entsprechende Inflation[370] nachgewiesen ist. Problematisch ist die Messmethode von Inflation und der Aufwand, der dafür zu treiben ist. Gegebenenfalls kann man auf bestehende Standardberechnungen verweisen. Allerdings besteht hier immer die Gefahr, dass die Inflation aus politischen Gründen nicht korrekt ausgewiesen wird.

Eine Alternative wäre, dass der Betreiber sich vorbehält, nach seiner Wahl den Beitrag in Gold (oder Silber oder Bitcoin) einzufordern. So könnte die Klausel etwa lauten, dass der Beitrag gewöhnlich in der Währung X, auf Wunsch des Betreibers aber in Gold zu bezahlen ist, wobei die Menge des Goldes dem Umtauschverhältnis des Beitrags in der Währung X zu Gold zum Zeitpunkt des Vertragsschlusses entspricht. So kann sich der Betreiber vor einem Währungsverfall schützen, auf den er keinen Einfluss hat. Gold hingegen ist seit tausenden von Jahren wertstabil.[371]

TEIL IV. ZUKUNFT

KAPITEL 25

EVOLUTION STATT REVOLUTION

Man bewirkt keine Veränderung, indem man die bestehenden Zustände bekämpft. Um etwas zu verändern, muss man ein neues Modell schaffen, welches das bisherige Modell entbehrlich macht.
Richard Buckminster Fuller, Architekt und Visionär

Die Zukunft hat schon begonnen, was neue Produkte auf dem Markt des Zusammenlebens angeht. *Honduras* hat kraft Verfassungsänderung die Einrichtung von speziellen Zonen zugelassen, in denen auch Organisationsformen möglich sind, die Freien Privatstädten schon sehr nahe kommen. Das *Seasteading-Institut*, welches die Idee propagiert, dass schwimmende Städte auf See neue Modelle des gesellschaftlichen Zusammenlebens ermöglichen, verhandelt derzeit mit *Französisch-Polynesien* über die Einrichtung einer entsprechenden Sonderzone in deren Hoheitsgewässern. In *Myanmar* entsteht im autonomen Teilstaat der *Karen* eine freie Stadt.[372] In *New Hampshire* wollen gleichgesinnte Libertäre sich durch Zuzug konzentrieren, um dadurch nach und nach die lokale und Landespolitik in ihre Richtung zu verändern, wissend, dass sie auf Bundesebene keine Mehrheiten finden werden.[373] In Europa soll auf einem Fleck unbeanspruchten Territoriums zwischen Serbien und Kroatien ein neuer freiheitlicher Staat namens *Liberland* entstehen.[374] Bereits kurz nach Projektstart gab es dafür mehr als 100.000 Bewerber um die Staatsbürgerschaft. In Saudi-Arabien soll mit dem *Neom*-Projekt eine Region geschaffen werden, welche höchstmögliche Lebensqualität, Innovationen und Wirtschaftsfreundlichkeit bietet. *Neom* soll ein eigenes Rechtssystem haben, in dem die einengenden religiösen Vorschriften Saudi-Arabiens ausdrücklich keine Anwendung finden.[375] *Bitnation* ist ein virtueller Staat mit eigenem Rechts- und Streitschlichtungssystem, der eine Alternative zu staatlichen Dienstleistungen bietet. Heirats- und Geburtsurkunden, Grundstückstransaktionen sowie Beglaubigungen aller Art werden über ein reputationsbasiertes Blockchain-System abgebildet. Selbst Sicherheitsdienste werden angeboten.[376]
Auch wenn die Erfolgsaussichten der genannten Projekte in den Sternen stehen: offenbar ist die Zeit reif für neue Formen des Zusammenlebens.

EINE DISRUPTIVE TECHNOLOGIE

Freie Privatstädte haben das Potenzial, ohne Umsturz eine echte Alternative zu bestehenden Ordnungen zu werden bzw. diese im Sinne „schöpferischer Zerstörung" (*Schumpeter*) zu überwinden. Evolutionäre Veränderungen sind gewaltsamen Revolutionen allemal vorzuziehen. Jede Revolution frisst letztlich ihre Kinder und noch jedes Mal wurde dadurch nur eine Gruppe von Privilegierten durch eine andere ersetzt.

Sind verschiedene Freie Privatstädte erst einmal weltweit verbreitet, wird das die bestehenden Staaten unter erheblichen Druck setzen, ihre Systeme in Richtung auf mehr Freiheit zu verändern, wollen sie nicht ihre Leistungsträger verlieren. Und das ist genau die positive Wirkung von Wettbewerb, die im Staatsmarkt bisher gefehlt hat. Die Menschen haben heute schon unter unzähligen Warenangeboten die Auswahl, können zwischen verschiedensten Versicherungen für alle Lebensbereiche wählen und erhalten ständig neue technische Produkte. Warum sollten sie sich im Bereich des Zusammenlebens für die Beibehaltung einer Zwangslösung entscheiden, die teuer ist und schlecht funktioniert?

Das Erfordernis, Gewinn zu machen, ohne die Möglichkeit, Preise zu diktieren bzw. andere zu zwingen, die eigenen Dienstleistungen abzunehmen, gibt Freien Privatstädten den richtigen Anreiz. Nämlich den, die Ressourcen optimal einzusetzen und den Kundenbedürfnissen bestmöglich entgegen zu kommen. Diese Anreize fehlen bei staatlich organisierten Abläufen. Zu beobachten ist dies etwa im Gesundheitswesen, an Schulen und Universitäten und neuerdings in der Energieversorgung. Solche Fehlanreize führen zu Fehlentwicklungen, und nach kurzer Zeit haben Menschen herausgefunden, wie man diese Systeme maximal melken kann, ohne entsprechende Gegenleistungen zu erbringen. Andere entdecken, wie man in solchen Organisationen unterschlüpfen kann, ohne wirklich zu arbeiten. Wieder andere finden heraus, wie man eigene Interessen und sachfremde Gegenstände finanzieren lassen kann. Alle staatlichen Reformbemühungen, Einsetzungen von unabhängigen Kommissionen, Rechtsänderungen und so weiter können allenfalls die Symptome lindern. Der Konstruktionsfehler liegt im Anreizsystem. Deshalb sind staatlich gelenkte Unternehmen über längere Sicht auch nicht in der Lage, mit entsprechenden privatwirtschaftlichen Angeboten zu konkurrieren.

Überträgt man diese Beobachtung nun auf das größte aller denkbaren Unternehmen, den Staat, dann wird deutlich, welches enorme ungehobene Potenzial hier steckt, dieselben Leistungen besser und billiger zu erbringen. Da die freiwillige Nachfrage nur nach solchen Produkten stattfindet, die wirklich gewünscht sind, wird dies gleichzeitig eine erhebliche Verbesserung der „Versorgung mit funktionierenden Gemeinwesen“ auf dem Markt des Zusammenlebens bewirken.

Die freien Städte des Mittelalters waren Fluchtpunkte vor der absoluten Herrschaft der Monarchen, wurden aber aufgrund der Ausstrahlung ihres wirtschaftlichen Erfolges auf das Umland letztlich von diesen akzeptiert. Die Freien Privatstädte des 21. Jahrhunderts werden Fluchtpunkte vor der Bevormundung und Ausbeutung durch unsere Regierungen sein. Sie werden aus denselben wirtschaftlichen Gründen von diesen schließlich toleriert werden. Denn der Geldbedarf von Machthabern tendiert immer gegen unendlich. Stadtluft macht frei, bald wieder.

VIELFALT STATT EINHEITSLÖSUNGEN

Es sei daher die Prognose gewagt, dass Freie Privatstädte oder vergleichbare Gemeinwesen, welche Sicherheit bieten und ein eigenverantwortliches Leben in Freiheit und Selbstbestimmung zulassen, auf jeden Fall entstehen werden. Zum Einen wird ein dauerhaft hoher Lebensstandard nur dort möglich sein, wo sowohl wirtschaftliche wie auch persönliche Freiheiten zugestanden werden. Zum Anderen werden die meisten Menschen einfach zufriedener sein, wenn sie so sein können, wie sie sein wollen.

Aber wären sie auch glücklicher? Glück liegt im Empfinden des Einzelnen. Glücklich ist, wer sich glücklich fühlt. Ein armer Mensch in einer gefährlichen Umgebung kann um ein Vielfaches glücklicher sein als ein reicher Mensch in einem abgesicherten Luxusresort. Oder umgekehrt. Wer aber nicht derjenige sein kann, der er sein will, der wird mit hoher Wahrscheinlichkeit unglücklich sein, egal unter welchen Umständen er lebt. Die Freie Privatstadt ist ein Betriebssystem, das dem Einzelmenschen ermöglicht, seine Vorstellung von Glück umzusetzen oder, weniger pathetisch gesprochen, sein Leben so zu führen, wie er es führen möchte. Wie alle Betriebssysteme, werden sich auch Freie Privatstädte im Laufe der Zeit weiterentwickeln. Sie werden sich den Kundenwünschen anpassen und verschiedene Erscheinungsformen annehmen, auch jenseits des hier vorgestellten Modells. Vermutlich werden sich einige der in diesem Buch vorgeschlagenen Umsetzungsideen als nicht praktikabel herausstellen und durch andere ersetzt werden. Gerade weil wir nicht wissen können, welches System evolutionär das Beste ist, müssen wir Vielfalt und Wettbewerb zulassen. Verschiedenartigste Gemeinwesen sind vorstellbar und auch legitim, solange die Teilnahme daran freiwillig ist. Ordnungen des Zusammenlebens sind unabhängig von ihrer Regierungsform dann erfolgreich, wenn Menschen ihnen aus freien Stücken angehören wollen.

Solange Freie Privatstädte den Menschen eine Verbesserung ihres Wohlbefindens oder zumindest gute Voraussetzungen zur Erreichung dieses Ziels bieten, werden sie auch nachgefragt werden. Wenn mit Freien Privatstädten Geld verdient werden kann, werden zunehmend Wettbewerber in diesen Markt drängen. Das wird die Gewinnmargen schließlich minimieren, wie in anderen Märkten auch. Vermutlich werden die zu zahlenden Beiträge und Abgaben im Laufe der Zeit immer geringer, ohne dass die Qualität der Dienstleistungen Schaden nimmt. Und wie in den anderen Produkt- und Dienstleistungsmärkten gilt auch hier, dass derjenige, der für die breite Masse ein attraktives Produkt anbietet, am meisten Geld verdient, nicht der Luxus- und Nischenanbieter.

Da die Menschen verschieden sind, führt die Etablierung eines Systems, das einer Gruppe von gleich oder ähnlich Gesinnten gefällt, dazu, dass Menschen die anders denken und empfinden, sich darin unwohl fühlen. Auch deshalb ist es notwendig, dass eine Vielfalt an Angeboten zur Verfügung steht. Das bedeutet nicht, dass einige Angebote nicht besser funktionieren und erfolgreicher sein werden als andere. Dennoch können wir in den Produkt- und Dienstleistungsmärkten beobachten, dass es viele Nischenanbieter für spezielle Wünsche und Interessen gibt, auch wenn die übergroße Mehrheit sich bei den großen Anbietern eindeckt. Das impliziert, den Mitmenschen auch die Freiheit zuzugestehen, eine schlechte Wahl zu treffen, die für sie selbst unter Umständen nachteilig ist. Im Produkt- und Dienstleistungsmarkt haben wir kein Problem damit, warum also nicht auch im Hinblick auf den Markt des Zusammenlebens Wahlfreiheit gewähren?

Es ist insbesondere die Möglichkeit, unterschiedliche Erfahrungen zu machen und aus Fehlern zu lernen, die sicherstellt, dass im Laufe der Zeit sowohl die Sinne geschärft werden, Grundverständnis für Zusammenhänge des menschlichen Miteinanders entwickelt und schließlich die Qualität von Gesellschaftssystemen auf breiter Front gesteigert wird. Es steht auch niemanden zu, darüber zu richten, wie seine Mitmenschen ihr Zusammenleben gestalten möchten. Das führt schließlich zur Anerkennung der *Privatautonomie als Leitprinzip*, anstelle eines nur vorgeblich objektiven Gemeinwohls. Als *Souverän Seiner Selbst* bestimmt dann jeder über sein eigenes Leben selbst, und nicht die Leitung des Kollektivs. Ganz ähnlich sieht das heute schon die *Seasteading-Bewegung*:

> *In der Weltanschauung der Seasteader ist jedes Regelwerk in Ordnung, solange die Bewohner dem freiwillig zustimmen und gehen können, wann immer sie wollen. Wir sind der Auffassung, dass die Bürger sich ausdrücklich für die Zugehörigkeit zu einer Gesellschaft entscheiden müssen, indem sie in Kenntnis der Sachlage einem explizit ausformulierten Gesellschaftsvertrag zustimmen, und dass sie die Freiheit haben müssen, aus dem Vertrag auszusteigen, wenn nach ihrer Ansicht die Gesellschaft nicht mehr ihren Bedürfnissen entsprcht. Solange diese Voraussetzungen gegeben sind, sind uns die Inhalte des Vertrages egal.*[377]

Wenn man einmal akzeptiert hat, dass die Menschen und ihre Vorlieben unterschiedlich sind, dann kann die Devise nur lauten: *leben und leben lassen.* Das schließt Wehrhaftigkeit gegenüber denen ein, die dieses Prinzip ablehnen. Das sollte reichen, um eine Welt in Frieden und Freiheit zu schaffen. Morallehren, die eine Art Übermenschen fordern, der nicht mal ein Glas Rotwein zu viel trinken darf, sind dafür entbehrlich.

Die Bereitschaft, anderen ihre Freiheit zu lassen, ist zudem ein Schritt zu eigenem Wohlbefinden und eigener Ausgeglichenheit. Ein weiterer ist das Eingeständnis, Produkt eigener Entscheidungen zu sein, nicht Opfer irgendwelcher Umstände. Irgendein Handicap hat jeder – machen wir das Beste daraus!

Keine der zahlreichen Weltuntergangsprognosen, die uns vermutlich schon seit Anbeginn der Menschheit begleiten, ist bisher eingetreten. Sie wurden aber stets als Rechtfertigung benutzt, Selbstbestimmung einzuschränken und Macht über andere auszuüben. Der Schaden, den mit staatlicher Macht ausgestattete Weltretter bisher angerichtet haben, war noch stets höher als der durch die behauptete oder tatsächliche Gefahr eingetretene Schaden. Es gibt keine Anhaltspunkte, warum dies in Zukunft anders sein sollte. Selbst wenn ein Meteorit auf die Erde zurasen würde und drohte, schweren Schaden anzurichten, wäre es nicht erforderlich, eine Weltregierung zu installieren. Freiwillige Zusammenschlüsse von Menschen sind zur Problemlösung ausreichend und wahrscheinlich sogar besser geeignet. Private Initiativen haben bewiesen, dass auch Großaufgaben wie die Entschlüsselung des menschlichen Genoms oder die Weltraumfahrt von nichtstaatlichen Stellen betrieben werden können.

Letztlich wird der Markt, nicht Politiker, Intellektuelle, Journalisten oder die momentane Mehrheitsmeinung, darüber entscheiden, ob Freie Privatstädte ein Erfolg werden. Denn die Heimat der Zukunft wird Wahlheimat sein. Die Menschen sind rein technisch viel mobiler als früher und die Bindung an einen festen Ort, ein Land oder eine Region ist aus vielerlei Gründen schwächer geworden. Die zunehmende Vernetzung der Welt sorgt dafür, dass sich neue Erkenntnisse schneller verbreiten als früher. Dazu gehört die Kunde des Bestehens von Alternativen. Verweigert ein Staat entsprechende Angebote, wird ausgewandert. Die zunehmende Abwanderung erhöht dann wiederum den Druck im Inland, etwas zu ändern. Deshalb haben Freie Privatstädte tatsächlich das Potenzial, die Welt zu verändern, auch wenn sie auf lange Zeit Nischenprodukte bleiben werden.

KAPITEL 26

SIE HABEN DIE WAHL

Der letztendliche Sieg der Freiheit ist unvermeidbar, denn die Moderne funktioniert nur in Freiheit.
Murray Rothbard, Ökonom und Philosoph

Was die Zukunft bringt, ist offen. Im Folgenden sind drei fiktive Entwicklungen beschrieben.

I. MEHR POLITIK: NANNYTOPIA

Das Ideal zahlloser Intellektueller, Schriftsteller und politisch engagierter Menschen ist endlich wahr geworden. Die Welt hat eine einheitliche Regierung und es gelten dieselben Regeln für alle. Selbstverständlich ist dies eine demokratische und faire Welt. Ihr Wahlspruch lautet: *Alles für die Demokratie, alles durch die Demokratie, nichts gegen die Demokratie.* Durch das Versprechen eines hohen bedingungslosen Grundeinkommens für alle Weltbürger, gleich wo diese sesshaft sind, konnte schließlich die notwendige Mehrheit für die *Weltregierung der Weisen*, wie die Presse sie nennt, und eine Weltverfassung gewonnen werden.

Da die Weisen selbstlos eine bessere Welt anstreben, wurden umgehend sämtliche Energieträger verboten, die nach deren Auffassung zum Klimawandel beitragen, also Erdöl, Erdgas und Kohle. Gleichzeitig haben die demokratisch gewählten Weisen Bedenken gegen die Nutzung der Kernenergie, deshalb darf auch diese zu Energiegewinnung nicht mehr eingesetzt werden. Wer den maßgeblichen Einfluss des Menschen auf das Klima bestreitet oder die Auswirkungen des Klimawandels verharmlost, kann wegen *Klimahetze* strafrechtlich verfolgt werden. Weltweit gilt in allen Ländern zudem ein einheitlicher hoher Mindestlohn und umfassender Kündigungsschutz. Ein Verstoß hiergegen ist eine Straftat des Unternehmers, der beim Vorliegen von Verdachtsmomenten seine Unschuld beweisen muss. Eine weltweit anberaumte Volksabstimmung hatte auch eine große Mehrheit für eine individuelle Vermögensobergrenze von 10 Millionen US-Dollar ergeben. Alles Vermögen jenseits der Obergrenze wie auch ein Verdienst von mehr als einer Million US-Dollar pro Jahr unterliegen nunmehr der 100%igen *Piketty-Steuer*. Überschreitet der Wert eigener Unternehmensanteile die Obergrenze, ist der überschießende Teil zu verkaufen und sind die Erlöse umgehend an die Weltgemeinschaft, vertreten durch die Weltregierung, abzuführen. Die daraus gewonnenen Einnahmen werden für sinnvolle Dinge benutzt, wie die Verbreitung des Biolandbaus und des Veganismus auf der ganzen Welt. Die Weisen streben eine Agrarwende an, hin zu natürlichen Bebauungsformen ohne Ausbeutung von Tieren. Die Gentechnologie ist in diesem Zusammenhang ebenso verboten worden, wie die Massentierhaltung und der Zusatz jeglicher chemischer Produkte zu Nahrungsmitteln.

Damit die Weltbürger sich auch gesund ernähren und möglichst „klimaneutral" verhalten, ist der bargeldlose Zahlungsverkehr verpflichtend. Die Ernährungsgewohnheiten werden automatisch kontrolliert, weil jeder mit einer bestimmten Karte einkaufen muss. Alkohol und Nikotin sind verboten, weil gesundheitsschädlich (hierüber fand allerdings keine Volksabstimmung statt). Wenn ein bestimmter Fleischkonsum pro Woche überschritten ist, erlaubt die Einkaufskarte keine weiteren Transaktionen. Entsprechende Käufe in Restaurant oder Supermarkt werden dann ebenso blockiert, wie Flugreisen, welche die von der Weltregierung festgesetzte zulässige Anzahl pro Kopf und Jahr überschreiten. Für Politiker gelten Ausnahmeregelungen.

Diskriminierung und Rassismus sind Relikte der Vergangenheit. Wenn eine Frau oder ein Mann einen Heiratsantrag ablehnt, kann der oder die Zurückgewiesene Diskriminierungsbeschwerde einlegen. Über diese wird dann in der jeweiligen Gemeinde demokratisch abgestimmt. Wird der Beschwerde stattgegeben, muss der zunächst Zurückgewiesene geheiratet werden. Eltern schöner Kinder wird die Vornahme einer verunstaltenden Gesichtsoperation nahegelegt, damit sie andere Kinder nicht durch ihr gutes Aussehen herabsetzen. Witze aller Art sind als diskriminierend verpönt und meist auch strafbar.

Aber die Demokratisierung aller Lebensbereiche geht noch weiter. Die Weltregierung hat sich eine umfassende Geschlechtergleichstellung auf die Fahne geschrieben. Da alle Schulen weltweit nun verbindliche Lehrpläne und Lehrinhalte haben, ist die vorgegebene Auffassung, dass es keine biologische Unterschiede zwischen den Geschlechtern gebe, sondern diese ein soziales Konstrukt sein, im Vordringen begriffen. Das Zeigen von nackter, weiblicher Haut in Werbung, Filmen oder Printmedien ist wegen Sexismus verboten. Bereits ein Kompliment an eine Frau kann zum Verlust der Arbeitsstelle führen. Zum Schutz der Frauen sind Prostitution sowie Produktion und Besitz von Pornographie verboten. Strafbar sind Zuwiderhandlungen allerdings nur für Männer, denn nach Auffassung der Weisen sind Frauen immer Opfer. Einwände dergestalt, dass eine solche Bevorzugung von Frauen im Widerspruch zur These der Gleichheit der Geschlechter stünde, werden als strafbare *Genderhetze* verfolgt.

Aber natürlich ist der Strafvollzug human. In der Regel werden Abweichler einer Gesprächstherapie unterzogen, denn man will ihnen ja helfen, von ihrer verfehlten Sichtweise abzukommen. Dasselbe gilt für Eltern, deren Kinder in der Schule verhaltensauffällig geworden sind, indem sie etwa ausgeprägt männliche oder weibliche Verhaltensweisen an den Tag gelegt haben. Im Wiederholungsfalle kann das schon einmal dazu führen, dass die Kinder den Eltern entzogen und besser geeigneten Paaren zur Betreuung anvertraut werden. Renitente Dissidenten werden in Umerziehungslager gesteckt, wo ihnen die Grundlagen von Fortschritt und Demokratie nahegebracht werden, insbesondere die Akzeptanz der Maßnahmen der von der demokratischen Mehrheit gewählten Weltregierung.

Schließlich sehen die Weisen die Zukunft der Menschheit in einer einheitlichen Mischrasse. Daher werden Migrationsströme planmäßig so gelenkt, dass sich eine größtmögliche Vermischung der Ethnien ergibt. Lokale Widerstände werden gegebenenfalls gewaltsam niedergeschlagen, auch Zwangsumsiedlungen sind kein Tabu mehr.

Wissenschaftler, deren Erkenntnisse von den Überzeugungen der Weltregierung abweichen, erhalten über kurz oder lang keine Förderung mehr. Da es auch keine bedeutenden Privatvermögen mehr gibt, die unabhängige und erkenntnisoffene Wissenschaftler fördern, bewegt sich die Forschung nur noch in dem von der Weltregierung vorgegebenen Rahmen.

Überraschenderweise hat sich die wirtschaftliche Leistungsfähigkeit seit Amtsübernahme der Weltregierung nicht positiv entwickelt. Die industrielle und landwirtschaftliche Produktion sind rückläufig. Die ethnischen Zwangsumsiedlungen haben zahlreiche bewaffnete Widerstandsgruppen entstehen lassen. Zahllose Menschen sind ohne elektrischen Strom oder müssen hungern. Auch wächst die Zahl der Bezieher des bedingungslosen Grundeinkommens exponentiell, so dass dieses zum Bedauern der Weltregierung leider regelmäßig herabgesetzt werden muss. Auf der anderen Seite wird der wirtschaftliche Schrumpfungsprozess begrüßt, weil der ökologische Fußabdruck eines jeden Menschen zur Rettung des Weltklimas und zur Schonung der Ressourcen ohnehin verringert werden soll. Von daher wird die Rückkehr zum einfachen Leben im Rahmen der *Großen Umwandlung* von zahlreichen Kommentatoren und Ökonomen propagiert. Privater Autobesitz wurde folgerichtig verboten.

Allerdings sterben monatlich Zehntausende an verdorbenen Lebensmitteln, da Konservierungsstoffe nicht mehr zugelassen sind. Darüber berichtet die Presse aber nicht. Ein neues Projekt der Weltregierung soll dafür Millionen von Menschen, insbesondere den zahllosen arbeitslosen Akademikern geisteswissenschaftlicher Studiengänge, Arbeit bringen: die Überarbeitung sämtlicher Bücher und Filme in allen Sprachen im Hinblick auf geschlechtergerechte, antirassistische und antisexistische Sprache und Handlung. Insbesondere praktisch alle Klassiker des 19. und 20. Jahrhunderts, Sagen und Märchenerzählungen erfahren so ganz erhebliche Änderungen. Dieses Vorhaben wird von der

Weltregierung aus Steuermitteln bezahlt. Die alten Bücher dürfen – unter Hintanstellung etwaiger Klimabedenken - als Wärmespender von bedürftigen Stromlosen verbrannt werden. Auf diesem Projekt ruhen große Hoffnungen.

II. MEHR RELIGION: WELTKALIFAT

Er ist es, der seinen Gesandten mit der Religion der Wahrheit gesandt hat, um sie über jeden anderen Glauben siegreich zu machen.

Koran, Sure 61, Vers 9.

Und kämpft gegen die Ungläubigen, bis alles an Allah glaubt.

Koran, Sure 8, Vers 39.

Auftrag ausgeführt! Die Muslime haben durch jahrzehntelangen *Geburten-Dschihad* die Bevölkerungsmehrheit in allen Staaten der Welt erreicht. Dies wurde erleichtert durch die weltweite Öffnung aller Grenzen, verbunden mit der Verankerung des *Menschenrechts auf Einwanderung* in der Charta der Vereinten Nationen. So konnten zuletzt auch Japan und die Inselstaaten in der Karibik mehrheitlich muslimisch werden. Im Anschluss wurde die weltweite Geltung der Scharia mit demokratischer Mehrheit beschlossen. Freilich gab es den einen oder anderen Schönheitsfehler, wie die Völkermorde an der jüdischen Minderheit in Israel, den Amischen oder den polnischen Katholiken. Auch ging die Konvertierung der Restbevölkerung nicht immer ganz gewaltfrei vor sich. Aber nun ist *Daressalam*, das Haus des Friedens, errichtet und Streit und Kriege sollten der Vergangenheit angehören. Sämtliche nichtislamischen sakralen Bauwerke, aber auch alle Texte und Filme, in denen auf andere Religionen Bezug genommen ist, wurden zwischenzeitlich zerstört. Nichts mehr soll daran erinnern, wie verwirrt Teile der Menschheit waren, bevor sie zum wahren Glauben zurückfanden. Auch die Geschichte wurde einer umfassenden Revision unterzogen, Adolf Hitler etwa wird nun positiv gesehen. Sein Buch *Mein Kampf* zählt jetzt weltweit zu den zehn meistverkauften Büchern, nicht mehr nur in der arabischen Welt.

In der Welthauptstadt *Mohammedania* regiert der Weltkalif, unterstützt vom religiösen Wächterrat. Sein Wahlspruch lautet: *Alles für Allah, alles durch Allah, nichts gegen Allah.* Beide Institutionen gewährleisten eine weltweit einheitliche Auslegung der Scharia. So hatte beispielsweise die als besonders liberal geltende *Islamische Republik Australien* verfügt, dass minderjährigen Dieben beim Diebstahl geringwertiger Sachen nicht mehr die Hand abgehackt werden solle. Dies führte zu einem Aufschrei der Entrüstung unter Theologen, da die Scharia bekanntermaßen weder den Verhältnismäßigkeitsgrundsatz noch die Sonderbehandlung Jugendlicher kennt. Der Weltkalif hat hier eine Entscheidung getroffen, die in der Presse übereinstimmend als salomonisch gelobt wurde. Es bleibt bei den bekannten Regeln der Scharia, jedoch werden Verstümmelungen und Auspeitschungen nicht mehr öffentlich durchgeführt, soweit dies in der jeweiligen Gesellschaft als anstößig empfunden wird.

Aufgrund der Einführung der Scharia als Gesetzesgrundlage hat die Regelungsdichte erheblich abgenommen, was theoretisch einen gewissen wirtschaftlichen Aufschwung ermöglicht hätte. Die wissenschaftliche Forschung und auch technologische Innovationen sind aber stark rückläufig, weil die Gesellschaften sich in erster Linie damit beschäftigten, wer besser beten und fasten kann. Bei jeder noch so kleinen Aktivität muss stets geprüft werden, ob diese schariakonform ist. Im Zweifel ist eine Fatwa einzuholen. Auch ist der gesamte weibliche Teil der Bevölkerung von wirtschaftlicher Aktivität weitgehend ausgeschlossen.

Wegen des jahrzehntelangen Geburten-Dschihad gibt es einen enormen Überschuss an jungen, unqualifizierten, beschäftigungslosen Männern. Diese sammeln sich insbesondere in der Bewegung *Wahre Taliban*, die sich selbst auch als die Frömmsten der Frommen bezeichnen. Diese Bewegung, die insbesondere im Klerus sehr einflussreich ist, verhindert, dass Frauen wenigstens in der Praxis ähnliche Rechte wie Männer ausüben können. In den meisten Ländern wird daher das Verbot für Frauen, unverschleiert oder ohne männliche Begleitung aus dem Hause zu gehen, auch durchgesetzt. Nach den Regeln der Scharia müssen verheiratete Frauen zudem damit rechnen, nach einer erlittenen Vergewaltigung wegen Ehebruchs gesteinigt zu werden. Auch sind Denunzianten allgegenwärtig, die jeden, der nicht fünfmal am Tag betet oder der im Ramadan nicht fastet, der Polizei melden. Die Evolutionstheorie darf an Schulen nicht mehr gelehrt werden. Das Zeigen von nackter, weiblicher Haut in Werbung, Filmen oder Printmedien ist als unislamisch verboten. Zwar gibt es einige Intellektuelle, die eine historisch-kritische Auslegung von Koran und Sunna befürworten. Allerdings haben diese meist keine hohe Lebenserwartung, ebenso wie diejenigen, die an die Massenmorde in Israel und anderswo erinnern.

Überraschender Weise ist kein Frieden eingetreten. Schiiten, Sunniten, Wahre Taliban und zahllose Untergruppen streiten sich über die richtige Auslegung von Koran und Hadithen. Derzeit ist vor allem strittig, ob das Heiratsalter für Mädchen - entsprechend dem Vorbild des Propheten - auf neun Jahre herabgesetzt werden soll und ob neben der Scharia überhaupt die Notwendigkeit für irgendwelche Gesetzestexte besteht. Kürzlich haben die schiitischen Staaten erklärt, dass sie das Recht auf Einwanderung nicht mehr anerkennen würden, nachdem die Sunniten versucht hatten, in großer Zahl in ihre Länder einzuwandern und die Mehrheitsverhältnisse dort zu kippen. Beide Seiten rüsten nun gegeneinander auf. Andere Regionalkalifate haben angekündigt, sie würden die Sprüche des Weltkalifs nur noch anerkennen, wenn sie ihrer eigenen Auslegung der Scharia entsprächen. Kurden und Alewiten fordern ihr eigenes Kalifat, und es drohen bewaffnete Konflikte. In der *Islamischen Eidgenossenschaft* gab es bereits Terroranschläge auf Moscheen, in denen moderate Imame predigen, zu denen sich die *Wahren Taliban* bekannten.

III. MEHR SELBSTBESTIMMUNG: DEZENTRALIA

Die Welt hat sich nach dem Zusammenbruch der westlichen Sozialstaaten und dem Ende der islamischen Reformationskriege ganz anders entwickelt, als praktisch alle Intellektuellen, Science-Fiction-Autoren und Zukunftsforscher das vermutet hätten. Anstelle einer Weltregierung gibt es über 2.000 verschiedene Systeme, die sich zum Teil erheblich voneinander unterscheiden, aber eine Gemeinsamkeit aufweisen: die Teilnahme an ihnen ist freiwillig. Zahlreiche Gemeinwesen werden von privaten Unternehmen betrieben, daneben gibt es auch Genossenschaftsmodelle, direkte und indirekte Demokratien sowie zahlreiche Mischformen. Die meisten Gemeinwesen sind kulturell, weltanschaulich oder ethnisch homogen. Es ist üblich, in jungen Jahren verschiedene Systeme auszuprobieren, bevor man sich dann für eines entscheidet. Die meisten Gesellschaftsordnungen räumen ihren Bewohnern aber ganz erhebliche Freiheiten ein, insbesondere in wirtschaftlicher Hinsicht, aber auch was die persönlichen Freiheiten angeht. Andernfalls würden nämlich die Bewohner schnell in ein benachbartes System wechseln, von denen es auf jedem Kontinent ausreichend viele gibt. Von einigen streng religiösen Gemeinwesen abgesehen, hat sich weltweit die Auffassung durchgesetzt, dass jeder erwachsene Mensch das Recht auf ein selbstbestimmtes Leben habe.

Drei private Währungen sind weltweit verbreitet, eine goldgedeckte und zwei Kryptowährungen. Daneben gibt es zahllose Lokalwährungen. Da die Zinssätze und Währungen nicht mehr von Zentralbanken und Regierungen manipuliert werden können, ist die Schaffung von Vermögen etwa zur Altersvorsorge planbar und machbar. Aufgrund der Produktivitätsfortschritte erhöht sich die Kaufkraft ständig, Deflation ist ein normaler Bestandteil dieser Gesellschaften. Systeme, die ihre Abgaben willkürlich erhöhten oder ständig die Regeln änderten, sind im Laufe der Zeit vom Markt verschwunden. Der weitverbreitete Freihandel sorgt dafür, dass jeweils an der günstigsten Stelle produziert wird. Dies hat die Kosten insgesamt enorm gedrückt. Davon profitieren auch die Systeme, die sich dem Freihandel nicht angeschlossen haben. Aufgrund der Produktivitätsfortschritte werden sämtliche Waren und Dienstleistungen immer besser, aber auch billiger. Innovationen werden in vielen Systemen nicht behindert und sind daher allgegenwärtig. So ist auch für Geringverdiener ein beachtlicher Lebensstandard möglich. Viele gehen bereits Mitte 40 in den Ruhestand, zumal auch die Lebenshaltungskosten insgesamt enorm gesunken sind. Meistens muss nur ein Elternteil arbeiten, so dass sich der andere um die Kinder kümmern kann. Auch Altenpflege ist günstig, weil Arbeitskräfte auf der ganzen Welt gewonnen werden können. Im Prinzip kann sich jeder weltweit als Arbeitskraft bewerben, freilich mit der Einschränkung, dass nicht jedes System jeden aufnimmt. Da nur in wenigen Systemen Kündigungsschutzregeln gelten, findet man schnell wieder einen neuen Job und es ist durchaus üblich, zu kündigen, wenn einem die Arbeit oder die Vorgesetzten nicht passen, auch wenn man noch keine neue Stelle hat.

Die Einmischung in das Leben anderer, Bevormundung und Besserwisserei sind selten geworden. Die Menschen sind auch selbstbewusst und aufmerksam geworden, da sie für ihre eigenen Angelegenheiten in erster Linie selbst verantwortlich sind und diese nicht an ein Kollektiv, die Regierung oder „die Gesellschaft" auslagern können. Institutionelle Politik existiert nur noch als Rest in Form von Außenpolitik zwischen den Systemen.

Im Übrigen kaufen die Menschen die Dienstleistung ein, die sie haben wollen und fördern die Anliegen weltweit, die ihnen jeweils unterstützungswürdig erscheinen. Das letzte große Projekt, das zahlreiche Spender auf der Welt fand, war die Ausrottung der weiblichen Genitalverstümmelung in den letzten noch betroffenen Gebieten. Diese gelang durch eine eher banale Methode, nämlich die Zahlung einer Prämie an die Eltern bei Nachweis der Nichtverstümmelung zum Zeitpunkt der Volljährigkeit. Auf ähnliche Art und Weise hatte man vormals schon mit Erfolg die Bevölkerungsexplosion in Afrika gestoppt. Die Menschen sind zukunfts- und technologiebejahend und das neue große Thema ist, wie die künftige Besiedlung entfernter, erdähnlicher Planeten bewerkstelligt werden kann.

Kriege und Konflikte sind selten geworden, weil in betroffenen Systemen sofort eine Abwanderung einsetzt, welche diese an den Rand der Zahlungsfähigkeit bringt. Zwar kommt immer mal wieder eine neue totalitäre Ideologie oder Religion auf, wie zuletzt die *Knights of Equality* oder die *Gaia Rules* - Bewegung. Diesen gelingt es auch, das eine oder andere System in ihre Gewalt zu bringen. Allerdings sind zur Enttäuschung ihrer meist jugendlichen Tugendhelden der wirtschaftliche Erfolg und die gesellschaftliche Attraktivität regelmäßig so gering, dass sie alsbald wieder eingehen. Wenn sie militärisch aktiv werden, findet sich meist schnell eine Adhoc-Koalition benachbarter Gemeinwesen zusammen. Den meisten Menschen ist bewusst, dass sie ihre Freiheit und Selbstbestimmung notfalls mit Gewalt verteidigen müssen. Verwandte Systeme sind häufig in Bündnissen organisiert. Innerhalb der Systeme werden Revolutionäre und Kriminelle ausgewiesen und – falls sie niemand haben möchte - in Spezialzonen verbracht, für die sich zwischenzeitlich ebenfalls ein Markt gebildet hat.

—·—

Was die Zukunft tatsächlich bringen wird, ist offen, liegt aber in unseren Händen. Es arbeiten bereits Millionen von Menschen mit ihrem ganzen Herzblut daran, *Nannytopia* bzw. das *Weltkalifat* Wirklichkeit werden zu lassen. *Dezentralia* dagegen hat derzeit nur wenige Unterstützer. Aber das kann sich ändern. Und am Ende wird es ohnehin darauf hinauslaufen. Denn sowohl *Nannytopia* als weltliche Heilslehre als auch das *Weltkalifat* als göttliche, sowie sämtliche Abwandlungen davon, sind keine stabilen bzw. antifragilen Ordnungen. Sie weisen zu viele innere Widersprüche auf oder sind schlichtweg nicht geeignet, ein Leben in Freiheit und Wohlstand zu gewährleisten. Weder „mehr Politik" noch „mehr Religion" sind taugliche Lösungen für ein harmonisches Zusammenleben. Wenn Menschen bei jedem Wort oder jeder Handlung aufpassen müssen, dass sie nichts Falsches sagen oder tun, wenn sie für alles um Erlaubnis fragen müssen, dann werden von ihnen kaum irgendwelche Innovationen oder Problemlösungen ausgehen. Und je einengender die Regeln, desto mehr werden Zukurzgekommene, Gescheiterte und Neidische versuchen, ihre Defizite damit zu kompensieren, dass sie Regelbrecher denunzieren und auf strikte Einhaltung pochen. Das gibt ihnen die Macht, die sie aufgrund eigener Leistung zu erreichen nicht imstande sind. Deshalb sind Heuchelei, Denunziantentum und wirtschaftlicher Niedergang die maßgeblichen Kennzeichen solcher Gesellschaften.

Letztendlich führen alle Systeme, die dem Einzelmenschen nicht gestatten, sein Leben nach eigenen Wertvorstellungen einzurichten, dazu, dass eine kleine Gruppe ihren Willen allen anderen aufzwingt, selbstverständlich stets im Namen des Guten, eines Gottes oder des Gemeinwohls. Das aber wird den anderen früher oder später nicht mehr gefallen. Denn letztendlich ist ein selbstbestimmtes Leben in Frieden und Wohlstand das, was die Mehrheit der Menschen möchte. Sie wird sich daher so lange nach Alternativen umsehen, bis diese Ziele einigermaßen erreicht sind. *Nannytopia* oder das *Weltkalifat* würden diese Entwicklung um Jahrzehnte, wenn nicht Jahrhunderte zurückwerfen. Diesen Umweg können wir uns sparen.

Gestehen wir stattdessen endlich zu, dass jeder Mensch das Recht auf ein selbstbestimmtes Leben hat.

KAPITEL 27

WEITERENTWICKLUNG FREIER PRIVATSTÄDTE

Die erfolgreichsten Gemeinwesen des Jahres 2050 werden keiner der heute gängigen Ideologien entsprechen.

Joe Quirk, Seevangelist

Freie Privatstädte sind Betriebssysteme, innerhalb derer sich die Gesellschaft ergebnisoffen entwickeln kann. Die Betreiber wiederum richten sich mit ihrem Angebot nach der Nachfrage. Es kann also sein, dass sich im Laufe der Zeit Gesellschaftsordnungen herausbilden, die so gar nicht dem entsprechen, was „fortschrittlich" denkende Menschen von heute als Zukunftsvision haben. Wahrscheinlich aber wird es eine große Vielfalt verschiedener Modelle geben. Vielleicht sind Freie Privatstädte in der Zukunft nur Nischenprodukte, weil sich die Staaten selbst zu Dienstleistern gewandelt haben. Vielleicht werden Freie Privatstädte das Hauptmodell, in dem die Mehrheit der Weltbevölkerung lebt. Wenn Staaten scheitern, werden sich Freie Privatstädte ggf. vollständig von ihnen lösen und eigene unabhängige Völkerrechtssubjekte werden, die auch Staatsbürgerschaften verleihen.

Aber auch Individuen werden mehr Souveränität wollen. Vielleicht gibt es in Zukunft Wohnmodule, die per Drohnentechnik für kleines Geld luftverlastbar sind. Jeder Vertragsbürger kann dann auf einfache Weise den Anbieter wechseln, ohne finanzielle Nachteile dadurch zu haben, dass er den alten Haushalt auflösen, Wohneigentum veräußern muss und dergleichen. Das entspräche der ursprünglichen Seasteading-Idee, wonach die Bewohner bei Unzufriedenheit mit der jeweiligen Gesellschaftsordnung ihre schwimmende Wohnplattform abkoppeln und zu einer anderen schwimmenden Stadt wechseln können.[378] Der Wettbewerbsdruck auf den Stadtbetreiber, ein gutes und flexibles Produkt zu bieten, würde dadurch noch erhöht. Möglicherweise hätte jeder Bürger, der dies möchte, eine Art einsehbares Reputationskonto, das bei Erreichen eines bestimmten Punktestandes automatisch zum Aufenthalt in angeschlossenen Freien Privatstädten berechtigte. Vielleicht gäbe es Versicherungen, die für die Sicherheit eines jeden Einzelnen sorgen würden, egal wo dieser sich aufhielte.[379]

Es ist möglich Freie Privatstädte zielgruppengerecht zu modifizieren und die Stadt etwa als anarcho-kapitalistische Ordnung auszugestalten oder als ökologische *Smart City* mit elektronischer Totalüberwachung und Verhaltenssteuerung;[380] selbst Kibbuz-artige Gesellschaften ohne Privateigentum sind vorstellbar. Erlaubt ist, was gefällt, solange

Teilnahme und Verbleib freiwillig sind und nicht der Versuch unternommen wird, anderen Gemeinwesen Vorschriften zu machen. Der Markt wird letztlich zeigen, welcher Leistungsumfang optimal ist und am meisten nachgefragt wird. Freie Privatstädte sind bereit, sich dem Wettbewerb zu stellen. Systeme, die das nicht wollen, haben offensichtlich etwas zu verbergen. Vielleicht die Tatsache, dass sich privilegierte Gruppen zu Lasten aller anderen bereichern?

UMWANDLUNG BESTEHENDER STÄDTE UND GEMEINDEN

Staaten, die immer mehr Steuern verlangen und gängelnde Gesetze erlassen, aber gleichzeitig ihren Bürger immer weniger Sicherheit bieten, werden irgendwann auf Widerstand stoßen. Gerade Hochsteuerländer wie Deutschland, die ihre Bürger wissentlich und willentlich sogenannten Intensivtätern aussetzen, haben in dieser Form keine Zukunft. Gegenmaßnahmen lassen sich am leichtesten auf lokaler Ebene organisieren. So können die Bürger bestehender Kommunen etwa beschließen, ihr Zusammenleben nach dem Vorbild Freier Privatstädte zu gestalten. Dazu holen sie entweder eine Betreibergesellschaft von außen oder gründen eine entsprechende Genossenschaft, die allen gemeinsam gehört, aber gleichwohl mit jedem einen Bürgervertrag abschließt. Mit dem bisherigen Staat wird eine Vereinbarung über die künftige Einbettung in den Verwaltungsaufbau getroffen oder dieser wird schlicht finanziell abgefunden und die Stadt wird frei.

Möglicherweise werden internationale Wettbewerbe entstehen, in denen neugeschaffene Freie Privatstädte gegen alternative Modelle von Starökonomen und Intellektuellen antreten. Jeweils mit Freiwilligen und unter den Augen der Öffentlichkeit. Konzepte, die seit Jahrzehnten in der Literatur diskutiert werden, aber den Praxistest bislang schuldig geblieben sind, hätten sich so möglicherweise nach kurzer Zeit erledigt.

EINE NEUE HANSE

Erfolgreiche Systeme expandieren. Wenn Freie Privatstädte sich etablieren, werden sie sich vervielfältigen. Es ist naheliegend, dass diese Städte dann aufgrund ihrer gemeinsamen Struktur und ihrer gemeinsamen Werte zusammenarbeiten, etwa indem Freihandelszonen, Einwanderungserleichterungen oder gegenseitiger Beistand in Krisensituationen vereinbart werden. Auch eine Entwicklung in Richtung einer neuen Hanse liegt nahe, bis hin zu gemeinsamen Institutionen wie Obergerichten und Verteidigungseinrichtungen. Die alte Hanse hat sich nicht in die inneren Angelegenheiten ihrer Mitgliedsstädte eingemischt und auch nicht die Souveränität der Territorialmächte in Frage gestellt, zu denen die jeweiligen Städte gehörten. Insofern sind Freie Privatstädte geradezu prädestiniert für das Wiederaufleben des Hanse-Konzeptes.

BÜNDNISSE

Aber auch reine Zweckbündnisse mit anderen Klein- und Stadtstaaten sind denkbar, so wie etwa Singapur und Israel in Sicherheitsfragen zusammenarbeiten. Ein Zweckbündnis erhöht zudem die politische Schlagkraft, sei es gegenüber internationalen Organisationen oder den Begehrlichkeiten mächtiger Staaten und Staatengruppen. Es ist keinesfalls ausgemachte Sache, dass sich Groß- oder Regionalmächte erfolgreiche Freie Privatstädte einfach einverleiben oder diese militärisch erpressen können. Wie man an der Entwicklung der Stadtstaaten Genua, Venedig und Singapur gesehen hat, zieht wirtschaftliche Macht nötigenfalls militärische Macht nach sich.

PRIVATE VERWALTUNG VON FLÄCHENSTAATEN

Wenn Städte privat verwaltet werden können, warum dann als nächster Schritt nicht auch Flächenstaaten?

> *Nehmen wir an, die Bevölkerung eines westafrikanischen Landes ist der Korruptheit und Kleptokratie ihrer politischen Klasse überdrüssig. Eine Bewegung ist entstanden, die ein Referendum anstrebt, mit dem die Verwaltung des gesamten Landes für zehn Jahre an eine Betreibergesellschaft Freier Privatstädte übergeben werden soll. Die Parteien, die das Referendum befürworten, erhalten eine überwältigende Mehrheit bei den Wahlen. Eine Übergangsregierung nimmt Verhandlungen mit den verschiedenen Betreibergesellschaften auf und führt nach Entscheidung für einen Betreiber die Volksabstimmung durch. Anderthalb Jahre später ist das westafrikanische Land der erste privat verwaltete Staat der Welt.*

Wie es weitergehen könnte, kann man sich selbst ausmalen. Erfolgreiche Produkte sprechen für sich selbst. Freie Privatstädte sind der Anfang einer Entwicklung, welche die ganze Welt verändern kann.

TECHNISCHER FORTSCHRITT

Innovation und technischer Fortschritt sollten in Freien Privatstädten besonders gut gedeihen. Dadurch bauen diese mit der Zeit ihren Wettbewerbsvorteil weiter aus.

So lange noch irgendein erfüllbarer Wunsch unerfüllt ist auf dieser Erde, solange geht uns auch die Arbeit nicht aus. Die höhere Produktivität - verbunden mit einem nichtinflationären Umfeld in Freien Privatstädten - sorgt aber dafür, dass die Menge an Arbeit, die zu Sicherung des Lebensunterhalts aufgewendet werden muss, stetig sinkt. In der Zukunft wird man vielleicht nur noch einen Tag pro Monat arbeiten müssen, um seine Grundbedürfnisse zu decken und weitere drei Tage, um sich sonstige Wünsche zu erfüllen. Ein „bedingungsloses" Grundeinkommen, dass unter Androhung von Gewalt denen abgenommen wird, die über ausreichende Mittel verfügen, ist entbehrlich.

Blockchain und andere Technologien erlauben zunehmend den direkten Austausch der Menschen untereinander, ohne die Zwischenschaltung von regulierungs- und kostenpflichtigen Intermediären. Sie ermöglichen auch außerhalb Freier Privatstädte ein Leben jenseits staatlicher Bevormundung. Je mehr sich etwa staatsunabhängige Kryptowährungen und private Staatsdienstleister durchsetzen, desto eher wird erkennbar, wie überflüssig die sich heute für unentbehrlich haltenden Staatsmänner, Zentralbanker und sonstigen *Gatekeeper* in Wahrheit sind.

Die Weiterentwicklung durch Wandel, in gesellschaftlicher wie technologischer Hinsicht, wird durch Freie Privatstädte beschleunigt, weil zahlreiche politische Bremsklötze nicht mehr vorhanden sind. Versuch und Irrtum können in kürzerer Folge stattfinden. Der Abstand zwischen Freien Privatstädten und herkömmlichen Systemen wird daher mit der Zeit immer größer werden, sofern Letztere sich nicht anpassen. Das hat den Vorteil, dass sich freie Systeme aufgrund überlegener Technologie leichter verteidigen können, auch gegen zahlenmäßig weit überlegene Gegner. Denn der technologische Fortschritt verbessert auch die Defensivfähigkeit kleinerer Einheiten. Die Zeit der Massenheere ist ohnehin vorbei und überlegene Waffen können auch Kleinstaaten eine gewisse Sicherheit vor Aggressoren verleihen, man denke nur an den israelischen Iron Dome, der angreifende Raketen und Projektile auch kleiner Art abfangen kann.[381] Eine Art Schutzschild, wie man ihn aus Science-Fiction-Erzählungen kennt, rückt damit in greifbare Nähe. Dies begünstigt die Verteidiger und damit die Entstehung von Stadtstaaten, wie es schon im Mittelalter mit den befestigten Stadtmauern der Fall war.

Energiequellen, die preiswert Energie in großen Mengen erzeugen, ermöglichen auch eine faktische Unabhängigkeit, selbst in unwirtlichen Gegenden. Günstige Meerwasserentsalzung in trockenen Gegenden wird dann ebenso möglich wie der Betrieb von Gewächshäusern in kalten Regionen. Und die Entwicklung wird weitergehen. Neue, dezentrale Methoden der Energiegewinnung wie *Smart Modular Reactors,* der Zugang zum Hochgeschwindigkeitsinternet auch in entlegenen Regionen sowie senkrecht startende und landende, autonom steuernde Flugzeuge werden künftig auch kleineren Orten eine selbstbestimmte Entwicklung ermöglichen.

Weitere vor uns stehende technologische Durchbrüche sind gewaltig und für manche angsteinflößend: Roboterarbeit, Künstliche Intelligenz, Transhumanismus und planetare Besiedelung. Auch diese werden nicht zum Weltuntergang führen. Und es ist den Menschen selbstverständlich unbenommen, Gemeinwesen zu gründen oder in solchen zu leben, in denen derartige Dinge verboten sind. Vermutlich werden aber die Versuche, technologische Entwicklungen auf einem bestimmten Stand einzufrieren oder nur selektiv zu benutzen, nicht erfolgreich sein. Jedenfalls dann nicht, wenn die Technologie Vorteile bietet, im Sinne leichterer oder angenehmerer Bedürfnisbefriedigung. Warum wollen in allen Ländern und in allen Kulturen Menschen heute Mobiltelefone benutzen? Weil ihre Lebensqualität dadurch erhöht wird, trotz unbekannter Strahlungsfolgen und dem Verlust an direktem persönlichen Austausch. Lebensqualität ist immer subjektiv. Warten wir ab was passiert, wenn der menschliche Alterungsprozess gestoppt werden kann. Für viele ist dies nicht wünschenswert. Die extreme Verlangsamung oder gar Überwindung der Sterblichkeit des menschlichen Organismus ist aber möglicher Weise erforderlich, um entfernte Planeten zu erreichen. Auch Gentechnik und Neuroprothetik[382] stehen erst am Anfang ihrer Entwicklung. Welche Möglichkeiten sie uns dereinst bieten werden, lässt sich heute kaum abschätzen.

So wie der Mensch danach strebte, alle Plätze der Erde zu erreichen, zuletzt die Pole, den höchsten Gipfel des Himalaya, den tiefsten Tiefseegraben, so wird er auch weiter danach trachten, zu expandieren. Auf dem Mond war er schon. Als Nächstes kommt vielleicht die Besiedelung der Meere oder der Sprung zu unseren Nachbarplaneten. Freie Privatstädte sind auch dafür ein passendes Betriebssystem.

ANHANG

DANKSAGUNG

Ich bin einer ganzen Reihe von Personen zu Dank verpflichtet. Sie haben mit ihren Ideen, ihrer Zuarbeit und ihrer Kritik maßgeblich zu diesem Buch beigetragen, namentlich Rolf W. Puster, Oliver Porter, Joe Quirk, Tom W. Bell, Martin Böltau, Frank Karsten, Patrik Schumacher, César Balmaseda, Erick Brimen, Thibault Serlet, Joe McKinney, Michael Strong, Gabriel Delgado, Mark Lutter, Cliff Nelson, Kurt Hanson, Spencer MacCallum, Mark Frazier, Timo Bremer, Annette Heinisch, Andreas Marquart, Silvana Roglin, Christoph Heuermann, Rahim Taghizadegan, René Scheu, Darius Gebel, Kai John, Sabine Strautmann, Michael Graf, Roelof Platenkamp, Tobias Wolf, Nicole Walz, Anika Tisken sowie diverse Kommentatoren und Blogger aus der Weite des Netzes, die mit einem besonders gelungenen Begriff oder Anschauungsbeispiel hie und da eingeflossen sind. Ich bitte diejenigen, die ich in meiner Aufzählung vergessen habe, um Nachsicht.

Wittgenstein hat festgestellt: „Alles was gesagt werden kann, kann klar gesagt werden“. Von vermeidbaren Fremdwörtern, Geschlechterdifferenzierung und langen Schachtelsätzen habe ich daher Abstand genommen.

Auf den eigentlich gebotenen Konjunktiv bei den zahlreichen Gedankenspielen und Zukunftsannahmen habe ich zugunsten besserer Lesbarkeit meist verzichtet. Die Zusammenschreibung folgt aus Gründen der begrifflichen Klarheit den alten Rechtschreibregeln.

Korrekturen, Kritik, Beispiele und sonstige Anregungen für die nächste Auflage sind willkommen (Kontaktformular siehe https://freeprivatecities.com/information/).

ÜBER DEN AUTOR

Titus Gebel ist Unternehmer und promovierter Jurist. Er gründete unter anderem die Deutsche Rohstoff AG. Nach über 30 Jahren politischer Aktivität kam er zum Schluss, dass Freiheit im Sinne von Freiwilligkeit und Selbstbestimmung in herkömmlichen Systemen nicht zu erreichen sei. Seine Lösung: mit Freien Privatstädten ein völlig neues Produkt auf dem „Markt des Zusammenlebens" schaffen, das bei Erfolg Ausstrahlungswirkung haben wird. Zusammen mit Partnern arbeitet er derzeit daran, die erste Freie Privatstadt der Welt zu verwirklichen.

Mehr Informationen über das Projekt und das Unternehmen Free Private Cities Inc:

FREEPRIVATECITIES.COM

FREE
PRIVATE
CITIES

IST EINE FREIE PRIVATSTADT ETWAS FÜR MICH?

Sehr geehrte Damen und Herren,

Sie fragen sich womöglich, ob eine Freie Privatstadt für Sie als neue Heimat in Frage kommt. Die Antwort lautet wie so oft: es kommt darauf an.

Es gibt Menschen, die im Wissen um die eigene Fehlbarkeit das eine Leben, das sie haben, in Freiheit, selbstbestimmt und eigenverantwortlich führen wollen. Die ihr Leben ohne Zwang, Bevormundung und Manipulation verbringen möchten. Die fordern, ihre Ziele selber zu definieren, die Risiken selber zu wählen und zu tragen. Die selbst bestimmen wollen, für wen oder was sie sich interessieren, woran sie glauben, wem sie vertrauen, mit wem sie zusammen leben und welche Mitmenschen und Vorhaben sie unterstützen wollen. Die glauben, dass Freiheit nur beim Einzelnen anfangen kann und dass deren natürliche Grenzlinie erst an der Freiheit des Nächsten verläuft. Die meinen, dass Werte, Glaube, Entscheidungen und Handlungen, die jeden Menschen ausmachen, nicht verallgemeinert und schon gar nicht vorgeschrieben werden können. Die wissen, dass das „verordnete Gemeinwohl" früher oder später mit Herrschaft und Unterwerfung, schließlich mit Gewalt einhergeht.

Falls Sie diese Ansichten teilen, IST eine Freie Privatstadt der richtige Ort für Sie.

Es gibt auch Menschen, die im Wissen um die Fehlbarkeit der anderen die Meinung vertreten, dass man Menschen zu ihrem Glück zwingen oder vor sich selbst schützen müsse. Die fordern, dass der Staat den Menschen die Lebensrisiken abnehmen, Vermögen umverteilen und umfassende Gerechtigkeit herstellen solle. Die fordern, dass sich alle einer großen Sache unterordnen müssten, weil nur so die Menschheit gerettet werden könne. Die glauben, dass die Mehrheit das Recht habe, allen vorzuschreiben, wie sie zu leben hätten. Oder jene, die davon überzeugt sind, dass nur die Regeln ihrer Religion verbindlich seien und diese allen menschgemachten Regeln vorgingen.

Falls Sie diese Ansichten teilen, ist eine Freie Privatstadt NICHT der richtige Ort für Sie.

Letztlich spielt es keine Rolle, ob sich jemand als Gläubiger, Atheist, Sozialist, Konservativer, Liberaler oder Libertärer bezeichnet. Im Grunde teilt sich die Menschheit in nur zwei Gruppen: diejenigen, die anderen ihren Willen aufzwingen wollen und diejenigen, die das nicht wollen.

Die erste Gruppe kann sich auf edelste Motive und Jahrtausende philosophischer Untermauerung berufen.

Für die zweite Gruppe sind Freie Privatstädte gedacht. Falls Sie sich dazu zählen:
HERZLICH WILLKOMMEN!

Ihr
Titus Gebel

PS: *Liebe Politiker, liebe Meinungsmacher, liebe Weltverbesserer,*
Wir möchten in Frieden und Freiheit leben.
Wir können für uns selber sorgen.
Wir wollen in Ruhe gelassen werden.
Verstehen Sie das nicht?

FREIE PRIVATSTADT IM DIREKTEN VERGLEICH

	Bundesrepublik Deutschland	**Freie Privatstadt**
Verhältnis Einzelner – Gemeinwesen	Über-/ Unterordnungsverhältnis (Obrigkeit – Untertan).	Gleichberechtigte Vertragsparteien (Kunde – Dienstleister).
Rechtliche Position des Einzelnen	In Verfassung und Einzelgesetzen niedergelegt, die jederzeit von den Staatsorganen geändert oder anders als zuvor ausgelegt werden können.	Vertraglich fixiert, keine einseitige Änderung oder Neuauslegung des Vertrages möglich.
Faktische Position des Einzelnen	Kindbürger, der gesagt bekommt, was er zu tun und wie er zu sprechen hat und zu vielem um Erlaubnis fragen muss; bei allen größeren Problemen wendet er sich an den Staat.	Souveräner Vertragsbürger, der darauf achtet, dass sein Selbstbestimmungsrecht und seine Freiheit nicht beschnitten werden; der aber auch für eigene Fehler die Verantwortung übernimmt.
Behandlung von Konflikten Einzelner-Gemeinwesen	Entscheidungen staatlich bestellter Gerichte, die mit staatlich bezahlten Richtern besetzt sind.	Unabhängige Schiedsgerichte mit von beiden Seiten gewählten Schiedsrichtern.
Mitbestimmung im Gemeinwesen	Parlamentswahlen alle paar Jahre, wobei häufig unklar ist, welche Sachentscheidungen die Gewählten später treffen werden; ganz selten die Möglichkeit zu Direktabstimmungen (nur auf Landesebene in Süddeutschland).	Mitbestimmung, wie die vertraglich zugesicherten Leistungen des Betreibers erbracht werden im Rahmen von Anteilseigentum; umfassende Selbstbestimmung über alle anderen Lebensbereiche.
Allg. Handlungsfreiheit, also zu tun und zu lassen was man möchte	Umfassend eingeengt; durch zehntausende Gesetze und Verordnungen auf kommunaler, Landes- , Bundes- und europäischer Ebene.	Nur beschränkt durch die wenigen festgelegten Regeln im Bürgervertrag und die allg. Handlungsfreiheit der anderen.
Meinungsfreiheit, also frei heraus zu sagen was man denkt	Vielfältig beschränkt durch Meinungsdelikte wie Volksverhetzung; Beleidigung und Verleumdung als Straftatbestände; staatliche initiierte Meinungsbeschränkung im Internet und auf sozialen Medien, auch ohne dass ein Straftatbestand vorliegt.	Prinzipiell unbeschränkt; Vertragskündigung möglich bei Aufrufen zu Gewalt, aggressiver Intoleranz; Beleidigung und Verleumdung werden nur zivilrechtlich geahndet.

	Bundesrepublik Deutschland	**Freie Privatstadt**
Vertragsfreiheit, also das Recht auf freiwilliger Basis über alles mögliche Vereinbarungen zu treffen oder dies bleiben zu lassen	Umfassend beschränkt durch Antidiskriminierungsgesetze, Arbeitsgesetze, Sozialgesetze, Umweltgesetze, Kontrahierungszwang, Tendenz: weiter steigend.	Vollständig gegeben; ggf. Einschränkungen für faktische Monopolisten.
Rechtsordnung	Zivilrechtsordnung für Geschäfte zwischen Privaten; Öffentliches Recht für sämtliche Angelegenheiten die das Verhältnis Staat – Einzelner betreffen; Strafrecht als Sonderform des Öffentlichen Rechts.	Zivilrechtsordnung für Geschäfte zwischen Privaten und Verhältnis Freie Privatstadt – Einzelner, keinerlei Sonderrecht für Stadtbetreiber; Strafrecht mit Zivilrechtsaspekten und Opferbeteiligung.
Vermittlung der Rechtsordnung	Nur an Jurastudenten und Fachbeamte; im Übrigen ist die Rechtsordnung inzwischen zu umfassend, um noch in Gänze vermittelt zu werden.	An jeden Einzelnen; gesamte Rechtsordnung ist Vertragsbestandteil.
Durchsetzbarkeit von Ansprüchen	Theoretisch aufgrund von gerichtlichen Titeln; praktisch eingeschränkt da zahllose Pfändungsfreigrenzen, Nichtzahlung kann nicht sanktioniert werden, Abgabe eines Offenbarungseid jederzeit möglich; Privatinsolenz möglich, deren Voraussetzungen ständig abgeschwächt werden.	Aufgrund von (schieds-) gerichtlichen Titeln; Nichtbeachtung/Nichtzahlung dieser Titel führt nach Antrag Gläubiger zum Verweis aus der Freien Privatstadt; Privatinsolvenz möglich nach klaren Regeln.
Privateigentum/ Grundeigentum	Formell gewährleistet. Zahlreiche Einschränkungen und Nutzungsvorgaben durch Umwelt- und Baugesetze. Anschluss- und Abgabenzwang. Beliebig festsetzbare Besteuerung. Enteignung gegen Entschädigung möglich. Eintrag einer staatlichen Zwangshypothek nach entsprechender Gesetzesänderung jederzeit möglich.	Umfassend gewährleistet. Recht, mit seinem Eigentum nach Belieben zu verfahren (sofern keine Rechte anderer beeinträchtigt werden) und andere von jeder Einwirkung auszuschließen. Evtl. geringe, nicht änderbare Grundsteuer. Geringe baugesetzliche Regulierung. Keine Enteignung / spätere zwangsweise Belastung möglich.

	Bundesrepublik Deutschland	**Freie Privatstadt**
Einwanderung	Legale Einwanderung schwierig, illegale leicht. Selbst straffällig gewordene, abgelehnte Asylbewerber werden praktisch nicht abgeschoben.	Auswahl durch den Betreiber nach klaren Kriterien; konsequente Ablehnung bzw. Abschiebung von Nichtberechtigten und Rechtsbrechern.
Innovation	Zahlreiche, häufig langwierige Genehmigungsverfahren, zunehmende Technikfeindlichkeit.	Jederzeit zulässig und erwünscht.
Korruption / Lobbyismus / Günstlingswirtschaft	Insbesondere bei öffentlicher Vergabe und im Baurecht; NGO-Finanzierung; Gesetzgebungsverfahren, Ausnahmeregelungen, Steuerprivilegien, Subventionen.	Da keine staatliche Privilegien gewährt werden, gibt es keine Ansatzpunkte für Korruption, Lobbyismus und Günstlingswirtschaft.
Umweltschutz	Umfassende Regelungen, die in private Sphäre weit hineinreichen. Politische motivierte Grenzwerte und willkürliche, unwissenschaftliche Verbote.	Emissionsregelungen, im Übrigen durch privatrechtliche Abwehransprüche gewährleistet. Toxikologische Grenzwerte.
Währung, Banken und Geldfrage	Manipulation von Geldmenge und Zinssatz, umfassende Bankenregulierung, Bankenprivilegien, Vorgabe gesetzlicher Zahlungsmittel.	Keine Vorgaben oder Eingriffe, lediglich der Grundbeitrag muss in einer vorgegebenen Währung bezahlt werden.
Grundbeitrag („Kopfsteuer")	keine	Für jeden gleicher Beitrag für Leistungen der Freien Privatstadt.
Umfang der Steuergesetze	1700 Seiten allein für Unternehmensbesteuerung	Wenige Seiten für sämtliche Beitragsarten
Einkommensteuer	Progressive Besteuerung, die häufig über 50 % des Gesamteinkommens hinausgeht (zählt man Soli, MwSt., Kfz-, Mineralölsteuer, Grundsteuer etc. dazu)	Keine
Mehrwertsteuer	19 % bzw. 7 %	Keine (evtl. in geringer Höhe)
Grundsteuer	1–2 %	Keine (evtl. in geringer Höhe)
Grunderwerbsteuer	3.5–6.5 %	Keine (evtl. in geringer Höhe)
(Kommunale) Sondersteuern	Branntwein-, Tabak-, Hunde-, Bergbau, Solidaritätszuschlag usw.	keine
Gewerbesteuer	mindestens 7 %	keine
Kfz.-Steuer	Vom Fahrzeugtyp abhängig	keine
Körperschaftssteuern	Ca. 30 %	keine

	Bundesrepublik Deutschland	**Freie Privatstadt**
Vermögenssteuer	Einführung wahrscheinlich	keine
Erbschafts- und Schenkungssteuer	Bis zu 50 %	keine
Innere Sicherheit	Bürger sollen sich an durch verfehlte Einwanderungspolitik entstandenen Terror und Kriminalität gewöhnen; Kleindelikte werden praktisch nicht mehr verfolgt; Aufklärungsquote bei Wohnungseinbrüchen unter 15 % und Verurteilungsquote 3 %; rechtsfreie Räume; Berechtigung zum Aufenthalt wird durch Kriminalität nicht tangiert; Strafjustiz schützt Täter, bestraft Nothelfer und sanktioniert Selbstverteidigung.	Verbriefter Rechtsanspruch auf Sicherheit; Schadensersatzanspruch gegen Freie Privatstadt bei Verbrechen/Vergehen; Ausweisung von Kriminellen nach Strafverbüßung; Opferzentriertes Strafrecht, Recht auf Selbstverteidigung, Entschädigung vom Täter.
Religionsfreiheit	Religionen dürfen ihre Bräuche und Anschauungen auch Nichtreligiösen aufzwingen; Tanzverbot, Gebetspausen, Kritik an Religion wird z.T. strafrechtlich verfolgt; Privilegien wie Schächten, Beschneidung Minderjähriger.	Uneingeschränkt als private Bekenntnisfreiheit, aber keinerlei Rechte für Religionen, außerhalb ihrer Glaubensgemeinschaft anderen ihre Anschauungen aufzuzwingen; alle Regeln gelten ohne Einschränkung auch für Religionsangehörige.
Verhältnis Gemeinwesen – Religionen	Umfassende Privilegien, etwa staatlicher Einzug der Kirchensteuer, staatliche Finanzierung von theologischen Fakultäten, Lehrern und kirchlichen Hilfsorganisationen.	Keinerlei Privilegien für irgendeine Religion oder Weltanschauung, gleiches Recht für alle.
Privilegien generell	Umfassende Gewährung von Privilegien für bestimmte Gruppen, etwa Gewerkschaften, Arbeitgeberverbände, Behinderte, Frauen, Pendler, bestimmte Wirtschaftszweige, Kirchen, zahllose NGOs. Jedes Jahr kommen neue Interessengruppen hinzu.	Keinerlei Privilegien für irgendeine Gruppe, gleiches Recht für alle.

	Bundesrepublik Deutschland	**Freie Privatstadt**
Staatliche Umverteilung	Es findet immerfort eine Umverteilung zwischen allen Einkommensgruppen statt, um bestimmten Gruppen Sondervorteile zu gewähren: etwa alleinerziehenden Müttern, Studenten, Theaterliebhabern, usw. Zahllose mit der Umverteilung befasste Agenturen und Behörden.	Nicht existent. Anderen gegen ihren Willen die Früchte ihrer Arbeit wegzunehmen, wird als Unrecht angesehen.
Teilhaberechte	Umfassende Rechte, auf Kosten anderer zu leben. Jeder hat einen Rechtsanspruch auf „notwendigen Lebensunterhalt".	Nicht existent. Es gibt kein Recht auf Kosten anderer zu leben (Ausnahme: private familiäre Unterhaltspflichten und im Bürgervertrag garantierte Mindestsicherung).
Alterssicherung	Pflichtversicherung im Umlagesystem (ca. 20 % des Einkommens); Absenkung der Rentenquote von 60 % auf 48 % trotz Anhebung des Rentenalters. Tendenz: weiter fallend. Zerstörung privater Altersvorsorge durch Zinsmanipulation.	Keine Vorgaben. Angebot von Selbsthilfeeinrichtungen. Private Versicherungen mit Kapitaldeckungsverfahren erzielen eine Rentenquote von 80 % bei Einzahlung von 10 % des Einkommens (vgl. Kapitel 21). Ggf. Spezialfonds für eng umgrenzte Härtefälle.
Krankheit	Pflichtversicherung für nahezu jeden, planwirtschaftliche Vorgaben zu Kosten und Behandlungsmethoden; minimale bzw. keine Selbstbeteiligung, Kostenexplosion im Gesundheitswesen bei Erosion der Leistungen.	Keine Vorgaben, auch keine Honorarvorgaben für Ärzte. Angebot von Selbsthilfeeinrichtungen. Möglichkeit, nur Hochrisiken privat abzusichern, gar nichts, oder umfassende Vollversicherung. Vollständige Wahlfreiheit. Ggf. Spezialfonds für eng umgrenzte Härtefälle.
Arbeitslosigkeit	Pflichtversicherung.	Keine Vorgaben. Selbsthilfeeinrichtungen oder Private Versicherung möglich.
Arbeitsbedingungen	Umfangreiche Vorgaben, die Produktion verteuern.	Nur wenige Arbeitssicherheitsvorschriften.

	Bundesrepublik Deutschland	Freie Privatstadt
Energie	Umfassende Bevorzugung und Querfinanzierung unzuverlässiger und teurer Energieträger, ideologisch motivierte Beschränkungen und Verbote von zuverlässigen und günstigen Energieträgern.	Keine Vorgaben, ausgenommen bei Gefährdung anderer. Dem Markt überlassen, da günstige Energie der Schlüssel zu allem anderen ist.
Bildung, Schule	Allgemeine Schulpflicht bis 15/16 Jahre; kein Recht zum Hausunterricht, Vermittlung der Weltanschauung der herrschenden Parteien/ der politischen Klasse. Inhaltskontrolle auch bei privaten Schulen.	Keine Schulpflicht, keine Vorgaben an Schulen oder Heimunterrichtende; Ausnahme: Verbot von Erziehung zu Gewalt oder aggressiver Intoleranz.
Beschäftigung von Mitarbeitern	Umfassende Regelungen zu Entlohnung, Urlaub, Streikrecht, Arbeitszeiten, Sozialabgaben, Kündigungsschutz, Mindestlöhnen verteuern die Beschäftigung auf breiter Front.	Keine Vorgaben außer zur Arbeitssicherheit, im Übrigen herrscht Vertragsfreiheit.
Gründung von Produktions-, Dienstleistungs- oder Handwerksbetrieben	Umfassende Regulierung, insbesondere im Produktionsbereich; häufig Lizenzen und Qualifikationsnachweise erforderlich, Quoten und Vorgaben.	Grundsätzlich ohne Einschränkung oder spezielle Nachweise möglich, (ausgen. Menschen-, Tier-, Drogen- und Waffenhandel); größere Produktionsbetriebe z. T. nur in Gewerbegebieten und mit Genehmigung.
Betrieb von Produktions-, Dienstleistungs- oder Handwerksbetrieben	Umfassende Regulierung, insbesondere im Produktionsbereich; einschlägige Regeln sowie Höhe der Abgaben und Besteuerung ändern sich häufig.	Wenige Regeln zu Emissionen und Arbeitssicherheit; feststehende Höhe der Beitragszahlung an Gemeinwesen; keine nachträglichen, einseitigen Änderungen möglich.
Lebenshaltungskosten	Hoch, da hohe Verbrauchssteuern, produktionsverteuernde Regulierung, Zölle.	Niedrig, da keine Verbrauchssteuern, Freihandel und umfassender Wettbewerb, kaum verteuernde Regulierung.

LITERATURVERZEICHNIS

Acemoglu, Daron und Robinson,James: *Warum Nationen scheitern*, Frankfurt 2013.
Alexander, Robin: *Die Getriebenen*, München 2017.
Anderson, Terry und Hill, Peter: *The not so Wild, Wild West,* Stanford 2004.
Aristoteles: *Politik – Schriften zur Staatstheorie*, Stuttgart 1989.
Baader, Roland: *Geld, Gold und Gottspieler*, Gräfelfing 2004.
Bastiat, Claude-Frédéric: *La Loi,* Paris 1850.
Beattie, David: *Liechtenstein. Geschichte und Gegenwart,* Triesen 2005.
Beito, David: *Mutual Aid for Social Welfare: The Case of American Fraternal Societies*, in: Tom Palmer (Hrsg.), *After the Welfare State,* Ottawa 2012.
Bell, Tom W.: *Your Next Government? From the Nation State to Statesless Nations*, Cambridge 2018.
Bernays, Edwards: *Propaganda: Die Kunst der Public Relations*. Berlin 2017 (1928).
Bessard, Pierre: *Der lange Irrweg zum Schweizer Sozialstaat*, in: Christian Hoffmann, Pierre Bessard (Hrsg.), *Sackgasse Sozialstaat - Alternativen zu einem Irrweg,* Zürich 2012.
Bessard, Pierre: *Die Alternative zur Kostenexplosion im Gesundheitswesen: das Beispiel Singapur*, in: Christian Hoffmann, Pierre Bessard (Hrsg.), *Sackgasse Sozialstaat - Alternativen zu einem Irrweg,* Zürich 2012.
Bökenkamp, Gérard: *Ökonomie der Sexualität*, München 2015.
Bonner, Bill: *Hormegeddon. How too much of a good thing leads to disaster.* Baltimore 2014.
Braunschweig, Christoph: *Die demokratische Krankheit*, München 2012.
Buchanan, James u. Tullock, Gordon: *The Calculus of Consent. Logical Foundations of Constitutional Democracy,* Ann Arbor 1962.
Cherepanov, Vadim, Feddersen, Timothy und Sandroni, Alvaro: *Rationalization in Decision Making,* in: Kellogg Insight vom 01. Juli 2009.
Chisholm, John: *Drones, Dangerous Animals, and Peeping Toms: Impact of Imposed vs. Organic Regulation on Entrepreneurship, Innovation, and Economic Growth* in: International Journal of Entrepreneurship and Small Business 35 (3), Januar 2018.
Chodorov, Frank: *The Income Tax: Root of all Evil,* New York 2002 (1954).
Chodorov, Frank: *The Rise and Fall of Society,* Baltimore 2012 (1959).
Collier, Paul: *Exodus – Warum wir Einwanderung neu regeln müsssen*, München 2014.
De Molinari, Gustave: *Produktion der Sicherheit,* Hamburg/Wien 2015 (1849).
Eckermann, Johann Peter: *Gespräche mit Goethe in den letzten Jahren seines Lebens,* Berlin 2011 (1836).
Erhard, Ludwig: *Wohlstand für Alle*, München 1957.

Farrington, David: *Criminal Career Research in the United Kingdom*, British Journal of Criminology, Vol. 32, No. 4, Autumn 1992.
Ferguson, Niall: *Der Westen und der Rest der Welt.* Berlin 2011.
Friedman, David: *The Machinery of Freedom,* New York 2014 (1973).
Friedman, Patri: *Die neuen Staaten und das Meer*, in: Schweizer Monat 1004 vom 01.02.2013.
Frisby, Dominic: *Life After The State*, London 2013.
Fuhrmann, Bernd: *Die Stadt im Mittelalter*, Stuttgart 2006.
Fukuyama, Francis: *The End of History and the Last Man*, London 1992.
Gasser, Adolf: *Gemeindefreiheit als Rettung Europas*, in: *Ausgewählte historische Schriften 1933 – 1983,* Basel 1983.
Gebel, Titus: *Demokratie - Lektionen eines Fürsten*, Online-Beitrag vom 23.09.2015, Prometheus-Institut. http://prometheusinstitut.de/liechtenstein-als-vorbild-fuer-deutschland/
Gilmour, David: *Auf der Suche nach Italien*, Stuttgart 2013 (2011).
Glasze, Georg u. a. (Hrsg.): *Private Cities – Global and local perspectives*, New York 2006.
Green, David: *The Evolution of Mutual Aid*, in: Tom Palmer (Hrsg.), *After the Welfare State,* Ottawa 2012.
Habermann, Gerd: *Der Wohlfahrtsstaat – Ende einer Illusion*, München 2013.
Han, Fook Kwang u. a.: *Lee Kuan Yew – Hard Truths to keep Singapore going*, Singapur 2011.
Hasnas, John: *The Myth of the Rule of Law*. Wisconsin Law Review 199 (1995).
Hayek, Friedrich August: *Die Verfassung der Freiheit*, Tübingen 2005 (1971).
Heath, Spencer: *Citadel, Market and Altar*, Baltimore 1957.
Heinsohn, Gunnar, *Söhne und Weltmacht*, Zürich 2006.
Henning, Max: *Der Koran* (Übersetzung aus dem Arabischen), Stuttgart 1991.
Henry-Huthmacher, Christine und Hoffmann, Elisabeth: *Ausbildungsreife und Studierfähigkeit,* Studie der Konrad-Adenauer-Stiftung, Sankt Augstin 2016.
Hentrich, Steffen (Hrsg.): *Eigentum und Umweltschutz*, Berlin 2011.
Hobbes, Thomas: *Leviathan*, Stuttgart 1970 (1651).
Hoffmann, Christian: *Scheitern anerkennen – Alternativen erkunden,* in: Christian
Hoffmann, Pierre Bessard (Hrsg.), *Sackgasse Sozialstaat Alternativen zu einem Irrweg,* Zürich 2012.
Hoppe, Hans-Hermann: *Demokratie - Der Gott, der keiner ist.* Waltrop 2003.
Huemer, Michael: *Wider die Anmaßung der Politik*, Gäufelden 2015.
Humboldt, Wilhelm von: *Ideen zu einem Versuch, die Wirksamkeit des Staates zu bestimmen*, Stuttgart 1991 (1792).

Hummler, Konrad und Jaeger, Franz (Hrsg.): *Stadtstaat – Utopie oder realistisches Modell?*, Zürich 2011.
Hundt, Michael und Lokers, Jan (Hrsg.): *Hanse und Stadt*, Lübeck 2014.
Huntington, Samuel: *Kampf der Kulturen*, Hamburg 2006 (1996).
Jasay, Anthony de: *Against Politics*, London 1997.
Kant, Immanuel: *Grundlegung zur Metaphysik der Sitten*, Stuttgart 2008 (1785).
Karsten, Frank und Beckmann, Karel: *Beyond Democracy*, Amsterdam 2012.
Kohr, Leopold: *Die Lehre vom rechten Maß*, Salzburg 2006.
Le Bon, Gustave: *Psychologie der Massen*, Stuttgart 1982 (1895).
Lee, Kuan Yew: *From Third World to First*, New York 2000.
Liechtenstein, Hans-Adam II. von: *Der Staat im dritten Jahrtausend*, Bern 2010.
Locke, John: *Über die Regierung*, Stuttgart 1974 (1691).
Mac Callum, Spencer Heath: *The Art of Community*, Menlo Park 1970.
Machiavelli, Niccolo: *Der Fürst*, Stuttgart 1978 (1532).
Mises, Ludwig von: *Die Gemeinwirtschaft - Untersuchungen über den Sozialismus*, Stuttgart 2007 (1932).
Mises, Ludwig von: *Liberalismus*, Sankt Augustin 2006 (1927).
Monnery, Neil: *Architect of Prosperity – Sir John Cowperthwaite and the Making of Hong Kong*, London 2017.
Moyo, Dambisa: *Dead Aid*, London 2009.
Nagel, Tilman: *Angst vor Allah?*, Berlin 2014.
Nef, Robert: *Local Autonomy and Subsidiarity as Prerequisites for the Proper Functioning of Direct Democracy*, in: Konrad Hummler und Alberto Mingardi (Hrsg.): *Europe, Switzerland and the Future of Freedom*, Turin 2015.
Nozick, Robert: *Anarchy, State and Utopia*, New York 1974.
Ober, Josiah: *Das antike Griechenland. Eine neue Geschichte*, Stuttgart 2016 (2015).
Oppenheimer, Franz: *Der Staat*, Berlin 1990 (1907).
Ortner, Christian, *Prolokratie – Demokratisch in die Pleite*, Wien 2012.
Pamini, Paolo: *Monte Carlo: Efficiency on the Sea*, in: Konrad Hummler und Alberto Mingardi (Hrsg.): *Europe, Switzerland and the Future of Freedom*, Turin 2015.
Paul, Ron: *Befreit die Welt von der US-Notenbank*, Rottenburg 2010 (2009).
Pinera, José: *Private Altersvorsorge in einer alternden Gesellschaft - Das chilenische Modell des Rentensparens*, in: Christian Hoffmann, Pierre Bessard (Hrsg.), *Sackgasse Sozialstaat - Alternativen zu einem Irrweg*, Zürich 2012.
Plessow, Oliver: *Die Stadt im Mittelalter*, Stuttgart 2013.
Polleit, Thorsten und Prollius, Michael von: *Geldreform – Vom schlechten Staatsgeld zum*

guten Marktgeld, Grevenbroich 2010.
Porter, Oliver: *Creating the New City of Sandy Springs*, Bloomington 2006.
Prollius, Michael von, *Siamesische Zwillinge: Wohlfahrtsstaat und Wirtschaftskrisen*, in: Christian Hoffmann, Pierre Bessard (Hrsg.), *Sackgasse Sozialstaat - Alternativen zu einem Irrweg,* Zürich 2012, 57-77; 65.
Puster, Rolf W.: *Die beiden Todsünden des real existierenden Liberalismus*. Vortrag Liberale Hochschulgruppe Hamburg vom 30.10.2010; veröffentlicht: https://deutscherarbeitgeberverband.de/textezurfreiheit/2015_01_21_dav_freiheit_todsuenden.html
Puster, Rolf W.: *Politik, der unscheinbare Bürgerkrieg*. Vortrag Liberaler Unternehmerstammtisch Schweizer Monat, Sankt Gallen, 29.09.2017 (unveröffentlicht).
Pye, Michael: *The Edge of the World – A Cultural History of the North Sea and the Transformation of Europe*, New York 2014.
Quirk, Joe und Friedman, Patri: *Seasteading*, New York 2016.
Rand, Ayn: *Der Streik*, München 2012 (1957).
Rawls, John: *A Theory of Justice*, Harvard 1971.
Rosenberg, Nathan und Birdzell L.E.: *How the West Grew Rich*, Stanford 1986.
Rothbard, Murray: *Power and Market: Government and the Economy*, Kansas 1977.
Rousseau, Jean-Jacques, *Vom Gesellschaftsvertrag*, Stuttgart 1977 (1762).
Salacuse, Jeswald: *Seven Secrets for Negotiating with Government*, New York 2008.
Schellnhuber, Hans Joachim u. a.: *Welt im Wandel. Gesellschaftsvertrag für eine Große Transformation*, WBGU, Berlin 2011.
Schelsky, Helmut: *Die Arbeit tun die anderen – Klassenkampf und Priesterherrschaft der Intellektuellen*, Opladen 1975.
Schiller, Daniela und Carmel, David: *How Free Is Your Will?* In: Scientific American vom 3. März 2011.
Schirmbeck, Samuel: *Der islamische Kreuzzug und der ratlose Westen*, Zürich 2016.
Schoeck, Helmut: *Der Neid – Die Urgeschichte des Bösen*, München 1980 (1966).
Schumacher, Patrik: *High Intensity Urban Order,* in: Anthony Wood, David Malcott, Jingtang He (Hrsg.): *Cities to Megacities – Shaping Dense Vertical Urbanism,* London 2016.
Schwarz, Jörg: *Stadtluft macht frei – Leben in einer mittelalterlichen Stadt*, Darmstadt 2008.
Sieferle, Rolf Peter: *Das Migrationsproblem. Über die Unvereinbarkeit von Sozialstaat und Masseneinwanderung*. Berlin 2017.
Sinn, Hans-Werner: *Der Euro. Von der Friedensidee zum Zankapfel*, München 2015.
Sonninger, Thiemo: *Einführung in die Islamkritik*, Fulda 2015.
Soto, Hernando de: *Freiheit für das Kapital,* Berlin 2002 (2000).

Strauss, Erwin: *How to start your own country*, Boulder 1999 (1979).
Stringham, Edward Peter: *Private Governance – Creating Order in Economic and Social Life*, New York 2015.
Taghizadegan, Rahim: *Demokratie - Eine kritische Analyse*, Wien 2009, nur online erhältlich: www.d-perspektive.de/zeitreport-online/politik/innenpolitik/Demokratie-Eine-kritische-Analyse-von-Rahim-Taghizadegan-Institut-fuer-Wertewirtschaft/
Taghizadegan, Rahim: *Wirtschaft wirklich verstehen*, München 2011.
Taleb, Nassim Nicholas: *Antifragilität – Anleitung für eine Welt, die wir nicht verstehen*, München 2013.
Tannehill, Linda und Morris: *The Market for Liberty*, Baltimore 2012 (1970).
Thierer, Adam: *Permissionless Innovation*, Arlington 2014.
Tiberius, Victor (Hrsg.): *Seasteads – Opportunities and Challenges for Small New Societies*, Zürich 2017.
Tocqueville, Alexis de: *Über die Demokratie in Amerika,* Stuttgart 1985 (1835-1840).
Tucker, Jeffrey: *It's a Jetsons World: Private Miracles and Public Crimes*, Auburn 2011.
Widmer, Hans: *Das Modell des Konsequenten Humanismus*, Zürich 2013.
Wolff, Michael Jerome: *Building Criminal Authority: A Comparative Analysis of Drug Gangs in Rio de Janeiro and Recife*, in: Latin American Politics and Society Summer 2015
Ye'or, Bat: *Europa und das kommende Kalifat*, Berlin 2013 (2011).
Zippelius, Reinhold: *Allgemeine Staatslehre*, 10. Aufl., München 1988.
Zweig, Stefan: *Castellio gegen Calvin oder Ein Gewissen gegen die Gewalt*, Frankfurt a.M. 1985 (1936).

ANMERKUNGEN

KAPITEL 1 ZUSAMMENLEBEN ALS MARKT

1 Die Idee stammt aus dem gleichnamigen Werk von Fukuyama, 1992.

2 Darunter sei verstanden: Jeder erwachsene Staatsbürger ist wahlberechtigt, es gilt gleiches, unmittelbares, geheimes Wahlrecht, Gesetzesvorrang und Gesetzesvorbehalt, individuelle Grundrechte.

3 Auch eine rein ideelle Nachfrage ist eine Nachfrage nach dem entsprechenden Angebot. So sprechen wir nicht ohne Grund vom „Heiratsmarkt" und davon, dass jemand „noch zu haben" ist. Angebot trifft auch hier auf Nachfrage und es wäre eine Selbsttäuschung zu glauben, dass Eigeninteressen und ein entsprechendes Abwägen des Angebotenen hier keine Rolle spielen würde, etwa im Hinblick auf Attraktivität, Status, Gemeinsamkeiten, Herkunft, Bildung. Selbst was reine Freundschaften angeht: wenn die eine Seite immer nur gibt und die andere nur nimmt und dafür nicht einmal Anerkennung oder ein gutes Gespräch als „Gegenleistung" herausspringt, wird die Freundschaft nicht lange fortbestehen. Vgl. zum Ganzen auch Bökenkamp, 2015.

4 Das entspricht in etwa der durchschnittlichen Staatsquote aller Länder.

5 https://de.statista.com/statistik/daten/studie/165796/umfrage/haushaltssaldo-der-usa/

6 Meist Blasphemiedelikte gegen Gott oder göttliche Führer, http://todesstrafe.amnesty.at/zahlen_fakten.php

7 Erschreckend insofern die Allmachtsfantasien von Schellnhuber u. a., Schellnhuber 2011.

8 www.seasteading.org

9 Friedman, 2013.

10 Zweig, 1985: „Nie hat die immer dem Suggestiven erliegende Menschheit sich den Geduldigen und Gerechten unterworfen, sondern immer nur den großen Monomanen, die den Mut aufbrachten, ihre Wahrheit als die einzig mögliche, ihren Willen als die Grundformel des Weltgesetzes zu verkünden."

11 Historisch ist eine kontinuierliche Zunahme des Anteils der Stadtbevölkerung festzustellen. Seit 2008 leben weltweit erstmals in der Geschichte mehr Menschen in Städten als auf dem Land.

KAPITEL 2 DAS RECHT AUF EIN SELBSTBESTIMMTES LEBEN

12 www.deutsche-rentenversicherung.de/Allgemein/de/Inhalt/Allgemeines/FAQ/Rente/_%20rentenniveau/rentenniveau.html; Die Verlängerung der Lebensarbeitszeit von 65 auf 67 Jahre wirkt voll ab Geburtsjahrgang 1964, davor in monatlichen Stufen.

13 Der Euro-Stabilitätspakt von 1997 begrenzte das Haushaltsdefizit auf 3 Prozent des Bruttoinlandsprodukts (BIP) und die Staatsschulden auf 60 Prozent des BIP. Da niemand den Stabilitätspakt durchsetzte und es keine glaubwürdigen Sanktionen gab, geriet er zur Farce. Allein bis 2010 gab es 74 Verstöße.

14 Sinn, 2015, 235ff.

15 Obwohl die afghanische Verfassung die freie Religionsausübung garantiert, haben Richter die Möglichkeit, Urteile nach der Scharia zu fällen – auf die Abkehr vom Islam steht nach der Scharia die Todesstrafe; www.ead.de/arbeitskreise/religionsfreiheit/nachrichten/einzelansicht/article/afghanistan-nato-verurteilt-todesurteil-gegen-afghanischen-christen.html

16 https://de.statista.com/statistik/daten/studie/153902/umfrage/in-afghanistan-gefallene-bundeswehrsoldaten/

17 https://de.statista.com/statistik/daten/studie/514343/umfrage/ranking-der-teuersten-auslandseinsaetze-der-bundeswehr/

18 www.spiegel.de/wirtschaft/soziales/bundesverfassungsgericht-zum-atomausstieg-energie-konzerne-haben-anspruch-auf-entschaedigung-a-1124612.html

19 www.spiegel.de/politik/deutschland/fluechtlinge-bund-stellt-knapp-94-milliarden-euro-bis-2020-bereit-a-1092256.html; www.faz.net/aktuell/wirtschaft/wirtschaftspolitik/fluechtlinge-kosten-deutschland-bis-2017-rund-50-mrd-euro-14045355.html

20 Alles andere als ein Ansteigen der Kriminalitätsrate wäre auch ein Wunder gewesen, da die überwiegende Mehrzahl der Einwanderer junge Männer sind, die ohnehin überall überproportional an Gewaltverbrechen beteiligt sind. Zudem kommen diese aus Ländern, die weit höhere Verbrechensraten als Deutschland aufweisen. Die Versuche von Politik und Medien, das mittels kreativer Statistikauslegung zu verschleiern, kann nur als Fremd- und Selbsttäuschung in einem besonders schweren Fall bezeichnet werden. Die Zahlen sind eindeutig: www.tichyseinblick.de/gastbeitrag/sind-migranten-ebenso-kriminell-wie-deutsche/ ; www.tichyseinblick.de/tichys-einblick/auslaenderkriminalitaet-die-gewaltspirale-dreht-sich/ ; www.tichyseinblick.de/gastbeitrag/veraenderung-der-kriminalitaet-durch-die-fluechtlingskrise/

21 Nach außen hin bezeichnet die Souveränität das Recht einer Gebietskörperschaft, egal wie diese nach innen verfasst ist, unabhängig von anderen Staaten ihre eigenen Angelegenheiten

zu regeln. Sie entsteht durch förmliche Anerkennung anderer Staaten.

22 Das Konzept wird dem französischen Staatstheoretiker Jean Bodin (1529–1596) zugeschrieben.

23 In der Bundesrepublik Deutschland wurde dem „Souverän" nicht einmal gestattet, über seine eigene Verfassung abzustimmen.

24 Beattie, 2005, 228f.

25 Was heißt insofern Freiheit? Freiheit bedeutet ganz einfach die Abwesenheit von Zwang. Zwang sei hierbei als Handeln Dritter definiert. Freiheit meint somit das Recht zu selbstbestimmtem Handeln. Wenn ich von anderen zu einem Handeln gezwungen werde, das ich sonst nicht an den Tag legen würde, bin ich nicht frei, z. B. wenn ich Steuern für unerwünschte Zwecke zahlen muss. Wenn ich von anderen von einem Handeln abgehalten werde, das ich sonst ausführen würde, bin ich nicht frei, z. B. wenn ich keine negative Meinung über bestimmte Bevölkerungsgruppen äußern darf. Umgekehrt gilt, dass Handlungen, die von nicht-menschlichen Ursachen herrühren, keine Freiheitsbeschränkung sind. Nach einer bestimmten Zeit ohne Nahrungsaufnahme muss ich essen, will ich nicht verhungern. Das lässt mir keine Wahl, ist aber kein „Zwang" im Sinne unser Definition, da es natürliche, keine menschlichen Ursachen hat. Wer sich aus eigenem Entschluss in die Wüste aufmacht, sich dort verirrt und schließlich verdurstet, der stirbt als freier Mann.

26 Das bestimmt § 2 des deutschen Außensteuergesetzes: www.gesetze-im-internet.de/astg/__2.html

27 Derzeit 2.350 US-Dollar, www.investopedia.com/articles/personal-finance/060515/why-people-renounce-their-us-citizenship.asp

28 Sachgerechte Ausnahmen gelten für diejenigen, deren Erkenntnisfähigkeit objektiv eingeschränkt ist, etwa Kinder, Demente oder Geisteskranke.

29 Teilweise wird sie daher als „Silberne Regel" bezeichnet.

30 Auch die Goldene Regel ist nicht perfekt. Eine strikte Reziprozität würde bedeuten, dass Masochisten andere quälen dürfen, da sie ja selbst auch gequält werden wollen. Solche Sonderfälle ändern aber nichts an der grundsätzlichen Brauchbarkeit der Goldenen Regel.

31 „Handle nur nach derjenigen Maxime, durch die du zugleich wollen kannst, dass sie ein allgemeines Gesetz werde." So Kant in seiner „Grundlegung zur Metaphysik der Sitten" von 1785 (Kant 2008). Die Auslegung und genaue Bedeutung des Kategorischen Imperativs ist freilich umstritten. Für unsere Zwecke reicht das Grundverständnis der Goldenen Regel.

KAPITEL 4 GRUNDFRAGEN MENSCHLICHEN ZUSAMMENLEBENS

32 Vgl. die Maslowsche Bedürfnispyramide.

33 Ähnliches sagt die sogenannte Public-Choice-Theorie, vgl. Buchanan/Tullock, 1962. Danach haben politisch Verantwortliche zunächst ihren individuellen Nutzen und erst danach das Gemeinwohl im Sinn.

34 Unter Sozialstaat sei verstanden ein Mitglieds- und Beitragszwang für die Bereiche Rente, Gesundheit und Arbeitslosigkeit bzw. deren Bezuschussung über Steuermittel. Daneben erfolgt eine Umverteilung durch eine steuerfinanzierte Grundversorgung für Bedürftige (Sozialhilfe), sowie nicht rückzahlbare Beihilfen und Zuschüsse für diverse Sachverhalte. Hinzu treten mannigfaltige Vorschriften zugunsten bestimmter Gruppen, insbesondere im Arbeitsrecht.

35 Unter Allmende verstand man im Mittelalter das Gemeinschaftseigentum einer Gemeinde, häufig Weideland. Da es allen und niemanden gehörte, versuchte jeder, sein Vieh dort weiden zu lassen, um die eigenen Flächen zu schonen. Regelmäßige Überweidung der Allmende war die Folge.

36 Eine anschauliche Aufzählung findet sich bei Habermann 2013, 252f.

37 Habermann, 2013, 182.

38 https://de.wikipedia.org/wiki/Kobra-Effekt

39 Die Welt vom 18.10.2007, Heute Lokführerstreik - und der Gewerkschaftschef fährt zur Kur

40 Jedenfalls in Deutschland, Habermann, 2013, 226.

41 Weltwoche 51/52, 2014, Sozialstaat einfach.

42 https://deutscherarbeitgeberverband.de//klartextfabrik/2016_10_03_dav_klartextfabrik_frauen-kinder.html

43 https://de.statista.com/statistik/daten/studie/237674/umfrage/durchschnittlicher-bruttomonatsverdienst-eines-arbeitnehmers-in-deutschland/

44 Überzeugend und lesenswert insofern Sieferle, 2017, wenngleich die intrinsische Fehlkonstruktion des Sozialstaats verkennend.

45 https://ourworldindata.org/public-spending/. Staatsquote: Anteil der Staatsausgaben am Bruttoinlandsprodukt.

46 www.bundeshaushalt-info.de/#/2017/soll/ausgaben/einzelplan.html: Arbeit und Soziales 41,81 %, Gesundheit 4,61 %, Familie 2,89 %, Bildung 5,36 %.

47 1977-2017; www.destatis.de/DE/ZahlenFakten/GesellschaftStaat/OeffentlicheFinanzenSteuern/OeffentlicheFinanzen/Schulden/Tabellen/SchuldenNichtOeffentlich_Insgesamt.html

48 Prollius, 2012, 57-77; 65. Braunschweig, 2012, 31f.

tauschgebiet anbieten konnte. So blieb Büsingen beim Deutschen Reich. Die bisher letzte Chance der Büsinger, der Schweiz angegliedert zu werden, bot sich 1956. Damalige Verhandlungen waren zunächst vielversprechend, jedoch bestand der Landkreis Konstanz auf dem Verbleib von Büsingen bei Deutschland." Was die Bürger von Büsingen selbst wollen, spielt für den deutschen Staat offenbar keine maßgebliche Rolle.

105 Das Subsidiaritätsprinzip bedeutet, dass Aufgaben und Problemlösungen so weit wie möglich vom Einzelnen, von der kleinsten Gruppe oder der untersten Ebene einer Organisationsform unternommen werden. Nur wenn dies mit erheblichen Hürden und Problemen verbunden ist oder der Mehrwert einer Zusammenarbeit offensichtlich ist und diese eine allgemeine Zustimmung erfährt, sollen sukzessive größere Gruppen, öffentliche Kollektive oder höhere Ebenen einer Organisationsform subsidiär, das heißt unterstützend, eingreifen.

106 Liechtenstein, 2010, 11-23.

107 Laut Robert Nef eine der Vorbedingungen für das Funktionieren direkter Demokratie in der Schweiz, Nef 2015, 321ff.

108 Gasser, 1983, 463.

109 Anekdotische Hinweise von Schweizer Gesprächspartnern.

110 Die Supermarktkette Walmart ist mit 2,3 Mio. Angestellten von der Mitarbeiterzahl her das derzeit größte Unternehmen der Welt.

111 Ferguson 2011, 72.

112 Taleb 2013.

113 Vgl. Protokolle der Deutschen Bundesversammlung von 1866: https://books.google.de/books?id=s-NLAAAAcAAJ&printsec=frontcover&hl=de#v=onepage&q&f=false

114 Deshalb gibt es weder objektiv „richtige" noch „faire" Preise. Der Wert ökonomischer Güter liegt allein in der subjektiven Einschätzung ihrer Nützlichkeit durch die potentiellen Käufer. Das ist eine Grunderkenntnis der Ökonomie. Wer sich ihr verschließt, wird stets zu falschen Schlussfolgerungen gelangen.

115 Puster 2010.

116 de Soto 2002, 174ff.

117 Ludwig von Mises hat auf die Undurchführbarkeit sozialistischer Planwirtschaft aufgrund des Preisproblems bereits 1932 überzeugend hingewiesen und es wurde seinerzeit auch öffentlich diskutiert (Mises 2007, 110-115). Auswirkungen auf die Politik hatte das keine.

118 Laut Wikipedia bezeichneten sich in diesem Zeitraum 61 Staaten selbst als sozialistisch; zählt man alle Regime zusammen, die sich seit 1917 über weitreichende Verstaatlichungen der Wirtschaft und/oder Bodenreformen und die entsprechende Ideologie als sozialistisch/kommunistisch identifizieren lassen, kommt man auf mindestens 84, höchstens auf 116.

https://en.wikipedia.org/wiki/List_of_socialist_states

119 Das werden professionelle Ökonomen natürlich bestreiten, stimmt aber trotzdem. Wer die subjektive Werttheorie, den komparativen Kostenvorteil und den Cantillon-Effekt kennt und versteht, verfügt bereits über ein besseres theoretisches Grundverständnis als die meisten Absolventen wirtschaftswissenschaftlicher Studiengänge. Empfehlenswert insofern Taghizadegan 2011.

120 Die Ausführungen gehen im Wesentlichen zurück auf Puster 2010.

121 Namentlich im sogenannten Utah-Krieg 1857–1858, mit dem Präsident Buchanan eine faktische Theokratie verhindern wollte.

122 Auszug aus der Grundsatzerklärung des „Zentralrats der Muslime in Deutschland" vom 3. Februar 2002, sogenannte Islamische Charta, dort § 3 und § 8; http://zentralrat.de/3035.php

123 Eine eigene Untersuchung der als besonders nah am arabischen Original geltenden Koran-Übersetzung von Rassoul von 1986 ergab nach Auswertung der ersten 1.473 Verse (von insgesamt 6.236): in 5 % (73) dieser 1.473 Verse wurden Ungläubige „nur" beleidigt oder herabgesetzt, in weiteren 18 % (263) der Verse wurde ihnen mindestens mit Strafe oder Hölle durch Allah gedroht und in weiteren 6 % (86) war vom bewaffneten Kampf gegen sie und von ihrer Tötung die Rede. Dementsprechend richteten sich insgesamt 29 % (422) der Verse in irgendeiner Art gegen Ungläubige.

124 Das dürfte zumindest unter Sunniten, Schiiten, Wahhabiten unstrittig sein (= 95 % aller Muslime). Vgl. auch Artikel 3 der „Islamischen Charta": http://zentralrat.de/3035.php

125 Die Abrogation ergibt sich etwa aus Sure 2, Vers 106, Henning-Koran 1991. Sie hat zum Inhalt, dass spätere Suren frühere aufheben, falls inhaltlich ein Widerspruch besteht; die Abrogation entspricht dem anerkannten Auslegungsgrundsatz *lex posterior derogat legi priori* (das spätere Recht verdrängt das frühere Recht); alle Zitierungen im Folgenden aus dem Koran von Henning, 1991. Im Gegensatz zum Christentum, wo das eher pazifistische Neue Testament das gewaltgeneigte Alte Testament modifiziert, sind die späteren, aus Medina stammenden Suren des Koran die gewaltbejahenden.

126 Männer stehen ausdrücklich über den Frauen (2,228 am Ende), Frauen sollen bei befürchteter Widerspenstigkeit präventiv geschlagen werden (4,34). Sie erben nur die Hälfte im Vergleich zu einem Mann (4, 11 und 4,176) und müssen sexuell jederzeit zur Verfügung stehen (2,223). Bei Untreue sind Frauen lebenslänglich einzukerkern (4,15).

127 Gegnern des Islam sollen Hände und Füße abgehackt (5,33), Ungläubige erschlagen (2, 191) bzw. hinterrücks totgeschlagen (4,89) oder geköpft (47,4) werden. Der Kampf gegen die Ungläubigen ist mit Härte zu führen (9,123) auch um den Preis des eigenen Lebens (9, 111).

128 Gegen Juden und Christen ist der Kampf zu führen (9,29), sie dürfen nicht zum Freund

genommen werden (5,51 und 3,118), wie Ungläubigen generell nicht gehorcht werden darf (25,52).

129 Muslimische Frauen dürfen keine Nichtmuslime heiraten (60,10).

130 Allen Dieben ist die Hand abzuhacken (5,38).

131 Wer den Islam verlässt, muss getötet werden. Hergeleitet aus den Hadithen, vgl. Nagel (2014, 351-354).

132 Ebenfalls aus den Hadithen ergibt sich, dass Mohammed persönlich zahlreiche Mordbefehle gegen unliebsamen Kritiker erließ. Darunter waren auch Frauen wie Asma`bint Marwan, die -während sie ihr Kind stillte – von den Auftragsmördern des Propheten umgebracht wurde. Auf Mohammeds Befehl wurde auch die Sklavin Fartana und deren Freundin ermordet– zusammen mit ihrem Besitzer Ibn Chatal. Sie hatten es gewagt, Spottlieder über den Propheten zu singen. Im Jahre 627 n.Chr. ließ Mohammed alle ca. 700-900 gefangenen Männer des jüdischen Stammes Banu Quraiza enthaupten.

133 www.humanrights.ch/upload/pdf/140327_Kairoer_Erklaerung_der_OIC.pdf

134 Leider kein Einzelfall, wie dieser Bericht des französischen Fernsehens zeigt: www.youtube.com/watch?v=Y597ZkuhhsA. Das führt dazu, dass sich die Frauen sukzessive aus dem öffentlichen Raum zurück ziehen. Eine zivilisierte Gesellschaft ist demgegenüber eine, in der sich Frauen auch in der Öffentlichkeit knapp und sexy anziehen können, ohne deshalb bedroht, begrapscht oder belästigt zu werden.

135 https://www.tichyseinblick.de/daili-es-sentials/dokumentation-drohungen-und-verwuenschungen-als-reaktion-auf-die-liberale-moschee/; www.youtube.com/watch?v=oUD-140L8ORg

136 Schirmbeck 2016. Zitat aus Acta Diurna vom 25.11.16; www.michael-klonovsky.de/acta-diurna

137 Pew Research Center „The World's Muslims: Religion, Politics and Society" 2013; www.pewforum.org/2013/04/30/the-worlds-muslims-religion-politics-society-overview/

138 www.pewforum.org/2013/04/30/the-worlds-muslims-religion-politics-society-overview/ In diesem Sinne äußerten sich u.a. die deutschen Spitzenpolitiker Martin Schulz, Christian Wulff und Wolfgang Schäuble.

139 So der tschechische Ex-Präsident Václav Klaus.

140 Der Gründer des modernen Singapur, Lee Yuan Kew hat aus seinen persönlichen Erfahrungen am Ende seines Lebens den Schluss gezogen, dass die Gesellschaftsordnung von Singapur alle Menschengruppen integrieren könne, ausgenommen Muslime (Han 2011, 228). Mahatma Gandhi soll ähnliches festgestellt haben: „Während Hindus, Sikhs, Christen, Parsen und Juden gemeinsam mit einigen Millionen Anhängern animistischer Religionen, alle miteinander in relativer Harmonie koexistieren konnten, gab es eine Religion, die keine

Kompromisse schließen konnte und abseits stand vom Rest: der Islam". Auf meine Nachfrage anlässlich einer Veranstaltung in Wiesbaden berichtete mir Fürst Hans-Adam II. von Liechtenstein, dass das Fürstentum derzeit zwar keine ernsthaften Probleme mit seiner muslimischen Minderheitsbevölkerung habe, diese sich aber gezielt absondern würde, insbesondere die Frauen. Integrationsangebote wie Einladungen zur Teilnahme an gemeinsamen Veranstaltungen würden nicht wahrgenommen.

141 Menschen wie Ayaan Hirsi Ali, Hamed Abdel-Samad, Sabatina James, Raif Badawi, Ufuk Özbe, Necla Kelek, Bassam Tibi, Seyran Ates oder Abdel-Hakim Ourghi, um nur einige zu nennen, stehen den europäischen Reformern der Aufklärungszeit in nichts nach. Ihnen allen droht die Ermordung. Viele, wie etwa der Sudanese Mahmud Muhammad Taha, wurden bereits umgebracht.

142 Wer sich mit Islamkritik ernsthaft auseinandersetzen will, dem seien empfohlen als Einstieg Sonninger 2015 sowie das Interview von Hamed Abdel-Samad mit der NZZ (www.nzz.ch/meinung/nzz-standpunkte-hamad-abdel-samad-islam-und-islamkritik-ld.149073) und zur Vertiefung Nagel 2014 sowie Ye'or 2013.

143 https://openborders.info/double-world-gdp/

144 www.welt.de/politik/deutschland/article153841628/Intensive-Straftaten-waehrend-des-Asylverfahrens.html

145 https://m.focus.de/panorama/welt/ingelheim-vergewaltiger-wurde-bereits-vier-mal-abgeschoben_id_5842809.html

146 In meiner Jugend war Schweden eines der sichersten Länder der Welt. Heute müssen dort Musikfestivals wegen befürchteter sexueller Übergriffe abgesagt werden, das Land hat eine der weltweit höchsten Vergewaltigungsraten, Juden dürfen sich an manchen Orten nicht mehr als solche zu erkennen geben und die Polizei selbst sagt, dass die Rechtsordnung nicht mehr flächendeckend gewährleistet werden könne: www.bayernkurier.de/ausland/21976-mehr-gewalt-weniger-polizei/; www.dailymail.co.uk/news/article-4269576/KATIE-HOPKINS-reports-Scandi-lib-paradise-Sweden.html#ixzz4a2ZySYvk; https://de.gatestoneinstitute.org/5223/schweden-vergewaltigung; www.timesofisrael.com/pro-palestinian-protesters-in-sweden-chant-slaughter-the-jews/; www.tichyseinblick.de/meinungen/der-anschlag-von-stockholm-menetekel-fuer-schweden/; www.b.dk/globalt/svensk-politislaar-alarm-vi-er-ved-at-miste-kontrollen; www.svt.se/nyheter/lokalt/vast/fler-och-fler-problemomraden-dar-polisen-motarbetas

147 Auch das Deutschland meiner Jugend der 1970er und 1980er Jahre war ein Gemeinwesen, in dem man vielerorts das Haus verlassen konnte, ohne abschließen zu müssen; ein ganzes Land ohne Einlasskontrollen bei Volksfesten und ohne Messerstechereien. Wo Streitigkeiten

in der Disco oder bei der „Kerwe" auch mal mit einem blauen Auge ausgingen, aber nicht mit Schuss- und Stichverletzungen oder eingetretenen Schädeln. Das ist daraus geworden: https://www.tichyseinblick.de/gastbeitrag/importierte-kriminalitaet-neue-fakten-zur-auslaenderkriminalitaet-in-deutschland/; www.tichyseinblick.de/tichys-einblick/auslaender-kriminalitaet-die-gewaltspirale-dreht-sich/; www.tichyseinblick.de/gastbeitrag/veraenderung-der-kriminalitaet-durch-die-fluechtlingskrise/; https://juergenfritz.com/2017/12/09/tiefere-gruende-immigranten-kriminalitaet; www.nw.de/nachrichten/regionale_politik/20990676_Weitere-Lehrer-aus-OWL-berichten-von-Gewalt-in-der-Schule.html www.welt.de/politik/deutschland/article160263451/Die-Polizei-wuerde-den-Kampf-mit-uns-nicht-gewinnen.html; www.achgut.com/artikel/warum_man_in_diesen_tagen_die_lokalseiten_lesen_sollte

148 www.manager-magazin.de/finanzen/artikel/new-world-wealth-tausende-millionaere-verlassen-deutschland-a-1136470.html#spRedirectedFrom=www

149 Im April 2001 in Hagen auf einer Veranstaltung, Bayrischer Verfassungsschutzbericht 2001, 147. Erbakan gilt als Ziehvater des jetzigen Präsidenten Erdogan.

150 www.telegraph.co.uk/news/2016/09/06/judge-challenges-islamist-extremists-who-live-on-benefits-while/

151 Der deutsch-türkische Unternehmer und SPD-Politiker machte diese Aussage bei einem Essen der türkischen Zeitung Hürriyet; berichtet von BILD am 26. Mai 2004. Später behauptete Öger, es habe sich um einen Witz gehandelt.

152 Es handelt sich bei den Protesten von Seiten der Betroffenen dagegen weniger um „Populismus" oder „Fremdenfeindlichkeit" als vielmehr um die Wahrnehmung berechtigter Interessen.

153 Dies zeigt sich etwa darin, dass Einwanderer ihren Nachnamen häufig in Schreibweise oder auch zur Gänze an die Landessprache angepasst haben, ebenso die Vornamen ihrer Kinder. Siedlungen von Einwanderern gleicher Herkunft waren nach spätestens zwei Generationen meist als solche nicht mehr erkennbar.

154 Die Freihandelsidee wiederum kann schon deshalb nicht auf die Einwanderung übertragen werden, weil eine grenzüberschreitende Ware einen Empfänger hat, der vorher sein ausdrückliches Einverständnis zur Einfuhr dieser Ware und zur Kostenübernahme gegeben hat. Nicht so bei der ungesteuerten Einwanderung. Und anders als Waren kommen Menschen mit Ideen und Überzeugungen, leider oft fragwürdigen Inhalts.

155 Damit ist etwa Huemer 2015 mit seiner Argumentation eines angeblichen Anscheinsrechts auf Einwanderung bereits ausgeschieden.

156 Z. B. Huemer 2015, 104ff. oder David Friedman 2014, 67: „Open the Gates", wobei man

Friedman zugute halten muss, dass er die Fehlanreizproblematik erkennt. Die USA des 19. Jahrhunderts sind kein taugliches Gegenbeispiel; zum einen war das Land anders als heute weitgehend unbewohnt, zum anderen waren die Einwanderer weit überwiegend kulturverwandte Europäer. Chinesen etwa waren eher unerwünscht, Kranke wurden abgewiesen. Vor allem aber musste eine Gruppe einen exorbitant hohen Preis bezahlen: die indigene Bevölkerung wurde entrechtet, zu großen Teilen ausgerottet und lebt heute in Reservaten. Wie kann man erwarten, dass heutige indigene Bevölkerungen dem nacheifern wollen?

157 Die Open-Borders-Befürworter machen sich nach meinen Erfahrungen keine Vorstellungen davon, wie die Zahlenverhältnisse tatsächlich aussehen; sage und schreibe 700 Millionen Menschen aus Entwicklungsländern wollen ihr Land verlassen:
http://news.gallup.com/poll/124028/700-million-worldwide-desire-migrate-permanently.aspx
Anschaulich dazu der Vortrag von Roy Beck: www.youtube.com/watch?v=YsRQNu9Jg7k

158 www.welt.de/vermischtes/article163641283/Wenn-der-arabische-Clanchef-glaubt-der-Kiez-gehoere-ihm.html
http://m.bild.de/news/inland/polizei/wie-ein-polzist-den-glauben-an-das-gute-verlor-51106592.bildMobile.html

159 Der durchschnittliche Intelligenzquotient der Schweiz beträgt 101, der der ZAR lediglich 71 (https://iq-research.info/en/page/average-iq-by-country). Das sind zwei ganze Standardabweichungen und mit einem IQ um die 70 dürfte es bereits schwerfallen, eine Eisenbahnlinie zu betreiben. Der Chemnitzer Professor für Pädagogische und Entwicklungspsychologie Heiner Rindermann bringt es auf den Punkt: „Staaten, die Bevölkerungen mit hohem kognitivem Fähigkeitsniveau haben, sind nicht nur wohlhabender, sie sind im Schnitt auch freier, Rechtsstaat und Gleichberechtigung sind in ihnen weiter entwickelt, die Regierungen und Verwaltung kompetenter, die Mordraten niedriger. Diese Nationen sind in der Technik erfolgreicher, was sich in niedrigeren Absturzraten ihrer Flugzeuge, in der Anzahl der Unfälle in Arbeit und Verkehr ablesen lässt. Sie sind besser in Bildung und Wissenschaft, und sie weisen mehr intellektuelle und künstlerische Höchstleistungen auf. Die Moderne ist eine kognitive Moderne, und sie ist ohne kognitive Fähigkeiten weder zu meistern noch voranzubringen“:
www.tichyseinblick.de/tichys-einblick/der-wunschtraum-von-der-integration/

160 www.achgut.com/artikel/ruanda_ein_leuchturm_fuer_ein_afrika

161 Das wäre nach Acemoglu/Robinson 2012, 14 ausreichend; aus ihrem Indien-Beispiel (2012, 528) wird aber deutlich, dass es offenbar doch nicht so einfach ist, andere Institutionen wirksam werden zu lassen. Um ihre Theorie zu retten, deuten sie dort einfach menschliche

Verhaltensweisen (Sabotage neuer Institutionen zur Sicherung eigener Vorteile) in „Institutionen" um.

162 www1.wdr.de/nachrichten/familien-clans-verbrechen-polizei-100.html www.welt.de/vermischtes/article136461264/Die-Ohnmacht-der-Justiz-vor-der-Gewalt-der-Clans.html

163 „Wir" sind auch nicht „schuldig" am Zustand der Entwicklungsländer und deshalb zur Aufnahme von Zuwanderern verpflichtet. Der Anteil von Afrika am Welthandel beträgt 2 %. Wenn Afrika morgen von der Weltkarte verschwände, wären die Auswirkungen auf den Wohlstand der westlichen Länder gleich null. Und „wir" beuten Entwicklungsländer durch Handel genauso wenig aus, wie China Australien oder Brasilien ausbeutet, indem dort tätige Unternehmen unverarbeitetes Eisenerz in großen Mengen nach China liefern. Auch gibt es genügend Beispiele für ehemalige Kolonien, die es aus eigener Kraft an die Spitze geschafft haben, man denke nur an Singapur, Chile oder die Vereinigten Arabischen Emirate.

164 Schoeck 1980, 384.

165 Rhein-Neckar-Zeitung, Magazin vom 26./27. Juli 2008: Lächeln für China.

166 Der Gini-Koeffizient (0 = alle besitzen genau gleichviel, 1 = einer Person gehört alles) soll in China bei 0,59 liegen (Deutschland: 0,29), Rhein-Neckar-Zeitung, Magazin vom 26./27. Juli 2008: Wie Chinas Politik tickt.

167 Schoeck 1980, 388, beschreibt zutreffend „ … die völlige Unmöglichkeit, eine Gesellschaft so einzurichten, dass es in ihr keine Neider geben wird."

168 Der Sonderfall der Sozialen Gerechtigkeit war bereits angesprochen worden. Es handelt sich um ein „Wieselwort", dessen Bedeutungsinhalt völlig beliebig ist. Wer es benutzt, möchte andere manipulieren.

169 Han 2011, 219.

170 Tocqueville 1985, 155: „Die amerikanischen Republiken… in denen die Mehrheit so unbeschränkt und unwiderstehlich herrscht, dass man gewissermaßen auf seine Bürgerrechte verzichten muss, will man sich dort vom Weg entfernen, den die Mehrheit vorgezeichnet hat."

171 Eine solche Prognose wird etwa Samuel Huntington zugeschrieben, vgl. auch Han 2011, 34.

172 Eigene Gespräche.

KAPITEL 5 SCHLUSSFOLGERUNGEN

173 Sogenannte Politische Aktivisten wissen oder ahnen vermutlich, dass sie nichts beitragen, nichts erschaffen, nichts erfinden, dass sie strenggenommen nur Nutznießer der Leistung anderer sind. Es fehlt aber die Einsicht, die Größe und der Mut, vielleicht auch die Ausdauer zur eigenen Veränderung. Die tatsächlich Schaffenden verächtlich zu machen, erfüllt für diese Personen zwei Funktionen: zum einen können sie sich selbst vormachen, sie seien den Leistenden ja eigentlich überlegen, zumindest moralisch. Zum anderen fördern sie bei den dafür empfänglichen Leistungsträgern durch den Schuldvorwurf noch die Bereitschaft, sie zu alimentieren.

174 Die Eigentumsdefinition in § 903 des deutschen Bürgerlichen Gesetzbuches ist ein guter Anhaltspunkt: „Der Eigentümer einer Sache kann, soweit nicht das Gesetz oder Rechte Dritter entgegenstehen, mit der Sache nach Belieben verfahren und andere von jeder Einwirkung ausschließen." Die spätere Formulierung des deutschen Grundgesetzes in Artikel 14 ist hingegen ein Beispiel, wie man es nicht machen sollte: „Eigentum verpflichtet. Sein Gebrauch soll zugleich dem Wohle der Allgemeinheit dienen." Eine solche populäre aber unbestimmte Gummiklausel öffnet das Tor für alle nur denkbaren, politisch motivierten, völlig unvorhersehbaren Einschränkungen des Eigentumsrechts.

175 Was die Etablierung kleiner, autonomer und miteinander im Systemwettbewerb stehender Gemeinwesen betrifft, kann auch er ein Verbündeter sein.

176 Im Interview mit dem Mises-Institut vom 15.05.2017: www.misesde.org/?p=15762 %3E

KAPITEL 6 DIE FREIE PRIVATSTADT ALS ALTERNATIVE ORDNUNG

177 Vertragspartner ist entweder die Betreibergesellschaft oder die Freie Privatstadt als Körperschaft (welche durch die Betreibergesellschaft gegründet wurde und verwaltet wird). Letzteres macht mehr Eindruck und wird sich daher vermutlich durchsetzen. Zur Verdeutlichung des Charakters der „Staatsdienstleistung" wird aber im Folgenden stets von der Betreibergesellschaft die Rede sein, wenn von der Gegenpartei des Vertragsbürgers die Rede ist.

178 Generell sollte man alle Organisationen, denen man aus freien Stücken beitreten kann, auch wieder verlassen können.

KAPITEL 8 EINWÄNDE

179 Rawls 1971. Dagegen Nozick 1974, dessen „Rahmengerüst für Utopien“ mit dem hier vertretenen Modell gut vereinbar scheint.

180 Der Astrophysiker und Publizist Peter Heller hat das wie folgt auf den Punkt gebracht: „Klimaschutz bedeutet, einem Problem, dessen Existenz man lediglich vermutet, mit Maßnahmen zu begegnen, die es möglicherweise nicht lösen. Maßnahmen, die am Ende viel größere Verheerungen anrichten, als es ein Klimawandel je könnte.“

181 Die Grenzen des Wachstums. Bericht des Club of Rome zur Lage der Menschheit, Stuttgart 1972.

182 Das vermeintliche Waldsterben ist ein besonders instruktives Stück der Massenmanipulation, vgl. Das Prinzip Waldsterben von Georg Keckl: www.tichyseinblick.de/gastbeitrag/das-prinzip-waldsterben/

KAPITEL 9 STADTLUFT MACHT FREI – ALTE UND NEUE VORBILDER

183 Gemäß dem Inventory of Archaic and Classical Greek Poleis, vgl. Ober 2015, 28.

184 Einen guten ersten Überblick über die griechischen Poleis (Plural von Polis) gibt der deutsche Wikipedia-Eintrag: https://de.wikipedia.org/wiki/Polis

185 Überliefert von Leopold Kohr, www.misesde.org/?p=16476.

186 Ober 2015, 17, 180: „Das erweiterte Umfeld der Stadtstaaten funktionierte daher wie ein fast schon offener Markt für Institutionen.“

187 Taghizadegan schreibt: „Von vermögenderen Bürgern wurde erwartet, daß sie als Mäzene kulturelle und vor allem kultische Werke ermöglichten. Diese zunächst freiwilligen, für spezifische Zwecke vorgesehenen Mittel nannte man Liturgien (von griechisch λειτουργία – öffentlicher Dienst). Mit der Zeit nahm jedoch der Druck auf die Vermögenden zu, die Liturgien erhielten immer mehr einen Zwangscharakter aufgrund des öffentlichen Drucks. In seinem Gastmahl schildert Xenophon das Schicksal eines Grundbesitzers, der aufgrund dieses Drucks verarmte: „Denn solange ich reich war, schmeichelte ich den Sykophanten, weil ich wußte, daß ich in meiner Lage mehr Schaden von ihnen zu befürchten hatte, als umgekehrt sie von mir; und dann legte mir die Gemeinschaft immer neue Abgaben auf; und verreisen durfte ich überhaupt nicht. Jetzt dagegen, wo mir meine Güter nichts eintragen, kann ich ungestört und ruhig schlafen; ich besitze das Vertrauen der Gemeinde, niemand bedroht mich mehr, vielmehr kann ich jetzt andere bedrohen, und so bin ich jetzt wirklich ein freier Mann, und kann wegreisen oder dableiben, ganz wie es mir paßt. Ja, die Reichen

stehen jetzt vor mir von ihren Sitzen auf und machen mir auf der Straße Platz. Fürwahr, nun bin ich Herr, früher glich ich einem Sklaven. Damals war ich dem Volke tributär, und heute ist das Volk mir abgabenpflichtig und ernährt mich!" (2009, 25f).

188 https://de.wikipedia.org/wiki/Polis

189 Ober 2015, 209f.

190 Wahlen galten als oligarchisch, wohl weil nur die Aristokraten die Mittel hatten, echten Wahlkampf zu führen. https://de.wikipedia.org/wiki/Polis

191 Ober 2015 18f., 44, 408.

192 Das zeigt etwa der gescheiterte Versuch von Libertären, 1972 ein neues unabhängiges Gemeinwesen namens Republic of Minerva auf einem unbewohnten Riff im Pazifik einzurichten. Trotz erheblicher Investitionen im (heute) dreistelligen Millionenbereich für die Sandaufschüttung zur Landgewinnung ließen die Gründer in der Folge zu, dass ihr Gebiet durch den militärischen Zwerg Tonga kampflos annektiert wurde: https://en.wikipedia.org/wiki/Minerva_Reefs

193 Etwa der nicht regelmäßig zusammentretende Reichstag oder das Reichskammergericht mit oft jahrzehntelanger Verhandlungsdauer.

194 Schwarz 2008, 53-72. Die Selbständigkeit Köln endete erst mit der französischen Besatzung 1794.

195 Liechtenstein 2010, 41.

196 Vgl. das Freiburger Stadtrecht, Plessow 2013, 148.

197 Über hundert Städte übernahmen dieses auf dem Sachsenspiegel beruhende Recht bis weit nach Osten, etwa Kiew und Minsk, Fuhrmann, 2006 27.

198 Pye 2014, 140-142, 146-149.

199 Pye 2014, 166.

200 Plessow 2013, 149.

201 Fuhrmann 2006, 78.

202 Fuhrmann 2006, 80f.

203 Schwarz 2008, 82-85.

204 Schwarz 2008, 120-122; Fuhrmann 2006, 97.

205 Unter Marktfrieden verstand man Recht und Ordnung auf dem Marktflecken selbst sowie eine sichere An- und Abreise; Schwarz 2008, 106; Fuhrmann 2006, 18f., 33, 80.

206 Schwarz 2008, 80, 83, 100-102, 107-110; Fuhrmann 2006, 33, 79f.

207 Schwarz 2008, 111-113, 120-122, 133; Fuhrmann 2006, 97.

208 https://de.wikipedia.org/wiki/Zwölftafelgesetz

209 Beide führen den Namen Hansestadt noch immer, so lautet das Kfz-Kennzeichen von

Hamburg „HH" für „Hansestadt Hamburg" und das von Bremen entsprechend „HB".

210 So Goethe am 23. Oktober 1828, Eckermann, 1836.

211 Herrschaft der römisch-deutschen Kaiser von 962–1806; ab dem 15. Jahrhundert als „Heiliges Römisches Reich Deutscher Nation" bezeichnet.

212 Fuhrman 2006, 94f.; Pye, 2014, 220-241.

213 https://de.wikipedia.org/wiki/Hanse

214 Hundt/Lokers 2014 , 337-354.

215 Pye, 2014, 220-241, die Nordsee hieß damals noch Westsee.

216 Hundt/Lokers 2014, 89-103.

217 www.hanse.org

218 Gilmour 2013, 103-122; Vgl. auch den instruktiven Artikel bei Wikipedia: https://de.wikipedia.org/wiki/Republik_Venedig

219 Gilmour 2013, 121. Gilmour hebt in seinem lesenswerten Werk die außerordentlich erfolgreiche Entwicklung Venedigs über 1.100 Jahre hervor und kommt zum Schluss, dass der Anschluss an das vereinigte Italien für Venedig die schlechtere Variante war.

220 Gilmour 2013, 111-113, 117.

221 Vgl. dazu auch Pamini 2015, 353, der darauf hinweist, dass es gerade die Ausgestaltung von Monaco als „Grimaldi Ltd" sei, die gegenüber einer Demokratie bessere Ergebnisse erziele.

222 https://fr.wikipedia.org/wiki/Histoire_de_Monaco

223 http://en.gouv.mc/Policy-Practice/Monaco-Worldwide/Agreements-and-Treaties/Treaties-and-bilateral-agreements/Themes/Bilateral-treaties-with-France; gemeint sind die 1963 geschlossenen Abkommen.

224 www.faz.net/aktuell/wirtschaft/wirtschaftspolitik/reichtum-wo-die-millionaere-wohnen-staedte-ranking-13060176.html

225 2016 wurde zum fünften Mal in Folge ein Einnahmeüberschuss erzielt. vgl. Monaco Statistics Pocket 2017, IMSEE Monaco Statistics, S. 13. Die Reserven werden gehalten im Fonds de Réserve Constitutionnel, Monaco Statistics Pocket, S. 16.

226 Instruktiv dazu eine Reportage des französischen Senders M6: www.youtube.com/watch?v=E22Bvnf5k2w

227 https://de.wikipedia.org/wiki/Hongkong

228 Monnery 2017, 123.

229 https://en.wikipedia.org/wiki/Positive_non-interventionism

230 Monnery 2017, 123.

231 Official Report of Proceedings of the Hong Kong Legislative Counsel, March 24-25, 1966, 216.

232 Monnery 2017, 200.

233 Vgl. etwa Monnery 2017, 188ff., 252ff.

234 Monnery 2017, 121.

235 So sahen das schon zeitgenössische Beobachter: Der Wirtschaftsjournalist Rabushka schrieb 1973, dass das ökonomische Laissez-Faire-Modell in Hong Kong nur möglich sei, weil es keine Wahlen gebe, Monnery 2017, 296.

236 Eigene Gespräche.

237 https://en.wikipedia.org/wiki/Dubai

238 www.difc.ae/laws-regulations/difc-laws-regulations

239 http://gulfnews.com/news/uae/government/how-the-uae-actively-promotes-religious-tolerance-peaceful-coexistence-1.1896736

240 www.fr.de/politik/flucht-zuwanderung/fluechtlingskrise-reiche-oel-staaten-wollen-keine-fluechtlinge-a-417573

241 www.livingindubai.org/is-it-possible-to-become-a-permanent-resident-in-dubai/

242 www.state.gov/j/drl/rls/irf/2005/51612.htm

243 www.emirates247.com/crime/local/swaying-car-exposes-fujairah-drunk-driver-2013-06-26-1.512065

244 New York Times vom 11.11.2017: Fickle justice for foreigners in Dubai.

245 Lee 2000, Preface xiv.

246 Lee 2000, 57.

247 https://en.wikipedia.org/wiki/Singapore

248 Lee 2000, 95.

249 Lee 2000, 213.

250 https://de.wikipedia.org/wiki/Streitkräfte_Singapurs

251 Han 2011, 26-31.

252 http://www.straitstimes.com/singapore/imam-who-made-offensive-remarks-against-christians-and-jews-charged-in-court

253 Vgl. www.mom.gov.sg

254 Porter 2006, 33; www.tagesanzeiger.ch/wirtschaft/geld/Die-USStadt-die-alles-privatisiert/story/11113615

255 Porter 2006, 33; www.tagesanzeiger.ch/wirtschaft/geld/Die-USStadt-die-alles-privatisiert/story/11113615

256 Mitteilung von Oliver Porter an den Autor.

257 Eigene Gespräche mit Oliver Porter.

258 http://www.achgut.com/artikel/ruanda_ein_leuchturm_fuer_ein_afrika

259 Gemeint ist Max Webers „Die protestantische Ethik und der Geist des Kapitalismus“ von 1920.

KAPITEL 10 PRÄZEDENZFÄLLE PRIVATER REGULIERUNG

260 Anderson/Hill 2004, 104ff.
261 Anderson/Hill 2004, 159ff.
262 Anderson/Hill 2004, 120ff.
263 Stringham 2015, 103.
264 Stringham 2015, 106.
265 Plessow 2013, 167.
266 Stringham 2015, 111f.
267 Stringham 2015, 113ff.
268 http://pages.ebay.de/help/policies/buyer-protection.html

KAPITEL 11 SONDERZONEN UND ANDERE VARIANTEN

269 Zusammen „Double Democracy", eine Idee von Tom W. Bell, vgl. Bell 2018, 163f.
270 Teilweise mit dem hier vorgeschlagenen Modell vereinbar, teilweise abweichend. Ohne Anspruch auf Vollständigkeit sind zu nennen etwa Molinari 1849, Heath 1957, Nozick 1974, Tannehill 1970, Rothbard 1977, Hoppe 2004, Tucker 2011, Frisby 2013, Friedman 1973/2014 (der Letztgenannte mit einer Fülle weiterer einschlägiger Literaturhinweise, 330ff.). Auch Ayn Rand 1957 ist hier zu nennen, die in ihrem Jahrhundertwerk Atlas Shrugged (deutsch: Der Streik) mit der Zwischenlösung Galt's Gulch sozusagen unbeabsichtigt die Richtung gewiesen hat. Der richtige Ansatz ist nämlich nicht das Umschreiben einer Verfassung, so die „Leitungslösung" in Atlas Shrugged, sondern die Etablierung einer Vielzahl von Galt's Gulches, die sich ihre Bewohner im Hinblick auf Werteübereinstimmung aussuchen.
271 In diese Richtung gehen etwa Vorschläge von Spencer MacCallum, vgl. www.lewrockwell.com/2006/06/spencer-heath-maccallum/werner-k-stiefels-pursuit-of-a-practicumoffreedom/
272 Etwa Hoppe 2004, 421 oder Friedman 2014, 110ff.
273 Angelehnt an Hong Kong und Singapur, wo der Staat Grundstücke langfristig verpachtet, aber nicht verkauft, vgl. MacCallum 1970.
274 www.difc.ae
275 www.adgm.com
276 https://paulromer.net/tag/charter-cities/
277 https://leapzones.wordpress.com
278 http://zede.gob.hn/english/gaceta/Gaceta%206%20de%20septiembre%202013.pdf

[279] Ausführlich Bell 2018, 45-54.
[280] https://www.nature.com/news/why-fake-islands-might-be-a-real-boon-for-science-1.22752
[281] http://www.westonfl.org
[282] http://www.celebration.fl.us
[283] https://www.liberstad.com
[284] http://news.gallup.com/poll/124028/700-million-worldwide-desire-migrate-permanently.aspx
[285] Schätzung von Gunnar Heinsohn in: Demografie, Kompetenz und Kriege: Die Welt bis 2050, unveröffentlichter Vortrag in Falera vom 30.06.2017.

KAPITEL 12 ETABLIERUNG UND VERHÄLTNIS ZUM GASTGEBERSTAAT

[286] So urteilte der damalige deutsche Kaiser Wilhelm II. etwa um 1900: „Ich glaube an das Pferd. Das Automobil ist nur eine vorübergehende Erscheinung."
[287] www.deprofundis.de/unglaublich-grosse-irrtuemer-der-marktforschung/
[288] www.economist.com/news/leaders/21647615-world-awash-free-trade-zones-and-their-offshoots-many-are-not-worth-effort-not
[289] New York Convention on the Recognition and Enforcement of Arbitral Awards vom 07.06.1959

KAPITEL 13 RECHTSSYSTEM

[290] Auch das Verfassungsrecht gehört in diese Kategorie.
[291] https://de.wikipedia.org/wiki/Codex_Hammurapi
[292] Dieser Ansatz wird auch als Polyzentrismus bezeichnet, vgl. Bell 2018, 69.
[293] https://en.wikipedia.org/wiki/Common_law
[294] Zum Teil wird behauptet, dass der wirtschaftliche Erfolg von Ländern mit Common Law Systemen die Überlegenheit des Common Law für die wirtschaftliche Entwicklung bewiesen habe. Allerdings ist das Argument nicht zwingend, da von den zwanzig größten Industriestaaten (G20) nur vier Common Law - Systeme haben, während elf Zivilrechtsordnungen aufweisen (Rest: gemischt oder etwas anderes). Ein Vorteil des Common Law in seiner ursprünglichen Form ist aber, dass es sich um einen klaren Streitbeilegungsansatz handelt. Weil Präzedenzfälle auch nach Jahrhunderten noch verbindlich sind, sichert es über einen langen Zeitraum Stabilität. In Zivilrechtssystemen hingegen können die Gesetze theoretisch jeden Tag geändert werden, entsprechend der neuesten Ideen der Regierung. Allerdings wird

in Common Law-Systemen das echte Fallrecht immer weniger, da auch dort immer mehr geschriebene Gesetze verabschiedet werden, vgl. Chisholm 2018.

295 https://de.wikipedia.org/wiki/Bürgerliches_Gesetzbuch#Das_Zivilrecht_in_anderen_Rechtsordnungen

296 Es empfiehlt sich eine Allgemeinverbindlichkeit zumindest der zweitinstanzlichen Urteile, um die gewünschte Rechtsfortbildung zu erleichtern, auch in Privatrechtssystemen. Theoretisch könnte man auf eine institutionalisierte Rechtsfortbildung durch Gerichte zwar ganz verzichten, liefe dann aber Gefahr, dass verschiedene Parteien über ein und denselben Sachverhalt wieder und wieder prozessieren.

297 Dieses Verfahren ist etwa vorgesehen in den Schiedsgerichtsregeln der Kommission der Vereinten Nationen für den Internationalen Handel (UNCITRAL). Vgl. auch Bell 2018, 142ff.

298 Es gibt eine ganze Reihe von Anbietern, die bereits in diese Richtung gehen, eine Übersicht findet sich hier: http://odr.info/provider-list/

299 www.difc.ae/laws-regulations/difc-laws-regulations

300 Bell 2018, Appendix B, 247ff. online: goo.gl/YByFti

301 Bell 2018, 189ff.

302 Vgl. Northern Mariana Code § 3401: „In all proceedings, the rules of the common law, as expressed in the restatements of the law approved by the American Law Institute and, to the extent not so expressed as generally understood and applied in the United States, shall be the rules of decision in the courts of the Commonwealth, in the absence of written law or local customary law to the contrary; provided, that no person shall be subject to criminal prosecution except under the written law of the Commonwealth."

303 Smart Contracts sind Computerprotokolle, die Verträge abbilden oder überprüfen oder die Verhandlung oder Abwicklung eines Vertrags technisch unterstützen. Damit können einfache Arten von Vertragsklauseln teilweise oder vollständig selbst ausführbar und/oder selbst durchsetzbar werden. Smart Contracts sollen eine höhere Vertragssicherheit gegenüber traditionellem Vertragsrecht bei gleichzeitiger Reduktion der Transaktionskosten erreichen, ohne dass Dritte eingeschaltet werden müssen. So können z. B. Anleihen gestaltet werden, die nach Zeitablauf automatisch Zinsen auszahlen oder Verwahrungsstellen, die bei Erfüllung bestimmter vordefinierter Bedingungen automatisch die Sicherheitsleistung freigeben. Der Ansatz kann ausgebaut werden: Ein Smart Leasing Contract für ein Auto könnte etwa vorsehen, dass bei Nichtzahlung einer Leasingrate Heizung und Klimaanlage ihre Funktion einstellen, bei Nichtzahlung einer weiteren Rate nur noch die Fahrertür geöffnet, bei einer fortgesetzten Nichtzahlung schließlich der Wagen nicht mehr gestartet werden kann.

[304] Man denke an die Rechtsprechung des Europäischen Gerichtshofes für Menschenrechte der EMRK, der etwa Städten untersagte das Betteln zu verbieten oder der Europäische Gerichtshof der EU, der sich selbst die Kompetenz erteilt hat, mittels seiner Rechtsprechung auf einen europäischen Bundesstaat hinzuarbeiten.

KAPITEL 14 ORDRE PUBLIC

[305] Die Einführung solcher Regeln war bereits unter den Stichworten „Privatverwaltungsrecht" und „Privatstrafrecht" im Vorkapitel angesprochen worden.

[306] Das entspricht dem klassischen Ordre-Public-Vorbehalt der meisten staatlichen Rechtsordnungen.

[307] Das „Gebet" wurde vom ägyptischen Fernsehen am 02.09.2016 in Direktübertragung ausgestrahlt www.katholisches.info/2016/09/imam-der-heiligen-moschee-in-mekka-oh-allah-schenk-den-dschihadisten-auf-der-ganzen-welt-den-sieg/

[308] Möglicherweise nach bekannten Vorbildern: wie dem englischen Gentleman des 19. Jahrhunderts – unaufgeregt, furchtlos, höflich, gut angezogen, kurz: souverän.

KAPITEL 15 BÜRGERVERTRAG STATT VERFASSUNG

[309] Vgl. Chisholm 2018.

[310] Dieses Modell funktioniert auch dann, wenn sich größere Gebiete abspalten wollen, innerhalb derer sich aber Regionen befinden, die beim alten System bleiben wollen. Auch hier bietet sich die Gemeinde als maßgebliche Abstimmungseinheit an. Das kann zu Exklaven bzw. Enklaven führen. Wer das für undurchführbar hält, möge sich einmal die Grenzverläufe zwischen Armenien und Aserbeidschan oder Indien und Bangladesch anschauen. Auch San Marino ist im Prinzip eine souveräne Gemeinde.

[311] https://e-resident.gov.ee

KAPITEL 16 GEMEINSCHAFTSEIGENTUM UND MITBESTIMMUNG

[312] Vgl. etwa die Definition in § 1 Abs. 1 des deutschen Genossenschaftsgesetzes: „Gesellschaften von nicht geschlossener Mitgliederzahl, deren Zweck darauf gerichtet ist, den Erwerb oder die Wirtschaft ihrer Mitglieder oder deren soziale oder kulturelle Belange durch gemeinschaftlichen Geschäftsbetrieb zu fördern … "

KAPITEL 17 INNERE UND ÄUSSERE SICHERHEIT

313 Vgl. die Diskussion in Kapitel 4 mit weiteren Nachweisen.

314 Hobbes 1970, 126

315 Stringham 2015, 113ff.

316 In Deutschland etwa verankert im sogenannten Jedermann-Paragraph, § 127 Strafprozessordnung.

317 http://commons.ch/deutsch/wp-content/uploads/Top-30-Länder-nach-Anzahl-an-Polizisten-sowie-Polizisten-je-1000-Einwohner-in.pdf

318 In Monaco kommen 520 Polizisten auf 38.000 Einwohner, das sind 13,7 Polizisten pro 1.000 Menschen.

319 Nach der Broken-Windows-Theorie bewirken folgende Faktoren den Niedergang eines Stadtgebiets und das Ansteigen der Kriminalität: Der sichtbare Verfall und die Verwahrlosung einer Umgebung locken fragwürdige Personen an, weil diese den Eindruck haben, dass eine Kontrolle in dieser Gegend nicht stattfindet. Das vermehrte Auftreten zwielichtiger Gestalten ängstigt die Bürger, die sich in ihre Wohnungen zurückziehen. Mangels Sozialkontrolle steigt die Kriminalität. Der Anstieg der Kriminalität erhöht die Angst weiter, anständige Bürger ziehen weg. Die Bevölkerungsstruktur einer bestimmten Gegend wird dadurch immer krimineller. In kriminalitätsgeschüttelten New York wurden aufgrund dieser Theorie ab 1994 von Bürgermeister Rudy Guiliani und Polizeichef William Bratton folgende Maßnahmen eingeführt: Auch kleine Vergehen wie Schwarzfahren, Betteln oder Schulschwänzerei wurden rigoros verfolgt, auffällige Personen kontrolliert. Kleindealern wurde sofort das Geld abgenommen und ihr Fahrzeug eingezogen. Wer in öffentlichen Verkehrsmitteln bettelte oder randalierte, kam für einige Tage in Haft. Graffiti an Häusern und auf öffentlichen Verkehrsmitteln wurden binnen eines Tages beseitigt, damit kein Sprayer die Gelegenheit bekam, sein Werk nochmals zu bewundern oder bewundern zu lassen. Für diese Putzarbeiten wurden häufig zu gemeinnütziger Arbeit Verurteilte herangezogen. Zuvor verwahrloste und verschmutzte Örtlichkeiten wurden aufgeräumt und gereinigt. Die Zusammenarbeit mit Bürgern in der Stadt wurde gesucht. Diese sollten sich für bestimmte Stadtteile verantwortlich fühlen und die Polizei informieren. Daneben wurden Bürgerwehren organisiert, die Kontrollaufgaben in ihrem Stadtteil übernahmen. Die Polizei wurde aufgestockt. Sichtbare Präsenz erfolgte durch vermehrte Fußstreifen. Dazu kamen härtere Strafgesetze, beispielsweise die „three strikes and you are out" - Regel. Wer zum dritten Mal verurteilt wurde, bekam automatisch eine harte Strafe. Diese Maßnahmen hatten durchschlagenden Erfolg und haben den Praxistest bestanden.

[320] Meist ist die Datenbasis schon methodisch fehlerhaft, da man sich auf Straftäter beschränkt. Dabei wäre es erforderlich, die nur potenziellen aber dann nicht dazu gewordenen Täter ebenfalls zu berücksichtigen. Das ist in der Praxis freilich schwierig bis ausgeschlossen, da man diese Personen nicht kennt.

[321] Vgl. oben Kapitel 9.

[322] Insofern ist schon das Vorhandensein des Begriffs „Intensivtäter" Kennzeichen einer gescheiterten Rechtsordnung.

[323] Es wäre auch heute noch möglich, eigene Staatsbürger zu verbannen, selbst ohne diesen die Staatsbürgerschaft zu entziehen: sie erhalten einen entsprechenden Stempel in ihren Reisepass und dürfen lediglich nicht mehr in ihr Land einreisen, werden aber von den Auslandsvertretungen noch konsularisch betreut.

[324] Farrington 1992, http://troublesofyouth.pbworks.com/f/Crim%20Careers%20research%20in%20the%20UK.pdf.

[325] Eigene Anschauung und Gespräche mit der Polizeiführung von Monaco.

KAPITEL 19 INFRASTRUKTUR UND DIENSTLEISTUNGSANGEBOT

[326] Vgl. Schumacher 2016.

[327] www.ethnoglam.mc

KAPITEL 21 SOZIALE ABSICHERUNG

[328] Green 2012, 56.

[329] Habermann 2013, 158-161.

[330] Beito 2012, 71.

[331] Beito 2012, 67-88.

[332] Green 2012, 55-65.

[333] Bessard, Irrweg, 2012, 37-53; 49.

[334] Lee 2000, 101f.; Bessard, Singapur, 2012, 165.

[335] Pinera 2012, 143-164.

[336] Vgl. Beito 2012, 71.

KAPITEL 22 BILDUNG UND ERZIEHUNG

337 Henry-Huthmacher/Hoffmann 2016.

338 www.zeit.de/karriere/2015-03/mathematik-abitur-studie-leibniz-institut

339 Im Hinblick auf das häufig gehörte Argument, man habe die Zeit an der Universität zur Selbstreifung genutzt, stellt sich die Frage, warum andere dafür bezahlen sollen.

340 Ein trauriger Beleg hierfür aus der vermeintlich freiheitlichen Schweiz: www.achgut.com/artikel/die_alltaegliche_schul_indoktrination

341 https://capx.co/how-low-cost-private-schools-could-transform-education/

342 Education Vouchers: Free to choose, and learn, Economist vom 3. Mai 2007; online: www.economist.com/node/9119786

343 Beispielhaft: www.robinsoncurriculum.com

KAPITEL 23 UMWELTSCHUTZ UND EXTERNALITÄTEN

344 Meist Gewässer- oder Luftverschmutzung.

345 Der Gastgeberstaat wird diesen Anspruch aus dem Vertrag mit dem Stadtbetreiber herleiten. Für Nachbarstaaten gilt, dass nach dem völkerrechtlichen Grundsatz der territorialen Integrität auch Staaten einen Unterlassungsanspruch gegenüber Nachbarstaaten haben, wenn diese grenzüberschreitend die Umwelt schädigen.

346 Das entspricht dem sogenannten Coase-Theorem, ist aber eigentlich eine Binsenweisheit: man kann auf dem Verhandlungswege ein Problem so lösen, dass beide Parteien damit leben können.

347 Beim Emissionsrechtehandel wird eine Obergrenze für bestimmte Emissionen innerhalb eines konkreten Gebiets und Zeitraums politisch festgelegt. Dann werden, entsprechend dieser Obergrenze, sogenannte Umweltzertifikate ausgegeben, die zur Emission einer bestimmten Menge berechtigen. Da diese Zertifikate frei handelbar sind, wird der Preis für diese Zertifikate durch die Nachfrage bestimmt. Der Vorteil dieser Lösung besteht darin, dass nicht jeder Akteur die gleiche Menge an Verschmutzung einsparen muss. Ausschlaggebend ist nur das Gesamtergebnis. Es besteht ein Anreiz für diejenigen, denen die Einsparung besonders leicht fällt (= besonders günstig zu bewerkstelligen ist), ihre Emissionen am stärksten zu reduzieren.

348 Mittels einer Pigou-Steuer, benannt nach Ihrem Erfinder Arthur Cecil Pigou, sollen negative externe Effekte monetarisiert und ausgeglichen werden.

KAPITEL 24 BUDGET- UND WÄHRUNGSFRAGEN

349 Zu Monaco vgl. oben Kapitel 9; Liechtenstein: mündliche Mitteilung von Fürst Hans-Adam II.

350 Vgl. § 3 Abs. 1 Abgabenordnung Deutschlands.

351 Das entspricht der sogenannten Kopfsteuer.

352 Das ist etwa der Fall im Honduranischen Gesetz über die ZEDE-Sonderzonen.

353 Von Vorsteuerabzug spricht man, wenn Unternehmen von anderen Unternehmen Leistungen bezogen haben und dafür Mehrwertsteuern bzw. Verbrauchsbeiträge entrichtet haben; sie können diese Beträge von ihrer eigenen abzuführenden Mehrwertsteuer abziehen.

354 Entspricht einer Grundsteuer bzw. der Land Value Single Tax –Idee von Henry George.

355 Entspricht einer Grunderwerbsteuer.

356 Wer als Rentner mit knappem Einkommen im eigenen Haus lebt, hat möglicherweise Schwierigkeiten, jedes Jahr die Abgabe zu bezahlen, insbesondere wenn diese sich aufgrund gestiegener Bodenwerte stetig erhöht. Das hat aber auch den Effekt, dass Strukturwandel leichter möglich wird, da jeweils die Nutzungsform dominieren wird, die den Boden maximal ausnutzt. Der von Wolkenkratzern umgebene Rentner wird sein Haus daher vermutlich verkaufen und aufs Land ziehen, weil er den steigenden Grundeigentumsabgaben entgehen möchte. Folge: ein weiteres Hochhaus kann gebaut, die Kernstadt verdichtet werden.

357 Vgl. auch Chodorov 2002.

358 Jebel Ali Free Zone FZE, Consolidated financial statements for the year ended 31 December 2016, 35: http://candidocs.nasdaqdubai.com/2017/Apr/28/2153422d-5199-42aa-b9f5-2ff58a5f19ba/Jafz_FinancialStatement_31Dec2016.pdf

359 www.finanzen.net/land/Tuvalu \ http://data.worldbank.org/country/tuvalu

360 http://doft.gov.vu/index.php/administration-finance-treasury/financial-statements

361 www.finances.ad/images/stories/Docs/Pressupost_2015.pdf

362 www.try.gov.hk/internet/ehhome.html

363 Alle Angaben nach www.finanzen.net/land

364 Siehe Kapitel 9.

365 Budget für 2016, inkl. Polizei und Gerichte. www.sandyspringsga.gov/government/budget-and-finance/annual-budget/fy-2016

366 Vanuatu hat eine durchschnittliche Lebenserwartung von 72,4 Jahren, Tuvalu von 65,5; im Human Development Index liegt Vanuata auf dem 134. Platz, Tuvalu ist nicht erfasst.

367 Vgl. dazu Polleit/ Prollius 2010, Paul 2010 und Baader 2004.

368 Sogenanntes fiat money (fiat = lateinisch für „es entstehe").

369 https://mises.org/library/panama-has-no-central-bank

[370] Hier verstanden als Preissteigerung, nicht als Anstieg der Geldmenge.

[371] So kostete ein maßgeschneiderter Anzug im Amsterdam des 16. Jahrhunderts eine Unze Gold. Für diesen Preis bekommt man auch heute noch einen guten maßgeschneiderten Anzug. Ein einfacher Seemann verdiente im römischen Reich etwa 30 Unzen Gold pro Jahr, das entspricht immer noch in etwa dem Jahresgehalt eines heutigen Matrosen.

KAPITEL 25 EVOLUTION STATT REVOLUTION

[372] http://www.muayepu.com

[373] https://freestateproject.org

[374] https://liberland.org

[375] http://discoverneom.com; http://bigthink.com/design-for-good/saudi-arabia-is-building-a-utopian-city-to-herald-the-future-of-human-civillization

[376] https://bitnation.co

[377] Quirk/Friedman 2016, 31.

KAPITEL 27 WEITERENTWICKLUNG FREIER PRIVATSTÄDTE

[378] Quirk/Friedman 2016, 32ff.

[379] Erste Ansätze in diese Richtung finden sich bei privaten Sicherheitsangeboten für Ultrareiche oder auch beim Bitnation-Projekt: https://bitnation.co/citizen-security/

[380] Smart Cities sind neue Stadtkonzepte, in denen umfangreich Daten erhoben werden, welche dann den Einwohner das Leben erleichtern sollen, weil Verkehrsströme besser gelenkt werden können usw. Die Kehrseite der Medaille ist, das dann die Überwachung der Bürger bis in deren Privatbereich hinein auch leichter wird. Die entscheidende Frage ist daher nicht, ob die Stadt der Zukunft eine Smart City ist, sondern ob sie eine Free City ist.

[381] https://nypost.com/2017/01/29/why-israel-has-the-most-technologically-advanced-military-on-earth/

[382] Die Neuroprothetik befasst sich mit der Schaffung von Schnittstellen zwischen dem Nervensystem und der Anbindung an ein elektronisches Bauteil, zunächst zum Ausgleich von körperlichen Fehlfunktionen, aber absehbar auch zur Optimierung gesunder Körperfunktionen.